U0936752

“十二五”普通高等教育车辆工程专业规划教材

汽车电器与电子控制技术

QICHE DIANQI YU DIANZI KONGZHI JISHU

周云山　张　军　安　颖　蔡源春　编　著

内 容 提 要

本书对汽车上广泛应用的发动机控制系统、自动变速器、防滑控制技术、电控悬架、安全气囊等重要电子控制装备进行了详细介绍。在保留蓄电池、发电机、起动机、汽车空调、刮水器与车窗控制、汽车电路等常用汽车电器的基础上,补充了电控转向助力、巡航控制系统、车辆防撞系统、自动泊车等底盘控制技术、座椅电控系统、自适应前照灯系统、电动后视镜等车身电子控制技术,以及电子导航系统、防盗与报警、轮胎压力监测、电子仪表、车载视听娱乐系统、车载网络、车载诊断系统等汽车信息技术。对汽车上装备的汽车电器与电子控制设备进行了全面介绍。

本书共九章,结构体系科学合理,图文并茂,可作为高等院校车辆工程专业的教材,也可供工程技术人员参考。

图书在版编目(CIP)数据

汽车电器与电子控制技术 / 周云山,张军,安颖,蔡源春编著. —北京: 人民交通出版社, 2014.1

"十二五"普通高等教育车辆工程专业规划教材

ISBN 978-7-114-11070-2

Ⅰ. ①汽… Ⅱ. ①周… ②张… ③安… ④蔡… Ⅲ. ①汽车 - 电气设备 - 高等学校 - 教材 ②汽车 - 电子控制 - 高等学校 - 教材 Ⅳ. ①U463.6

中国版本图书馆 CIP 数据核字(2013)第 294747 号

"十二五"普通高等教育车辆工程专业规划教材

书　　名: 汽车电器与电子控制技术

著 作 者: 周云山　张　军　安　颖　蔡源春

责任编辑: 夏　韡

出版发行: 人民交通出版社

地　　址: (100011)北京市朝阳区安定门外外馆斜街 3 号

网　　址: http://www.ccpress.com.cn

销售电话: (010)59757973

总 经 销: 人民交通出版社发行部

经　　销: 各地新华书店

印　　刷: 北京市密东印刷有限公司

开　　本: 787×1092　1/16

印　　张: 17.5

字　　数: 440 千

版　　次: 2014 年 2 月　第 1 版

印　　次: 2017 年 1 月　第 2 次印刷

书　　号: ISBN 978-7-114-11070-2

定　　价: 40.00 元

“十二五”普通高等教育车辆工程专业规划教材

编委会名单

前　言

近年来,我国汽车工业发展迅速,已经连续三年成为全球汽车产销量最大的国家,汽车工业已经成为我国经济发展的重要支柱。但是我国只是汽车生产的大国,而不能称为汽车生产的强国,其中的关键原因之一就是我国汽车工业在汽车电子技术领域与世界先进水平的差距较大。为使我国步入汽车生产强国的行列,加快汽车电子技术领域的研究是我国汽车工业发展的当务之急。

汽车电器与电子控制装置是汽车的重要组成部分,其性能的好坏直接影响到汽车的动力性、经济性、可靠性、安全性和舒适性。近年来电子技术在汽车上的应用越来越广,汽车电子装置的新产品不断涌现。从发动机的燃油喷射控制、点火控制、进气控制、排放控制、故障自诊断,到底盘的传动系统、转向与制动系统以及主动悬架等都采用电子控制技术,而且已经发展到行驶姿态、通信与 GPS 以及转向、制动等系统的综合控制。可以说汽车技术的发展水平在很大程度上代表了当今科技的发展水平。

伴随汽车电子技术的进步,汽车工业对汽车电子专业人才的需求在逐年增加,要求越来越高,为行业输送合格的专业人才也越来越迫切。就目前汽车电子专业人才培养情况来看,遭遇的瓶颈之一仍然是教材。作者基于多年从事教学和科研的一点体会,编著了本书,作为高等院校汽车专业汽车电子课程的教材,本书在内容上力戒重复繁杂。

本书围绕汽车上的常用的电子控制装置,从系统组成和工作原理入手,引出系统的物理模型,再直接转入到要解决的控制问题,略去了汽车电子产品在漫长发展过程中不同形态的描述。本书重点介绍了发动机电子控制、自动变速器、ABS/ASR 系统、主动悬架四个最关键的电子控制装置。考虑到配套课程的需要,本书将蓄电池、发电机、电压调压器、起动机、汽车空调、刮水器与车窗控制、汽车电路等汽车电器进行了必要的介绍。同时对电控转向助力技术、巡航控制系统、车辆防撞系统、自动泊车技术、安全气囊系统、座椅电控系统、自适应前照灯系统、电动后视镜、电子导航系统、防盗与报警技术、轮胎压力监测技术、电子仪表、车载视听娱乐系统、车载网络技术、车载诊断系统进行了基本的介绍。

本书的绪论、第三章、第五章、第六章由周云山编写,第一章、第二章、第七章、第八章由张军编写,第四章由安颖编写,第九章由蔡源春编写。

本书在撰稿过程中引用了一些国内外期刊、文献的资料,借此机会向有关文章的作者表示感谢。研究生周美、王歆誉、张练达、杨克锋绘制了部分插图,在此向他们表示感谢。限于作者的专业知识水平,不足之外在所难免,真诚地希望使用这本教材的老师和同学提出宝贵意见!

作　者

2013 年 5 月

目　　录

绪论 …… 1
第一章　电源 …… 6
　第一节　蓄电池 …… 6
　第二节　发电机 …… 15
　第三节　电压调节器 …… 18
第二章　常用汽车电器 …… 27
　第一节　起动机 …… 27
　第二节　汽车空调 …… 33
　第三节　刮水器与车窗控制 …… 40
　第四节　汽车电路 …… 44
第三章　发动机电子控制技术 …… 55
　第一节　概述 …… 55
　第二节　电子汽油喷射控制技术 …… 55
　第三节　柴油机电子喷射系统 …… 68
　第四节　电子点火控制系统 …… 73
第四章　自动变速器 …… 86
　第一节　自动变速器概述 …… 86
　第二节　自动变速器的结构特点 …… 87
　第三节　自动变速器的共性技术 …… 92
　第四节　动力总成综合匹配规律 …… 99
　第五节　自动变速器的控制技术 …… 104
第五章　防滑控制技术 …… 109
　第一节　ABS 控制技术概述 …… 109
　第二节　ABS 逻辑控制算法 …… 113
　第三节　ABS 整车控制技术 …… 118
　第四节　ASR 控制技术 …… 121
　第五节　ABS/ASR 的驱动机构与电子控制装置 …… 133
第六章　电控悬架 …… 139
　第一节　绪论 …… 139
　第二节　悬架的力学模型 …… 143
　第三节　路面输入模型 …… 149
　第四节　半主动悬架控制 …… 151
　第五节　主动悬架系统 …… 153
　第六节　电子空气悬架 …… 156

第七章　其他底盘电控技术……163
第一节　电控转向助力技术……163
第二节　巡航控制系统……168
第三节　车辆防撞系统……170
第四节　自动泊车……181
第八章　车身电子控制技术……187
第一节　安全气囊系统……187
第二节　座椅电控系统……193
第三节　自适应前照灯系统……197
第四节　电动后视镜……202
第九章　汽车信息技术……205
第一节　电子导航系统……205
第二节　防盗与报警技术……215
第三节　轮胎压力监测技术……223
第四节　电子仪表……234
第五节　车载视听娱乐系统……246
第六节　车载网络技术……250
第七节　车载诊断系统……262
参考文献……270

绪论

自汽车诞生100多年以来,其性能不断提高,功能不断完善。现在汽车在机械结构方面已经非常完善,靠改变传统的机械结构和有关结构参数来提高汽车的性能已临近极限。汽车电子技术的发展使汽车的性能进一步提高,功能进一步拓宽。汽车电子产品已经渗透到汽车的各个方面。

一、汽车电子技术的发展

20世纪70年代以后,微型计算机进入实用阶段,以微处理器为控制单元的数字式电子控制装置在汽车上有了广泛的应用。其电子应用装置从早期的电子燃油喷射、电子点火控制装置,进一步扩展到汽车底盘控制,汽车主动安全性控制,以及故障诊断显示、娱乐和通信等各个领域。由于电子控制单元在汽车上的普及应用,有力促进了汽车零部件结构及系统集成创新,把汽车的燃油经济性、动力性、可驾驶性、舒适性及行驶安全性推进到一个新的发展阶段。

电子控制装置在汽车上的应用范围及发展趋势可概括为两点:第一,电子产品在汽车上的应用领域不断拓宽;第二,电子控制装置的装车成本与整车的比例逐年增加。为了适应环境、适应社会和适应人类不断追求完美的需求,汽车电子产品经历了初期的电子——机械替代(操作自动化),过渡到反馈控制,现已发展到精确量化多目标综合控制。总的发展趋势是,汽车电子控制系统获取内部和外部的信息越来越多,功能越来越强,智能化的程度越来越高,可靠性越来越高。当前电子产品在汽车上的应用领域主要包括以下五大方面:①动力总成控制;②汽车底盘控制;③安全、舒适性控制;④CAN通信数据网络与故障诊断系统;⑤娱乐与通信系统。

二、汽车电子产品的特征

汽车作为一种交通工具,行驶速度高,必须绝对安全可靠,普及率高,进入到家庭,价格必须低廉。能在汽车上应用的电子产品应具备如图0-1所示的特征。

首先,它在性能方面应能满足各种使用要求。其次,必须是大量生产的,装车成本很低。其三,性能稳定,使用寿命长,可靠性好。其四,能承受各种苛刻的工作环境,并能正常地工作,以保证汽车行驶的绝对安全和可靠。汽车电子产品,需要从生产成本、抗干扰能力、适应的工作环境及可靠性等方面进行充分的验证后,才能批量投入生产。

图0-1 汽车电子产品的特征

三、电子控制系统的共性问题

汽车是由许多功能要求组成的复杂系统,涉及相当多的性能指标。仅汽车本身的性能指标就包括:燃油经济性、动力性、尾气排放、制动性、操纵稳定性、平顺性、安全性、弱附着路面的通过性等。为了满足人类多方面的需要,还有许多附加的功能:诸如自动空调、安全气囊、电话、自动门窗、防盗、通信、自动导航等各种其他的自动装置。从控制的对象来看,这些系统是完全不同的,但从控制系统的设计方面看,都有共同之处(见图 0-2)。其共性的问题是:①动态建模,对于要满足给定要求的电子控制系统,通常都需要建立控制系统的动态模型(或标定系统的数据模型)。②传感装置,为了实现对被控对象的精确控制,需要通过传感装置测量被控对象的变化信息。③执行机构,把期望的动作要求转化为准确的动作。④控制算法,根据测量信号(对象输出)和期望的动作要求(输入)之间的偏差,基于系统的动态模型,进行控制器的设计,满足系统在不同条件下的使用要求。⑤电子控制装置(又称作 ECU,Electronic Control Unit)是实现控制算法(软件或程序)的载体或称为硬件装置。

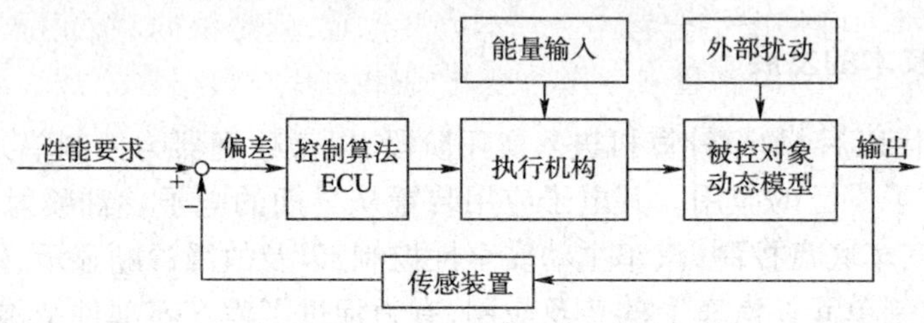

图 0-2 控制系统的一般结构框图

四、系统建模

为了实现精确控制,系统模型在设计时是非常重要的。汽车电子控制系统的模型包括动态模型和静态模型。比较典型的动态模型,如汽车驱动控制的动态模型就包括:汽车整车动力学模型、防抱死制动模型、驱动控制模型等。常用的静态模型,如发动机数据模型,各种液压阀电压(电流)-压力(流量)输出特性模型。有三种不同的方法获得系统的模型,如理论推导、试验标定、系统辨识。理论模型能准确全面地描述系统的动态和稳态特性,是深入了解系统本质特性的钥匙。像悬架、ABS 及整车驱动控制系统的力学模型等,是建立在牛顿力学上的理论模型。然而,在许多场合,导出理论模型非常困难,有时也是不可能的。如发动机,就很难用一个解析表达式来描述它的全部特性,所以无论发动机控制,还是传动系统与发动机的动态匹配控制,都是采用发动机在稳态工况下的标定数据模型。一般而言,静态数据模型可以解决任意复杂系统的定量描述问题,但如果系统的动态特性起着主导作用时,用静态模型描述可能产生较大的误差。系统辨识可以提供包括动态特性在内的参数模型。在实际应用中,人们习惯把系统辨识的动态参数模型与稳态数据模型结合起来,来改善数据模型的精度。

五、汽车电子控制系统的标定

从提高效率降低开发成本的角度出发,汽车工程师一直试图通过理论模型来描述汽车的控制问题,并在计算机上一步完成控制算法的开发。然而由于汽车环境的多变性,工作条件的多变性,使得汽车控制装置的开发很难做到这点。在实际应用中,通常采用标定方法。实际上电子控制装置的标定很简单,把一个复杂的问题分解为许多的简单问题,然后再把简单的问题连接起来。这里以汽车的起步离合器(多片湿式,液压压紧)为例,简述汽车电子控制装置的标定的过程。

汽车起步离合器的基本功能要求如下:①快速接合分离发动机与车轮之间的动力;②接合

速度能够反映驾驶人的操作意图；③坡道起步不溜坡，不熄火；④接合平顺，起步无冲击。

工作环境如下：①路面坡道变化；②外部温度变化。

引起系统状态老化的原因如下：①摩擦片摩擦系数变化；②电磁阀特性老化；③离合器间隙变化。

离合器标定过程的基本步骤：

第一步是基本模型标定（基本策略）。首先在常温、平路面上进行标定，排除坡道和温度的影响。测试汽车以小节气门起步，找出可以满足使用要求的接合曲线。测试汽车以中节气门起步，找到使综合性能达到使用要求的油压变化曲线。汽车以大节气门起步，测试出第三条压力曲线。如果节气门开度任意变化，只要在这三条曲线之间进行插值就可以了。如果标定的曲线越多，对节气门开度变化的适应能力越好，但数据量越多，微处理器要处理的数据量就越大，应用中要根据实际情况综合考虑。基本模型标定，就是根据节气门开度（反映驾驶人的操作意图），确定离合器的控制量——压力变化规律的基本数据表。为了消除制造误差产生的影响，还需要考虑发动机转速和离合器输出转速的滑差作为补偿量，这也是计算控制量的重要因素。

第二步是对环境变化的修正。环境包括温度和坡道两个因素。温度对油的黏度影响很大，必须考虑对温度变化的补偿作用。由于变速器里都装有温度传感器，只要经过精确标定，在任意温度条件下，就容易计算出基本控制量的修正值。对于坡道的影响，其标定主要是基于发动机转速和离合器转速差进行修正。评价标准是发动机不熄火，整车不溜坡，发动机不空转，起步无冲击。

第三步是对系统元件老化特性的修正。离合器摩擦片的摩擦系数是变化的，新摩擦片摩擦系数最大，经使用后很快就趋于稳定。离合器的间隙大小影响起步平顺性，从离合器开始使用到失效时的间隙一直在不断变化，就要修正压力曲线随时间的变化规律。同时，还要考虑电磁阀随使用时间的衰减特性。

系统状态老化一般根据汽车的里程或离合器的接合次数来判断，虽不十分精准，但却是有效的。老化标定的工作量很大，需要各主要元件经历一个寿命周期的特性变化的数据，为此状态老化修正也可以在售后通过软件的刷新来实现。

六、汽车电子产品的开发平台与V型开发模式

1. 开发平台

随着电子技术的进步，16位、32位微处理器被广泛用于汽车电子的各个领域，由于丰富的资源和强大运算能力，产品工程师可以把主要的精力集中放在解决问题的方法上，而不是如何节约和优化利用程序资源的细节上。于是高效率的电子产品的开发平台应运而生，并很快被广泛应用，目前流行的开发平台有：①采用dSPACE作为软件的开发测试环境，配置MicroAutobox或AutoBox构成硬件在环的模拟测试环境；②采用ETAS公司的ASCET构成软件开发、代码生成及测试环境，配置LABCAR或ES1000/ES910构成硬件在环的模拟测试环境；③以Matlab/Simulink Real Time Workshop为核心，自行开发标定与硬件在环的模拟测试环境，以较低的成本定制满足个性需求的高效开发平台，比较适用于高等院校的需求。上述开发平台的编程环境一般是基于Matlab/Simulink/Stateflow，也可以是经过二次开发的商业软件，如Cruise。

2. V型开发模式

采用先进开发平台，并按行业惯用的开发模式进行汽车电子产品的开发。汽车电子产品

开发工程师无需知道电控装置的硬件结构和工作原理,也无需直接写微处理器的源代码程序,而是直接采用模型化的语言和数学物理公式,在计算机上开发仿真程序,利用开发平台的工具实现中间过程的转化,最终完成控制系统的开发。一种典型的被称之为V模式开发流程如图0-3所示,整个软件的开发流程依次为:需求分析定义→系统、结构设计→详细或程序设计→模型变量定标→自动代码生成→单元测试→功能测试→系统测试→验收测试。

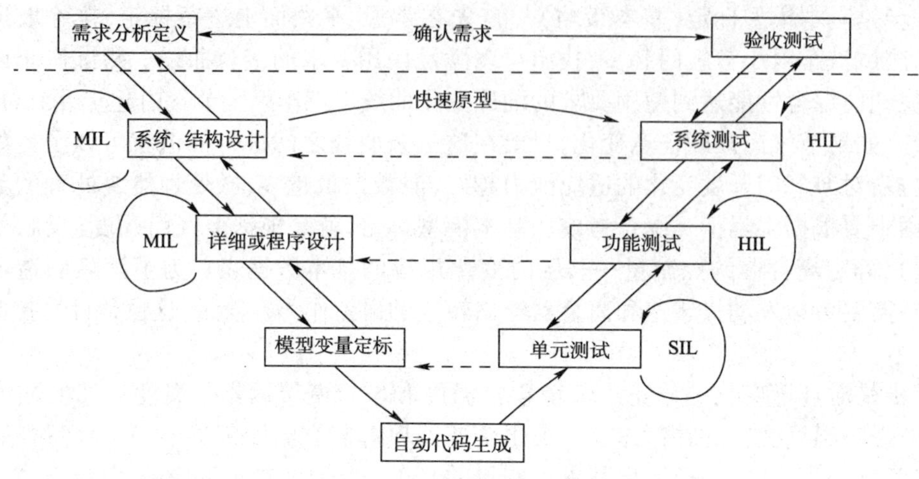

图0-3　基于模型的软件开发流程

其中:

需求分析定义:通过对市场及客户调查,确定产品需求及设计目标。

系统、结构设计:系统工程师根据设计目标,设计系统功能模块及总体结构。

详细或程序设计:软件开发工程师实现各个功能模块的建模及离线仿真测试,再由系统工程师集成各个模块进行模型在环测试。

模型变量定标:根据目标芯片支持数据类型,将模型所有变量由浮点变成定点。

自动代码生成:将定标后的模型通过自动代码生成工具生成单片机可运行的C代码。

单元测试:通过软件在环测试模型下载到CPU后的可运行性。

功能测试:通过硬件在环测试控制器功能。

系统测试:通过快速原型或硬件在环对控制器(软、硬件)及受控对象进行标定及测试。

验收测试:标定工程师根据客户需求,对系统整车性能进行标定。

在开发平台上,要运行的程序包括开发的控制器、被控的对象。当产品开发完成后,只有控制器被移植到被控的对象中,移植的控制器与车上的原系统(被控对象)才构成一个完整的电子控制系统。但在开发平台上,为了评估测试所开发的控制装置的有效性,需要开发一个虚拟的被控对象。根据控制器和对象运行环境的不同,在开发平台上的仿真有如下三种形式:①虚拟控制器+虚拟对象=动态仿真系统,是纯粹的系统仿真;②虚拟控制器+实际对象=快速控制原型(RCP,Rapid Control Prototype)仿真系统,是系统的一种半实物仿真;③实际控制器+虚拟对象=硬件在回路(HIL)仿真系统,是系统的另一种半实物仿真。

3. V型开发流程中的几个专用术语定义

1)模型在环

MIL(Model-in-the-Loop)即模型在环仿真测试,是将控制模型和虚拟对象模型放在同一个实时处理器中运行,对控制模型的逻辑进行测试的仿真。

2)软件在环

SIL(Soft-in-the-Loop)即软件在环仿真测试，是将控制模型和虚拟对象模型放在不同的实时处理器中运行，通过ETK或CAN通信，对被测控制模型的功能进行测试。

3)快速原型

模型化程序完成后，首先是利用开发平台提供的辅助开发工具，将模型化程序转换为代码并自动下载到一个中间的硬件平台上，如dSPACE系统，在ECU硬件系统未完成之前就可对系统各项功能进行测试。快速原型是比实际ECU更强大的控制装置，可以不考虑数据的类型和存储方式，直接用于测试应用层软件、ECU的硬件结构。快速原型也具备实际系统中的各种I/O接口，可与真实的被控对象构成一个半实物的仿真测试系统。然后，利用开发平台的测试管理工具软件进行各种测试，以检验控制器硬件结构、控制算法对实际对象的控制效果，并可在线优化控制参数。此时开发工程师不用担心该快速原型中存在的各种缺陷，因为从程序修改到生成新的测试原型，只需要几分钟时间，很快就可完成"修改—验证—确认"的一轮修改。从单一变量到该变量所在的子系统开始，从局部到全部，从简单到复杂，可分步完成整个程序的"修改—验证—确认"的测试过程。这样在最终的控制方案实施之前，就可确认所开发的电控装置的实际效果，从而避免了不必要的资源浪费，大大缩短了开发时间。

4)硬件在环

HIL(Hardware-in-the-Loop)即硬件在环的仿真测试，是进行实车测试评估的最后一个环节。硬件在环的仿真测试由真实的ECU与模拟受控对象组成。模拟受控对象在仿真器里按实时状态运行，通过I/O接口与被测的ECU连接，对被测的ECU进行全方面的、系统的测试及算法优化。从安全性、可行性和成本上考虑，HIL硬件在环仿真测试已经成为ECU开发流程中非常重要的一环，可有效减少实车路试的次数，缩短开发时间和降低成本，同时可大大提高ECU的软件的总体水平。

七、自主开发汽车电子产品

客观地看，我国汽车电子产品开发与国际先进水平还有很大的差距，如何推进汽车电子产品的进步与发展，还要一个清醒的认识。考虑到汽车电子产品要进入市场，必须突破两个门槛：技术门槛和市场门槛。突破技术门槛的时间比较短，投入也相对较少。但要突破市场门槛，验证需要的时间长，验证所要覆盖的区域广，所需要的投入就非常大。以往的许多研究项目，都是在突破市场门槛的过程中，因验证存在问题就被中断了。

作为绪论的结尾，引出一个在业内普遍困惑的问题：汽车电子产品自主开发的条件具备了吗？已达到开发的门槛条件吗？答案是肯定的。首先是我国汽车电子产品自主开发的意识已经觉醒；其次，多年的技术积累，开发团队综合能力有了质的提升；其三，已经融入并拥有达到国际水平的开发平台，并熟练掌握了汽车电子产品开发的基本模式。我国汽车工业已经取得的辉煌业绩预示：汽车工业依靠自主开发将成为必然趋势，自主开发汽车电子产品时代即将来临。

第一章 电源

汽车电源系统由蓄电池、发电机和调节器组成。汽车上配装有蓄电池和发电机两个直流电源,整车电器与电子设备均与两个直流电源并联连接,电路如图1-1所示。

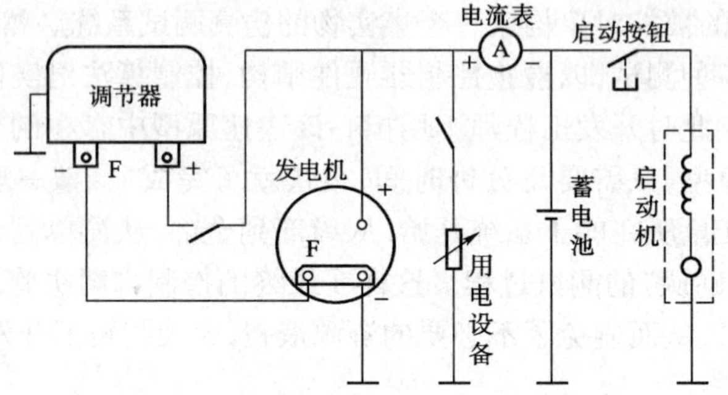

图1-1 汽车并联电路

在汽车上,蓄电池和发电机并联工作,发电机是汽车的主要电源,蓄电池是辅助电源。发电机配有调节器,调节器的功用是在发电机转速升高到一定程度时,自动调节发电机输出电压使其保持稳定。

第一节 蓄 电 池

一、蓄电池的构造与型号

1. 蓄电池的分类

蓄电池是一种可逆的低压直流电源。既能将化学能转换为电能,也能将电能转换为化学能。

汽车用蓄电池分碱性蓄电池和酸性蓄电池两大类。碱性蓄电池的电解液为化学纯净的氢氧化钠溶液或氢氧化钾溶液。酸性蓄电池的电解液为化学纯净的硫酸溶液。因为酸性蓄电池极板上活性物质的主要成分是铅,所以称之为铅酸蓄电池。由于铅酸蓄电池具有内部电阻小,输出电压稳定、制造成本低、原材料丰富等突出优点,因此汽车普遍采用。

汽车目前使用的蓄电池按结构可分为橡胶槽蓄电池和塑料槽蓄电池两类,按其性能可分为干荷蓄电池和免维护蓄电池两类。现代汽车普遍采用干荷电蓄电池与免维护蓄电池。

(1)干荷电蓄电池。极板在干燥状态下,能在较长时间(一般2年)内保存制造过程中所得电量的蓄电池,称为干式荷电蓄电池,简称干荷电蓄电池。

(2)免维护蓄电池。蓄电池在有效使用期(一般4年)内无需进行添加蒸馏水等维护工作的蓄电池,称为免维护蓄电池或无需维护蓄电池,英文名称是 Maintenance-Free Battery,简称 MF 蓄电池。

汽车配装蓄电池的主要目的是启动发动机,所以汽车用铅酸蓄电池又称为启动型铅酸蓄电池。为叙述方便,下面将“启动型铅酸蓄电池”简称为“蓄电池”。

2. 蓄电池的功能

当发动机正常工作时,用电系统所需电能主要由发电机供给,蓄电池的功用有:

(1)启动发动机。当启动发动机时,向启动系统和点火系统供电。

(2)备用供电。当发动机低速运转、发电机不发电或电压较低时,向交流发电机磁场绕组、点火系统以及其他用电设备供电。

(3)存储电能。当发动机中高速运转、发电机正常供电时,将发电机剩余电能转换为化学能储存起来。

(4)协同供电。当发电机过载时,协助发电机向用电系统供电。

(5)稳定电源电压,保护电子设备。蓄电池相当于一只大容量电容器,不仅能够保持汽车电气系统的电压稳定,而且还能吸收电路中出现的瞬时过电压,防止损坏电子设备。

当接通启动开关启动发动机时,蓄电池在3~5s内必须向启动机连续供给强大电流(汽油发动机汽车一般为200~600A;柴油发动机汽车一般为800A以上),由此可见,蓄电池的主要功用是启动发动机。根据蓄电池的工作特点,对汽车用蓄电池的主要要求是:容量大、内阻小,以保证蓄电池具有足够的启动能力。如果蓄电池容量不足或内阻过大,那么就不能供给强大电流,发动机就不能启动。

3. 蓄电池的构造

现代汽车用蓄电池由6个单格电池串联而成。每个单格电池的电压约为2V,串联成12V供汽车选用。12V电气系统(电系)汽车选用一只蓄电池;24V电气系统汽车选用两只蓄电池。各型汽车用蓄电池的构造基本相同,都是由极板、隔板、电解液和壳体四部分组成,构造如图1-2所示。干荷电蓄电池的主要特点是极板制造工艺有所不同,免维护蓄电池的主要特点是极板材料和通气装置有所不同。

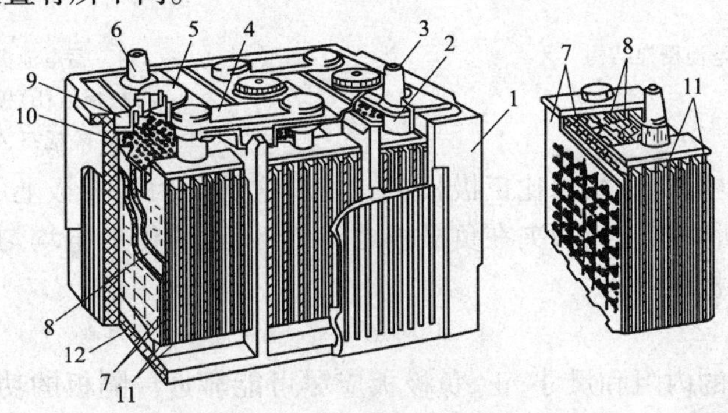

图1-2 蓄电池构造

1-蓄电池外壳;2-电极衬套;3-正极柱;4-连接条;5-加液孔螺塞;6-负极柱;7-负极板;8-隔板;9-封料;10-护板;11-正极板;12-肋条

1)极板

极板是蓄电池的核心部件,由栅架与活性物质组成。在蓄电池充放电过程中,电能与化学能的相互转换,依靠极板上的活性物质与电解液中的硫酸产生化学反应来实现。

栅架由铅锑合金或铅钙锡合金浇铸或滚压而成,形状如图1-3所示。在栅架中加锑的目的是改善浇铸性能并提高机械强度。但锑有副作用,会加速氢离子析出而加速电解液中蒸馏水的消耗,还易从正极板栅架中解析出来而引起蓄电池自放电和栅架膨胀、溃烂,缩短蓄电池的使用寿命。目前国内外汽车蓄电池普遍采用干荷电蓄电池与免维护蓄电池,前者的栅架采用铅低锑(ω(Sb)<3%)合金浇铸,后者的栅架采用铅钙锡合金浇铸,从而大大减少了电解液

中蒸馏水的消耗。

活性物质是指极板上参与化学反应的工作物质，主要由铅粉与一定密度的稀硫酸混合而成。铅粉是活物质的主要原料，由铅块放入球磨机研磨而成。

极板分为正极板和负极板两种。将铅粉与稀硫酸混合成膏状涂在栅架上即可得到生极板，生极板经热风干燥，再放入稀硫酸中进行化成（在蓄电池生产工艺中，对极板进行充电的过程称为“化成”，一般充电18～20h）处理便可得到正极板和负极板。正极板上的活性物质为二氧化铅（PbO_2）；呈深棕色；负极板上的活性物质为海绵状纯铅（Pb），呈深灰色。

目前国内外都采用1.1～1.5mm厚的薄型极板（正极板比负极板稍厚）。薄型极板对提高蓄电池的比容量（即单位尺寸所提供的容量）和启动性能都十分有利。

将一片正极板和一片负极板浸入电解液中，便可得到2V左右的电压。为了增大蓄电池的容量，将多片正、负极板分别并联，用汇流条焊接起来便分别组成正、负极板组，结构如图1-4所示。汇流条上浇铸有极柱；各片极板之间留有空隙。安装时，各片正负极板相互嵌合，中间插入隔板后装入电池槽内便形成单格电池。

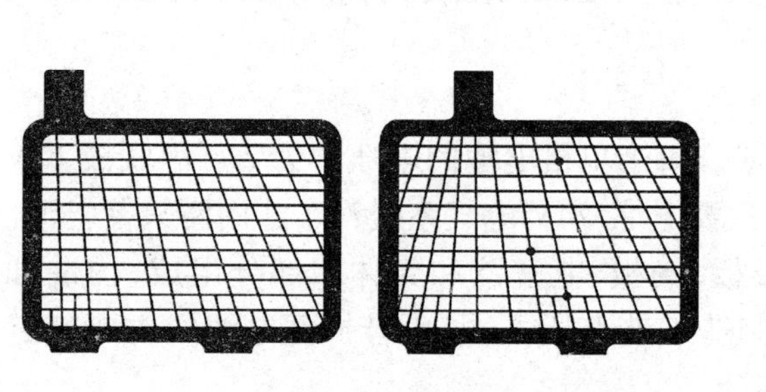

图1-3　蓄电池栅架结构

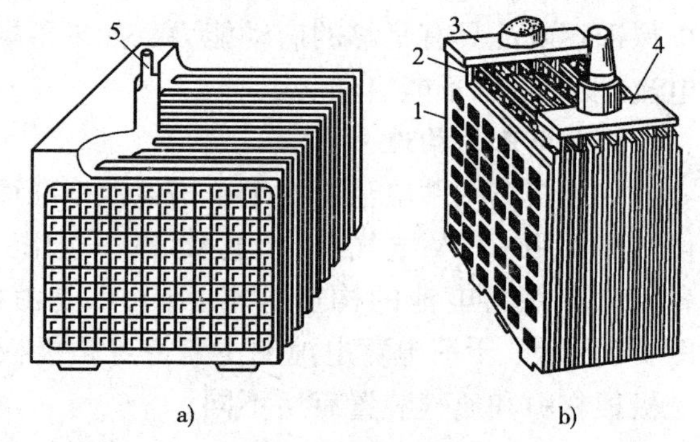

图1-4　蓄电池极板组的结构

a）极板组；b）极板组总成

1-极板；2-隔板；3、4-横板；5-极柱

在每个单格电池中，负极板总比正极板多一片。这是因为正极板上的化学反应比负极板上的化学反应剧烈，所以将正极板夹在负极板之间，可使其两侧放电均匀，防止活性物质体积变化不一致而造成极板拱曲。

2）隔板

为了减小蓄电池的内阻和尺寸，正、负极板应尽可能靠近。隔板的功用就是将正、负极板隔开，防止相邻正、负极板接触而短路。

隔板应具有多孔性，以便电解液渗透，还应具有良好的耐酸性和抗氧化性。隔板材料有木质、微孔橡胶和微孔塑料等。木质隔板耐酸性能差，在硫酸作用下容易炭化和变脆，且消耗木材，不符合保护环境的时代发展潮流，因此已不再使用。微孔橡胶隔板和微孔塑料隔板耐酸、耐高温性能好、寿命长，且成本低，因此目前被广泛使用。

安装微孔塑料隔板和微孔橡胶隔板时，带槽一面应面向正极板，且沟槽必须与壳体底部垂直。因为正极板在充、放电过程中化学反应剧烈，沟槽能使电解液上下流通，也能使气泡沿槽上升，还能使脱落的活性物质沿槽下沉。

免维护蓄电池普遍采用了聚氯乙烯袋式隔板。使用时，正极板被隔板袋包住，脱落的活性物质保留在袋内，不仅可以防止极板短路，而且可以取消壳体底部凸起的筋条，使极板上部容积增大，从而增大电解液的储存量。

3)电解液

电解液由纯硫酸与蒸馏水按一定比例配制而成。密度一般为1.23~1.30g/cm^3。

电解液纯度是影响蓄电池电气性能和使用寿命的重要因素。因此蓄电池用电解液必须符合机械行业标准JB/T 10052—2010《铅酸蓄电池用电解液》规定,所用硫酸必须符合HG/T 2692—2007《蓄电池用硫酸》规定,所用蒸馏水必须符合机械行业标准JB/T 10053—2010《铅酸蓄电池用水》规定。由于工业用硫酸和普通水中含铜、铁等杂质较多,会加速蓄电池自放电,因此不能用于蓄电池。

4)壳体

蓄电池壳体由电池槽和电池盖两部分组成,其功用是盛装电解液和极板组。

蓄电池壳体应耐酸、耐热、耐振动、耐冲击等。目前使用的干荷电蓄电池与免维护蓄电池普遍采用聚丙烯透明塑料壳体,电池槽与电池盖之间采用热压工艺黏合为整体结构。不仅耐酸、耐热、耐振动冲击,而且壳壁薄而轻(厚约2mm)、易于热封合、外形美观、成本低廉、生产效率高。

电池槽由隔壁分成6个互不相通的单格,底部制有凸起的筋条,以便放置极板组。筋条与极板底缘组成的空间可以积存极板脱落的活性物质,防止正、负极板短路。对于采用袋式隔板的免维护蓄电池,因为脱落的活性物质存积在袋内,所以没有设置筋条。

蓄电池各单格电池之间采用铅质联条串联连接。干荷电蓄电池与免维护蓄电池普遍采用穿壁式连接,所用联条尺寸很小,并设置在壳体内部,如图1-5所示。

在蓄电池盖上设有加液孔,并用螺塞或盖板密封,防止电解液溢出。旋下加液孔螺塞或打开加液孔盖板,即可加注电解液和检测电解液密度。在加液孔螺塞和盖板上设有通气孔,以便排出化学反应放出的氢气和氧气。该通气小孔在使用过程中必须保持畅通,防止壳体胀裂或发生爆炸事故。

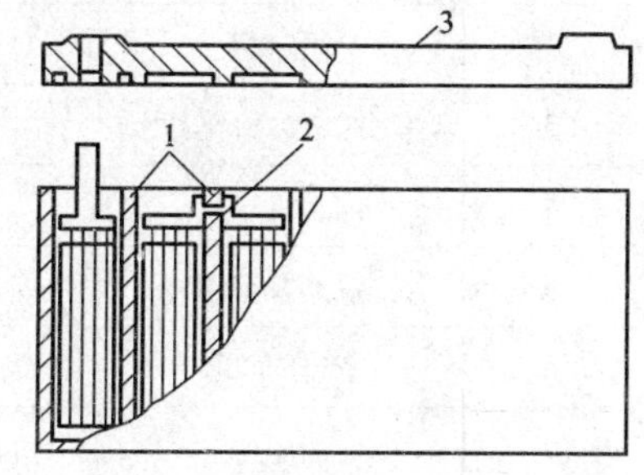

图1-5 穿壁连接单格电池

1-隔壁;2-联条;3-盖板

5)蓄电池技术状态指示器

目前,采用全密封型免维护蓄电池的小轿车越来越多,由于这种蓄电池盖上没有设置加液孔,因此不能用密度计测量电解液的相对密度,为此在这种免维护蓄电池盖上设有一只蓄电池技术状态指示器来指示蓄电池的技术状况。

蓄电池技术状态指示器又称为内装式密度计,由透明塑料管、底座和两只小球(一只为红色、另一只为蓝色)组成,借助于螺纹安装在蓄电池盖上,两只颜色不同的小球安放在塑料管与底座之间的中心孔中,红色小球在上、蓝色小球在下。由于两只小球是由密度不同的材料制成,因此可随电解液密度变化而上下浮动。

蓄电池技术状态指示器是根据光学折射原理来反映蓄电池技术状态的。当蓄电池存电充足、电解液相对密度大于1.22时,两只小球向上浮动到极限位置,经过光线折射小球的颜色,从指示器顶部观察到的结果是,中心呈红色圆点、周围呈蓝色圆环,表示蓄电池技术状态良好,英文标示为“OK”。

当蓄电池充电不足、电解液相对密度过低时,蓝色小球下移到极限位置,观察结果是,中心呈红色圆点、周围呈无色透明圆环,表示蓄电池充电不足,应及时补充充电,英文标示为“Charging necessary”。

当电解液液面过低时,两只小球都将下移到极限位置,观察结果是,中心呈无色透明圆点、周围呈红色圆环,表示电解液不足,蓄电池无法继续使用,必须更换蓄电池。如果这种指示器安装在干荷电蓄电池上,则表示必须添加蒸馏水,英文标示为“Add distilled water”。

4. 蓄电池的型号

根据工信部标准 JB/T 2599—2012《铅酸蓄电池名称、型号编制与命名办法》规定,蓄电池型号由三部分组成,各部分之间用存折号分开,其内容及排列如下:

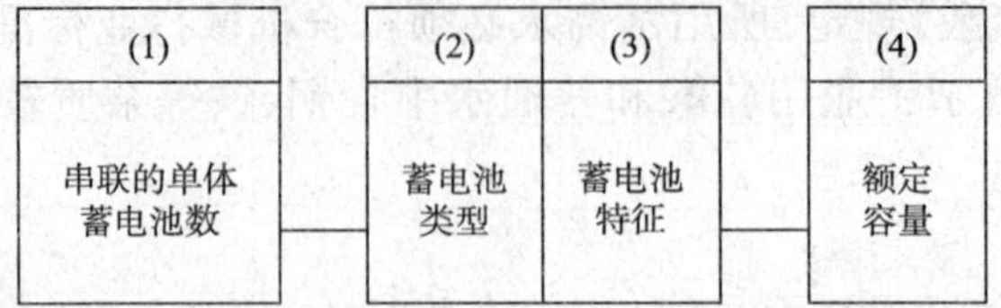

(1)串联的单体蓄电池数。指在一只整体蓄电池槽内或一个组装箱内所包括的串联蓄电池数目。当单体蓄电池数目为“1”时,此段应略去。

(2)蓄电池类型。主要根据蓄电池用途划分,按表 1-1 中代号标志。启动型蓄电池用“Q”表示,代号“Q”是汉字“启”的第一个拼音字母。

蓄电池类型代号 表 1-1

序号	蓄电池类型(主要用途)	代号	汉字及拼音或英语字头		
			汉字	拼音	英语
1	启动型	Q	起	qi	
2	固定型	G	固	gu	
3	牵引(电力机车)用	D	电	dian	
4	内燃机车用	N	内	nei	
5	铁路客车用	T	铁	tie	
6	摩托车用	M	摩	mo	
7	船舶用	C	船	chuan	
8	储能用	CN	储能	chu neng	
9	电动道路车用	EV	电动车辆		electric vehicles
10	电动助力车用	DZ	电助	dian zhu	
11	煤矿特殊	MT	煤特	met te	

(3)电池特征(表 1-2)。为附加部分,仅在同类用途的产品具有某种特征,而在型号中又必须加以区别时采用。如为干荷电蓄电池,则用汉字“干”的第二个拼音字母“A”表示;如为无需(免)维护蓄电池,则用“无”字的第一个拼音字母“W”来表示。

(4)额定容量。是指 20A · h 的额定容量,用阿拉伯数字表示,单位为 A · h(安 · 时),在型号中可略去不写。

例 1:北京 JB2020 型吉普车用 6—QA—60 型蓄电池:表示由 6 个单格电池组成,额定电压为 12V,额定容量为 60A · h 的启动型干荷电蓄电池。

例 2:东风 EQ1090 型载货汽车用 6—Q—105 型蓄电池:表示由 6 个单格电池组成,额定电压为 12V,额定容量为 105A · h 的启动型蓄电池。

例 3:东风 EQ2102 型越野汽车用 6—QW—180 型蓄电池:表示由 6 个单格电池组成,额定电压为 12V,额定容量为 180A · h 的启动型免维护蓄电池。

蓄电池产品特征代号 表 1-2

序号	蓄电池特征	代号	汉字及拼音	
			汉字	拼音
1	密封式	M	密	mi
2	免维护	W	维	wei
3	干式荷电	A	干	gan
4	湿式荷电	H	湿	shi
5	微型阀控式	WF	微阀	wei fa
6	排气式	P	排	pai
7	胶体式	J	胶	jiao
8	卷绕式	JR	卷绕	juan rao
9	阀控式	F	阀	fa

二、蓄电池的工作原理与参数

1. 工作原理

蓄电池的单格电池是由浸渍在电解液中的正极板和负极板组成，电解液是硫酸水溶液。在蓄电池充放电过程中，发生的化学反应是可逆的。蓄电池的工作过程就是化学能与电能的转换过程。放电时，蓄电池将化学能转换为电能供用电设备使用；充电时，蓄电池将电能转换为化学能储存起来备用。自 1859 年法国科学家加斯顿 · 普莱特发明铅酸蓄电池以来，关于蓄电池化学反应过程有各种不同的理论，一般认为格拉斯顿和特拉普于 1882 年创立的双极硫酸盐化理论（简称双硫化理论）能较确切地说明蓄电池的化学反应过程。

根据双硫化理论，铅蓄电池正极板上的活性物质是二氧化铅（PbO_2），负极板上是海绵状铅（Pb），电解液是硫酸水溶液（H_2SO_4）。当蓄电池和负载接通放电时，正极板上的二氧化铅和负极板上的铅都将转变成硫酸铅（$PbSO_4$），电解液中的硫酸减少、相对密度下降。当蓄电池接通直流电源充电时，正、负极板上的硫酸铅又将分别恢复成原来的二氧化铅和纯铅，电解液中的硫酸增加，相对密度增大。如果略去化学反应的中间过程，其化学反应方程式可用下式表示：

$$\underset{\text{正极板}}{PbO_2} + \underset{\text{电解液}}{2H_2SO_4} + \underset{\text{负极板}}{Pb} \underset{\text{充电}}{\overset{\text{放电}}{\rightleftharpoons}} \underset{\text{正极板}}{PbSO_4} + \underset{\text{电解液}}{2H_2O} + \underset{\text{负极板}}{PbSO_4}$$

1）放电过程

将蓄电池的化学能转换成电能的过程称为放电过程。

当放电尚未开始时，正极板是二氧化铅，负极板是纯铅，电解液是硫酸溶液。由于正、负两极不同物质与电解液发生化学反应，使正极板具有正电位，约为 2.0V；负极板具有负电位，约为 -0.1V。正、负两极间的电动势 E 为：

$$E = 2.0 - (-0.1) = 2.1\text{V}$$

理论上，放电过程将进行到正负极板上的活性物质全部转变为硫酸铅为止。但是实际上，由于电解液不能渗透到活性物质最内层，因此所谓完全放电事实上只有 20% ~30% 的活性物质转变为硫酸铅。要提高活性物质的利用率，就必须增大活性物质与电解液之间的反应面积。目前常用措施有采用薄型极板和增大活性物质的孔率。

2）充电过程

将电能转换成蓄电池的化学能的过程称为充电过程。充电时，蓄电池应接直流电源，电池正极接电源正极，电池负极接电源负极。

将完全放电的蓄电池与直流电源接通时，电流就会按与放电时相反的方向流过蓄电池。此时蓄电池内部将发生与放电过程相反的化学反应，正、负极板上的硫酸铅将分别还原为二氧化铅和纯铅，电解液中硫酸成分逐渐增多而水分逐渐减少，电解液密逐渐增大。

在充电过程中，上述化学反应不断进行，充电一直进行到极板上的活性物质完全恢复到放电前的状态为止。

在充电末期，电解液相对密度将升高到最大值，充电电流将用于电解水，所以在电解液中将产生大量气泡。蓄电池充电终了的特征是：

①蓄电池内产生大量气泡，即出现所谓“沸腾”现象。

②蓄电池端电压和电解液相对密度均上升至最大值，且在 2 ~ 3h 内不再增加。

2. 工作参数

蓄电池的工作参数主要有电解液相对密度、端电压和容量等。

1）相对密度

电解液的相对密度是指电解液中硫酸成分所占的比例。实测密度应按下式换算成 25℃时的相对密度 $\rho_{25℃}$：

$$\rho_{25℃}=\rho_{T}+\beta(T-25) \tag{1-1}$$

式中：$\rho_{25℃}$——实测电解液密度，g/cm^3；

T——实测电解液温度，℃；

β——密度温度系数（$\beta=0.0007$），即温度每升高 1℃，密度将降低 $0.0007g/cm^3$。

2）额定容量

蓄电池的容量是反映蓄电池对外供电能力、衡量蓄电池质量优劣以及选用蓄电池的重要指标。容量越大，可提供的电能越多，供电能力也就越大；反之，容量越小，则供电能力就越小。

蓄电池的容量是指在规定的放电条件（放电电流、放电温度和终止电压）下，蓄电池能够输出的电量，用 C 表示。

当恒流放电时，蓄电池的容量等于放电电流与放电时间之积，即

$$C=I_{f}t_{f} \tag{1-2}$$

式中：C——蓄电池容量，A · h；

I_f——放电电流，A；

t_f——放电持续时间，h。

蓄电池的容量与放电电流、电解液温度、放电终止电压和放电持续时间有关。因此，蓄电池出厂时规定的额定容量是在一定的电解液温度、一定的放电电流和一定的终止电压下测得的。我国国家标准 GB 5008.1—2005《启动用铅酸蓄电池技术条件》规定，以 20h 放电率额定容量作为启动型蓄电池的额定容量。

蓄电池的 20h 率额定容量是指：完全充足电的蓄电池在电解液温度为 25℃ ±5℃条件下，以 20h 率的放电电流（即 $0.05C_{20}$ 安培电流）连续放电至 12V 蓄电池的端电压降到 10.5V ±

0.05V 时输出的电量,用 C_{20} 表示,单位为 A·h。

额定容量是检验蓄电池质量的重要指标。新蓄电池必须达到该指标,否则就为不合格产品。例如:在电解液温度为 25℃ ±5℃条件下,对新产 6-QA-105 型蓄电池以 5.25A 电流连续放电至电压降到 10.5V ±0.05V 时,若放电时间大于或等于 20h,则其容量为 $C = I_f t_f \geq 105$A·h,达到或超过了额定容量 105A·h,因此该蓄电池为合格产品;若放电时间小于 20h,则其容量为 $C = I_f t_f < 105$A·h,低于额定容量值 105A·h,因此该蓄电池就为不合格产品。

3)储备容量

国际蓄电池协会和美国汽车工程师协会(SAE)规定蓄电池容量用储备容量表示。我国标准 GB 5008.1—2005《启动用铅酸蓄电池技术条件》对储备容量的定义和试验方法也有明确规定,即额定储备容量是指:完全充足电的蓄电池在电解液温度为 25℃ ±5℃条件下,以 25A 电流连续放电至 12V 蓄电池电压降到 10.5V ±0.05V 时,放电所持续的时间,用 $C_{r \cdot n}$ 表示,单位为 min(分钟)。

储备容量表达了在汽车充电系统失效的情况下,蓄电池能为照明和点火系统等用电设备提供 25A 恒定电流的能力。例如,北京切诺基吉普车用 58-475 型蓄电池的额定储备容量为 82min;6—QA—60 型蓄电池的额定储备容量为 94min。额定储备容量 $C_{r \cdot n}$ 与额定容量 C_{20} 的换算公式如下:

$$C_{20} = \sqrt{17778 + 208.3C_{r \cdot n}} - 133.3 \tag{1-3}$$

$$C_{r \cdot n} = \frac{(C_{20} + 133.3)^2 - 17778}{208.3} \tag{1-4}$$

式中:C_{20}——蓄电池额定容量,A·h;

$C_{r \cdot n}$——蓄电池额定储备容量,min。

当 $C_{20} \geq 200$A·h 或 $C_{r \cdot n} \geq 480$min 时,上式不适用。

3.影响蓄电池容量的使用因素

蓄电池容量并不是一个固定不变的常数,而与很多因素有关,归纳起来分为两类:一类与生产工艺及产品结构有关,如活性物质的数量、极板的厚薄、活性物质的孔率等;另一类是使用条件,如放电电流、电解液温度和电解液相对密度等。

1)放电电流的影响

实验表明:放电电流越大,则电压下降越快,放电至终止电压的时间越短,因此容量越小。图 1-6 所示为 6—Q—135 型蓄电池在不同放电电流情况下的放电特性。因为大电流放电时,极板表面活性物质的孔隙会很快被生成的硫酸铅堵塞,使极板内层的活性物质不能参加化学反应,因此放电电流增大时,蓄电池容量减小。图 1-7 所示为 6—Q—75 型蓄电池在电解液温度为 30℃时,蓄电池容量与放电电流的关系。

由图可见,放电电流越大,电压下降越快,越容易出现放电"终了"现象,如继续放电,则将导致过放电而影响蓄电池使用寿命。因此在起动发动机时,必须严格控制起动时间,每次起动时间不得超过 5s,再次起动应间隔 15s 以上时间。

2)电解液温度的影响

温度降低则容量减小,这是由于温度降低时,电解液的黏度增加,渗入极板内部困难,使离子扩散速度和化学反应速度降低;同时电解液电阻也增大,使蓄电池内阻增加,电动势消耗在内阻上的压降增大,蓄电池端电压降低,允许放电时间缩短,因此容量减小。图 1-8 所示为 6—Q—75 型蓄电池电解液温度分别为 +30℃和 -18℃的情况下,以 225A 电流放电时的端电压与放电时间的关系。图 1-9 所示为 6—Q—75 型蓄电池以 225A 电流放电时，在不同温度条件下输出的容量。

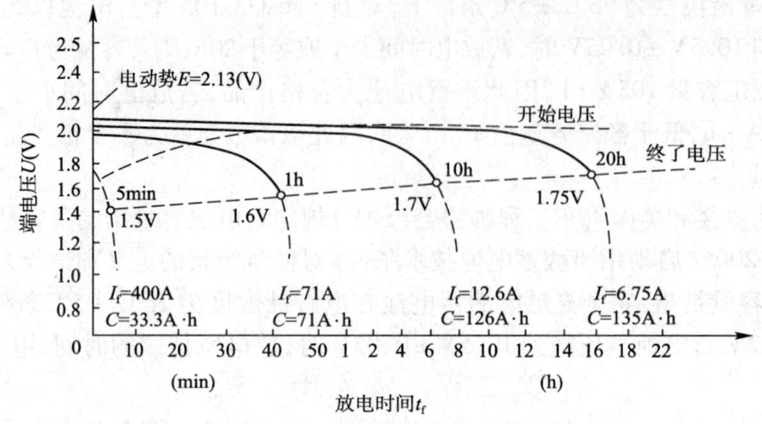

图 1-6　不同放电电流时的放电特性

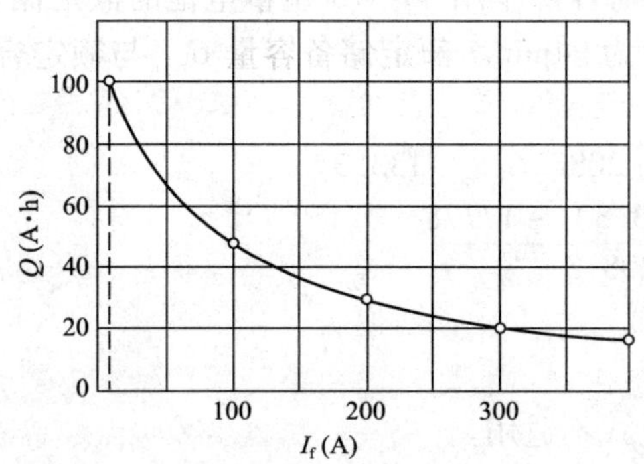

图 1-7　蓄电池容量与放电电流的关系

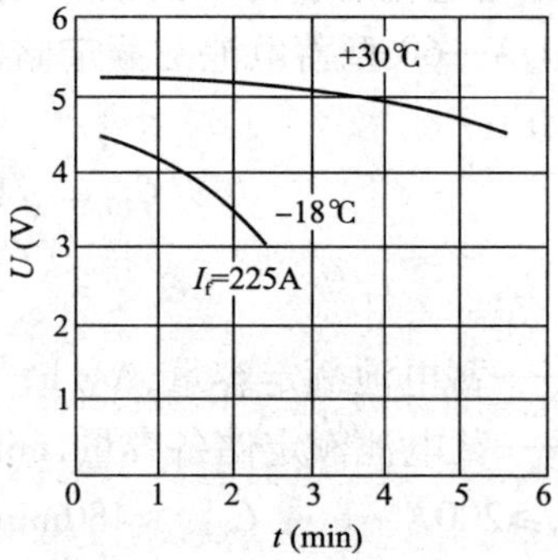

图 1-8　温度对放电特性的影响

我国标准 GB 5008.1—2005《启动用铅酸蓄电池技术条件》规定，蓄电池额定容量是指电解液温度为 25℃时，以 2h 率放电至终止电压时所应提供的电量，单位为 A·h。温度每降低 1℃，缓慢放电时容量约减少 1%，迅速放电时将减少 2%。不同温度条件下的容量可用下式换算为 25℃时的容量。

$$C_{25℃} = C_T[1 - 0.01(T - 25)] \tag{1-5}$$

式中：$C_{25℃}$——换算为 25℃时的容量，A·h；

C_T——电解液平均温度为 T 时的实际容量，A·h；

T——放电终止时中间单格电池电解液的温度，℃。

温度对蓄电池输出容量的影响给我国北方寒冷地区冬季汽车运行带来了一定困难，因此冬季应注重蓄电池的保温工作。

3）电解液相对密度对容量的影响

适当增大电解液相对密度，可以提高电解液的浸透速度和蓄电池电动势，延长放电时间，从而提高蓄电池输出容量。但是，当相对密度超过一定值时，由于电解液黏度增大使浸透速度降低，内阻和极板硫化增加，因此蓄电池输出容量又会减小。试验证明，电解液相对密度约为 1.23 时，蓄电池输出容量最大，如图 1-10 所示。综合考虑电解液相对密度对蓄电池性能的影响，汽车用启动型蓄电池充足电时的电解液密度，一般选在 1.26～1.29。

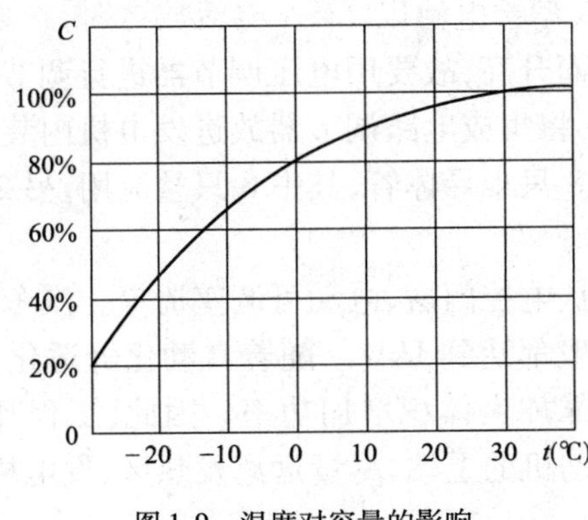

图 1-9　温度对容量的影响

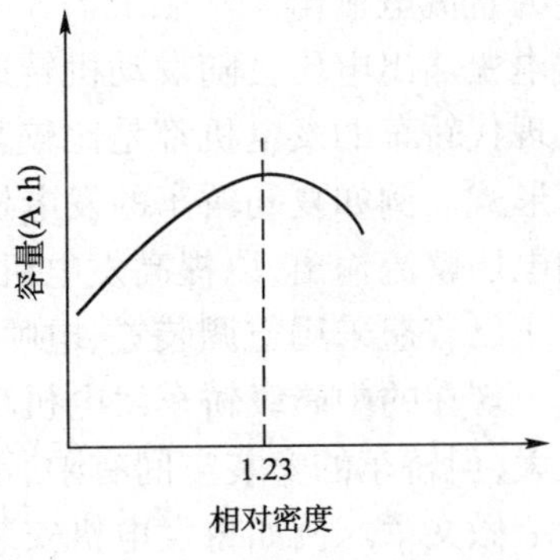

图 1-10　相对密度与容量的关系

第二节　发　电　机

汽车使用的电源有蓄电池和发电机两种,现代汽车采用交流发电机作为主要电源,蓄电池作为辅助电源。在汽车行驶过程中,交流发电机对除启动机以外的所有的用电设备供电,并向蓄电池充电,以补充蓄电池在使用中所消耗的电能。蓄电池在汽车启动时提供启动电流,当发电机发出电量不足时,可以协同发电机供电。

汽车用电器都是按照一定的直流电压设计的,汽油机常用 12V,柴油机常用 24V。在汽车上,发电机既是用电器的电源,又是蓄电池的充电装置,为了满足用电器和蓄电池的要求,对发电机的供电电压和电流变化范围有一定限制,需要配用调节器。

汽车所用的发电机有直流发电机、交流发电机。直流发电机是利用机械换向器整流,交流发电机是利用硅二极管整流,故又称硅整流发电机。早期的汽车采用直流发电机,靠换向器将电枢绕组内感应的交流电转变为直流电,但在换向过程中,电刷与换向器之向容易产生火花,从而引起换向器和电刷的烧蚀和磨损。随着发电机转速的提高,换向火花越来越大,无线电干扰也越来越严重,同时换向器和电刷的磨损加剧。因此,从 20 世纪 70 年代起直流发电机已经逐步被淘汰,现代汽车均采用交流发电机。交流发电机与直流发电机相比,具有以下几个特点:

(1)体积小,质量轻。

(2)在发动机低速运转时,仍能进行充电。

(3)故障少,使用寿命长,维修简便。

(4)调节器结构简单。

(5)很少产生干扰波。

一、交流发电机的构造

汽车用交流发电机,一般由三相同步交流发电机和硅二极管整流器两大部分组成。交流发电机分为定子绕组和转子绕组两部分,交流发电机的转子是用来建立磁场的,定子是用来产生交流电动势的。三相定子绕组按照彼此相差 120°的角度分布在壳体上,转子绕组由两块极爪组成。当转子绕组接通直流电时即被励磁,两块极爪形成 N 极和 S 极。磁力线由 N 极出发,透过空气间隙进入定子铁芯再回到相邻的 S 极。转子一旦旋转,转子绕组就会切割磁力线,在定子绕组中产生相差 120°角的正弦电动势,即三相交流电,再经由 6 只硅二级管组成的整流元件变为直流电输出。

由于发电机输出电压会随发动机转速增高而升高，故要用电压调节器进行调节，使之符合使用需要。现代轿车的发电机都是比较紧凑的，将集成电路调节器放进发电机内装成一体，并且采用多管形式。例如夏利轿车的发电机就有 8 只半导体管，其中 6 只整流用，另 2 只用于三相中性点的电压整流输出，以提高发电机的功率。

现代轿车已普遍采用空调装置、电喷发动机、电控门窗、电动可调座椅等。汽车越高级，用电量就越大。现在的中高级轿车发电机功率一般都达到 1kW。随着自动化舒适化的提高，用电量还要加大，但轿车的安装空间有限，不可能靠加大体积增加功率。因此，工程师就在冷却和安装位置上做文章。例如将发电机安装在发动机的上端，尽量远离发热区；发电机的前后端都装上风扇叶，以增强冷却效果。

JF132 型交流发电机的构造如图 1-11 所示。

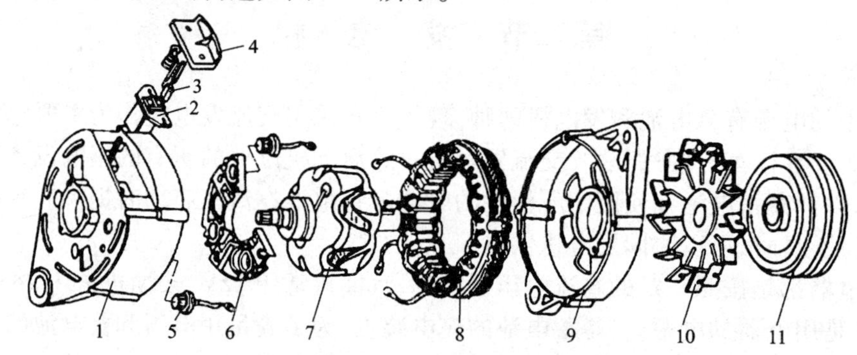

图 1-11　JF132 型交流发电机的构造

1-后端盖；2-电刷架；3-电刷；4-电刷弹簧压盖；5-硅二极管；6-元件板；7-转子；8-定子；9-前端盖；10-风扇；11-V 带轮

二、交流发电机的工作原理

1. 发电原理

在汽车用交流发电机中，由于转子磁极是鸟嘴形，其磁场的分布近似于正弦规律，所以交流电动势也近似于正弦波形，相差互为 120°(图 1-12)。

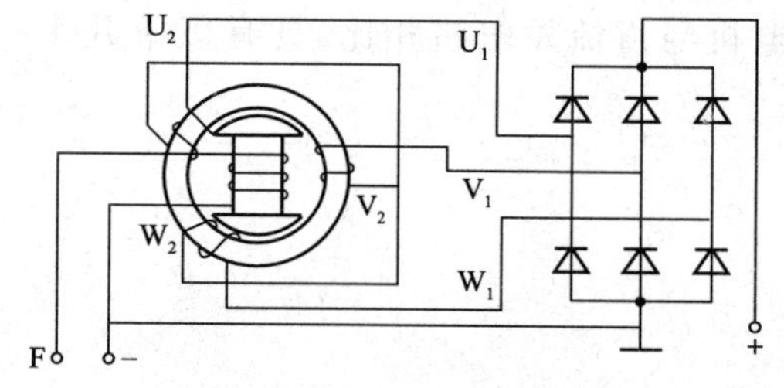

图 1-12　交流发电机的工作原理

2. 整流原理

硅二极管具有单向导电性。在某一瞬间，正极二极管上哪一相的电压最高，哪一相的正极管就获得正向电压而导通。负极管上哪一相的电压最低，哪一相的负极管就获得正向电压而导通。三相桥式整流器电路中的电压、电流波形如图 1-13 所示。

实际上，在汽车交流发电机中选用的二极管，其允许的反向电压要高得多，可以承受电路中各种瞬时过电压对二极管的冲击。

3. 励磁方法

交流发电机的励磁电路如图 1-14 所示。

汽车用交流发电机最常用的是九管交流发电机，也就是具有 9 个硅二极管的发电机。其中 6 个硅二极管组成整流器，利用二极管的单向导电性将交流发电机产生的交流电压转变成直流电压，另外 3 个二极管提供通过发电机中的励磁绕组的电流，称为励磁二极管。九管交流发电机不仅可以控制充电指示灯指示蓄电池的充电情况，指示充电系统是否发生故障，还可以在停车时，提醒驾驶人断开点火开关。九管交流发电机的原理如图 1-15 所示。

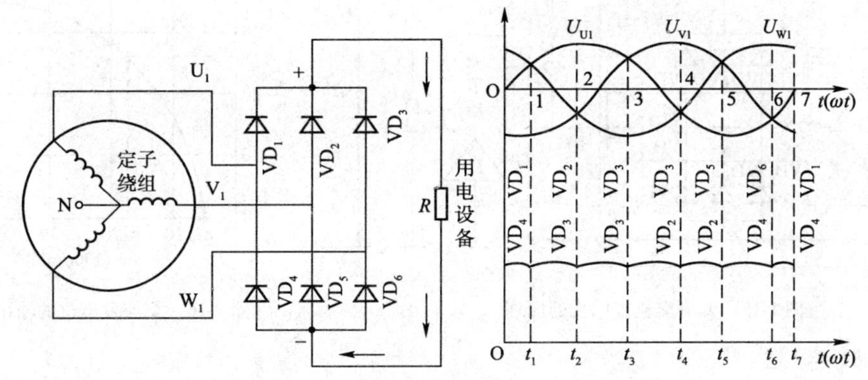

图 1-13　三相桥式整流器电路中的电压、电流波形

由于二极管有 0.6V 的门槛电压，所以汽车用交流发电机只有在发电机处于较高转速的时候才能自己发电，称为自励过程。当发电机的转速较低时，由蓄电池供给电流，称为他励过程。因此，交流发电机发电，要先经过他励过程，再经过自励过程，其工作原理如下。

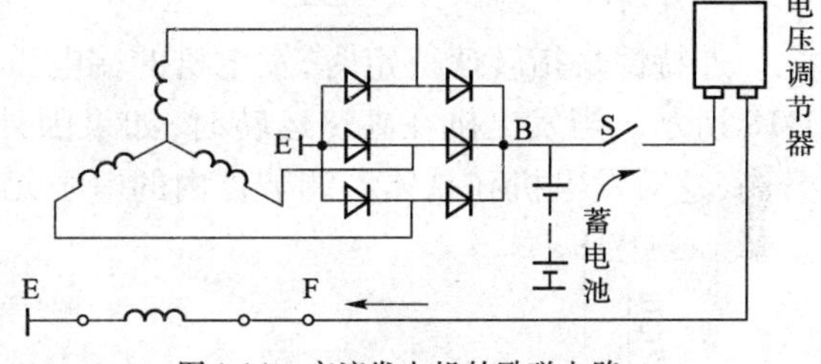

图 1-14　交流发电机的励磁电路

当开关闭合后，首先由蓄电池提供电流，电路为：蓄电池正极→充电指示灯→调节器触点→励磁绕阻 R_f→搭铁→蓄电池负极。

此时，充电指示灯由于有电流通过，所以灯会亮。

但发动机启动后，随着发电机转速提高，发电机的端电压也不断升高，当发电机的输出电压与蓄电池电压相等时，发电机"B"端和"D"端的电位相等，此时，充电指示灯由于两端电位差为零而熄灭。指示发电机已经正常工作，励磁电流由发电机自己供给。发电机中三相绕阻所产生的三相交流电动势经 6 只二极管整流后，输出直流电，向负载供电，并向蓄电池充电。

当发电机高速运转、充电系统发生故障而导致发电机不发电时，"D"端无电压输出，所以充电指示灯由于两端电位差增大而发亮，警告驾驶人及时排除故障。九管交流发电机在停车后，蓄电池向充电指示灯继续提供电流，则充电指示灯会一直亮，提醒驾驶人断开点火开关。

三、交流发电机的工作特性

汽车交流发电机的工作特点是转速变化范围大，因此，必须了解其输出电流、端电压与转速变化之间的关系，即交流发电机的工作特性。

1. 输出特性

输出特性是指发电机的端电压不变时输出电流 I 与发电机转速 n 之间的关系，交流发电机的输出特性如图 1-16 所示。发电机转速甚低时，其端电压低于额定电压，此时发电机不向外供电；当发电机空载时，转速达到额定电压值的转速 n_1，称为空载转速。发电机达到额定功率时的转速称为满载转速 n_2。

由输出特性可得如下结论。

(1) 只有当发电机转速高于 n_1 时才可能向外供电，n_1 是选定发电机传动比的主要依据。

(2) 满载转速是判断发电机技术性能的重要指标。

(3) 当转速达到一定值时，其输出电流不再随转速升高而升高，因此具有限流作用。

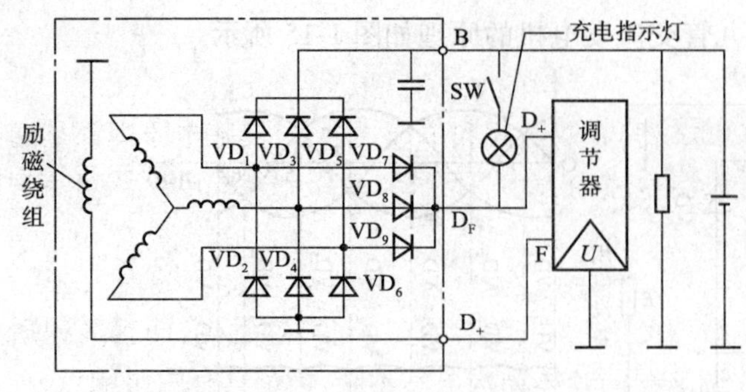

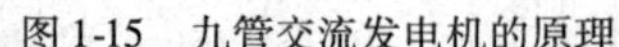

图 1-15　九管交流发电机的原理

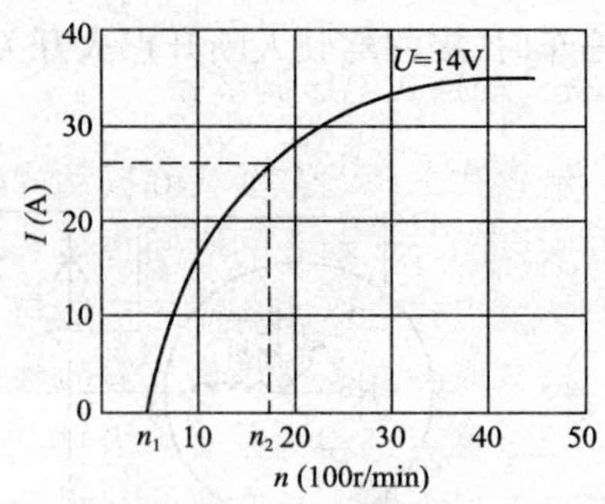

图 1-16　交流发电机的输出特性

2. 空载特性

空载特性是指发电机空载时，其端电压与转速之间的关系，交流发电机的空载特性如图 1-17 所示。空载特性是判断发电机充电性能是否良好的重要依据。

3. 外特性

外特性是指转速一定时，发电机的端电压与输出电流之间的关系，交流发电机外特性如图 1-18 所示。当发电机在高速运转时，如果因外电路开路而突然失去负载，则其端电压将急剧升高，这对发电机和晶体管调节器内的电子元件都是有害的。

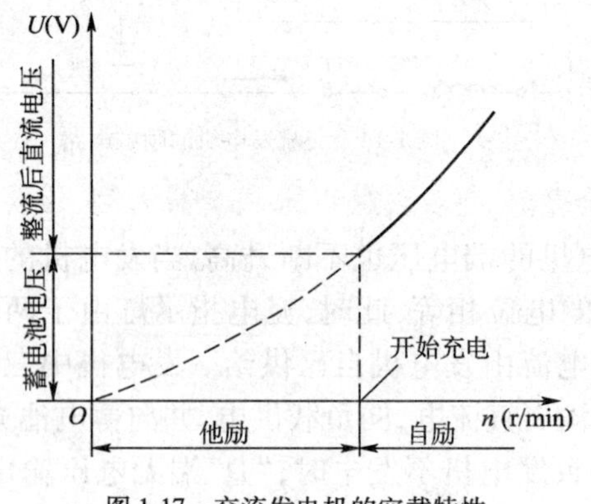

图 1-17　交流发电机的空载特性

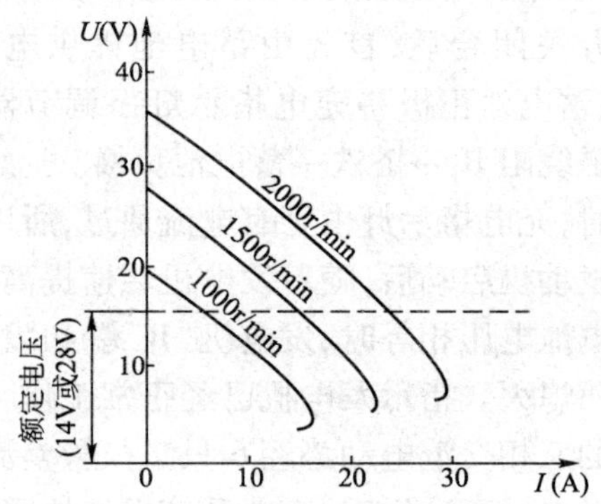

图 1-18　交流发电机的外特性

第三节　电压调节器

汽车在行驶过程中，由于发动机的转速随时都在变化，交流发电机的转速也随之变化，因此，发电机输出电压必然随转速变化而变化。交流发电机电压调节器把交流发电机的电压控制在一定的规定范围内，当发电机转速发生变化时，它将自动调节发电机输出电压并使电压保持恒定，防止输出电压过高而损坏用电设备和避免蓄电池过量充电。

直流发电机所匹配的调节器一般都是由电压调节器、电流限制器、截断继电器三部分组成。交流发电机调节器都可大大简化。由于硅二极管具有单向导电的特性，当发电机电压高于蓄电池电动势时，二极管有阻止反向电流的作用，所以交流发电机不再需要截流继电器。由于交流发电机具有限制输出电流的能力，因此也不再需要限流器。但它的电压仍是随转速变化而变化的，所以为了得到恒定的直流电压，必须装电压调节器。

现在汽车所用的交流发电机（硅整流发电机）调节器按其结构和工作原理可分为机械电子振动式调节器（也称为触点式电压调节器）和电子调节器两类。

一、触点式电压调节器

触点式电压调节器又称振动式电压调节器，有双级式和单级式之分，其基本原理都是通过改变触点闭合或断开的时间长短来改变励磁电流的大小。下面以双级触点式电压调节器为例来介绍触点式电压调节器的构造与工作原理。

1. 双级触点式电压调节器的构造

双级触点式调节器与单级触点式调节器的区别在于多装了一对高速触点，而且高速触点是搭铁的。不同厂家生产的双级触点式调节器的具体结构虽然不同，但都具有两对触点，一对动断触点为低速触点，一对动合触点为高速触点。活动触点在两个静触点的中间，可以进行两级电压调节。调节器对外部只有火线和磁场两个接线柱。

2. 双级触点式电压调节器的工作原理

交流发电机每相电压 $U_{\Phi}=4.44KfN\Phi$，而发电机经整流后输出的直流电压 $U=2.34U_{\Phi}$，所以得

$$U=2.34\times4.44KfN\Phi \tag{1-6}$$

式中：K——常数；

f——发电机转子频率；

N——线圈匝数。

因此，交流发电机端电压的高低，取决于转子的转速和磁极磁通。要保持电压 U 恒定，在转速 n 升高时，相应减弱磁通 Φ，这可以通过减少励磁电流来实现；在转速 n 降低时，相应增强磁通 Φ，这可以通过增大励磁电流来实现。现以 FT61 型双级触点式调节器为例，说明其工作原理，如图 1-19 所示。

(1) 发动机启动并闭合点火开关时，发电机转速很低，其端电压低于蓄电池端电压，调节器低速触点闭合，由蓄电池向发电机提供他励励磁电流。此时的励磁电路为：蓄电池正极→电流表→点火开关→调节器正极接线柱 S→低速触点 K_1→衔铁→调节器磁场接线柱 F→发电机励磁绕组→搭铁→蓄电池负极。这种情况下，用电设备均由蓄电池供电，电流表指向“－”的一侧，调节器不工作。

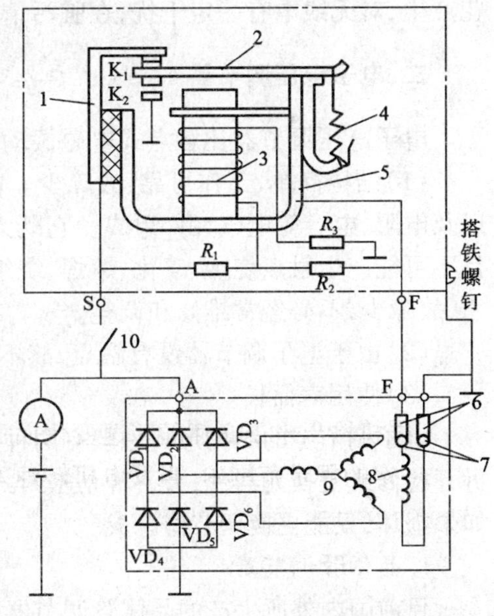

图 1-19 FT61 型双级触点式调节器原理电路

1-静触点支架；2-衔铁；3-磁化线圈；4-弹簧；5-磁轭；6-电刷；7-集电环；8-磁场绕组；9-三相定子绕组；10-点火开关

R_1-加速电阻（1Ω）；R_2-调节电阻（8.5Ω）；R_3-补偿电阻（13Ω）；K_1-低速触点；K_2-高速触点

(2) 当发电机转速升高，其端电压略高于蓄电池的端电压但低于 14V 时，调节器低速触点仍闭合，发电机由他励转入自励而正常发电。励磁电路基本不变，只是蓄电池被发电机取代。从此开始，所有用电设备均由发电机供电，同时，发电机向蓄电池充电。电流表指向“＋”的一侧，调节器处于准备工作状态，工作电路为：发电机正极→点火开关→调节器正极接线柱 S→R_1→R_3→搭铁→发电机负极。

(3) 当发动机升至较高转速，发电机的电压达到第一级调压值时，调节器线圈中的铁芯电磁力克服弹簧力，使低速触点 K_1 打开，但尚不能使高速触点 K_2 闭

合。因为励磁电路中串入 R_1 和 R_2，而 R_2 阻值比 R_1 大得多，使励磁电流减小，端电压下降，低速触点又闭合；低速触点 K_1 重新闭合后，切去电阻 R_1+R_2，使励磁电流再次增大，端电压再次升高，低速触点再次打开。如此循环下去，在低速触点不断开合振动下实现第一级电压的调节工作。一级调压的励磁电路为：发电机正极→点火开关→调节器正极接线柱 S→R_1→R_2→调节器磁场接线柱 F→发电机励磁绕组→搭铁→发电机负极。

(4)发动机高速运转时，发电机的电压将超过第一级调压值，达到第二级调压值，调节器线圈中的铁芯电磁力远大于弹簧力，使高速触点 K_2 闭合，立即将励磁电路短接搭铁。于是励磁电流急速减小，电压下降，高速触点打开；高速触点打开之后，励磁电路又被接通，励磁电流又增大，电压又上升，高速触点又闭合。如此循环下去，在高速触点不断开合振动下实现第二级电压的调节工作。二级调压高速触点闭合时的励磁电路短接回路为：搭铁→高速触点 K_2→衔铁→磁轭→调节器磁场接线柱 F→发电机励磁绕组→搭铁。

(5)发动机停转时，断开点火开关，发电机不发电，调节器恢复到不工作状态，即低速触点 K_1 常闭，高速触点 K_2 常开，电流表指针回到零位。

3. 调节器的性能

双级触点式调节器能调控两级电压，适合与高速旋转的交流发电机匹配使用。在汽车正常行驶中，调节器一般多工作在第二级电压调节状态。

双级触点式调节器的优点是：在设计制造时对所配电阻值作了合理的选择，触点火花小，触点开合频率有所改善，灵敏度较高，调压质量符合使用要求。其缺点是：触点间隙太小，仅 0.2~0.3mm，不便于维护和检查调整；第一级调节电压与第二级调节电压相差仅 0.5~1V，在低速触点过渡到高速触点工作时，出现失调区，对充电性能有一定影响；触点断开时仍有电火花产生，对无线电有一定干扰；在脏污情况下会导致触点烧结故障。

二、电子电压调节器

电子电压调节器比触点式电磁振动式调节器好，其优点如下：

(1)结构简单、工作可靠、故障少。电子调节器都是由晶体管、二极管、稳压管或集成电路以及电阻、电容等电气元件组成。它既无触点又无线圈，更无振动部件，所以不但结构简单，而且不可能产生触点烧蚀、氧化、熔焊、绕组损坏及振动机构失灵等现象，因此电子调压器性能可靠、故障少，不必经常维修和调整。

(2)由于电子调节器没有触点，故不会产生触点火花，因而对无线电设备的干扰减小。

(3)使用寿命长。

电子调节器的结构形式一般有两种：一种为可拆式，它的盖子与底座是用螺钉连接的，可拆开检修或更换元器件；另一种是密封式的，不可拆卸。电子元器件装入后用树脂封装起来。如果损坏，只能更换调节器总成。

1. 晶体管调节器

目前国内外所生产的晶体管调节器的基本结构大致相同，一般都是由 2~3 个晶体管、一个稳压管或二极管，以及一些电阻、电容等组成。

晶体管调节器大多采用铝合金材料做外壳，将大功率晶体管直接安装在外壳上，其外壳装有散热片。其他元件一般都装在印制电路板上，电路板用螺钉与调压器底座固定。

调节器的引线接头有插头式和接线板式两种。上面分别标有“+”(电枢或火线)，“-”(搭铁)和“F”(磁场)的符号或标记。在调节器与发电机连接时，应将对应的接线柱相连。

晶体管调节器由三个基本部分构成:电子开关部分、开关控制部分和信号检出部分。

信号检出部分也叫电压敏感电路,它的作用是检出高于规定的供电电压,并将其变为另一信号电压。

开关控制部分的作用是把这一信号电压变为控制电子开关通断的控制电压。

电子开关部分则是按控制电压的变化,改变发电机激磁绕组电路通断时间比例的开关装置。

当发电机电压高于规定供电电压时,电子开关即切断激磁电流,使发电机输出电压迅速下降,当其降至规定电压之后,开关又接通激磁电流,如此反复,实现如同振动式调压器触点振动的效果,控制发电机输出电压,使之稳定不变。下面举几个实例。

1)JFT126、JFT246 型调节器

这种调节器的原理电路如图 1-20 所示。

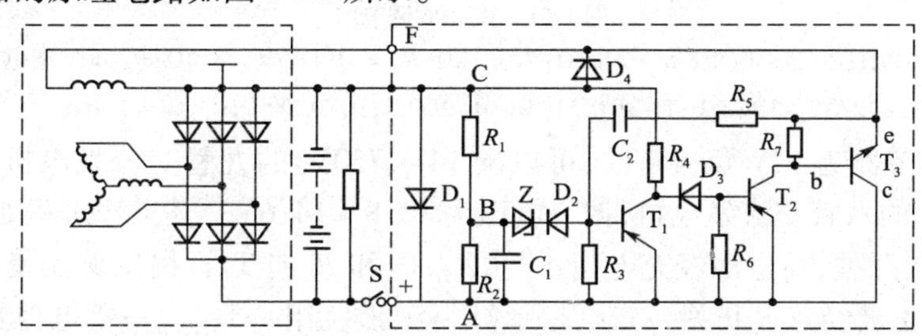

图 1-20　JFT126、JFT246 型晶体管调节器

图中右虚线框为调节器。调节器左至右依次为信号检出、开关控制部分和电子开关部分。大功率晶体管 T_3 串在发电机的磁场电路中,T_3 导通则磁场绕组中有电流流过,使发电机电压升高。当发电机电压高于规定值时,T_3 截止,磁场电路断开使发电机电压急剧下降。当下降到规定值后,T_3 重又导通,接通磁场电路,使发电机电压重新升高。依此往复,发电机电压便被稳定于规定值。

具体工作过程如下:

(1)合上点火开关 S。蓄电池电压加在 R_1 和 R_2 组成的分电器的 A、C 两端。R_2 分得的电压 U_{AB} 为

$$U_{AB} = U_{AB}\frac{R_2}{R_1 + R_2} \tag{1-7}$$

U_{AB} 通过 T_1 管的发射极 e 和二极管 D_2 加到稳压管 Z 上,稳压管 Z 承受反向电压。由于此反向电压小于稳压管的击穿电压,所以稳压管 Z 截止。所以 T_1 由于无基极电流而处于截止状态。

T_2 在 R_4 的偏置作用下,有基极电流流过,所以 T_2 导通,由于 T_2 和 T_3 是复合管,因此 T_3 也导通,于是蓄电池通过 T_3 供给激磁绕组电流,其电路为:蓄电池"+"→S→调节器"+"→$T_{3(c,e)}$→调节器磁场接线柱 F→激磁绕组→搭铁。于是,发电机产生电压。

(2)当发电机电压随转速升高,而超过规定值(如 14V)时,分压器加在稳压管 Z 上的反向电压达到其击穿电压,则稳压管 Z 导通。于是,T_1 有基极电流流过而导通,T_2 被短路而截止,同时 T_3 也截止。切断了激磁电路,使发电机电压降下来。

(3)当发电机电压下降到低于规定值(如 14V)时,由于加在稳压管 Z 上的反向电压低于其击穿电压,于是稳压管 Z 又重新截止,T_1 也截止,T_2 又导通,激磁电路又被接通,发电机电压

又上升。如此反复，把发电机的电压稳定在规定值。

2)JFT106 型调节器

JFT106 型电压调节器电路如图 1-21 所示。

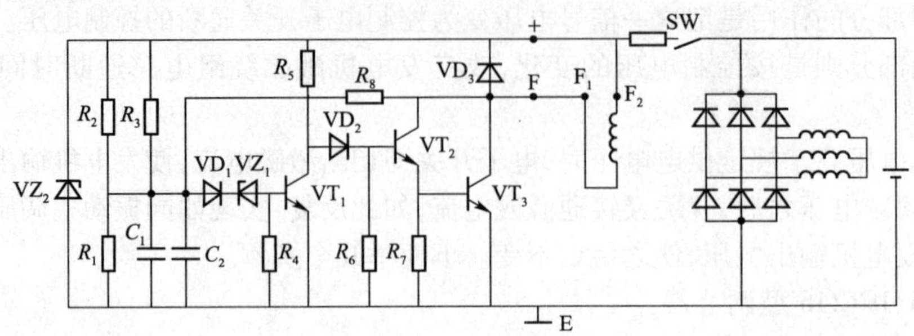

图 1-21　JFT106 调节器

$R_1=1k\Omega$；$R_2=510\Omega$；R_3-微调电阻；$R_4=240k\Omega$；$R_5=1k\Omega$；$R_6=510\Omega$；$R_7=510\Omega$；R_8-负反馈电阻；Z_1-2CW；Z_2-10W40；T_1-3DG12A；T_2-3DG27B；T_3-3DD15D；D_1、D_2-2CP12；D_3-2CZ85D；C_1、$C_2=4.7\mu F$

JFT106 型调节器为 14V 负极搭铁，可以配 14V、750W 的九管交流发电机，也可用于 14V 功率小于 1000W 的六管交流发电机，调节电压为 13.8～14.6V。其工作过程如下：

(1)接通点火开关，蓄电池经充电指示灯，R_5、D_2和 R_7向 T_2管提供偏流使其导通，T_3也接着导通。蓄电池正极经点火开关→充电指示灯→激磁绕组→$T_{3(c,e)}$→蓄电池负极（搭铁），对交流发电机进行他激。此时充电指示灯亮。

(2)随着发电机转速升高，电压逐渐升高，通过激磁二极管加于充电指示灯两端电位相近，充电指示灯熄灭。当 A 点电压达到调压值时，R_1、R_2组成的分压器上 R_1两端电压将使稳压管 Z_1反向击穿，使 T_1导通，T_2与 T_3则截止。激磁电流迅速下降，发电机端电压及 A 点电位也随之下降。

(3)A 点电位下降，使稳压管 Z_1截止，T_1随之截止而 T_2、T_3导通，电压又迅速上升。

如此反复交替工作，控制发电机电压保持在规定值上。

电路中，R_3起稳定作用；C_1、C_2起降低 Z_1、T_1开关频率作用；D_3起保护 T_3不被激磁绕组自感电动势击穿；D_1、D_2为温度补偿二极管，以减少温度对晶体管工作特性的影响；R_4为正反馈电阻，以提高晶体管转换速度，减少损耗，改善波形。

3)JFT201 型调节器

JFT201 型晶体管调节器电路如图 1-22 所示。

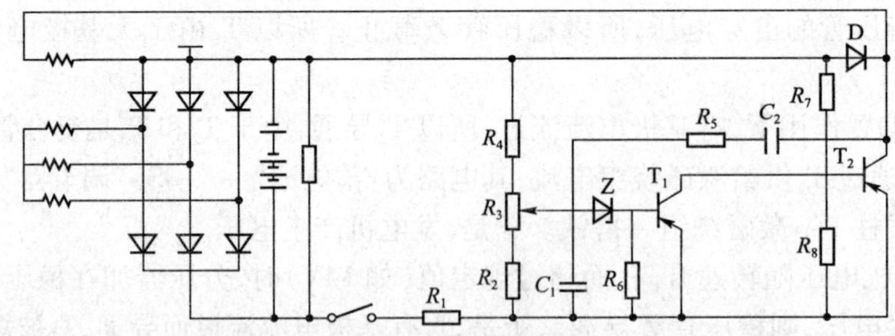

图 1-22　JFT201 型晶体管调节器

D-2DZ$_1$A150V；T_1-3AX81A；T_2-3AD30C；$R_1=0.25\Omega$；$R_2=56\Omega$；$R_3=68\Omega$；$R_4=56\Omega$；$R_5=56\Omega$；$R_6=56\Omega$；$R_7=180\Omega$；$R_8=56\Omega$；$C_1-20\mu F$；$C_2-0.22\mu F$；Z-2CW15

JFT201 型调节器工作过程如下：

(1)合上点火开关，蓄电池电压同时加到由电阻 R_2、R_3、R_4 组成的分压器及晶体管 T_2 的偏置电路 R_7、R_8 上。此时分压器至稳压管 Z 的反向电压，低于稳压管的击穿电压，反向电流为零，即 T_1 的基极电流为零，所以 T_1 截止。T_2 处于正向偏置而导通。蓄电池通过 T_2 给激磁绕组供电。电路为：蓄电池正极→点火开关→R_1→$T_{2(e,c)}$→激磁绕组→蓄电池负极(搭铁)。

(2)当发电机转速升高至电压高于蓄电池电压时，便自己供给激磁电流。发电机的电压升至调压值(13.5 ~ 14.5V)时，分压器 R_2、R_3、R_4 加至稳压管 Z 两端的反向电压达到击穿电压，稳压管 Z 被击穿。T_1 产生基极电流而导通。此时 T_2 的发射极与基极被 T_1 短路而截止，截断发电机激磁电路，使发电机电压下降。

(3)当发电机电压低于调节电压时，加在稳压管 Z 两端的反向电压低于击穿电压，稳压管截止，T_1 也截止，而 T_2 又导通，发电机的激磁电流上升，输出电压升高。

如此反复，使发电机电压稳定在规定值上。

2. 集成电路(IC)调节器

集成电路，是指在一块微小基片上，组装着许多半导体元件和其他电路元件所构成的电子电路。

1967 年美国通用汽车公司的台尔柯无线电分部(The Delco Radio Division of General Motors)，成功地发展了集成电路调节器。它是自分立元件型晶体管调节器取代触点式调节器以来，对晶体管调节器的改进或更新换代产品。

集成电路调节器有如下优点：

(1)体积很小。可以把它组装到发电机内部，简化了接线，减少了线路损失，从而使发电机的实际输出功率提高 5% ~10%。

(2)电压调节精度高。电磁振动式调节器的电压调节精度为 ±1.0V，晶体管调节器为 ±0.5V，而集成电路调节器则为 ±0.3V。当发电机在不同转速范围内变化时，其电压的变化可限定在 0.1V 以内。采用集成电路调节器可使汽车电气系统的工作电压保持稳定，并且基本上不需要对调节器进行检修和调整。

(3)可增大发电机激磁电流。可达 6A 以上，确保发电机自激和建压。

(4)集成电路调节器用塑料或树脂封装，故能承受潮湿、泥土、油污、低温等恶劣环境的影响，它还能耐高温 130℃。

(5)由于内部无可移动零件，能承受较大机械振动和冲击。

(6)使用寿命长，可达 16 万 km 以上。

(7)具有自检、保护等功能。

现在汽车上所装用的集成电路调节器通常是以混合集成电路技术为基础的。混合集成电路采用了两种技术，即半导体技术和厚膜或薄膜技术。它把无源元件电阻、电容及导线和有源元件晶体管、二极管及稳压管等分立元件同时制在一块基片上，从而构成集成电子电路。

集成电路可分为两大类：绝缘基片和半导体基片。绝缘基片式集成电路是由镀在绝缘板上的无源元件(电阻、电容)和焊在该板上的半导体元件所组成。这种集成电路按无源元件的涂镀方法，通常分为厚膜电路和薄膜电路两种。厚膜电路和薄膜电路的制造工艺是从印制电路的制造工艺发展而来。采用连续印制刻蚀的方法，用涂料在其基板上制作出各种无源元件；而半导体基片式集成电路则是以晶体管制造工艺为基础来制作的。

厚膜集成电路制造工艺过程是：先将必需的材料涂敷在基片上，形成一些单个的导体和导阻,然后进行焙烧。焙烧后,将基片固定到支撑板上,再用模板盖好。然后,把成型的焊料、分立元件和引线的抽头均装入模板,再把制作好的电路安装在加热板上,进行自动焊接。基片由超声波清洗,待检查其焊接质量后,再确定调节电压值。

若需调整集成电路调节器的调压值,可通过改变电阻的厚度加以调节,同时采用电桥电路来自动控制其电阻值的变化。电路制成后,应该把它置于铝质的壳体中,用塑料或树脂灌封起来即可。

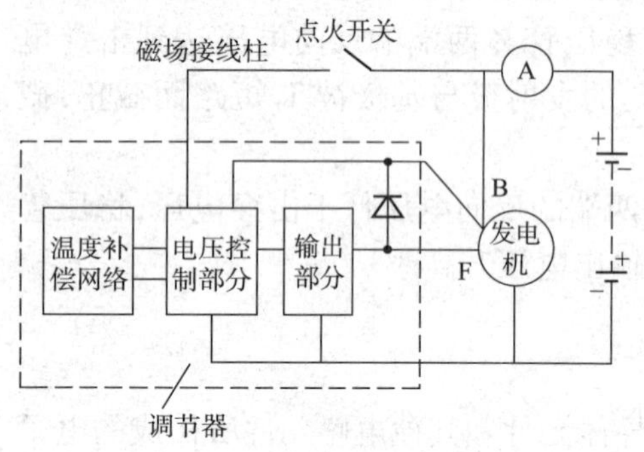

图 1-23　集成电路调压器的组成框图

集成电路调节器通常由电压控制、励磁电流控制(输出控制)和温度补偿三大部分组成。如图 1-23 所示。图中的电压控制部分包括由电阻组成的分压器和由稳压管及晶体管所组成的电压放大极;输出部分通常由大功率复合管构成;温度补偿,一般将热敏电阻与分压电阻并联,或用无源元件与半导体元件一起组成温度补偿网络。

1)典型的集成电路调节器

图 1-24 所示即为典型的集成电路调节器电路,图中稳压管 Z_2是起限压保护作用,限制由点火系统传感到集成电路调节器上来的过电压,保护调节器不被损坏。

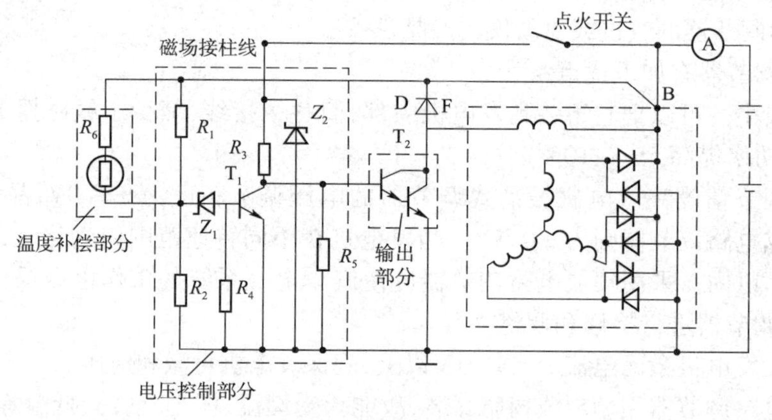

图 1-24　典型的集成电路调压器

集成电路调节器的类型虽有很多,但其基本原理大致相同,现就图 1-24 所示的典型电路简述其调压原理:

(1)当发电机输出电压低于调节电压值时,蓄电池或发电机向激磁绕组提供激磁电流(他激或自激)。此时,蓄电池或发电机通过电阻 R_3 给复合晶体管 T_2 的发射极(b－e)加正向偏压,使 T_2 饱和导通。激磁电流的路径为:蓄电池或发电机的"＋"→激磁绕组→$T_{2(c,e)}$→蓄电池或发电机的"－"(搭铁)。

(2)当发电机输出电压随着激磁电流的增长而上升到调节电压值时,由于发电机输出电压的上升,从而使电阻 R_2 两端的分压达到稳压管 Z_1 的击穿值,使 Z_1 与 T_1 同时导通,T_2 被短路而截止,发电机激磁回路被切断,激磁电流减小,磁场削弱,发电机输出电压降低。

(3)当发电机输出电压下降到低于调压值时,T_2 又导通,发电机电压又上升。这是因为电阻 R_2 两端的分压不能维持稳压管 Z_1 反向击穿,使 Z_1 截止,T_1 也截止。复合管 T_2 在 R_3 的正向偏置作用下重又导通,发电机电压又升高。

如此反复，不断对发电机输出电压进行自动调节，并控制在规定的调节范围之内。

2）JFT151 型集成电路调节器

JFT151 型集成电路调节器为薄膜混合集成电路调节器。其内部电路如图 1-25 所示。其工作原理与上述相同。即当发电机电压低于规定值时，稳压管 Z_1 截止，T_1 也截止，T_2 在 R_4 的偏置作用下导通，激磁电路接通，发电机电压上升；当发电机电压高于规定值时，稳压管 Z_1 被击穿导通，T_1 也导通，则 T_2 被短路而截止，激磁电路被切断，发电机电压下降。如此反复使发电机电压保持恒定。

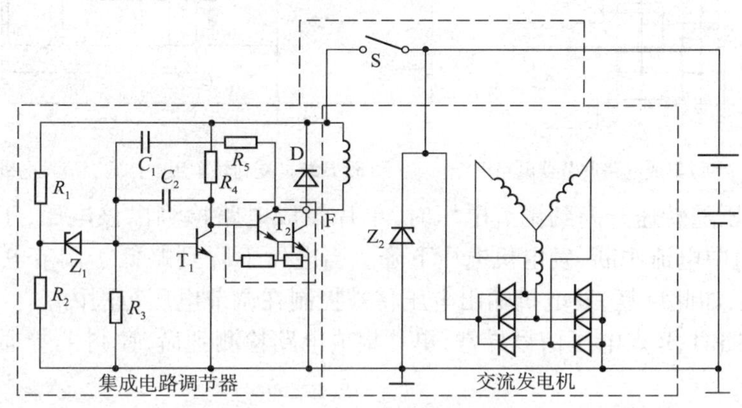

图 1-25　JFT151 型集成电路调节器

3）英国鲁卡斯（Lucas）集成电路调节器（8TR 型）

英国 8TR 型调节器是厚膜工艺中最早的调节器。其电路如图 1-26 所示。

8TR 型调节器的电阻用钌制造，连接导线用钯银材料，2 个电容器和 5 个半导体器件是另外加上的，整个部件装在一个导热良好的铝壳内，并用硅橡胶封装。

当接通点火开关时，蓄电池电流经充电指示灯流入激磁绕组，由于正的预电压经 R_4 加给 T_2 基极，使 T_2 导通，T_3 也随之导通。产生激磁电流，使发电机电压升高。

当发电机电压随转速升高达到规定值时，经分压器 R_1、R_2 加给稳压管 Z 的电压使之击穿而导通，T_1 也是导通，T_2、T_3 截止，激磁电流减小，端电压下降；T_1 截止，T_2 和 T_3 导通，激磁电流增大，电压升高。如此反复，使电压恒定。

4）具有保护功能的集成电路电压调节器

夏利汽车发电机内装集成电路调节器及充电系统电路如图 1-27 所示。该发电机调节器是由一块单片集成电路和晶体管等元件组成的混合集成电路调节器，装于发电机内部，构成整体式交流发电机。

调节器工作过程如下。

点火开关接通且发电机未转动时，蓄电池端电压经接线柱 IG 输入单片集成电路，使晶体管 T_1、T_2 均有基极电流流过，于是 T_1、T_2 同时导通。T_1 导通，发电机由蓄电池进行他励，磁场绕组中有电流流过，电流流向为：蓄电池正极→接线柱 B→磁场绕组→T_1→搭铁→蓄电池负极；导通时，充电指示灯亮，表示发电机不发电。

发电机运转后，其端电压高于蓄电池电动势而小于调节电压时，T_1 仍导通，但发电机由他励转为自励，并向蓄电池充电。同时，由于 P 点电压输入单片集成电路使 T_2 截止，故充电指示灯会熄灭，表示发电机工作正常。

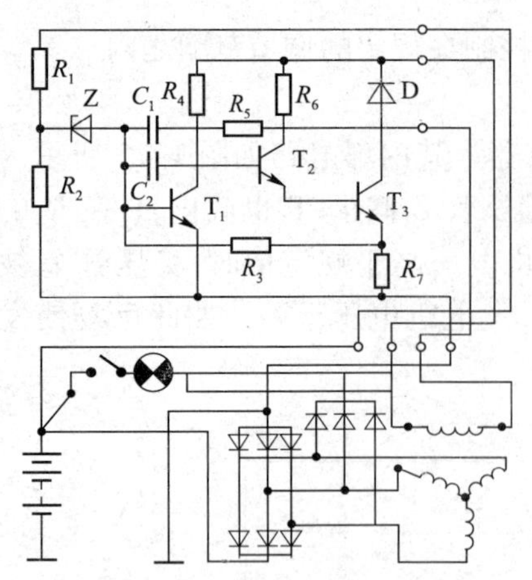

图 1-26 8TR 型(鲁卡斯)集成电路调节器电路图

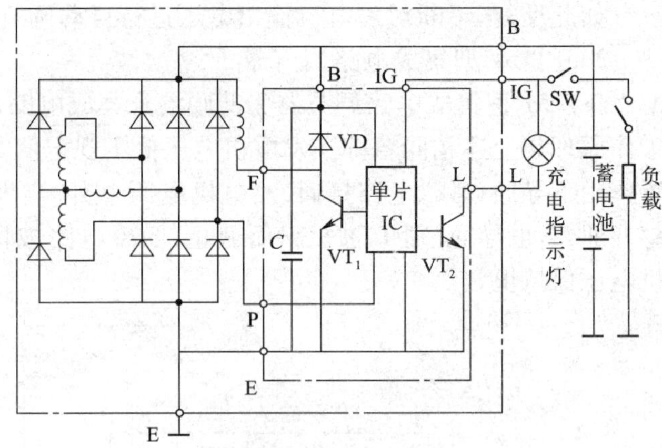

图 1-27 夏利轿车用整体式交流发电机电路原理图

当发电机电压随转速升高到调节电压时,单片集成电路检测出该电压,于是 T_1 由导通变为截止,磁场绕组中电流中断,发电机电压下降。当电压下降到略低于调节电压时,单片集成电路使 T_1 又导通,如此反复,发电机输出电压将被控制在调节电压范围内。

磁场电路断路时,P 点电压信号异常,单片集成电路检测到后,控制 T_2 导通,点亮充电指示灯,以示异常。

当发电机的输出端 B 断线时,发电机无输出,导致 IG 点电位降低。当单片集成电路检测到 IG 点电位低于 13V 时,令 T_2 导通,点亮充电指示灯,同时可根据 P 点电位将发电机端电压控制在 13.3 ~ 16.3V。

第二章　常用汽车电器

第一节　起　动　机

汽车发动机没有自起动能力，需由外力带动曲轴旋转才能进入正常工作状态。发动机的起动方式有人力起动、辅助汽油机起动、电力起动机起动。人力（手摇）起动虽简单，但不安全，所以目前仅作为后备方式而保留着。辅助汽油机起动虽然功率大，但结构复杂、成本高、操作不方便，所以汽车不予采用。电力起动机起动具有结构简单、操作方便、起动迅速、成本低、可靠性好等优点，所以现代汽车都采用这种起动方式。

电力启动机由直流串激式电动机、传动机构和控制装置三部分组成。

一、直流串激式电动机

直流串激式电动机的功能是在直流电作用下产生电磁转矩。

1.结构组成

直流串激式电动机主要由机壳、磁极、电枢、换向器及电刷等组成，如图 2-1 所示。

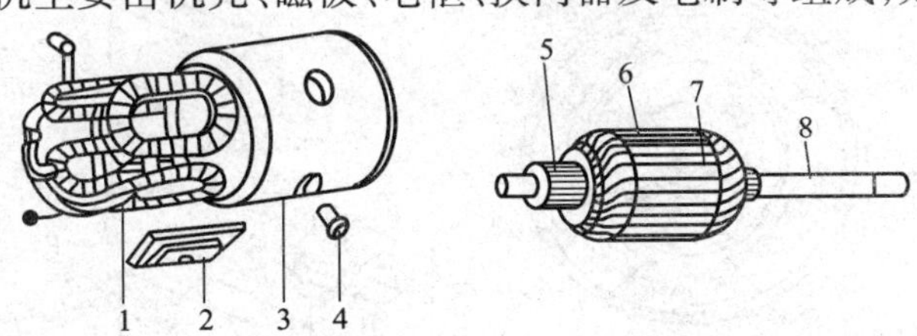

图 2-1　直流串激式电动机结构图

1-磁场绕组；2-磁极铁芯；3-外壳；4-磁极固定螺钉；5-换向器；6-转子铁芯；7-电枢绕组；8-电枢轴

1）磁极

磁极的作用是产生磁场，由铁芯和磁场绕组组成。铁芯用螺钉固定在壳体的内壁上，其上套有磁场绕组。磁极的数目一般为 4 个（两对），功率超过 7.5kW 的起动机有用 6 个（三对）的。磁场绕组用矩形截面的裸铜条绕制。4 个磁场绕组的连接方法有两种，如图 2-2 所示。一种是 4 个相互串联［图 2-2a)］，另一种是两串两并，即先将两个串联后再并联［图 2-2b)］。不论采用哪一种连接方式，4 个磁场绕组产生的极性是相互交错的。

2）电枢和换向器

电枢是产生电磁转矩的核心部件，主要由电枢轴、电枢铁芯、电枢绕组和换向器组成。换向器和铁芯都压装在电枢轴上，电枢绕组则嵌装在铁芯内。电枢轴的一端制有螺旋花键与传动机构连接。电枢轴两端支撑在壳体内。铁芯由许多相互绝缘的硅钢片叠装而成，其圆周表面上有槽，用来安放电枢绕组。因流经电枢绕组的电流很大（一般为 200 ~ 600A），故电枢绕组采用较粗的矩形裸铜线绕制，绕线方式多采用波绕法。为了防止裸铜线绕组间短路，在铜线与铜线、铜线与铁芯之间均用绝缘性能较好的绝缘纸隔开。较粗的裸铜线在高速时易在离心力作用下被甩出，因此在铁芯槽口的两侧应将铁芯轧纹挤紧。电枢绕组各线圈的端头均焊接在换向器上。换向器由铜片和云母片相间叠压而成。换向器的作用是把通入电刷的直流电流转变为电枢绕组中导体所需的交变电流。

3）电刷与电刷架

电刷与电刷架的作用是将电流引入电动机。4个电刷架均固定在前端盖上，其中两个电刷架与端盖绝缘，称为绝缘电刷架；另外两个电刷架与端盖直接铆合而搭铁，称为搭铁电刷架。电刷由铜与石墨粉压制而成，加入铜是为了减小电阻并增加耐磨性。电刷装在电刷架中，借弹簧压力将它压紧在换向器上，电刷弹簧的压力一般为11.7～14.7N。

4）端盖

端盖分为前、后两个端盖。前端盖一般用钢板压制而成，其上装有4个电刷架，后端盖用铸铁浇铸而成。它们分别装在机壳的两端，靠两个长螺栓与启动机机壳紧固在一起。两端盖均装有青铜石墨轴承或铁基含油轴承套。

5）机壳

机壳用钢管制成，一端开有窗口，作为观察电刷与换向器之用，平时用防尘箍盖住。机壳上只有一个电流输入接线柱（与外壳绝缘），并在内部与磁场绕组的一端相接。

2. 直流电动机的工作原理

1）直流电动机的工作原理

直流电动机是将电能转换为机械能的设备，是以通电导体在磁场中受电场力作用的原理而制成的。其工作原理如图2-3所示。

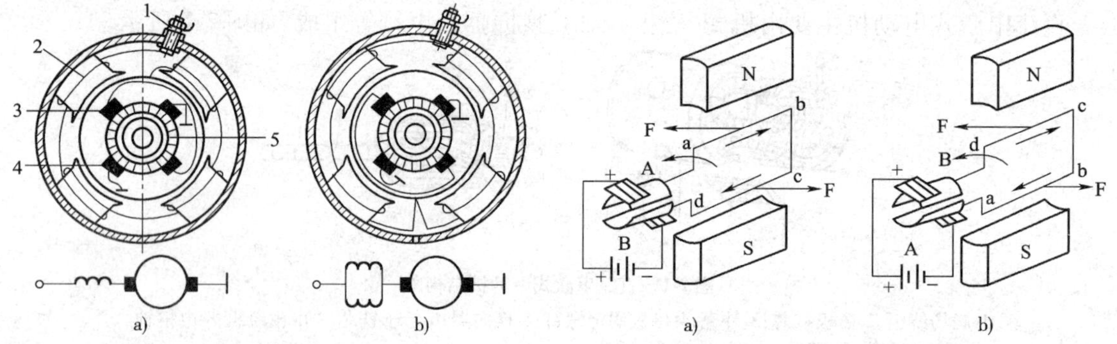

图2-2 磁场绕组连接方式图

a）4个绕组相互串联；b）两串两并

1-绝缘接线柱；2-磁场绕组；3-绝缘电刷；4-搭铁电刷；5-换向器

图2-3 直流电动机的工作原理

a）电流从a到d；b）电流从d到a

当电流由正电刷和换向片A流入，从换向片B和负电刷流出时［图2-3a）］，电枢绕组线圈中的电流方向为a→b→c→d，此时转矩方向为逆时针方向。当线圈转过180°，电流由正电刷和换向片B流入，从换向片A和负电刷流出，线圈中的电流方向为d→c→b→a，转矩方向仍为逆时针方向。电枢轴便可在一个固定转向的电磁转矩作用下而不断旋转。

一个线圈产生的电磁转矩是有限的，且电枢轴转动不稳定，所以电动机的电枢绕组是由很多线圈组成的，换向器片的数量也随线圈数量的增加而增多。

2）直流电动机的转矩

电枢轴上产生的电磁转矩M的大小，与电枢电流I_a及磁极磁通Φ的大小成正比，即

$$M = C_m I_a \Phi \tag{2-1}$$

式中：C_m——电动机常数，与电动机的磁极对数、绕组个数有关。

3）直流电动机转矩自动调节原理

当直流电动机接入直流电源时，产生电磁转矩，使电枢旋转。但当电枢旋转时，由于电枢绕组又切割磁力线，则其中又产生了一感应电动势。按右手定则可知，该电动势的方向恰与电枢电流的方向相反，如图2-4所示。

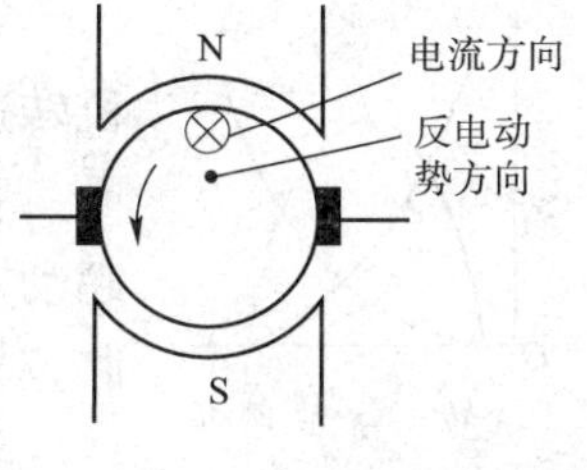

图2-4 反电动势方向示意图

由于它与外加电压的方向相反，故称反电动势，其大小为

$$E_f = C_1 n\Phi \tag{2-2}$$

这样外加于电枢上的电压 U_1，一部分消耗在电枢电阻 R_a 上，一部分则用来平衡电动机的反电动势 E_f。即

$$U_1 = E_f + I_a R_a \tag{2-3}$$

式(2-3)是电动机运转时，必须满足的一个基本条件，称为电压平衡方程式。

由式(2-3)可知电枢电流 I_a 为

$$I_a = \frac{U_1 - E_f}{R_a} = \frac{U_1 - C_1 n\Phi}{R_a} \tag{2-4}$$

分析式(2-4)可知：当电动机的负载增加时，电枢轴上的阻力转矩增加，电枢转速降低，而使反电动势 E_f 随之减小，电枢电流 I_a 增大，因此电磁转矩也将随之增大[由式(2-1)可知]，直至电磁转矩增加到与阻力矩相等时为止，这时电动机将在新的负载下以较低的转速平稳运转。反之，当电动机的负载减小时，电枢转速升高，反电动势增大，电枢电流减小，电磁转矩则随之减小，直至电动机的电磁转矩减小到与阻力矩相等时为止，电动机将在较高的转速下平稳运转。

3. 直流串激式电动机的特性

1）转矩特性

在直流串激式电动机中，因电枢电流 I_a 与激磁电流是相等的，磁通 Φ 与电枢电流 I_a 成正比，即

$$\Phi = C_2 I_a \tag{2-5}$$

将式(2-5)代入式(2-1)，则得

$$M = C_m I_a \Phi = C I_a^2 \tag{2-6}$$

式中：$C = C_m C_2$，为一常数。

式(2-6)表明，直流串激式电动机的电磁转矩，在磁路未饱和时，与电枢电流的平方成正比；在磁路饱和后，磁通 Φ 与电流无关，电磁转矩与电枢电流成正比，如图2-5中的 M 曲线所示。

2）转速特性

对于串激式直流电动机，其电压平衡方程为

$$U = E_f + I_a(R_a + R_f) \tag{2-7}$$

即电源电压 U 的一部分消耗在电枢绕组电阻 R_a 和磁场绕组电阻 R_f 上，一部分用来与电动机的反电动势 E_f 平衡。

把式(2-2)代入式(2-7)中，变化为

$$n = \frac{U - I_a(R_a + R_f)}{C_1 \Phi} \tag{2-8}$$

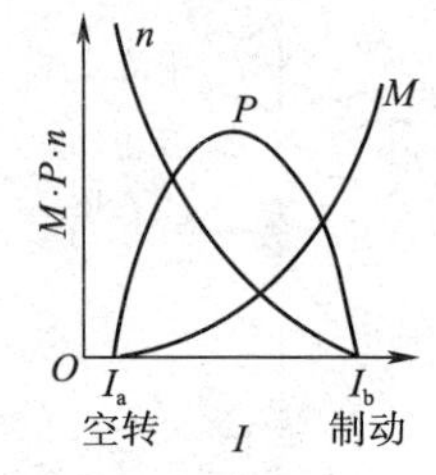

图 2-5　直流串激式电动机特性

在磁路未饱和时，由于 I_a 增加时，Φ 和 $I_a(R_a+R_f)$ 均增大，因而电动机转速急剧下降，见图 2-5 中的 n 曲线。

直流串激式电动机具有在重载时转速低而转矩大的特性，可以保持起动安全可靠。但在轻载或空载下转速很高，易造成“飞车”事故。因此，对于功率较大的直流串激式电动机，不允许在轻载或空载下运行。

3）功率特性

起动机的输出功率由电枢轴的转矩 M 和电枢轴的转速 n 确定，即

$$P=\frac{Mn}{9550} \tag{2-9}$$

式中：P——功率，kW；

M——转矩，N·m；

n——转速，r/min。

当起动机完全制动时，相当于起动机刚接通的瞬间，转速和输出功率均为零。电流最大，转矩达到最大值。空载时电流最小，但转速达到最大值，输出功率亦为零。只有当电枢电流接近制动电流的一半时，起动机的输出功率最大，见图 2-5 中的 P 曲线。

二、起动机的传动机构

起动机的传动机构包括离合器和拨叉两部分。离合器起着传递转矩将发动机起动，同时又能在起动后自动打滑脱离啮合从而保护起动机不致损坏的作用。拨叉的作用是使离合器做轴向移动。

1. 离合器

现代汽车上常用的离合器有滚柱式、弹簧式和摩擦片式三种，下面就以滚柱式离合器为例详细介绍离合器的构造及工作原理。

滚柱式离合器是目前国内外汽车起动机中使用最多的一种，解放牌汽车、东风牌汽车、北京 130、北京 212 等汽车的起动机均采用此种离合器。

1）滚柱式离合器的构造

滚柱式离合器的结构如图 2-6 所示。离合器的驱动齿轮采用 40 号中碳钢加工淬火而成，与外壳连成一体。外壳内装有十字块和四套滚柱及弹簧，十字块与花键套筒固连，壳底与外壳相互扣合密封。

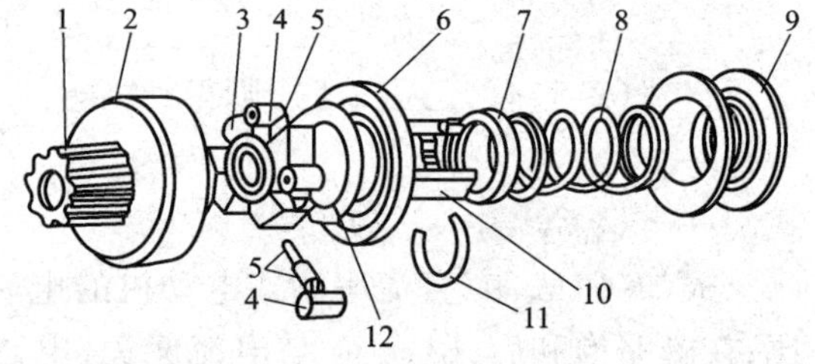

图 2-6　滚柱式离合器

1-起动机驱动齿轮；2-外壳；3-十字块；4-滚柱；5-弹簧及活柱；6-护盖；7-弹簧座；8-缓冲弹簧；9-移动衬套；10-传动套筒；11-卡簧；12-垫圈

花键套筒的外面装着缓冲弹簧及衬圈，末端固装着拨环与卡圈。整个离合器总成利用花键套筒套装在起动机轴的花键部位上，可以做轴向移动和随轴转动。

2）滚柱式离合器的工作原理

离合器的外壳与十字块之间的间隙为宽窄不同的楔形槽。这种离合器就是通过改变滚柱在楔形槽中的位置来实现离合的（图 2-7）。

发动机起动时，拨叉动作，经拨环将离合器沿花键推出，驱动齿轮啮入发动机飞轮齿环。此时电枢转动，十字块随电枢一起旋转，滚柱滚入楔形槽窄的一侧而卡住，从而传递转矩，驱动

曲轴旋转,如图 2-7a)所示。

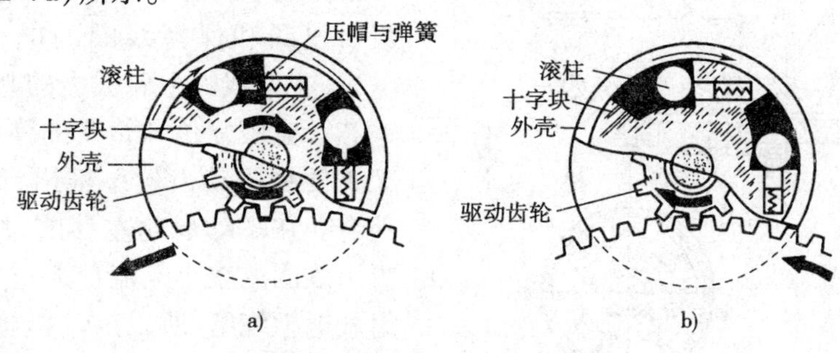

图 2-7　滚柱式离合器的工作原理

a)启动时;b)启动后

发动机起动后,飞轮齿环的转速高于驱动齿轮,滚柱滚入楔形槽宽的一侧而打滑,如图 2-7b)所示。这样转矩就不能从驱动齿轮传给电枢,从而防止了电枢超速飞散的危险。起动完毕,则由拨叉复位弹簧作用,经拨环使离合器退回,驱动齿轮完全脱离飞轮齿环。

由于功率过大时滚柱式离合器的滚柱易卡死,故其只适用于中小功率的起动机。弹簧式离合器具有结构简单、工艺简化、寿命长、成本低等优点,但因扭力弹簧所需圈数多,轴向尺寸较长,故适用于起动柴油机所需的大功率起动机,而不适宜在小型起动机上采用。摩擦片式离合器虽有传递大转矩、防止超载损坏起动机的优点,但摩擦片容易磨损而影响起动机性能,而且需经常检查、调整或更换,同时结构也比较复杂,耗用材料较多,加工费时,修理麻烦,因此,现在汽车上已经较少采用。

2. 拨叉

拨叉的作用是使离合器做轴向移动,将驱动齿轮啮入和脱离飞轮齿环。现代汽车上一般采用电磁式拨叉。

电磁式拨叉用外壳封装于起动机壳体上,由可动和静止两部分组成。可动部分包括拨叉和电磁铁芯,两者之间用螺杆活络地连接。静止部分有绕在电磁铁芯钢套外的线圈、拨叉轴和复位弹簧。

发动机起动时,驾驶人只需将点火开关旋至起动挡,线圈通电产生电磁力,将铁芯吸入,于是带动拨叉转动,由拨叉头推出离合器,使驱动齿轮啮入飞轮齿环。

发动机起动后,松开点火开关,点火开关便自动回位一个角度(即点火工作挡),线圈断电,电磁力消失,在复位弹簧作用下,铁芯退出,拨叉返回,拨叉头将打滑工况下的离合器拨回,驱动齿轮脱离飞轮齿环。

三、起动控制

对起动要进行的控制主要是通过控制电磁线圈的通电,从而改变电磁力并控制驱动齿轮的啮入与退出实现的。因此这种起动机常称为电磁啮合式起动机,又称为电磁操纵啮合式起动机。其特点是结构简单、操作方便,应用广泛。

1. ST614 型电磁控制强制啮合式起动机

ST614 型起动机(老型号)装用在黄河 JN150 型柴油车上,其电路如图 2-8 所示。在黄铜套 10 上绕有吸引线圈 6 和保持线圈 5,两个线圈的绕向相同,其公共端接至起动按钮。吸引线圈的另一端接至起动机开关,与起动机的主电路串联,保持线圈的另一端则直接搭铁。黄铜套内装有活动铁芯 4,它与拨叉 3 相连接。挡铁 18 的中心装有杆,其上套有铜质接触盘 11。

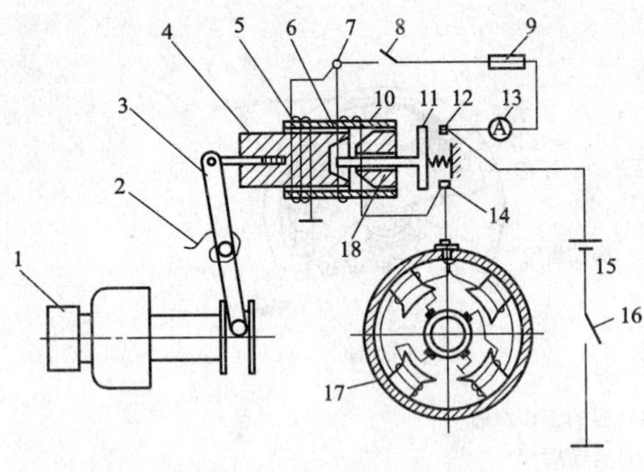

图 2-8 ST614 型起动机电路

1-驱动齿轮;2-复位弹簧;3-拨叉;4-活动铁芯;5-保持线圈;6-吸引线圈;7-接线柱;8-起动按钮;9-熔断丝;10-黄铜套;11-接触盘;12、14-触点及接线柱;13-电流表;15-蓄电池;16-电源开关;17-电动机;18-挡铁

接通电源总开关 16,按下启动按钮 8,则吸引线圈和保持线圈的电路接通(并联通电)。在两线圈电磁吸力的共同作用下,活动铁芯 4 克服复位弹簧 2 的弹力而被吸入。拨叉 3 使将驱动齿轮 1 推出,使其与飞轮齿圈啮合。在驱动齿轮左移的过程中,由于通过吸引线圈的较小电流也通过电动机的磁场绕组和电枢绕组,所以电动机将会缓慢转动,使驱动齿轮与飞轮齿圈的啮合更为平顺。在驱动齿轮与飞轮齿圈完全啮合时,接触盘 11 也将触点 12 和 14 接通,蓄电池的大电流便流经起动机的磁场绕组和电枢绕组使起动机发出转矩驱动曲轴旋转。与此同时,吸引线圈由于两端均为正电位而被短路,活动铁芯靠保持线圈的磁力保持在吸合位置。发动机起动后,松开起动按钮,电流经接触盘、吸引线圈和保持线圈构成回路,两线圈串联通电,产生的磁通的方向相反而互相抵消,活动铁芯在复位弹簧的作用下回至原位,使驱动齿轮退出,接触盘回位,切断起动机的主电路,起动机便停止转动。

2. QD124 型电磁控制强制啮合式起动机

QD124 型起动机装用在东风 EQ1090 型汽油车上,其电路如图 2-9 所示,电路中设有一个起动继电器。起动继电器的作用是与点火开关配合,控制起动机电磁开关的工作,减小通过点火开关的电流,保护点火开关。因为若直接用点火开关控制电磁开关的电路,则起动时,通过点火开关的电流很大(一般为 35 ~40A),会使点火开关很快损坏。

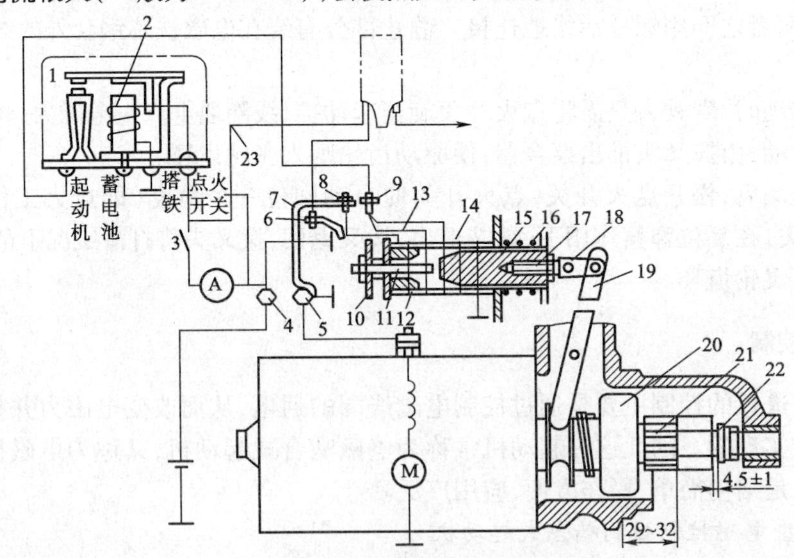

图 2-9 QD124 型起动机电路

1-起动继电器触点;2-起动继电器;3-点火开关;4、5-起动机开关接线柱;6-点火线圈附加电阻短路接线柱;7-导电片;8-接线柱;9-起动机电磁开关接线柱;10-接触盘;11-推杆;12-固定铁芯;13-吸拉线圈;14-保持线圈;15-活动铁芯;16-复位弹簧;17-调节螺钉;18-连接片;19-拨叉;20-单向离合器;21-驱动齿轮;22-限位螺钉

起动继电器为一常开型电磁继电器,其铁芯上的线圈一端搭铁,一端通过点火开关与起动机开关接线柱4相连。

起动时,将点火开关3转到起动位置,起动继电器2线圈电路接通,产生吸力,使触点闭合,便接通了电磁开关电路。发动机起动后,断开点火开关起动挡,起动继电器线圈的电路被切断,继电器触点1便立即打开。电磁开关部分的工作原理与ST614型起动机相同。

第二节　汽车空调

一、汽车空调概述

1. 汽车空调系统的基本组成

汽车安装空调系统的目的是为了调节车内空气的温度、湿度,改善车内空气的流通,并且提高空气的洁净度。因此,汽车空调主要由以下几个部分组成。

1)冷气系统

冷气系统是汽车在炎热季节调节车内空气用的制冷装置,它为车厢创造了一个舒适的环境,减轻乘客和驾驶人的疲劳,从而提高行车安全性。

2)暖气系统

暖气系统主要用于冬季汽车驾驶室和车厢的供暖、风窗玻璃除霜以及改善发动机的低温启动性能,以改善驾驶人的工作条件和提高乘坐舒适性。

3)加湿装置

在空气湿度较低的季节,对车内空气进行加湿,以提高空气的相对湿度。

4)空气净化装置和通风装置

空气净化装置用来除去车内空气中的尘埃、异味,使空气变得清洁。通风装置将外部新鲜的空气吸进车内,起通风和换气的作用。通风设备是汽车空调系统中唯一不分季节而长期运转的设备,直接影响到乘员的舒适性和运行的经济性。

2. 汽车空调系统的控制

为了使空调装置充分发挥作用,必须进行多方面的控制、协调。各种控制项目的内容和方法见表2-1。

汽车空调控制项目的内容及方法　　表2-1

控制项目	控制内容及目的	控制手段和方法
外气引入量	通风换气与防止车窗起雾,快速制冷与采暖时的内气循环	转换内外气门
配风工况	冷气、暖气出风口的转换,除霜、采暖转换	转换风门
制冷温度结冰防止	控制制冷循环能力与防止蒸发器结冰	控制压缩机开关固定蒸发压力
出风口温度	控制出风口温度和车厢内的温度	热水流量控制阀空气混合法
送风机速度	控制送风能力、温度分布、送风距离	改变电路电阻

汽车空调的控制方法总体上可分为手动控制和自动控制。手动控制是指驾驶人调节和操纵汽车空调的风机转速、出风温度及送风方式等功能。随着汽车电子技术的发展,在追求汽车舒适化的今天,越来越多的汽车采用了电子控制的自动空调。电控自动空调利用传感器随时

检测车内温度以及车外环境温度的变化，并把检测到的信号送给空调的电子控制单元（ECU）。ECU则按照预先编制的程序对信号进行处理，并通过执行元件，不断地对风机转速、出风温度、送风方式及压缩机工作状况等进行调节，从而使车内温度、空气湿度、通风状况始终保持在驾驶人设定的水平上。

二、汽车空调系统常用的控制元件

1. 温度控制器（恒温器、温度开关）

温度控制器是汽车空调系统中温度控制的一种开关元件，可用于检测大气温度、车厢内温度。温度控制器有压力式和热敏电阻式等。

1）压力式温度控制器（波纹管式温度控制器）

压力式温度控制器由感温受压部件、温度设定调节机构和触点部分组成。

感温受压部件又称驱动部件，主要由温度传感器、毛细管和波纹管组成（图2-10）。其内充感温介质，感温管的一端插入蒸发器翅片之间，感受蒸发器表面的温度。当温度传感器感受到蒸发器表面的温度时，通过感温介质温度的变化，导致波纹管内压力发生改变，引起波纹管的伸长和缩短，并将此信号传递除去。

温度控制器的温度设定调节机构（简称调温机构）主要由凸轮、转轴、调节螺钉等组成。功能是使温度控制器能在最低至最高温度范围内对任一设定温度起控制作用。

温度控制器的触点开关机构主要由触点、弹簧、杠杆等组成。功能是通过触点的开关，以切断或接通压缩机上的电磁离合器电路。

温度控制器的工作原理如图2-11所示。其工作过程是，当流过的空气温度升高时，毛细管的气体膨胀，波纹管内压力上升，波纹管伸长。在波纹管的驱动下，安装在与波纹管相连的摆动框架上的动触点和安装在温度控制器壳体上的定触点闭合，电路接通，电磁离合器吸合，带动压缩机工作。若流过的空气温度降低时，其工作过程恰好相反。由于压缩机停止工作后，蒸发器表面温度又升高，到某一定值，触点又闭合，压缩机又开始工作。

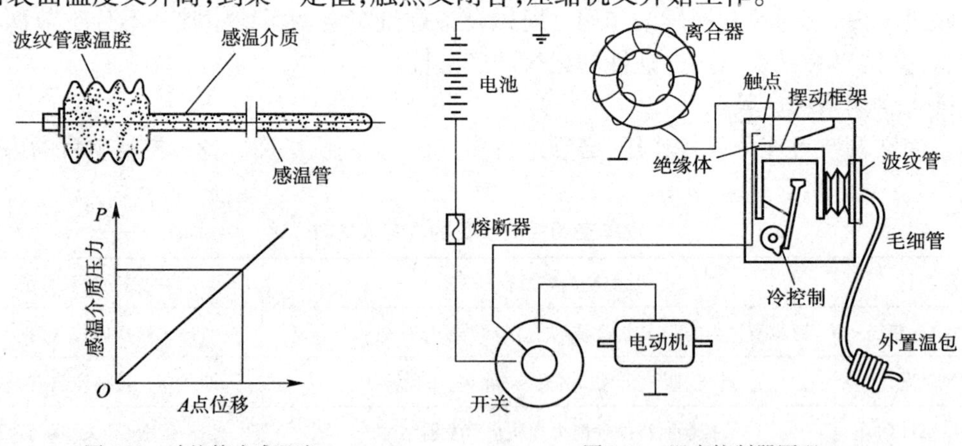

图2-10 波纹管式感温腔　　图2-11 温度控制器原理

控制温度定值的高低是通过调整主弹簧对感温腔内的作用力的大小来决定的。

2）热敏式电子温度控制器

热敏式温度控制的感温元件是热敏元件，装在蒸发器的外侧正面，检测蒸发器出口的空气温度。热敏电阻元件的电特性如图2-12所示。从曲线图上可以看到温度越低，热敏电阻的阻值越大，因而它是负温度系数元件。

热敏电阻将温度变化转换成为电阻变化，即转换成为电压变化。热敏电阻的电压加于怠速稳定电路的放大器，当热敏电阻的电压变化的信号放大，便可带动控制电磁离合器的继电器工作，达到对车厢内温度的控制。车厢内温度高低的调整是靠一个附加的调温电阻器调整。

2. 电磁离合器

在非独立式汽车空调系统中，发动机的动力是通过电磁离合器传递给制冷压缩机的。它受控于空调 A/C 开关、温度控制器、空调放大器、压力开关等，在需要时接通或中断发动机与压缩机的动力传递。另外，当压缩机过载时，它还能起到一定的保护作用。

3. 怠速控制器

非独立式的空调系统，由于压缩机是由发动机带动，当发动机处于怠速或车辆慢行时，冷气系统工作容易出现很多不良情况。发动机在低速或怠速时，发动机的散热效果差，发出的电力严重不足，从而使冷凝器的冷凝温度和冷凝压力异常升高，不仅增加了发动机在怠速时的负荷，导致工作不稳定，甚至熄火，还会引起电磁离合器打滑或传动带损坏。因此，由发动机带动的非独立式汽车空调系统应该有低速自动控制装置进行保护。在发动机处于低速时，制冷系统停止工作，以保证发动机正常运转。或者采取措施加大节气门开度，提高怠速时的发动机转速，既能保证有足够的动力维持冷气系统的工作，又能保证自身的正常运转。怠速继电器和怠速转速提高装置就是用来实现这些功能的。

1）怠速继电器

怠速继电器的主要功能是防止汽车怠速时，由于压缩机负荷造成的发动机工作不稳定。它采用在发动机处于低速运转时自动切断电磁离合器电流，停止驱动压缩机的方法来稳定发动机的转速。这种方法利用点火线圈的脉冲数作为控制信号。怠速继电器的控制线路一般都接在点火线圈的负极，如图 2-13 所示。怠速控制器的外壳上面有一个调整开关，可以用来调整发动机的最低工作转速。一般是把它调整到发动机转速在 600 ~ 700r/min 时断路，950r/min左右时接通。如果不需要怠速控制，可把开关置于手动挡。

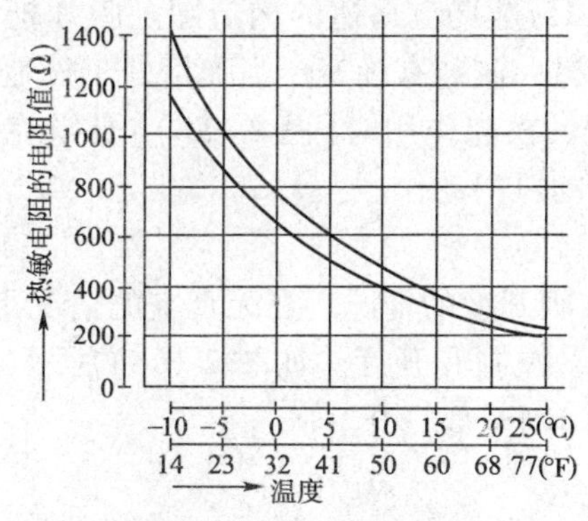

图 2-12　热敏元件负的温度特性

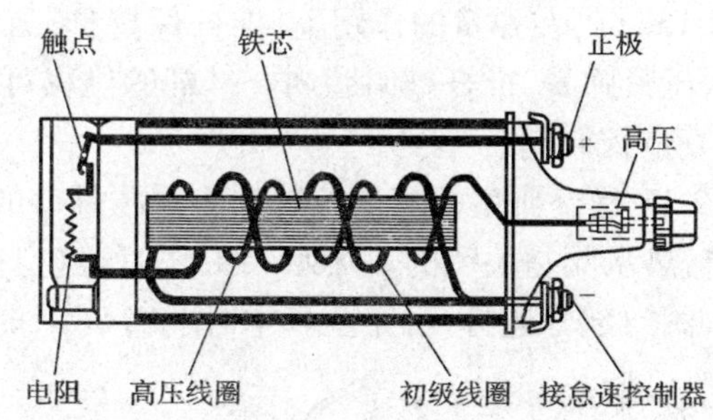

图 2-13　怠速控制导线与点火线圈相接示意图

怠速继电器通常接入怠速稳定放大电路中（图 2-14）。怠速稳定放大电路实际上就是控制速度和温度的电路。它相当于两个门电路串联在一起，只要有一道门断了，继电器就断电，压缩机就不运转。该电路由转速检查电路、温度检测电路和怠速继电器三部分组成。

转速检查电路检查在怠速情况下，发动机的转速是否过低。当发动机怠速运转时，如果转速达不到规定的标准怠速转速，该电路可自动切断冷气系统。当怠速转速上升到规定值，T_1 截止、T_3 导通，继电器接通，电磁离合器接合，制冷系统继续循环。发动机转速检测电路的作用就是测定上述转速。

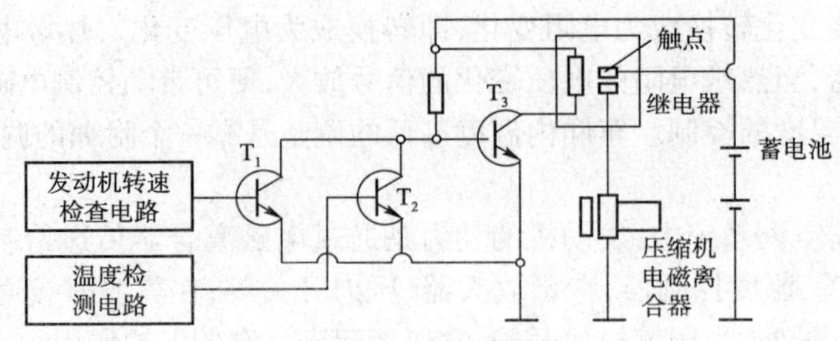

图 2-14 怠速稳定放大器

温度检查电路利用热敏电阻检查蒸发器出风口的空气温度，把空气温度转化为电信号。当蒸发器表面结霜或结冰时，热敏电阻的阻值发生变化，当电阻值达到一定值时，T_2截止、T_3导通，继电器线圈通电，从而接通电磁离合器。

2）怠速转速提高装置

怠速继电器的作用是当发动机的怠速转速低于某一最低转速时，通过断开电磁离合器，使制冷压缩机停止工作，减低发动机的负荷。这种措施有时并不理想。有的汽车采用怠速时加大节气门开度，提高发动机怠速时的转速，使发动机带动制冷压缩机在怠速时仍能维持正常运作。

可以在化油器上安装怠速转速提高装置。它由冷气开关控制，一旦制冷压缩机转动，则令电磁阀加大化油器的节气门开度。当制冷压缩机停止转动，化油器的节气门又恢复到原来的怠速开度。还有一种方法是事先把节气门的开度调大，提高发动机的怠速转速。一旦调节好气门开度，无论是否使用制冷压缩机，发动机的怠速转速都是高的。这种措施不需要另添专门的控制设备，但是怠速时的油耗较高。

4. 真空控制元件

1）真空马达

真空马达是真空控制系统的主要组成部分。图 2-15 是真空马达的构造图。膜片把真空盒分成了两个互不相通的腔室，膜片一侧与推杆相连，另一侧装有弹簧。当弹簧处于松弛位置时［图 2-15a）］，在弹簧的作用下，推杆保持伸长的状态；在起作用时［图 2-15b）］真空克服了弹簧力，压紧弹簧，推杆缩向腔内。推杆的位移可以拨动风门动作。

2）真空控制阀

图 2-16 是一典型的真空控制加热器芯进口的热水阀开度的情况。在无真空的情况下［图 2-16a）］，热水阀是关闭的。热水阀工作时，真空度可以控制其开度。如图 2-16b）所示，部分真空时，阀门部分地打开；完全真空［图 2-16c）］时，阀门则全部打开。

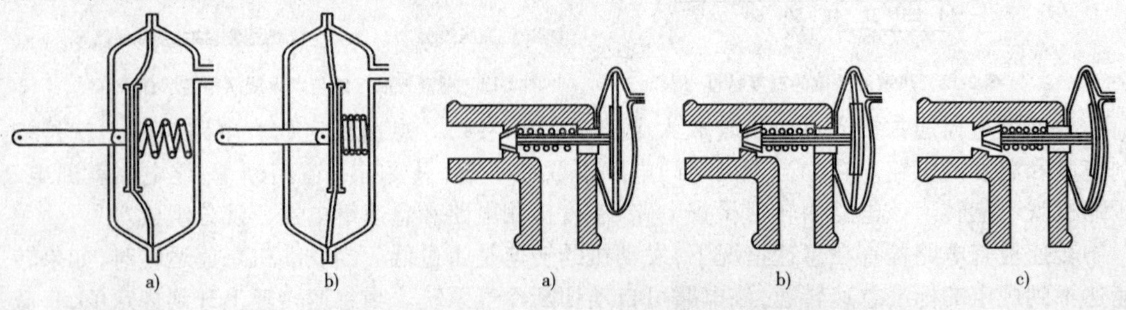

图 2-15 真空马达

图 2-16 真空控制阀原理图
a）无真空；b）部分真空；c）全真空

3）真空保持器

图2-17是真空保持器的构造示意图。真空保持器用于在发动机真空度降低时，关闭发动机的真空源。同时，膜片关闭真空转换器和伺服真空马达之间的真空气路。其中图2-17a）所示是发动机具有正常真空情况时，受发动机真空的作用，膜片被推下来使A和B管接通，由转换机构来的容许真空送到真空马达去执行动作。图2-17b）表示发动机吸气管真空降低，A管的真空度下降时，由于弹力的作用，膜片向上运动，同时，止回阀关闭，避免了D管真空损失。A管和B管之间的通路中断。

4）真空转换阀（VSV）

有的轿车上，为了使冷气系统工作，发动机的最低转速略高于怠速，加装了一个真空转换阀（VSV阀）。其工作原理是：当冷气系统的开关断路时，转换阀的磁力消失，压缩弹簧把阀芯下顶。这样，负压作用于隔膜，通过杠杆使化油器的节气阀不受阻碍而能回到怠速位置，当冷气系统的开关接通时，转换阀的线圈有电流通过，阀芯受到磁力的作用上提。这样，隔膜两边的压力差为零，隔膜下的弹簧顶动杠杆，把化油器内的节气阀转移到比怠速时略为开大些的位置上，发动机转速提高。

5. 压力控制器

有些汽车为了使制冷系统运行正常和安全，常常设有压力开关电路。当制冷系统由于某种原因而导致压力升高，如果没有安全措施，将引起制冷系统运行事故。压力控制器又称压力继电器或压力开关。它是冷气系统中的保护元件，其作用是当汽车空调冷气系统的压缩机吸、排气压超过规定值时，立即切断电磁离合器电路，使压缩机停止运转。

压力开关分为高压开关和低压开关两种，安装在制冷系统高压管路或低压管路上。

高压开关用来防止压力过高而使压缩机过载或系统管路被损坏。高压开关有触点常开型和触点常闭型两种。下面以触点常闭型为例介绍其工作原理。常闭型高压开关如图2-18所示。开关的触点串联在压缩机的电磁离合器中，压力导入口直接通过毛细管连接在高压管路上。当制冷系统高压正常时，压力开关的触点始终处于闭合状态，这就是为什么称之为常闭触点型高压开关。当由于某种原因使高压管路内的压力超过某一额定值时，在制冷剂高压作用下触点打开以切断电磁离合器电路，压缩机停止工作，从而避免高压管路压力进一步升高，当高压管路压力恢复正常时，触点自动闭合，压缩机便可重新工作。

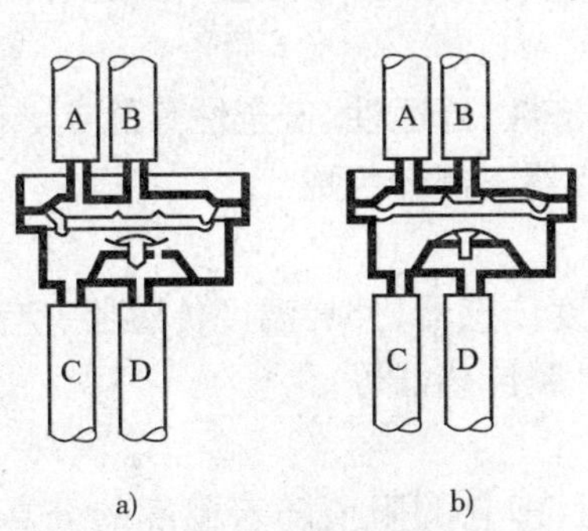

图2-17 真空保持器

A-到真空马达；B-来自转换器的真空；C-发动机真空；D-止回阀真空

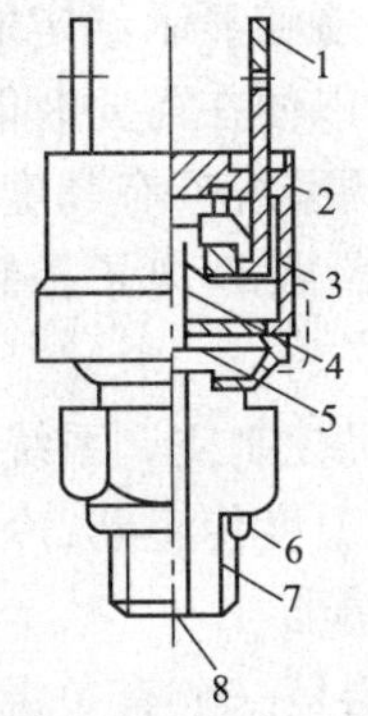

图2-18 高压开关

1-接线柱；2-外壳；3-触点；4-推杆；5-膜片；6-线圈；7-接头；8-压力导入口

低压开关也称制冷剂泄漏检测开关。在汽车空调系统中，因制冷剂泄漏或其他原因而造成制冷剂系统中制冷剂极端缺少或完全没有时，如果继续使压缩机工作，会引起压缩机由于润滑油循环不良而磨损加剧，甚至会烧毁压缩机。低压开关则可在制冷系统严重缺少制冷剂时使压缩机停止转动，从而保护压缩机免于损坏。低压开关通常安装在冷凝器与膨胀阀之间的高压管路上或储液干燥器上，其触点同样串接于电磁离合器的电路之中。当制冷系统的压力高于0.21MPa时，说明系统内有制冷剂，触点保持闭合，而当系统高压侧压力低于该值时，触点在弹簧的作用下断开，压缩机停止工作。

为了结构紧凑，有时把两个开关组合在一起，共用一个触点，如图2-19所示。

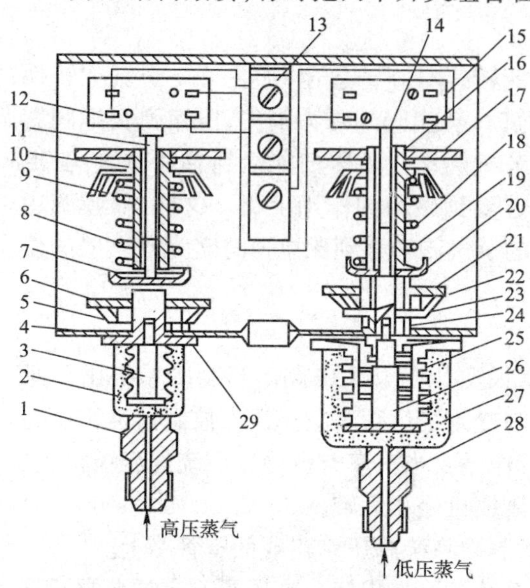

图2-19 高低压组合开关

1、28-高、低压接头；2、27-高、低压气箱；3、26-顶力棒；4、24-压差调节座；5、22-碟形簧片；23、29-簧片垫板；6、21-压差（差动）调节盘；7、20-弹簧座；8、18-弹簧；9、17-压力调节盘；10、16-螺纹柱；11、14-传动杆；12、15-微动开关；13-接线图；19-传力杆；25-复位弹簧

三、微机控制的汽车空调系统

汽车冷气系统的调节操作正在向自动化的方向发展。微型计算机、单片机的使用使冷气系统的控制有了较大的变化。目前，日产、大众、奔驰等欧美日汽车公司的高级轿车上都装上了微机控制的汽车空调系统。这种空调系统以微机为控制的核心，结合各种传感器对发动机的有关运行参数（如冷却液温度、转速），车厢内外的条件（如气温、空气湿度、日照强度）以及制冷压缩机的开停状况等多种参数进行实时检测，并与设定参数相比较，通过运算处理作出判断，然后输出相应的调节和控制信号，通过相应的执行机构（如电磁真空转换阀、真空马达、风门电动机、继电器等）作及时的调整和修正，以实现对车厢内空气环境进行全方位多功能的调节和控制。

微机控制的汽车空调系统能够进行空调控制，自动调节温度、风量、运转方式，以满足舒适性的要求；能够自动调节压缩机的运转速度，控制换气量，自动转入经济运行；能够进行故障、安全报警，包括制冷剂不足报警、制冷压力报警、离合器打滑报警等；能够显示给定的温度、控制温度、控制方式、运转状态以及运转时间；能够存储故障诊断代码，以便在需要时能指示故障的部位。

微机控制的空调系统具有高度自动化、可靠性、经济性、舒适性、安全性等优点。微机控制的空调系统由传感器、空调电子控制单元（ECU）和执行器三部分组成。

1. 传感器

典型的汽车微机控制空调系统的传感器有车内温度传感器，外界温度传感器，空调器温度传感器，蒸发器出口温度传感器，冷却液温度传感器，日照传感器等。

1）车内温度传感器

车内温度传感器是一个有负温度系数的热敏电阻，即它的阻值随着温度的升高而降低。车内温度传感器通常安装在仪表板内。当空气快速流入加热器管时，少量的空气会流入连接着车内温度传感器的抽风管，从而使传感器能感知车内的空气温度。车内温度传感器有两个接线端子与电子控制单元相连。当传感器的阻值发生变化时，电控单元可以根据传感器两端的电压降来获得信号。

2）日照温度传感器

日照温度传感器使用光二极管。该传感器随光照强度的增加来使电流增大。它安装在能够感知阳光强度的地方。例如仪表板的顶面、车室上装饰板的压条上以及除霜器的栅格上。日照温度传感器将电流信号送到电子控制单元。

3）外界温度传感器

和车内温度传感器一样，外界温度传感器也是通过有负温度系数的热敏电阻来感受外界空气温度。它安装在能够感知车外空气温度的位置。为使其不受发动机温度的影响，一般多装于前保险杠内侧，或散热器前面的框架附近。

4）蒸发器出口温度传感器

这种传感器装在空调的蒸发器片上，用来检测蒸发器表面的温度变化，并以此来控制压缩机的工作状况。蒸发器出口温度传感器也是有负温度特性的热敏电阻。它将由温度变化引起的电信号送到温度控制器，并与调整温度用的控制电位器信号在空调 ECU 内加以比较，据此控制电磁离合器的通电与断电。此外蒸发器热敏电阻还为防止蒸发器出现冰堵现象提供了控制信号。

5）空调器温度传感器

空调器温度传感器作为温度检测开关用于可变容量的压缩机系统中。其结构如图 2-20 所示，由热敏铁氧体、簧片开关和永磁铁构成。它利用铁氧体的温度超过设定值之后磁通量急速降低的特性，实现使簧片开关闭合或断开的转换。它根据汽车冷气的状况控制压缩机的工作状态，从而提高了压缩机的工作效率。

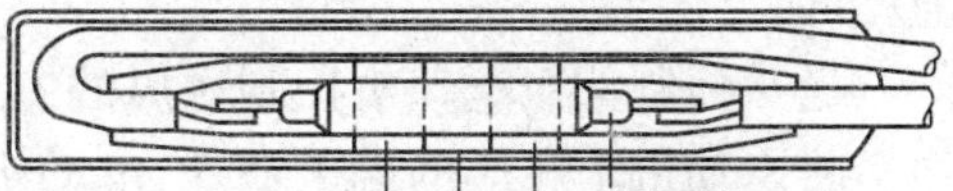

图 2-20　空调器温度传感器

6）冷却液温度传感器

冷却液温度传感器直接安装在暖气芯底部的水道上，检测冷却液的温度，产生冷却液温度信号输送给空调 ECU，用于低温时鼓风机转速的控制。

7）压缩机锁止传感器

这是一种电磁式传感器，安装在空调装置的压缩机内，检测压缩机转速。压缩机每转 1 周，该传感器的线圈产生 4 个脉冲信号送到空调 ECU。

8）烟雾浓度传感器

车外的灰尘和车内的香烟烟雾会污染车内的空气。如果不理会这些污染的话，就会对乘员和驾驶人的呼吸道，眼睛等器官造成伤害。为了排除烟雾或被臭气污染了的空气，使之清新，在电控空调系统中安装了空气净化器。通过使用烟雾浓度传感器，空调 ECU 可以控制控制空气净化器在有烟雾时自动运转，没有烟雾时自动停止，从而保持车内空气的清新。

烟雾浓度传感器由发光元件、光敏元件和信号处理电路部分组成。当空气自由地流过烟雾浓度传感器的细缝时，发光元件间歇地发出红外线。在没有烟雾的情况下，红外线射不到光敏元件上，电路不工作。但当烟雾进入传感器时，烟雾粒子对间歇的红外光进行漫反射，就有红外光射到光敏元件上。这时传感器判断车内有烟雾，就会使鼓风电动机旋转，净化车厢内的空气。

9）湿度传感器

湿度传感器有电阻式湿度传感器和结露传感器两种。

电阻式传感器可用于汽车风窗玻璃的防霜和电控空调车的相对湿度检测。这种传感器装有金属氧化物系列陶瓷材料制成的多孔烧结体。当烧结体吸附了水分子后，电阻值发生变化，根据这一变化可以检测出湿度的变化。电阻式湿度传感器有负的湿度特性，即当湿度增加时，传感器的阻值减小。

结露传感器是利用在处于结露状态的高湿区域，厚膜状陶瓷半导体的阻值急剧变化这一原理制成的。在高湿的情况下，这种传感器把湿度的变化转换成为阻值的变化并对湿度进行测定。结露传感器的测试精度高，响应特性好，通常用于检测车窗玻璃的结露情况。

10）温度设定控制器

温度设定控制器是一个电位器。根据不同的设定，对应有不同的电阻，从而对应有不同的温度。

2. 执行机构

不同品牌，不同型号的汽车的电控空调系统的执行元件不相同。但是，这些执行元件一般是伺服电动机或电磁机构。

雷克萨斯等车电控空调系统的执行元件中的伺服电动机有进风控制伺服电动机、空气混合伺服电动机，送风方式伺服电动机等。

进风控制伺服电动机控制送风方式。电动机的转子经过连杆机构控制进风的挡风板。空调 ECU 通过控制该伺服电动机来带动连杆的旋转，从而带动进风挡风板的开启或闭合。进风挡风板的开合决定了进风的方式，即“车外新鲜空气导入”或“车内空气循环”。

空气混合伺服电动机可以改变冷暖空气的混合比例。在进行温度控制时，空调 ECU 根据设定温度和传感器输送的信号计算出风温度。输出信号会控制空气混合伺服电动机连杆顺时针或逆时针旋转，改变空气混合挡风板的开度，改变冷暖空气的混合比例，使出风温度与计算值相同。

送风控制伺服电动机控制送风的方式。当操纵面板上的某种送风方式选定后，空调 ECU 便会将电动机上相应的端子搭铁，电动机内的驱动电路据此转动连杆，打开某个送风通道，实现按某种方式送风。

第三节　刮水器与车窗控制

一、电动刮水器及控制电路

为了提高在雨天和雪天行驶时驾驶人的能见度，汽车前风窗玻璃上都专门设置了风窗刮水器（雨刷）。刮水器有真空式、气动式和电动式三种。电动式刮水器与洗涤液喷射器相结合，还可以清洁风窗玻璃。刮水器也有用在后窗玻璃上的，以改善驾驶人的后方视野，但通常只装一个刮水臂和刮水片。另外，刮水器也有用在前照灯和车后视镜上的。

1. 电动刮水器的结构和工作原理

电动刮水器的典型结构如图 2-21 所示。它的驱动部件是直流电动机。电动机旋转后经蜗轮、蜗杆减速，经偏心传动使拉杆左右摇摆，通过拉杆和摆杆进而带动左、右刮水臂和刮水片刮刷风窗外表玻璃，刷去风窗玻璃上的雨水、雪或灰尘。

1）刮水器电动机

刮水器电动机现多用永磁式电动机，功率较小，一般只有 15 ~ 50W。永磁式电动机的磁极是铁氧体永久磁铁（也称陶瓷永磁，因为铁氧体具有陶瓷的脆性、硬度和不耐冲击等特点）。永磁式电动机结构简单，不易退磁，质量轻，省电，可靠性强，价格低廉，所以在汽车上得到广泛的应用。

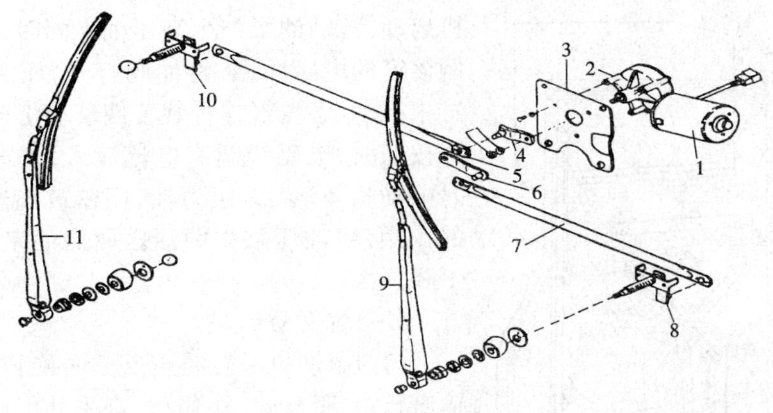

图 2-21　电动刮水器结构

1-直流电动机;2-涡轮箱;3-底板;4、6-曲柄;5、7-连杆;8、10-摆杆;9、11-左右摆臂

2)减速机构

减速机构由蜗轮、蜗杆等组成,它和电动机组合安装在一起。其作用是降低电动机的输出转速,并可增大电动机的输出转矩。

3)曲柄摇杆机构

曲柄摇杆机构将电动机的旋转运动转换为刮杆和刮水片的往复运动。

2. 自动复位功能

为了不影响驾驶人的视线,要求刮水片自动复位,即不管什么时候切断电源,刮水器的橡胶刷都能自动停止在风窗玻璃的下方。

3. 间歇式电动刮水器

汽车在雾天、毛毛雨或小雪天气中行驶时,如按前述的刮水器的速度(即使是低速)刮拭,风窗玻璃上的微量水分和灰尘会形成一个发黏的表面。因此,不仅不能将风窗玻璃擦拭干净,反而会使玻璃模糊不清,留下污斑,影响驾驶人的视线。所以,现代汽车上一般都增设了电子间隙控制系统。在碰到上述情况时,开启间隙开关,使刮水器按一定的周期自动停止和启动,即每刮一次水停止 2 ~ 12s,这样可以使驾驶人获得良好的视野。另外,在与洗涤器配合使用时,可以实现先洗后刮的循环刮洗工序,以提高刮洗效果。

二、电动门窗及控制电路

1. 电动门窗的工作原理及结构

电动门窗也称自动门窗,它是指在驾驶室用开关就能自动升降的门窗玻璃,且在任何状态下也能安全、方便地开关门窗。电动门窗利用电动机作动力,通过车窗玻璃升降器来实现车窗的自动升降。在每个车门内设置有一个运转方向可变的直流串激电动机。合上转换开关,电动机运转,再经过安装在电动机主轴上的蜗轮减速,通过转筒和钢丝使玻璃平行地上下滑动。其上端和下端分别设置挡块,用张紧筒和弹簧保持钢丝一定的拉力,使机构正常运行。

电动门窗主要由控制器,保险热敏丝,门窗电动机和升降机构以及控制按键等几部分组成。升降机构有绳轮式、交臂式和软轴式三大类。门窗电动机是永磁、两极直流电机。与不同的升降机构相配合,电动机的输出部分的结构也有不同。

2. 电动门窗玻璃升降机构

电动式门窗玻璃升降机构的结构如图 2-22 所示。当按下上升按钮,此时电路接通,电动

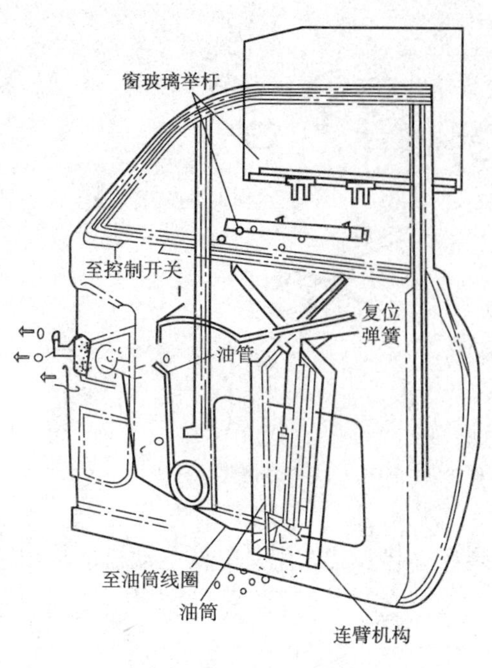

图 2-22　电动门窗结构示意图

机启动，转动油泵产生高压油。同时电流又流进控制该窗的电磁线圈，将油阀打开，压力油进入油压缸中推动活塞，经连杆装置使玻璃上升。当按下下降按钮时，电磁线圈有电流流入，将油阀打开。此时电动机不转，无压力油，门窗玻璃连杆受弹簧力的作用，将油压缸中的油压回储油室，使门窗玻璃下降。

3. 门窗电动机

门窗电动机一般能正反方向旋转，具有较高的输出转矩、低噪声、小体积、扁平外形和短时工作制等特点，并对尘污及洗涤剂具有密封防护性能。门窗电动机内部一般都装有抑制无线电干扰的装置，以防止在使用电动门窗升降器时对车内的无线电接收造成干扰。电动机内部还装有过流保护装置，当电动机运动受阻时能自动切断电源，以避免电动机被烧毁。

电动机的内部有两组绕向不同的磁场线圈，分别和开关的升降接点相连。两个线圈可以单独工作，使电动机能输出正、反两个方向的转矩，从而控制车窗玻璃的升和降。在电动机上还装有一个断路开关，以控制电动机的搭铁线，当车窗玻璃上升或下降到终点时，断路开关则把电路切断 40s 左右，然后再恢复到接通状态。

为与不同的升降机构相配合，电动机的输出部分的结构也有所不同。

绳轮式结构的电动机的输出部分是一个塑料绳轮，绳轮上有钢丝绳，钢丝绳上装有滑块。电动机驱动绳轮，带动钢丝绳卷绕，钢丝绳上的滑块带动玻璃，则使玻璃沿着导轨作上下的运动。

交臂式结构的电动机的输出部分是一个小齿轮。经啮合的扇形齿轮片，通过交臂式升降机构，带动玻璃沿导轨上下运动。

软轴式结构的电动机的输出部分也是一个小齿轮，通过与软轴上的齿相啮合，驱动软轴卷绕，带动玻璃导轨作上下运动。

4. 工作原理与控制电路

图 2-23 所示为电动车窗的基本电路原理图。

图 2-24 为电动车窗的完整控制电路图，当把自动按钮向前方按下时，触点 A 与 UP 侧相连，电动机按 UP 箭头方向通过电流，车窗玻璃上升；与此同时，检测电阻 R 上的电压降低，此电压加于比较器 1 的一端，它与参考电压 Def. 1 进行比较。Def. 1 的电压值设定为相当于电动机锁止时的电压。所以，通常情况下，比较器 1 的输出为负位。比较器 2 的基准电压 Def. 2 设定为小于比较器 1 的输正电位，所以比较器 2 的输出电压为正电压，晶体管接通，电磁线圈通过较大的电流，其路径为：蓄电池“ + ”→点火开关→UP 一触点 A→二极管 D→电磁线圈→晶体管→二极管 n→触点 B→电阻 R→搭铁（蓄电池“—”）。此电流产生较大的电磁吸力，吸引驱动器开关的柱塞，于是把止板向上顶压，越过止板凸缘的滑销于原来位置被锁定，这时即使用手旋开自动旋钮，开关仍会保持原来的状态。

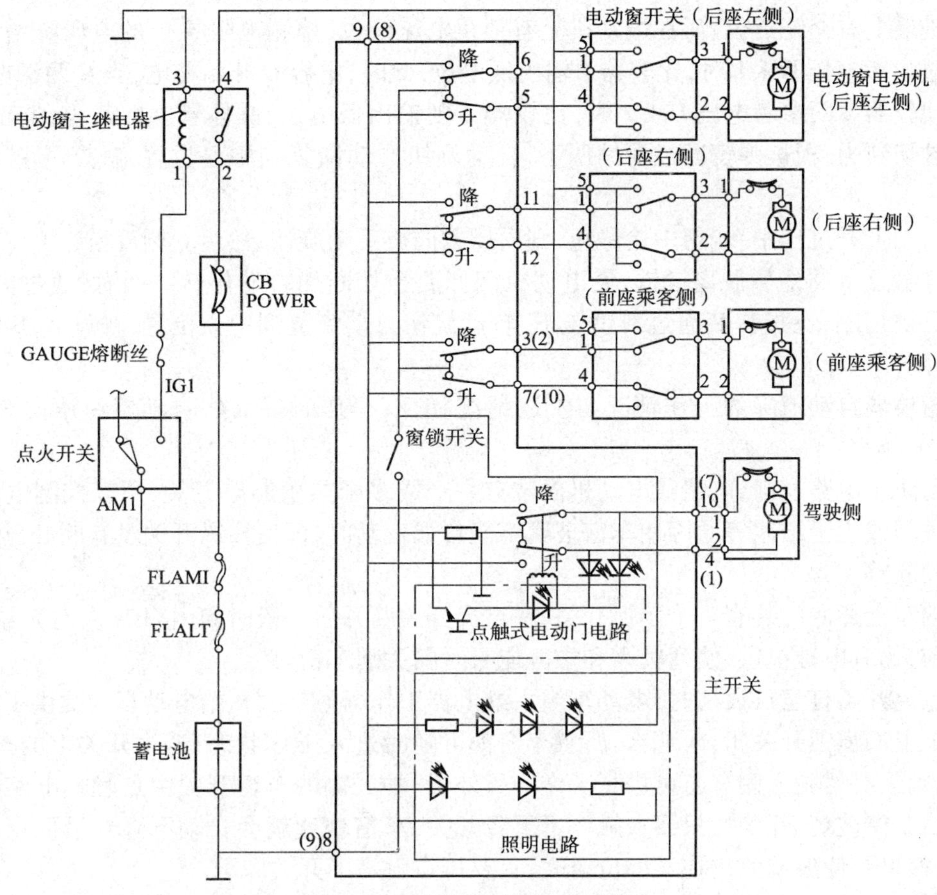

图 2-23　电动车窗的基本电路原理图

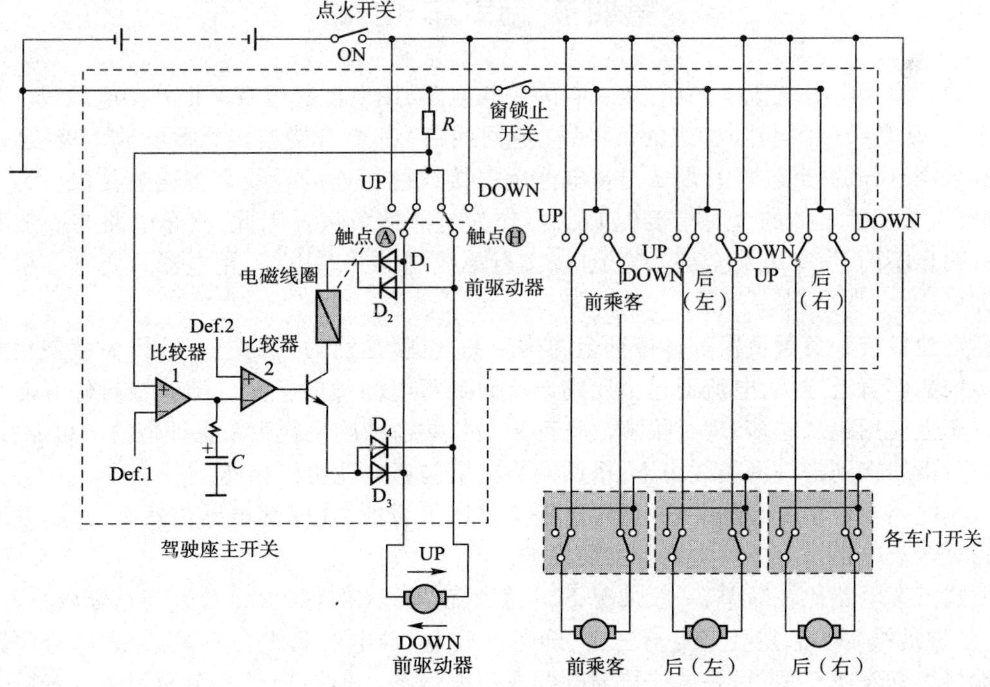

图 2-24　电动车窗控制电路

当玻璃上升至终点位置，在电动机上有锁止电流流过，检测电阻 R 上的电压降增大，当此电压超过参考电压 Def. 1 时，比较器 1 输出低电位，此时，电容 C 开始充电，当 C 两端电压上升至超过比较器 2 的参考电压 Def. 2 时，比较器 2 则输出低电位，晶体管立即截止，电磁线圈中的电流被切断，止板被弹簧通过滑销压下，自动旋钮自动恢复到中立位置，触点 A 搭铁，电动机停转。

在自动上升过程中，若想中途停止，则向反方向旋手动旋钮，然后立刻放松。

这样触点 B 将短暂脱离搭铁，使电动机因回路被切断而自动停转。同时，通过电磁线圈的电流已被切断，止板弹簧通过滑销压下，自动旋钮自动恢复到中立位置，触点 A，B 均搭铁，电动机停转。

车窗玻璃自动下降的工作情况与上述情况相反，操作时只需将自动旋钮压向车辆后方即可。

为了防止电路过载，电路或电动机内装有一个或多个热敏断路开关，用以控制电流，当车窗完全关闭或由于结冰等原因使车窗玻璃不能自如运动时，即使操纵开关没有断开，热敏开关也会自动断路。

有的车上还专门装有一个延迟开关，在点火开关断开后一段时间内（10s 左右），或在车门打开以前，仍有电源提供，使驾驶人和乘客能有时间关闭车窗。

当点火开关打至点火挡时，电动车窗主继电器工作，触点闭合，给电动车窗提供了电源；如将主开关上的窗锁开关闭合，那么，所有车窗都可随时进入工作状态；若主开关上的车窗锁开关断开，则只有驾驶人侧车窗可进行工作。另外，驾驶人侧的车窗开关由点触式电路控制，驾驶人要使车窗玻璃下降时，只要点触一下下降开关，车窗玻璃就会自动下降到最低点，在下降过程中，如果要使玻璃停止在某一位置时，只要再点触一下开关即可。

第四节　汽 车 电 路

一般家庭用电是交流电，实行双线制的并联电路，用电器起码有两根外接电源线。从汽车电路上看，从负载（用电器）引出的负极线（返回线路）都要直接连接到蓄电池负极接线柱上，如果都采用这样的接线方法，那么与蓄电池负极接线柱相连的导线会多达上百根。为了避免这种情况，采用了车体的金属构架（如大梁）作为电路的负极。因此，汽车电路与一般家庭用电则有明显不同：汽车电路全部是直流电，实行单线制的并联电路，用电器只要有一根外接电源线即可。

蓄电池负极和负载负极都连接到金属构架上，也就是称为“搭铁”。这样做就使负载引出的负极线能够就近连接，电流通过金属构架流回到蓄电池负极接线。随着塑料件等非金属材料在汽车上应用越来越多，现在很多汽车都采用公共搭铁网络线束来保证搭铁的可靠性，即将负载的负极线接到搭铁网络线束上，搭铁网络线束与蓄电池负极相连。

汽车电路实行单线制的并联电路，这是从总体上看的，在局部电路仍然有串联、并联与混联电路。全车电路是由各种电路叠加而成的。

旧式汽车电路比较简单，一般情况下，它们的正极线（俗称火线）分别与熔断丝盒相接，负极线（俗称地线）共用，重要节点有三个，即熔断丝盒、继电器和组合开关，绝大部分电路系统的一端接熔断丝或开关，另一端连接继电器或用电设备。但在现代汽车的用电装置越来越多的情况下，线束将会越来越多，布线将会越来越复杂。随着汽车电子技术的发展，现代汽车电路已经与电子技术相结合，采用共用多路控制装置，而不是像旧式汽车那样通过单独的导线来传送。

使用多路控制装置，各用电负载发送的输入信号通过电控单元(ECU)转换成数字信号，数字信号从发送装置传输到接收装置，在接收装置转换成所需信号对相关元件进行控制。这样就需在熔断丝、开关和用电设备之间的电路上添加一个多路控制装置。采用多路控制线路系统可以减少线束数量，还可以通过 ECU 对各分支电路系统进行故障检测。

综上所述，汽车电路的特点可归结为低压直流、两个电源、负极搭铁，单线并联。

一、汽车电路元件

汽车电路中带用的电路元件有导线、开关、继电器、熔断丝、插接器等。继电器和熔断丝是电路的控制保护装置。

1. 导线

汽车所用的导线(又称低压电线)与普通家用电线不同。普通家用电线是铜质单芯电线，有一定硬度。而汽车导线都是铜质多芯软线，有些软线细如毛发，几条乃至几十条软铜线包裹在塑料绝缘管(聚氯乙烯)内，柔软而不容易折断。

导线的颜色一般分为单色和双色两种。单色就是绝缘表面为一种颜色；双色导线的绝缘表面颜色则为两种，其中以面积比例大的颜色为主色，面积比例小的为辅助色。导线颜色的选用应优先选用单色，再选用双色。一般来说，搭铁线应选用黑色导线，黑色导线除作搭铁外，没有其他用途。

导线的颜色和代号因国家不同而不同。美国等大部分国家采用英文，德国采用德文，俄罗斯采用俄文，我国则采用中文。导线颜色的英文表示方法见表 2-2。

导线颜色的英文表示方法　　表 2-2

线　色	英　文	英文缩写	线　色	英　文	英文缩写
黑色	Black	BLK/B	棕色	Brown	BRN/BR
白色	White	WHT//W	橙色	Orange	ORG/O
蓝色	Blue	BLU/BL	黄色	Yellow	YEL/Y
绿色	Green	GRN/G	褐色	Tan	TAN/T
紫色	Purple	PPL/PP	深绿	Dark Green	DK GRN
红色	Red	RED/R	浅蓝	Light Blue	LT BLU
灰色	Gray	GRY/GR	浅绿	Light Green	LT GRN
粉红	Pink	PNK/P	粉紫	Violet	VIO/V
透明	Clear	CLR/CL	深蓝	Dark Blue	DKBLU

导线颜色的标注采用颜色代号表示，如单色导线，颜色为红色，标注为“R”。双色导线中第一色为主色，第二色为辅助色。例如，主色为红色，辅助色为白色的双色导线标注为“RW”。

导线的截面积根据工作电流的大小来选取，对于一些电流特别小的电器，如指示灯电路，为了保证应有的力学强度，导线的截面积不得小于 0.5mm^2。导线截面积标注在颜色代码前面，单位为毫米时不标注，如：1.25R 表示导线截面积为 1.25mm^{2}的红色导线。

1.0GY 表示导线截面积为 1.0mm^{2}的双色导线，主色为绿色，辅助色为黄色。汽车线束内导线常用规格有标称截面积 0.5mm^2、0.75mm^2、1.0mm^2、1.5mm^2、2.0mm^2、2.5mm^2、4.0mm^2、

6.0mm²等,它们各自都有允许负载电流值,配用于不同功率的用电设备。以整车线束为例,0.5mm²规格线适用于仪表灯、指示灯、门灯、顶灯等;0.75mm²规格线适用于牌照灯、前后小灯、制动灯等;1.0mm²规格线适用于转向灯、雾灯等;1.5mm²规格线适用于前照灯、喇叭等;主电源线例如发电机电枢线、搭铁线等要求2.5~4mm²导线。这只是就一般汽车而言,关键要看负载的最大电流值。例如蓄电池的搭铁线、正极电源线则是专门单独使用的汽车导线,它们的线径都比较大,起码有十几平方毫米以上,这些导线一般不编入主线束内。

2. 开关

汽车电路中所用的开关主要有点火开关和组合开关。

1)点火开关

点火开关是汽车电路中最主要的开关,是各条电路分支的控制枢纽。点火开关用于控制点火、仪表、发电机的励磁、启动、辅助电器等电路,一般有关断或锁止(OFF或LOCK或0)、辅助电器(ACC)、点火(ON)和启动(ST)四个挡位。将点火开关置于锁止(OFF或LOCK或0)位置时,电路关断并将转向盘锁止;将点火开关置于辅助电路(ACC)位置时,只接通音响、点烟器等辅助电路电源;将点火开关置于点火(ON)时,接通点火、仪表等电路;将点火开关置于启动(ST)位置时,启动电路和点火电路接通。

2)组合开关

组合开关具有多功能性,一般是将照明开关(前照灯开关、变光开关等)、信号(转向、危险警告、超车等)开关、刮水器/清洗器开关等组合为一体,安装在便于驾驶人操纵的转向柱上。

3. 继电器

汽车灯光、刮水器、启动机、空调机、电动座椅、电动门窗、防抱死装置、悬架控制、音响等都需要使用控制继电器(其外形和内部原理见图2-25),它是汽车使用最多的电子元器件之一。

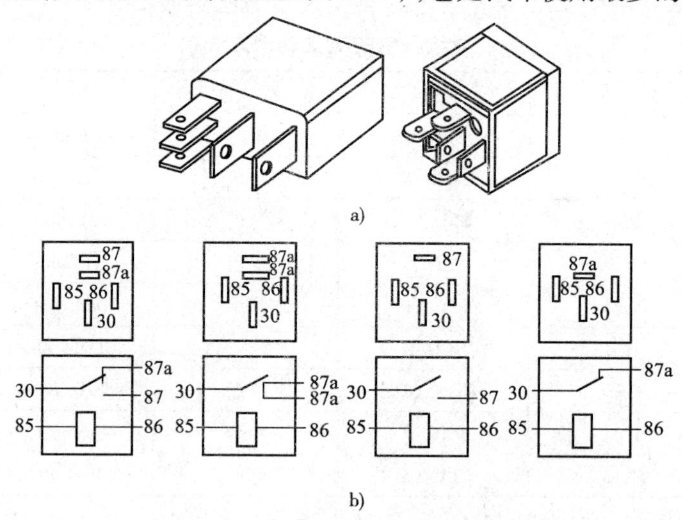

图2-25 常见继电器的外形及内部原理

控制继电器有两个主要部分,一个是控制系统,另一个是被控制系统。控制继电器之所以能起控制作用,是因为当它的控制系统中输入某种信号,例如电、磁、热、光等物理量达到一定值时,能使被控制系统(又称输出回路)的被控制量由零突变到一定值,或者由一定值突变到零,从而达到控制、保护、传递和转换信息等作用。以小电流控制大电流,就是控制继电器的特点。

汽车控制继电器技术要求较高,必须要适应振动、高温、低温、潮湿等恶劣环境以及油、盐、水等物质的侵蚀,要求寿命长、可靠性高、体积小、消耗低,同时具有电磁兼容性、阻燃性、响应速度快等性能。

以常用的汽车灯光控制继电器为例,主要有三脚、四脚及五脚等形式的控制继电器。分别控制前照灯、示宽灯及仪表灯、转弯灯、后灯、制动灯、倒挡灯、雾灯、车厢照明灯等。当组合开关拨至前照灯“ON”挡,前照灯继电器的控制系统(磁场线圈部分)就会通电产生磁场,合金触点立即闭合,被控制系统的电流导通,从而控制了前照灯的开启。当组合开关拨至前照灯“OFF”挡断开电源,磁场消失使控制合金触点立即分离,被控制系统的电流截止,前照灯关闭。

目前国产汽车控制继电器主要有两大类,一类是仿欧车继电器,主要为德国和法国引进技术车配套,另一类是仿日车继电器,主要为日本车型配套。在国际市场上,知名的汽车控制继电器生产企业是德国博世(BOSCH)公司。

4. 熔断丝

熔断丝是汽车电路中必不可少的保护装置,也称为熔断器,如图 2-26 所示。汽车电路中的熔断丝一般集中在中央配线盒内,在仪表台下面右发动机罩下。其规格一般都在熔断丝上标明,不同规格对应不同的颜色。

桑塔纳、奥迪、红旗等轿车整车电路采用中央配线盒,将大部分继电器和熔断丝安装在中央配线盒正面,以方便检修电路。

5. 插接器

分线束与分线束之间、线束与用电设备之间、线束与开关之间的连接采用插接器。插接器不能松动、腐蚀,其上有锁紧装置(有的还有二次锁紧),而且为了避免安装中出现差错,插接器还制成不同的规格、形状。插接器的形状与结构如图 2-27 所示。

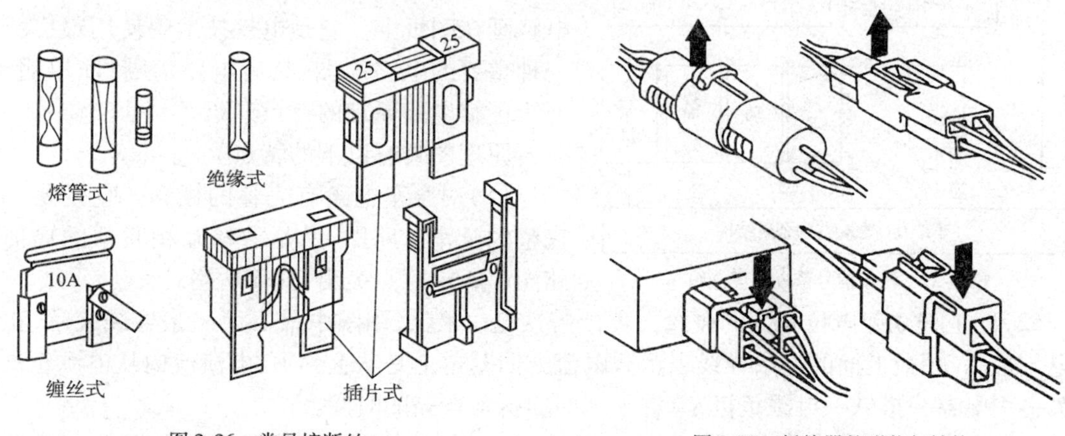

图 2-26　常见熔断丝

图 2-27　插接器的形状与结构

二、汽车电路种类

汽车电路图是利用图形符号和文字符号,表示汽车电路构成、连接关系和工作原理的一种简图。

为了使电路图具有通用性,便于进行技术交流,构成电路图的图形符号和文字符号有统一的国家标准和国际标准。要看懂电路图,必须了解图形符号和文字符号的含义、标注原则和使用方法。通过对电路图的识读认识并确定电路图上所画电气元件的名称、型号和规格,清楚掌握汽车电气系统的组成、相互关系、工作原理和安装位置,便于对汽车电路进行维修、检查、安装、配线等工作。

根据汽车电路图的不同用途，可绘制成不同形式的电路图。汽车电路图常见的表达方式主要有电路原理图（常简称为原理图）、线路图和线束图3种。除此之外，还有一种原理框图，用于概略表示汽车电气系统或分系统的基本组成及其相互关系和主要特征。原理框图所描述的对象是系统或分系统的主要特征，它对内容的描述是概略的，用来表示系统或分系统基本组成的是图形符号和带注释的框。

图2-28所示为汽车全车电气系统的原理框图，图2-29所示为汽车信号系统展开的原理框图。

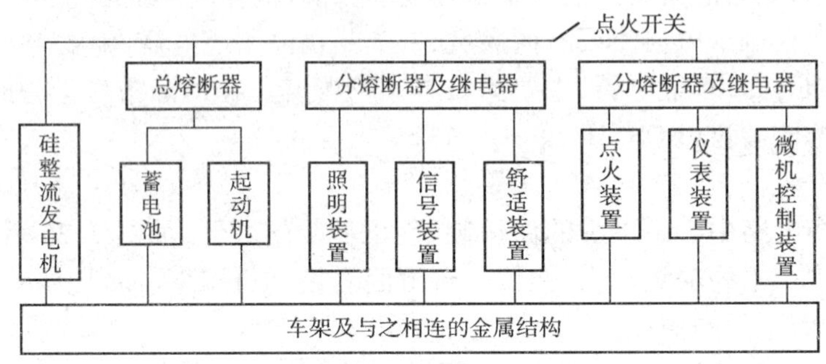

图2-28　汽车全车电气系统原理图

1. 原理图

为了详细表示实际设备或成套装置电路的全部基本组成和连接关系，便于详细理解作用原理，需要绘制原理图（图2-30）。

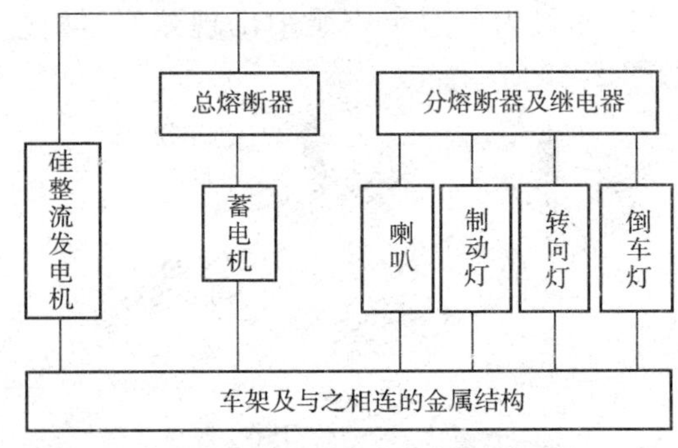

图2-29　汽车信号系统原理框图

所谓原理图是根据国家颁布的有关技术标准，用图形符号、文字符号，以统一规定的方法，把电路画在图纸上。它是电气技术中使用最广泛的一种重要的电路简图，具有电路清晰，简单明了，便于理解电路原理的特点。

原理图具有以下的特点。

（1）对全车电路有完整的概念。它既是一幅完整的全车电路图，又是一幅互相联系的局部电路图，重点、难点突出，繁简适当。

（2）图上建立起电位高低的概念。负极搭铁电位最低，用图中最下面一条导线表示；正极线电位最高，用最上面的一条导线表示。电流方向基本上是从上到下，电流流向从电源正极→开关→用电器→搭铁→电源负极，节省了迂回曲折走弯路的时间。

（3）尽可能减少导线的曲折与交叉。调整位置，合理布局，图面简洁清晰，图形符号照顾元件外形和内部结构，便于联想分析，易读、易画。

（4）电路系统的相互关联关系清楚。发电机与蓄电池间，各电路系统之间连接点尽量保持原位，熔断器、开关、仪表的接法与原图吻合。

其缺点是图形符号不规范，易各行其道，不利于交流。

原理图具有以下用途。

（1）便于详细理解表达对象的线路布置。

（2）为检测、寻找故障、排除故障提供信息（有时需借助于其他文件，如维修手册和接线图等）。

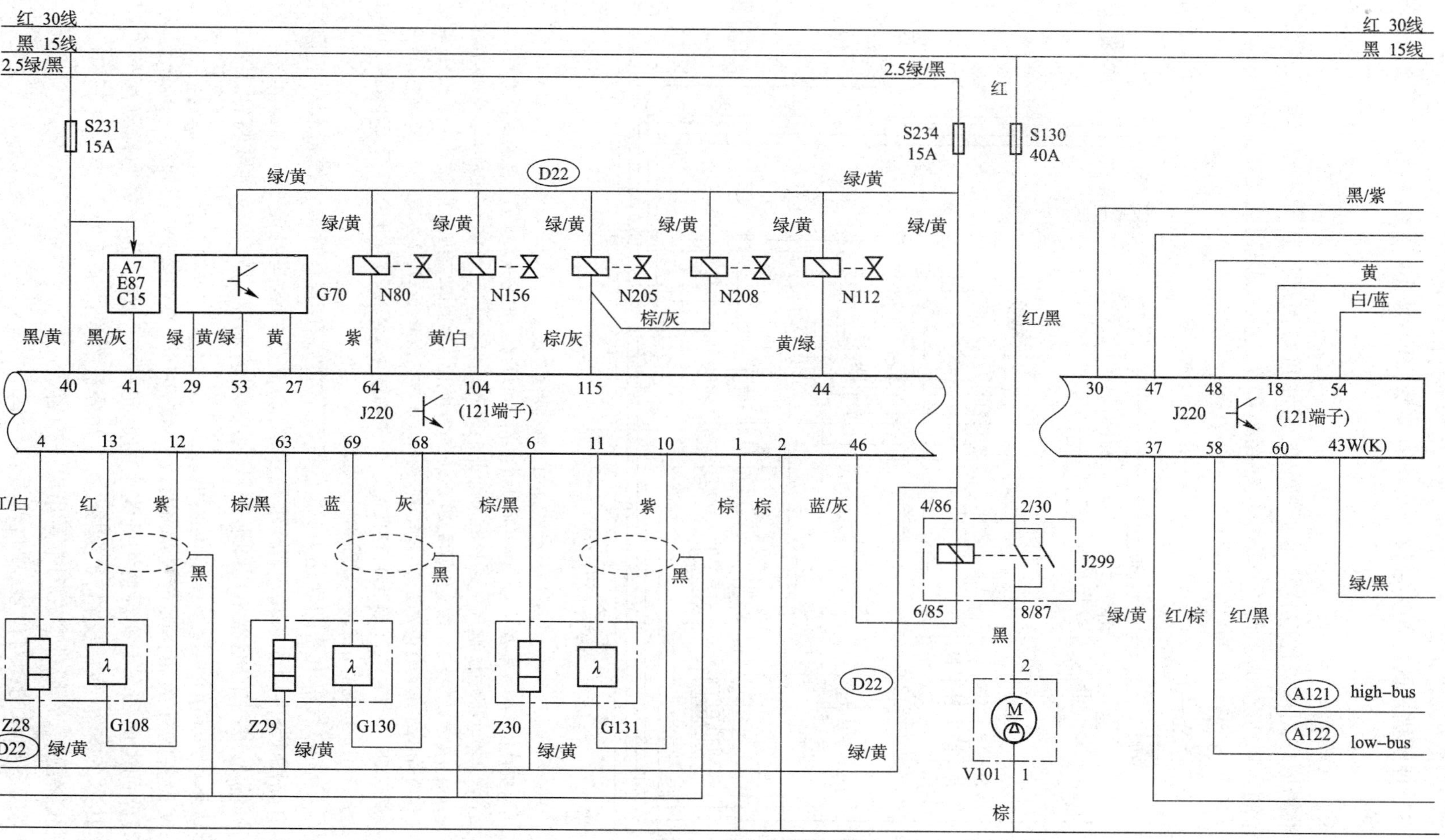

图 2-30 整车电气原理图

(3)为绘制接线图提供依据(有时需借助于结构图样的补充信息)。

由于电路原理图描述的连接关系仅仅是功能关系,而不是实际的连接导线,因此原理图不能代替线路图。

2. 线路图

从汽车电路原理图可以比较详细地了解电气元件间的相互控制关系和工作原理,但不能表达汽车电器的实际情况,为了便于汽车电气线路的布置、连接,常需要绘制线路图(图2-31)。

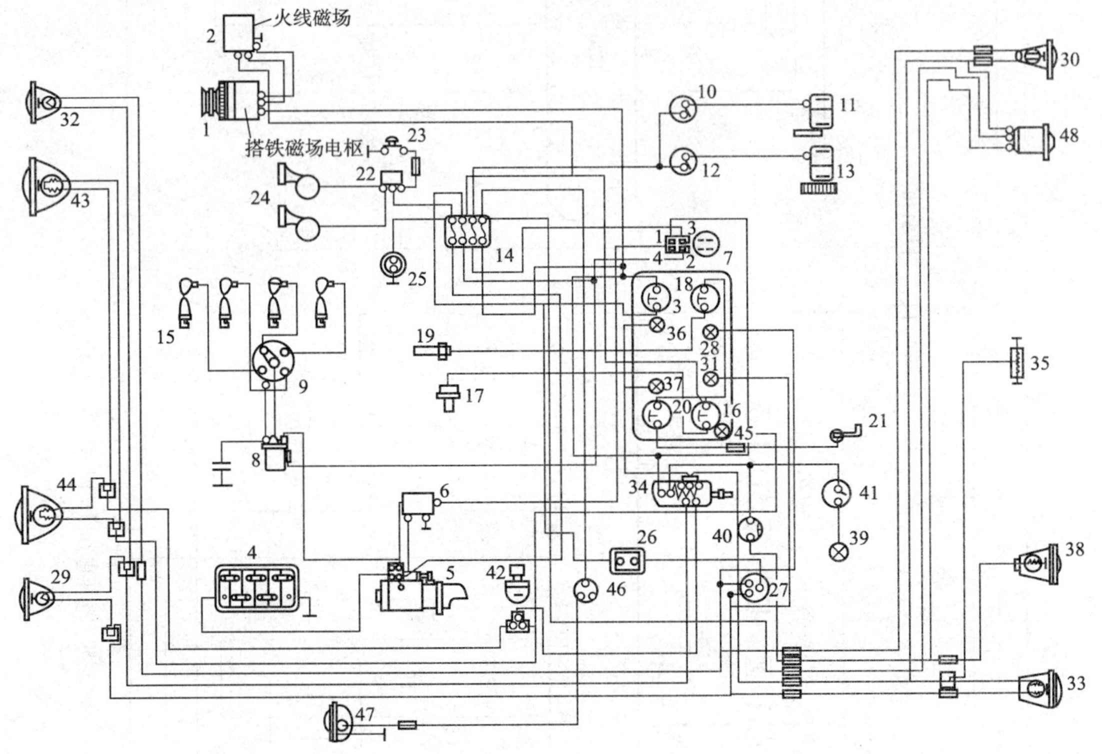

图2-31 线路图

1-发电机;2-电压调节器;3-电流表;4-蓄电池;5-电动机;6-启动继电器;7-点火开关;8-点火线圈;9-分电器;10-刮水器开关;11-刮水器电动机;12-暖风开关;13-暖风电动机;14-熔断器盒;15-火化塞;16-机油压力表;17-油压传感器;18-冷却液温度表;19-冷却液温度传感器;20-燃油表;21-燃油传感器;22-喇叭继电器;23-喇叭按钮;24-电喇叭;25-工作等插座;26-传向灯闪光器;27-转向灯开关;28、31-转向指示灯;29、32-示宽灯;30、33-尾灯;34-车灯开关;35-牌照灯;36、37-仪表灯;38-制动灯;39-阅读灯;40-制动灯开关;41-阅读灯开关;42-变光开关;43、44-前照灯;45-远光指示灯;46-雾灯开关;47-雾灯;48-挂车电源插座

线路图是传统的汽车电路图表达方式,它将汽车电器在车上的实际位置相对应地用外形简图表示在电路图上,再用线条将电路、开关、保险装置等和这些电器一一连接起来。为了尽可能接近实际情况,图中的电器不用图形符号,而是用该电器的外形轮廓或特征表示,在图中还应注意将线束中同路的导线尽量画在一起。

由于电气设备的外形和实际位置都和原车一致,因此,查找线路时,导线中的分支、接点很容易找到,线路的走向和车上实际使用的线束的走向基本一致。为安装和检测汽车电路提供方便。但因其线条密集,纵横交错,给读图、查找并分析故障带来不便。

在绘制线路图时,一般都应在图中示出以下内容。

(1)电气设备项目的相对位置、项目代号。

(2)端子间的连接关系、端子代号。

(3)导线类型、截面积、导线号。

(4)需补充说明的其他内容。

线路图中的元器件、部件、组件和设备等项目,应尽量采用其简化外形(如圆形、方形、矩形)来表示,为了便于识图,必要时也允许用图形符号表示。

为了进一步说明各个图形或符号所表示的项目,在每个图形或符号的近旁,应同时标出与电路图相应项目一致的项目代号。在线路图中,项目只用种类代号表示。

在线路图中,端子用端子代号表示,端子一般用图形符号"○"表示,同时在端子近旁标注端子代号,对于用图形符号表示的项目,端子可不画符号,只标出端子代号就可以了。

如果需要区分不可拆卸和可拆卸的端子,应分别用国家标准中的符号"○"和"Φ"绘制或加注说明,端子代号必须与项目上端子标记一致。

导线可用连续线或中断线表示。

连续线是用连续的实线来表示端子之间实际存在的导线。

中断线是用中断的实线来表示端子之间实际存在的导线,并在中断处标明去向。

识读线路图的要点如下。

(1)对该车所使用的电气设备结构、原理有一定的了解,对其电气设备规范比较清楚。

(2)通过识读认清该车所有电气设备的名称、数量以及它们在汽车上的实际安装位置。

(3)通过识读认清该车每一种电气设备的接线柱的数量、名称,了解每一接线柱的实际意义。

3. 线束图

线束图是汽车制造厂根据电气设备在汽车上的实际安装部位把线路排列好,并将有关导线汇合在一起扎成线束以后画成的结构走向树枝图。在图上,部件与部件间的导线以线束形式出现,线束图与线路图相似,但图面比线路图简单明了,接近实际。图2-32所示为捷达轿车的发电机线束图。

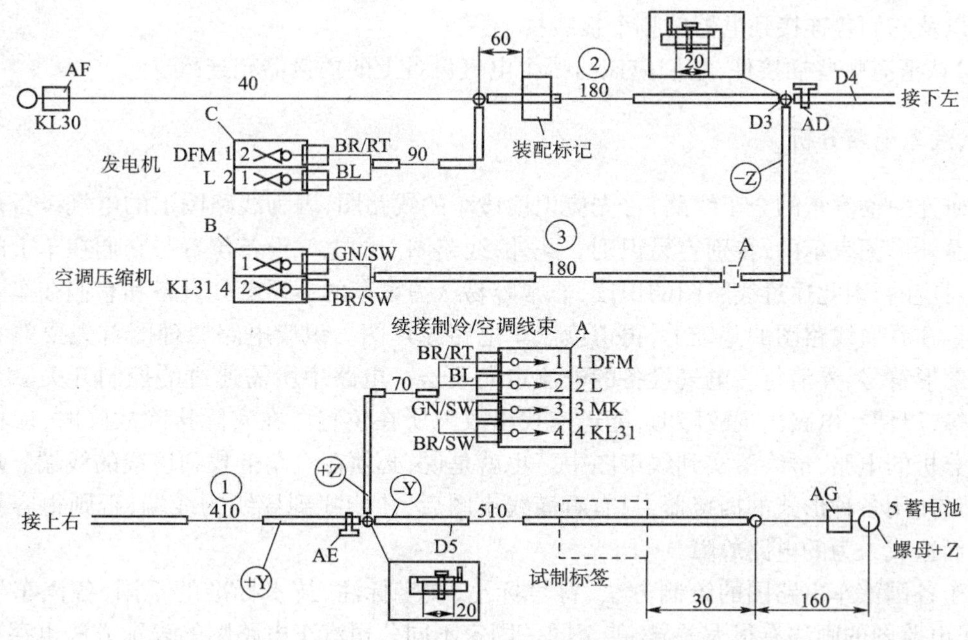

图2-32 线束图(大众公司捷达发电机线束)

线束图不详细描述线束内部的导线走向，只将露在线束外面的线头与插接器详细编号，并用字母标定。配线记号的表示方法突出，便于配线，各接线端都用序号和颜色准确无误地标注出来。线束图与电路图、线路图结合起来使用，具有很大的参考价值。所以，现代汽车维修手册中很多都给出电路图和线束图。

由于线束图主要是以线束的形成出现的，图面的线条较少，各部件之间连接的表达就成为其主要的内容，为表达清楚导线的颜色、接头的端子代号，常需辅以线束分组和端子编号表及线束端子接线表。

线束图的内容如下。

(1)线束的组成。汽车线束图由多个线束组成，有主线束和分线束。在图上应表现出各线束的组成，每个线束上有几个分支，每个分支上有多少根线，导线的颜色及条纹是什么。

(2)接线代号和接线标志。汽车上的电器数量多而复杂，为使连线正确，各个连接点都应标注接线代号和接线标志，以便于连接。

(3)线束的长度。线束的长度包括线束的总长、每个分支的长度和两个线端间隔的长度。

(4)插接器。由于线束有多条，线束与线束、分支与线束、分支与电器之间都是通过插接器进行连接的，应表示出每个插接器上有几条导线，每条导线位于插接器接线孔的什么位置，插接器的形状是什么样的，相邻的几个插接器是否容易混淆等。

(5)导线颜色和线径。线束图的特点是：在图面上着重标明各导线的序号和连接的电器名称及接线柱的名称、各插接器插头和插座的序号。安装操作人员只要将导线或插接器按图上标明的序号，连接到相应的电器接线柱或插接器上，便完成了全车线路的装接。该图有利于安装与维修，但不能说明线路的走向，线路简单。

线束图的识读要点如下。

(1)认清整车共有几组线束、各线束名称以及各线束在汽车上的实际安装位置。

(2)认清每一线束上的枝杈通向车上哪个电气设备、每一分枝杈有几根导线、它们的颜色与标号以及它们各连接到电器的哪个接线柱上。

(3)认清有哪些插接件，它们应该与哪个电气设备上的插接器相连接。

三、汽车电路分析

要研究一辆汽车的全车线路，首先应识读该车的线路图，因为线路图上的电气设备是用图形符号及外形图表示的，特别容易识别。此外，线路图上的电气设备位置与它们在车上的实际位置是对应的，因此通过线路图的识读，非常容易认清该车的主要电气设备和它们在车上的实际位置。在看懂线路图的基础上，再识读汽车电路原理图。识读电路原理图首先要熟悉电气设备的图形符号，弄清每一电气设备的电流走向及这一电路中所需通过的控制开关、熔断丝、插接器等，以便在电路出现故障时，能迅速找出故障所在位置。在实际排除故障时，应根据原理图所分析的电路，最终落实到线束图中。也就是说，必须在汽车上找到该线的线端。现代汽车上大量使用各种形式的插接器，只有看懂线束图后，才能找到导线的线端，否则很容易因导线误接而造成人为的电路故障。

由于各国汽车电路图的绘制方法、符号标注、文字标注、技术标准的不同，各汽车生产厂家，汽车电路图的画法有很大差异，甚至同一国家不同公司汽车电路图的表示方法也存在较大的差异，这就给读图带来许多麻烦，因此，掌握汽车电路图识读的基本方法是很必要的。

1. 认真阅读图注

认真阅读图注，了解电路图的名称、技术规范，明确图形符号的含义，建立元器件和图形符号间一一对应的关系，这样才能快速准确识图。

2. 掌握回路的原则

在电学中，回路是一个最基本、最重要，同时也是最简单的概念，任何一个完整的电路都由电源、用电器、开关、导线等组成。一个用电器要想正常工作，总要得到电能。对于直流电路而言，电流总是要从电源的正极出发，通过导线，经熔断器、开关到达用电器，再经过导线（或搭铁）回到同一电源的负极，在这一过程中，只要有一个环节出现错误，此电路就不会正确、有效。

在汽车电路中，发电机和蓄电池都是电源，在寻找回路时，却不能混为一谈，不能从一个电源的正极出发，经过若干用电设备后，回到另一个电源的负极，这种做法，不会构成一个真正的通路，也不会产生电流。所以必须强调，回路是指从一个电源的正极出发，经过用电器，回到同一电源的负极。

3. 熟悉开关的作用

开关是控制电路通断的关键，电路中主要的开关往往汇集许多导线，如点火开关、车灯总开关等，读图时应注意如下5个与开关有关的问题。

（1）在开关的许多接线柱中，注意哪些是直通电源的，哪些是接用电器的，接线柱旁是否有接线符号，这些符号是否常见。

（2）开关共有几个挡位，在每个挡位中，哪些接线柱通电，哪些断电。

（3）蓄电池或发电机电流是通过什么路径到达这个开关的，中间是否经过别的开关和熔断器，这个开关是手动的还是电控的。

（4）各个开关分别控制哪个用电器，被控用电器的作用和功能是什么。

（5）在被控的用电器中，哪些电器处于常通，哪些电路处于短暂接通，哪些应先接通，哪些应后接通，哪些应单独工作，哪些应同时工作，哪些电器允许同时接通。

4. 了解汽车电路图的一般规律

（1）电源部分到各电器熔断器或开关的导线是电气设备的公共正极线，在电路原理图中一般画在电路图的上部。

（2）标准画法的电路图，开关的触点位于零位或静态，即开关处于断开状态或继电器线圈处于不通电状态，晶体管、晶闸管等具有开关特性的元件的导通与截止视具体情况而定。

（3）汽车电路是单线制，各电器相互并联，继电器和开关串联在电路中。

（4）大部分用电设备都经过熔断器，受熔断器的保护。

（5）按照整车电路系统的各个功能及工作原理，把整车电气系统划分成若干个独立的电路系统，然后分别进行分析。这样化整体为部分，可以有重点地进行分析。现在汽车整车电路一般都按各个电路系统来绘制，如电源系统、启动系统、点火系统、照明系统、信号系统等，这些单元电路都有它们自身的特点，抓住特点把各个单元电路的结构、原理吃透了，理解整车电路也就容易了。

5. 识图的一般方法

（1）先看全图，把一个个单独的系统框出来。

（2）一般来讲，各电气系统的电源和电源总开关是公共的，任何一个系统都应该是一个完整的电路，都应遵循回路原则。

(3)分析各系统的工作过程、相互间的联系。

(4)在分析某个电气系统之前,要清楚该电气系统所包含各部件的功能、作用和技术参数等。在分析过程中应特别注意开关、继电器触点的工作状态,大多数电气系统都是通过开关、继电器不同的工作状态来改变回路,实现不同功能的。

(5)通过对典型电路的分析,达到触类旁通。许多不同车型的电路原理图,都是类似或相近的,这样,通过一个具体的例子,举一反三,对照比较,触类旁通,可以掌握汽车的一些共同的规律,再以这些共性为指导,了解其他型号汽车的电路原理,又可以发现更多的共性以及各种车型之间的差异。

汽车电器的通用性和专业化生产使同一国家汽车的整车电路形式大致相同,如掌握了某种车型电路的特点,就可以大致了解相应车型或合资企业的汽车电路的特点。

第三章　发动机电子控制技术

第一节　概　　述

发动机电子控制系统就是根据驾驶人的操作意图、正在运行的状态及外部条件，精确计量控制进入发动机缸内的空气与燃油，在最佳的时刻点燃发动机缸内的可燃混合气，在满足排放要求的约束下使发动机的燃油经济性达到最佳状态。对汽油发动机，电子控制系统包括电子点火控制与燃油喷射控制，对柴油发动机，就是精确计量控制喷入到汽缸的燃油，以高压缩比产生的高温自行着火燃烧。柴油发动机与汽油发动机的燃油喷射系统的构成差别很大，但从控制的角度看，这两者并无本质区别，故只对不同的部分进行必要的介绍。

第二节　电子汽油喷射控制技术

一、传统供油方式

化油器式燃油供给系统是汽油发动机的传统供油方式，其工作原理如图 3-1 所示。化油器式的燃油配给过程是利用空气流经节气门上方喉管处产生的负压将燃油从浮子室中连续吸出，这部分燃油经与空气自行混合后，被吸入各汽缸内燃烧做功使发动机运转。

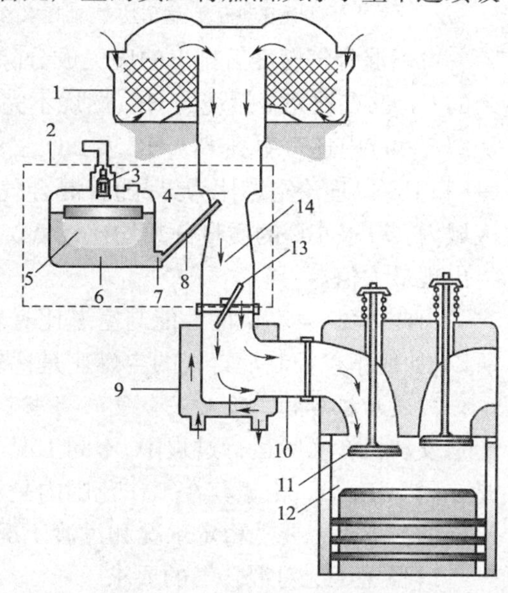

图 3-1　化油器供油方式构成

1-空气滤清器；2-化油器；3-进油针阀；4-喉管；5-浮子；6-浮子室；7-主量孔；8-主喷管；9-进气预热套；10-进气歧管；11-进气门；12-汽缸；13-节气门；14-化油器混合室

二、可燃混合气的配制要求

通常用空燃比来表示可燃混合气的成分。空燃比对发动机的动力性、经济性及排放性均有较大的影响，空燃比与发动机性能之间的关系分述如下。

1. 空燃比对发动机性能的影响

通常把吸入发动机汽缸的空气与燃油的质量比称作空燃比，一般用 A/F 表示。

燃油供给装置的作用就是向进气管提供一定量的燃油，经与进气管内的空气混合后形成可燃混合气。可燃混合气在汽缸内的燃烧过程可以用下列化学反应式表示：

$$4C_xH_y + (4x + y)O_2 \xrightarrow{\text{燃烧}} 4xCO_2 + 2yH_2O$$

式中，C_xH_y 表示汽油，它是多种碳氢化合物的混合物。从理论上分析，1kg 汽油完全燃烧变成

CO_2和H_2O时,需要14.7kg的空气,故此时的空燃比为14.7,称为理论空燃比。在发动机汽缸内的实际燃烧过程中,燃烧1kg汽油所消耗的空气量不一定正好就是理论所需求的空气量,也就是说系统所提供的实际空气量可能大于也可能小于理论空气量,这与发动机的结构与使用工况密切相关。通常我们把实际空气量与理论空气量的比值称为过量空气系数,用字母α表示。当$\alpha=1$时,混合气为理论空燃比混合气;当$\alpha>1$时,混合气为稀混合气;当$\alpha<1$时,混合气为浓混合气。

空燃比对发动机性能的影响如图3-2a)所示。根据分析得知,当空燃比约为12.5($\alpha=0.85$)时,由于其燃烧速度最快,发动机所产生的转矩最大,故发动机的动力性最好,所以又称其为功率空燃比。当空燃比约为16($\alpha=1.09$)时,由于混合气较稀,有利于汽油完全燃烧,故可降低发动机的油耗,因为此时发动机的经济性最好,故又称其为经济空燃比。

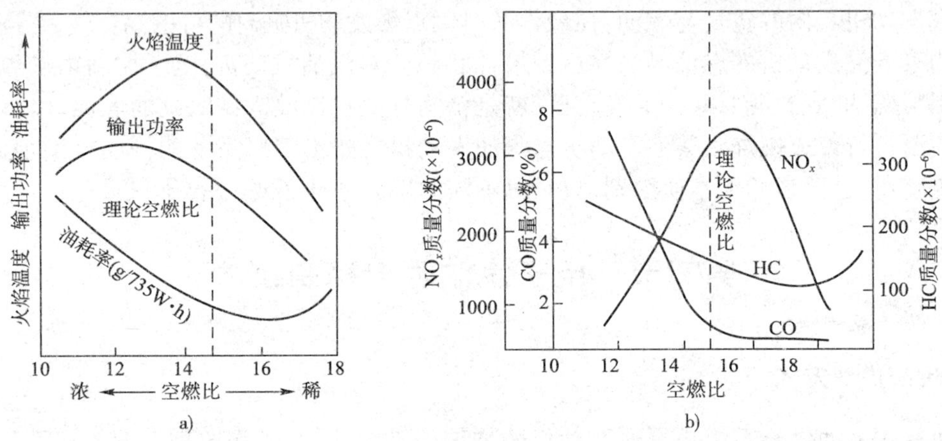

图3-2 空燃比与发动机转矩、油耗率、有害排放物排放质量分数之间的关系

a)空燃比与温度、输出功率、油耗率的关系;b)空燃比与有害排放物质量分数之间的关系

可燃混合气燃烧后排出的废气成分除CO_2和H_2O外,还有空气中没有参与燃烧的N_2,剩余的O_2,没有被完全燃烧的HC,燃烧不完全的CO及高温富氧条件下燃烧生成的NO_x。此外,从图3-2b)中还可看到CO、HC及NO_x三种有害成分的质量分数随空燃比的变化趋势。其中CO和HC以理论空燃比为界,随着混合气变浓而逐渐上升,而在空燃比略大于理论空燃比的区域内,CO及HC的质量分数均比较低。但由于NO_x是高温富氧的产物,故在$\alpha=1.1$左右时将出现最大值。

由此可见,发动机的性能与空燃比有着密切的关系,但影响的程度和变化规律各不相同。所以,如何精确控制混合气的空燃比是比较复杂而又非常重要的问题。

2.发动机各种工况对混合气的要求

发动机在实际运行过程中,不同工况下发动机对可燃混合气空燃比的要求是不同的,即使是在同一工况下,由于其在工作范围内是不断变化的,发动机对可燃混合气空燃比的要求也是不同的。下面主要从稳定工况和过渡工况两种情况进行分析。

1)稳定工况对混合气的要求

发动机的稳定工况是指发动机已经完全预热,进入正常转动,且在一定时间内转速和负荷没有突然变化的情况。稳定工况又可分为怠速、小负荷、中等负荷、大负荷和全负荷等几种情况。

(1)怠速和小负荷工况。怠速工况是指发动机对外无功率输出且以最低稳定转速运转的情况。此时,混合气燃烧后所做的功,一方面用于克服发动机内部的阻力,另一方面用于保证由发动机驱动且此时需正常工作的设备的运作,如空调压缩机、发电机等设备,并使发动机保持最低转速稳定运转。汽油机怠速转速一般为 300 ~ 1000r/min。在怠速工况下,节气门处于关闭状态,此时,吸入汽缸内的可燃混合气不仅数量极少,而且汽油雾化蒸发也较差,进气管中的真空度很高,当进气门开启时,缸内压力仍高于进气管压力,结果使得汽缸内的混合气废气率较大。此时,为保证混合气能正常燃烧,就必须提高其浓度,如图 3-3 中的 *A* 点。随着负荷的增加和节气门略开大而转入小负荷工况时,吸入混合气的品质逐渐改善,所以在小负荷工况时,发动机对混合气成分的要求如图 3-3 中的 *AB* 线段所示。也就是说,发动机在小负荷运行时,供给混合气也应加浓,但加浓的程度随负荷的增加而减小。

(2)中等负荷工况。汽车发动机的大部分工作时间都处于中等负荷状态。此时,节气门已有足够大的开度,上述影响因素已不复存在,因此可供给发动机较稀的混合气,以获得最佳的燃油经济性。这种工况相当于图 3-3 中的 *BC* 段,空燃比为 16 ~ 17。

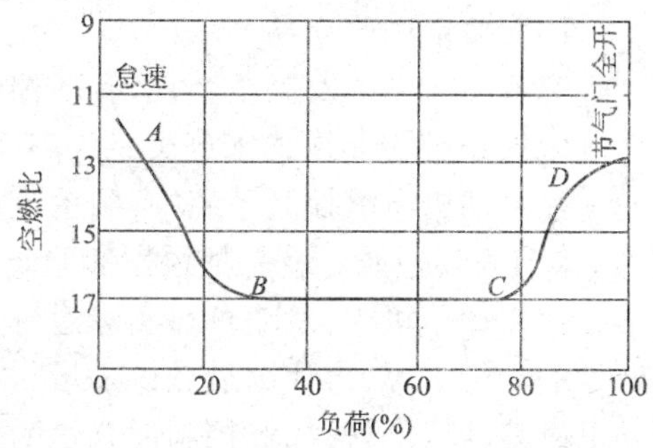

图 3-3 汽油机负荷变化时所需混合气空燃比

(3)大负荷和全负荷工况。在大负荷时,节气门开度已超过 3/4,此时应随着节气门开度的增大而逐渐地加浓混合气以满足发动机功率的要求,如图 3-3 中的 *CD* 段。但实际上,在节气门尚未全开之前,如果需要获得更大的转矩,只要把节气门进一步开大就能实现,没有必要使用功率空燃比来提高功率,而应当继续使用经济混合气来达到省油的目的。因此,在节气门全开之前所有的部分负荷工况都应按经济混合气配给。只是在全负荷工况时,节气门已经全开,此时为了获得该工况下的最大功率必须供给功率混合气,如图 3-3 中的 *D* 点。在从大负荷过渡到全负荷工况的过程中,混合气的加浓也是逐渐变化的。

2)过渡工况对混合气的要求

汽车在运行中的主要过渡工况可分为冷启动、暖机、加减速等三种形式。

(1)冷启动。冷机启动时,发动机要求供给很浓的混合气,以保证混合气中有足够的汽油蒸气,使发动机能够顺利启动。但在冷启动时燃料和空气的温度很低,汽油蒸发率很小,为了保证冷启动顺利,要求混合气的空燃比可浓到 2:1,才能在汽缸内形成可燃混合气。

(2)暖机。发动机冷机启动后,各汽缸开始依次点火而做功,发动机温度逐渐上升,即暖机。发动机在暖机过程中,由于温度较低燃油雾化较差,因此也需要 A/F 较小的浓混合气,而且随着发动机温度增加而空燃比逐渐增大,直至达到正常工作温度时为止,发动机进入怠速工况。

(3)加减速。发动机的加速是指发动机的转速突然迅速增加的过程。此时,驾驶人猛踩加速踏板,节气门开度突然加大,进气管压力随之增加,由于汽油的流动惯性和进气管压力增大后汽油蒸发量的减少,大量的汽油颗粒被沉积在进气管壁面上,形成厚油膜,而进入缸内的实际混合气则瞬时被稀释,严重时会出现过稀,使发动转速下降。为了避免这一现象发生,在发动机加速时,应向进气管喷入一些附加汽油以弥补加速时的暂时稀释,以获得良好的加速性。

当汽车减速时,驾驶人迅速松开加速踏板,节气门突然关闭,此时由于惯性作用发动机仍保持很高的转速,因此进气管真空度急剧增高,促使附着在进气管壁面上的汽油蒸发汽化,并在空气量不足的情况下进入汽缸内,造成混合气过浓,严重时甚至熄火。因此,在发动机减速时，应供给较稀的混合气，以避免这一现象产生。

根据以上分析，要实现精确控制发动机的空燃比，以满足发动机在各种工况和条件下所需最佳空燃比的要求，采用化油器式的燃油供给系统是无法做到的。

三、汽油电子喷射系统

电子控制燃油喷射系统可根据每循环的进气量，对各缸所需的燃油喷射量进行精确计量和控制，并且ECU还可根据运行状态，进一步来改变控制量，实现闭环反馈控制过程。为了提高控制精度，某些燃油喷射控制系统中，在反馈控制基础上，还增加了自学习功能可自行进行修正，从而极大地改善了发动机的工作性能和控制系统的控制精度、稳定性和可靠性。

1. 电喷系统的分类

汽油喷射系统发展至今，已有多种类型，根据其结构特点分为以下几种类型。

1）按系统控制模式来分类

在发动机电喷控制系统中，按系统控制模式可分为开环控制和闭环控制两种类型。

（1）开环控制。就是把根据实验确定的发动机各种运行工况所对应的最佳供油量的数据事先存入计算机中，发动机在实际运行过程中，主要根据各个传感器的输入信号，判断发动机所处的运行工况，再找出最佳供油量，并发出控制信号。控制信号经功率放大器放大后，再驱动电磁喷油器动作，如此控制混合气的空燃比，使发动机处于最佳运行状态。

开环控制系统只受发动机运行工况参数变化的控制，且按事先设定在计算机ROM中的实验数据流工作。其优点是简单易行，缺点是其精度直接依赖于所设定的基准数据的精度和喷油器调整标定的精度。但当喷油器及传感器系统电子产品性能变化时，混合气就不能正确地保持在预定的空燃比值上。因此，它对发动机及控制系统的各个组成部分的精度要求高，系统本身抗干扰能力较差，而且当使用工况超出预定范围时，就不能实现最佳控制。开环控制系统不带氧传感器等反馈传感器。

（2）闭环控制。闭环控制系统又称为反馈控制系统，它的特点是加入了反馈传感器，输出反馈信号，反馈给控制器，以随时修正控制信号。闭环控制系统在排气管上加装了氧传感器，可根据排气中含氧量的变化，测出发动机燃烧室内混合气的空燃比值，并把它输入到计算机中再与设定的目标空燃比值进行比较，将偏差信号经功率放大器放大后再驱动电磁喷油器喷油，使空燃比保持在设定目标值附近。因此，闭环控制可达到较高的空燃比控制精度，并可消除因产品差异和磨损等引起的性能变化对空燃比的影响，工作稳定性好，抗干扰能力强。

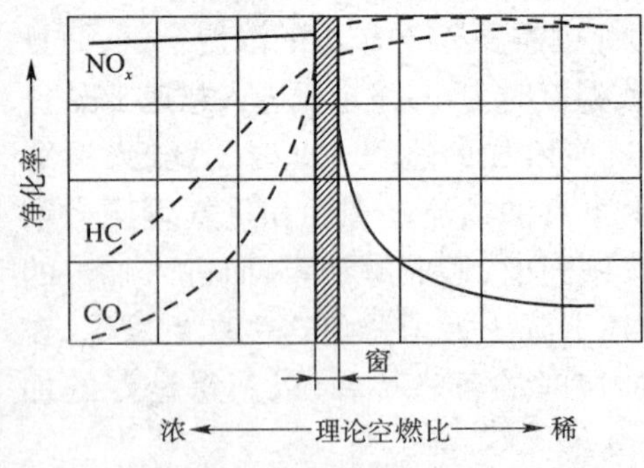

图3-4　三元催化转换装置的净化率特性

此外，采用闭环控制的燃油喷射系统后，可保证发动机在理论空燃比（14.7）附近很窄的范围内运行，使三元催化装置对排气净化处理达到最佳效果，如图3-4所示。

但是，由于发动机某些特殊运行工况（如启动、暖机、加速、怠速、满负荷），需要控制系统提供较浓的混合气来保证发动机的各种性能，所以，在现代汽车发动机电子控制系统中，通常采用开环与闭环相结合的控制方式。

2）按喷油实现的方式来分类

在发动机电子控制系统中，按喷油实现的方式进行分类，可分为机械式、机电混合式和电子控制式三种燃油喷射系统。

随着发动机技术的发展,机械式燃油喷射系统已退出使用,机电混合式燃油喷射系统也将逐步被电子控制的燃油喷射系统所取代。为此本章只介绍电子控制式燃油喷射系统,燃油的计量通过电控单元和电磁喷油器来实现。英文全名为 Electronic Fuel Injection,简称为 EFI。

电子控制单元通过各种传感器来检测发动机运行参数(包括发动机的进气量、转速、负荷、温度、排气中的氧含量等)的变化,再由 ECU 根据输入信号和数学模型和标定数据来确定所需的燃油喷射量,并通过控制喷油器的开启时间来控制喷入汽缸内的每循环喷油量,进而实现对汽缸内可燃混合气的空燃比进行精确配制的目的。

3)喷油器数目的多少来分类

在发动机燃油喷射控制系统中,按喷油器数目进行分类,又可分为单点喷射(Single-Point-Injection 简称 SPI)和多点喷射(Multi-Point-Injection 简称 MPI)两种形式。单点喷射与多点喷射的区别如图 3-5 所示。

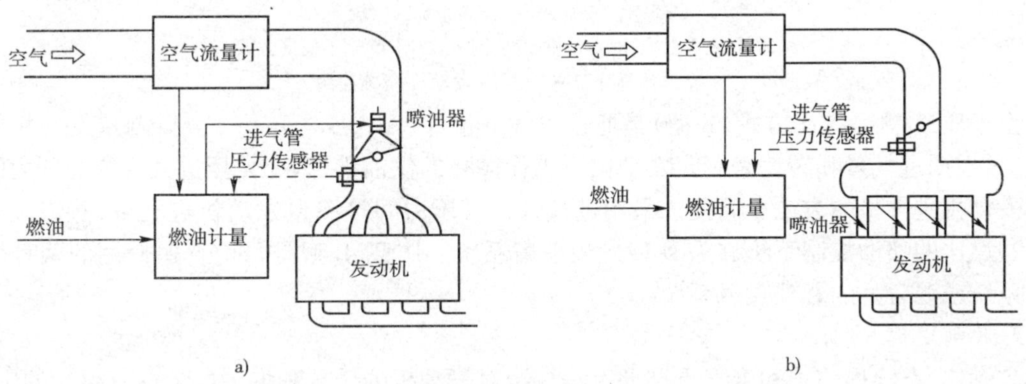

图 3-5 单点喷射系统与多点喷射系统

a)单点喷射;b)多点喷射

喷油器的大规模生产,其成本逐步降低,采用单点喷射在成本方面的优势已经微不足道,多点喷射已成为发动机燃油喷射的主流,从控制的角度来看,单点喷射与多点喷射亦无本质的区别,故本章只介绍多点喷射的燃油控制系统。

4)按喷油器的喷射部位来分类

在发动机电子控制系统中,按喷油器的喷射部位进行分类,又可分为缸内喷射和缸外喷射两种形式。

(1)缸外喷射。是指进气歧管内喷射或进气门前喷射。该方式中喷油器被安装于进气歧管内或进气门附近,故汽油在进气过程中被喷射后与空气混合形成可燃混合气再进入汽缸内。理论上,喷射时刻设计在各缸排气行程上止点前 70°左右为佳。对缸外喷射方式,汽油的喷油压力在 0.1 ~0.5MPa 范围,系统结构简单,成本较低,目前仍然被广泛应用。

(2)缸内喷射。是指喷油器将汽油直接喷射到汽缸燃烧室内,因此需要较高的喷油压力(3 ~12MPa)。由于缸内直喷可以大大提高燃油经济性,降低排放,缸内直喷正成为发动机控制技术的发展方向。

5)按空气量的检测方式分类

在发动机电子控制系统中,根据空气进气量的检测方式,可分为直接检测方式和间接检测方式两种。直接检测方式称为质量流量(Mass-Flow)方式,间接检测方式又可分为速度-密度(Speed-Density)方式和节气门-速度(Throttle-Speed)方式。

在间接检测方式中，速度-密度方式是根据进气管绝对压力和发动机转速来计量发动机每循环的进气量，而节气门-速度方式则根据节气门开度和发动机转速来计量发动机每循环的进气量，从而计算所需的喷油量。图3-6所示为三种空燃比控制系统比较图。目前在汽油发动机上通常采用质量-流量方式和速度-密度方式来测量进气量。

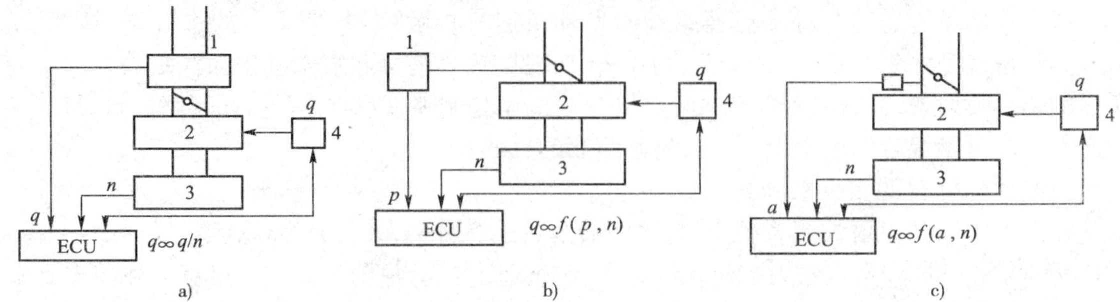

图3-6 三种空燃比控制系统的比较

a）质量-流量方式；b）速度-密度控制方式；c）节气门-速度方式

1-空气流量计；2-进气管；3-发动机；4-喷油阀

由于质量-流量控制方式（L型）是通过空气流量计（Air Flow Meter）直接测量发动机的进气量，再根据进气量和转速来确定发动机每工作循环的供油量，因此比用进气管绝对压力间接测量发动机进气量的方法更简便。采用进气管绝对压力间接测量发动机进气量，并依此依据计算空燃比的喷油控制系统称为D型燃油喷射系统。D型、L型是目前普遍使用的两种燃油喷射系统或混合型的燃油喷射系统。

2. 控制规律

空燃比、点火提前角和废气再循环率等参数对发动机的排放和燃油经济性有很大的影响，应用电子控制技术，可以通过调节这些参数对汽车发动机排放进行控制，以满足严格的排放法规的要求。

现在的问题是应用什么样的控制规律，才能使发动机的燃油经济性、动力性、排放指标及平顺性达到最佳状态。由于发动机燃烧过程是一个复杂的过程，很难用数学模型描述其工作过程，一般是通过经验模型和大量的数据定量地表示控制量和输出量（包括性能指标）之间的关系。

以暖机之后发动机燃油经济性控制为例，约束最优问题的目标是求最佳的燃油经济性，并同时满足排放法规的约束。发动机的控制问题可以用三个向量来定义：

$$y=(y_1,y_2,y_3,y_4) \tag{3-1}$$

$$u=(u_1,u_2,u_3,u_4) \tag{3-2}$$

$$x=(x_1,x_2,x_3) \tag{3-3}$$

式中，$y(t)$向量为系统的输出变量：

$y_1[x(t),u(t)]$——燃油消耗率；

$y_2[x(t),u(t)]$——HC排放率；

$y_3[x(t),u(t)]$——CO排放率；

$y_4[x(t),u(t)]$——NO_x排放率。

$x(t)$向量为描述发动机运行状态的向量，且具有下列变量：

x_1——进气管压力；

x_2——发动机转速；

x_3——作用在发动机上的负载。

$u(t)$为控制向量，包括下列变量：

u_1——空燃比；

u_2——点火提前角；

u_3——喷油量；

u_4——废气再循环利用率。

对所讨论的约束最优问题，性能指标是在实验循环中燃油总消耗量，即

$$F = \int_0^T y_1[x(t), u(t)]\mathrm{d}t \tag{3-4}$$

式中：T——实验的周期。

如果在满足排放约束的条件下使 F 取最小值，则燃油经济性最好。排放约束条件可以写为

$$\int_0^T y_2[x(t), u(t)]\mathrm{d}t < G_2 \tag{3-5}$$

$$\int_0^T y_3[x(t), u(t)]\mathrm{d}t < G_3 \tag{3-6}$$

$$\int_0^T y_4[x(t), u(t)]\mathrm{d}t < G_4 \tag{3-7}$$

式中：G_2——允许的 HC 限值；

G_3——允许的 CO 限值；

G_4——允许的 NO_x 限值。

如果发动机的动态特性模型可用一组微分方程来描述：

$$\dot{x} = f(x, u) \tag{3-8}$$

考虑控制系统的变量还必须满足边界条件与使用极限，可描述如下：

$$x^l < x(t) < x^u$$

$$u^l < u(t) < u^u$$

$$y(t) > 0$$

在应用中，$y_k[x(t), u(t)]$$(k=1,2,3,4)$由实验确定，函数$f(x,u)$由经验模型或实验测试得到。

最优控制问题是在满足排放约束和变量边界条件下，使 F 取最小值所对应的最优控制 u^*。这里没有把节气门开度作为控制变量，是因为节气门开度是由驾驶人控制的，而不是由电子控制系统自动控制的(个别的特殊的工况除外)。同时在发动机标定时，通常也是把节气门固定在某一个位置，逐次地从小到大改变节气门开度，就得到整个发动机在全局的控制规律。

从理论上看，求解发动机的最优控制规律是一个数学问题。但目前为止，工程技术人员尚未找到一个可以有效(满足工程精度的)描述发动机的数学模型，发动机的控制主要依赖经验公式，基于专业知识构造的算法推论，运用大量标定数据经优化后获取的数据模板。所以发动机的控制技术是基于在昂贵的设备所获取的浩瀚的试验数据，大量的统计工作量，由工程技术人员通过数据分析建立的推论模型与决策模型，以此确保发动机在任何条件下都能可靠高效地工作。

3. 电子喷射系统的主要部件

电子汽油喷射系统主要由电动油泵、蓄压器、燃油滤清器、温度时间开关、启动喷油器、喷

油器和暖机调节器等部件组成。

1)电动油泵

油泵为永磁电动机驱动的滚柱式电动油泵。其功能是以一定压力向发动机燃油系统供油。油泵工作时,汽油由电动油泵的进油口进入压油腔,经滚子泵提高压力后,流过止回阀,经蓄压器流入滤清器。油泵中设有限压阀,以防止油路堵塞等原因而使供油系统损坏。在油泵出油口设有单向止回阀,防止发动机熄火时突然油压下降可能造成的燃油倒流现象,保持油路的静压,以利于下一次启动。电动油泵供给的燃油量要比发动机要求的供油量大,以满足各种工况下的供油压力的要求。滚柱式汽油泵的工作原理如图3-7所示。

2)燃油滤清器

燃油滤清器装于燃油泵和燃油压力调节器之间,其功用是滤去燃油中的杂质,以免分配器及喷油器堵塞,导致误动作或损坏。

3)压力调节器

燃油压力调节器的作用是根据进气歧管绝对压力的变化来调节系统油压(燃油总管油压),使喷油器的喷油绝对压力即燃油供给系统和进气管压力两者之间的压力差保持恒定,使得喷油器的燃油喷射量唯一地取决于喷油器的开启时间,从而使发动机在各种转速和负荷工况下都能精确地控制喷油量。

压力调节器构造如图3-8所示,其内部有一膜片分为上下两部分,一部分为空气室,另一部分为燃油室,弹簧压在膜片上,膜片上有一阀门,燃油室内设有进油口和回油口。

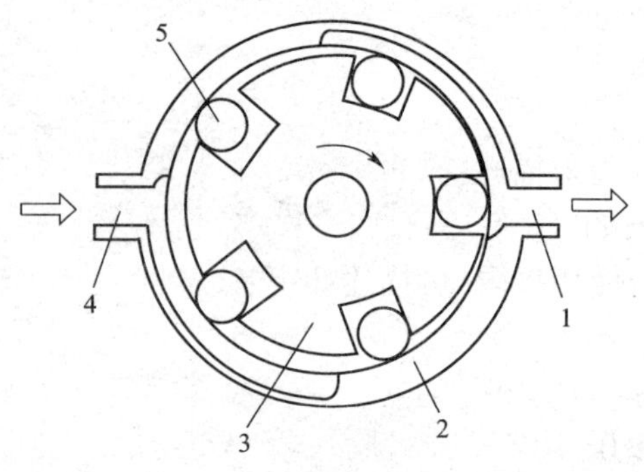

图3-7 滚柱式汽油泵的工作原理图

1-出油口;2-泵体;3-转子;4-进油口;5-滚柱

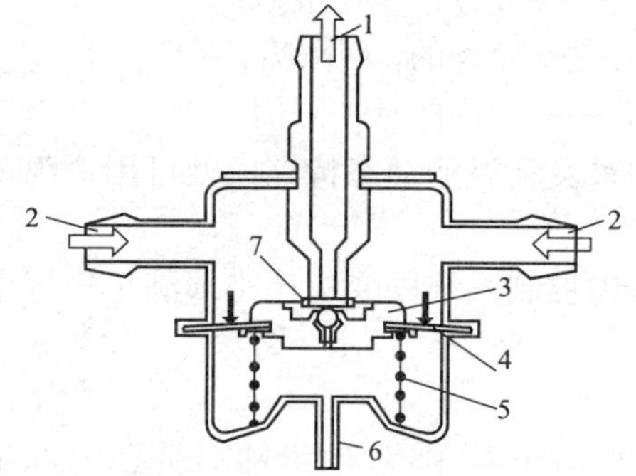

图3-8 压力调节器

1-燃油入口;2-燃油出口;3-阀支撑;4-膜片;5-弹簧;6-进气管接口;7-阀门

当进气真空度较低时,膜片所受的吸力减小,在弹簧的作用下,阀门开启很小,回流的油较少,油管中的油压较高。即节气门开大时,进气真空度减小,油管压力提高。当发动机节气门关闭时,进气管的真空度较大,膜片所受吸力增大,回油孔阀门开度增大,回流的油较多,油管中的油压降低一些。随发动机运行工况的不同,进气管真空度发生变化,油路中的油压也随之变化,变化结果是,油管中的油压与进气管中的真空压力差总保持一定值。

4)电磁喷油器

电磁喷油器是燃油喷射控制系统的一个关键部件,安装在进气管上靠近进气道处,受电控单元的控制,它根据ECU发出的喷油脉冲信号,将精确计量的燃油喷成雾状。由滤网、电磁线圈、弹簧、喷嘴和针阀组成,结构如图3-9所示。

喷油器是一种加工精度非常高的精密仪器,要求其动态流量范围大,雾化性能好、抗堵塞能力强。为此,世界各国汽车公司先后开发了各种不同结构形式的喷油器,以满足这些性能要求。

根据其结构特点电磁喷油器有几种分类形式。根据喷油器的燃料送入方式可分为顶供式喷油器和底供式喷油器；根据喷油器的驱动电路型式又可分为低阻喷油器和高阻喷油器；根据喷油器的喷口特点又可分为轴针式、球阀式和片阀式喷油器。

当电控单元送来的信号进入喷油器时，喷油器电磁线圈通电，产生电磁吸力，针阀随铁芯一起升起，针阀离开阀座，喷油器打开，压力油喷出，将燃油喷射成雾状，进入进气管。喷油器的开启时间由电控单元根据发动机的运行工况决定。

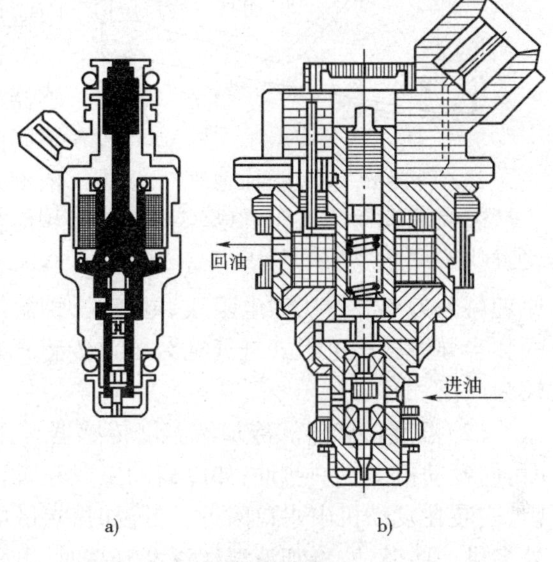

图 3-9 喷油器

a）顶供式；b）底供式

喷油器每次喷油量可用下式计算：

$$\Delta Q=\mu A\sqrt{2g\rho_{\mathrm{f}}(P_{\mathrm{f}}-P_{0})}\cdot\Delta t \quad (3\text{-}9)$$

式中：ΔQ——喷油器的喷油量；

μ——喷油器的流量系数；

A——喷孔截面积；

g——重力加速度；

ρ_{f}——燃油密度；

P_{f}——供油压力；

P_0——进气压力；

Δt——喷油器开启时间。

根据式(3-9)分析，喷油器的喷油量主要决定于三个因素，即喷油器喷油孔截面积 A 的大小、喷油压力 P_{f} 和喷油的开启时间 Δt。对一定的喷油器而言，其截面 A 尺寸是一定的，喷油压差$(P_{\mathrm{f}}-P_0)$由压力调节器保持一定。因此喷油量的多少仅决定于喷油器的开启时间。

5）各种传感器

(1）空气流量传感器。空气流量计用来测量发动机进气量，将吸入发动机的空气量转换成电信号送至ECU，是用来确定基本喷油量的主要依据之一。按其结构型式可以分为以下四种：

①翼板式空气流量计——为体积流量型，20 世纪 70 年代较为流行。

②卡门旋涡式空气流量计——为体积流量型。

③热线式空气流量计——为质量流量型，20 世纪 80 年代初开发研制，现今广泛应用。

④热膜式空气流量计——为质量流量型，美国通用汽车公司研制，大多应用在通用公司生产的汽车上。

目前比较常见的两种空气流量传感器分别为翼板式空气流量传感器和进气歧管绝对压力传感器。翼板式空气流量计由壳体及翼板两部分组成，如图3-10所示，空气经过空气滤清器和空气流量计进入发动机，首先得推动翼板才能进入。翼板可以转动改变其旋转角度，无空气流动时，在复位弹簧的作用下复位。与摆板作成一体的另一面是缓冲板，在缓冲室中转动，用以减少脉动，使加减速平稳。发动机怠速运行时，进气量很少；部分空气经旁通进气孔进入发动机，旁通进气孔的大小可以用调节螺钉调节，从而调节旁通空气量的多少。

在主空气通道中装有空气温度传感器，用以测量进气温度，以对供油量进行相应的调节。在壳体中，装有电阻式电位器，发动机工作中，翼板角度发生变化，电阻随之发生变化，由此可

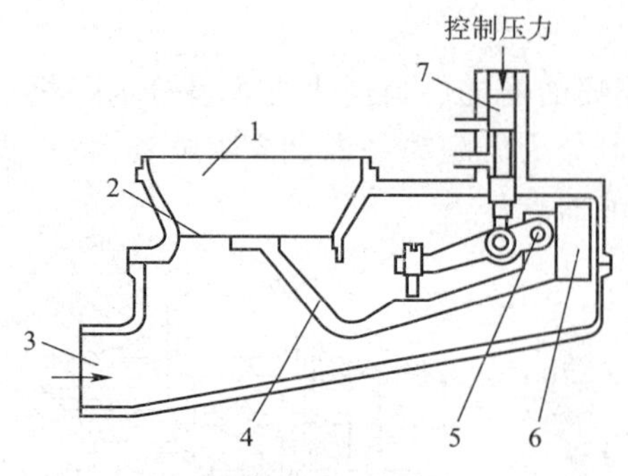

图 3-10 空气流量传感器

1-调节螺钉;2-摆板;3-止回阀;4-空气温度传感器;5-电位计;6-缓冲室;7-补偿挡板

以测定翼板旋转角度的大小。

空气通过空气流量计进入发动机时,推动翼板转动,流量越大,旋转角度越大,控制单元测量此旋转角度大小,从而测定发动机进气量的多少,在 L 型 EFI 中应用较为广泛。

进气歧管绝对压力传感器简称进气绝对压力传感器,也可用来测量发动机的进气量。与空气流量计不同的是采用间接测量方式来测量空气的进气量,即依据发动机的负荷变化测出进气歧管内绝对压力的相应值,进而测算发动机的进气量。

进气绝对压力传感器种类较多,就其信号产生的原理可分为半导体压敏电阻式、电容式、膜盒传动的可变电感式和表面弹性波式等。其中电容式和半导体压敏电阻式进气绝对压力传感器在当今发动机的 D 型 EFI 电子控制系统中应用较为广泛。

(2)温度传感器。冷却液温度传感器。用来测量冷却液的温度,以便在发动机温度较低时,向发动机多供一些油,如冷启动工况和暖机运行以前时。冷却液温度传感器为一个热敏电阻,安装在发动机出水口附近。低温时,热敏电阻的电阻值较大,电控单元测到此信号以后,额外多供一些燃油,冷却液温度逐渐升高时,电阻值随之减小,电控单元减少附加供油量。发动机上还有其他温度传感器,如进气温度传感器。

基于这些温度传感器的信号,ECU 可以有效判定发动机的工作状态,实现发动机的精确控制。

(3)节气门位置传感器。节气门位置传感器(图 3-11),通常装在节流阀体上,可同时把节气门开度、怠速、大负荷等信号转换成电压信号送至 ECU 中,以便控制系统可根据发动机的各种典型工况对其喷油量及点火提前角进行最优控制。节气门位置传感器有线性输出和开关量输出两种型式。开关量输出型节气门位置传感器在节气门中设有怠速触点及全负荷触点,又称节气门开关。当节气门关闭及节气门全开全负荷工作时,即怠速触点闭合及全负荷触点闭合时,该传感器给电控单元输入相应的开关信号,用于进行怠速及全负荷供油控制。

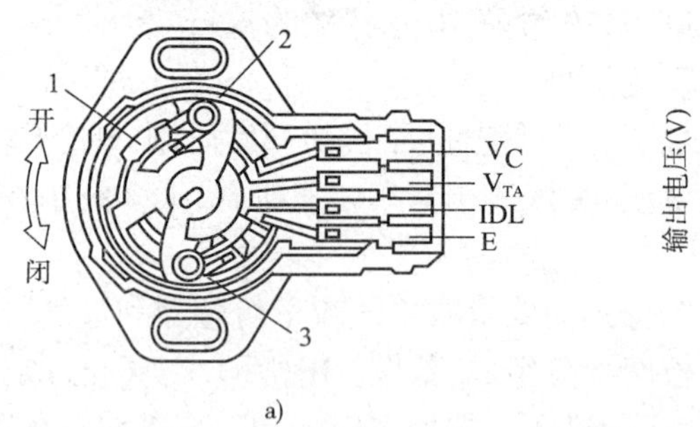

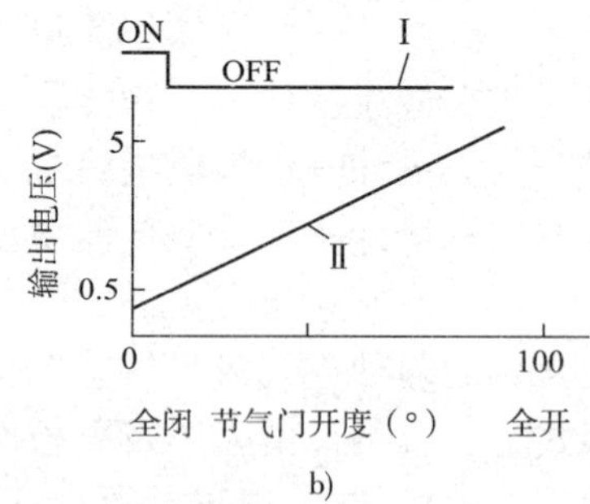

图 3-11 节气门位置传感器结构与输出特性图

a)传感器结构;b)传感器输出特性

(4)氧传感器。在使用三元催化转换器以降低排放污染的发动机上,氧传感器是必不可少的。为了发挥催化剂对 CO、HC 和 NO_x 的最佳净化特性,必须把混合器的空燃比控制在理论空燃比附近很窄的范围内。为了检测出实际的空燃比,在排气管中设置了氧传感器,由此检测空燃比的变化,使 ECU 可基于反馈的信息,控制空燃比收敛到理论值。

常用的氧化锆式氧传感器如图 3-12 所示,其原理不在此讲述。

(5)爆震传感器(图 3-13)。爆震传感器用于检测发动机的爆震过程,以此实现发动机点火时刻的闭环控制过程,可有效地抑制发动机爆震的现象发生。此外,由于闭环控制系统可将发动机的燃烧过程控制在微爆状态,故能有效地提高发动机的工作性能。爆震传感器是点火闭环控制系统中不可缺少的反馈元件。

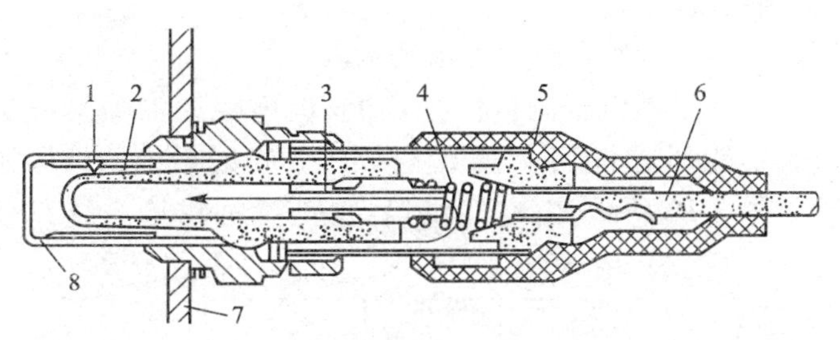

图 3-12 氧化锆式氧传感器

1-排气;2-锆管;3-电极;4-弹簧;5-线头支架(绝缘);6-导线;7-排气管;8-导入排气孔罩

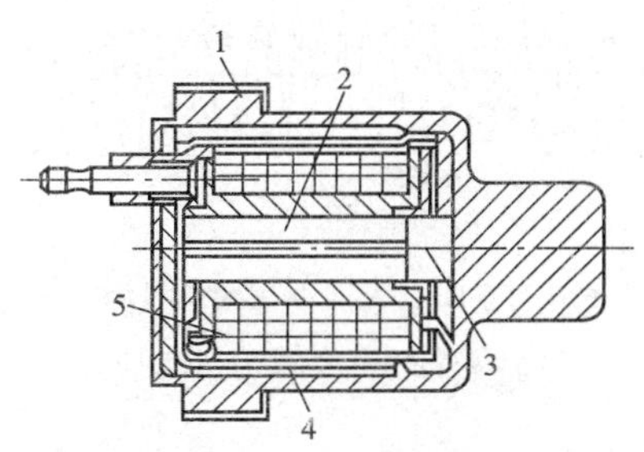

图 3-13 爆震传感器

1-外壳;2-磁芯(高镍合金);3-永久磁铁;4-内盖;5-感应线圈

(6)转速传感器和曲轴/凸轮轴位置传感器。曲轴转速与位置传感器是发动机集中控制的重要传感器之一,用来提供发动机的转速、曲轴的角位置及汽缸行程位置信号,以此确定发动机的喷油时刻及点火时刻。曲轴转速与位置传感器有磁电式、光电式和霍尔式三种,三种方式只是产生信号的机理不同,对发动机电子控制来说,其功能是完全一样的。磁电式传感器抗污染能力强,高速时信号识别的能力强,在车上被普遍采用。传感器的安装部位也有所不同,有的安装在曲轴的前端,有的安装在凸轮轴前端。一种安装分电器轴上的磁电式传感器的结构如图 3-14 所示,在一个分电器内同时集成有 3 个信号传感器,即 G1、G2 和 Ne。

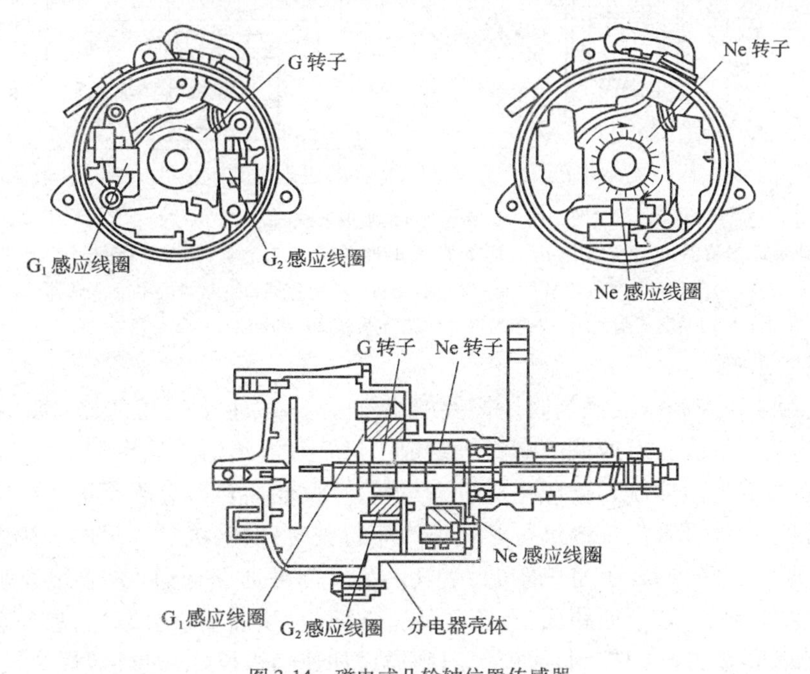

图 3-14 磁电式凸轮轴位置传感器

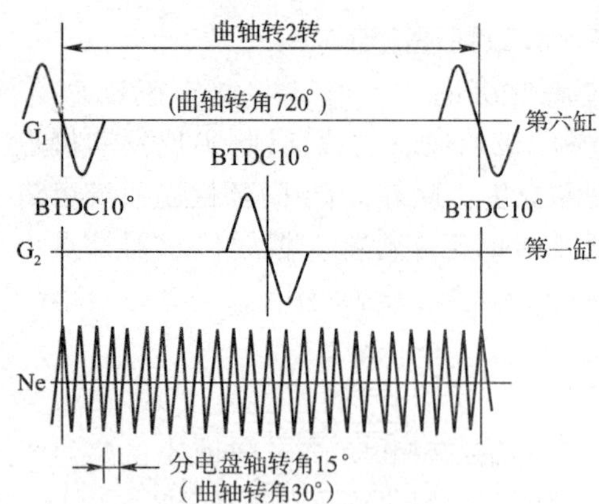

图 3-15　G1,G2 和 Ne 传感信号的波形与时序

G1 信号可以识别第六缸上止点位置(实际是超前上止点 10°)。G1、G2 信号可整形出发动机点火辨缸和基准信号,Ne 可得到点火提前角细分 1°角信号和发动机转速信号,其信号时序如图 3-15 所示。

传感器的输入信号不仅用于发动机的辨缸信号和点火信号,同时也为燃油顺序喷射系统的正时控制提供了时间基准。

4. L 型电子喷射系统构成

虽然汽车制造厂家不同,但电控燃油喷射系统功能都基本相同。L 型电控汽油喷射系统的结构如图 3-16 所示,由空气供给系统、燃油供给系统以及电子控制系统三大部分组成。

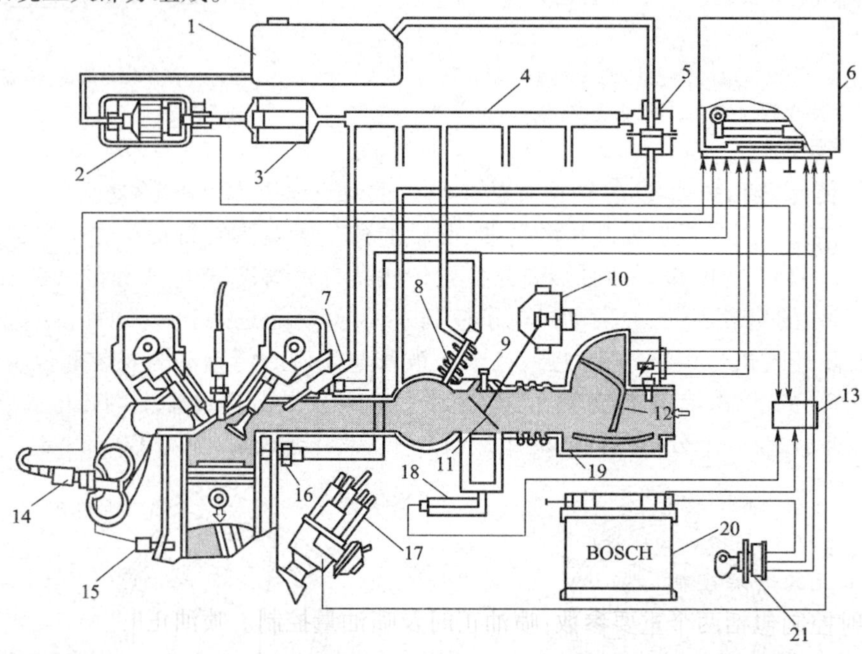

图 3-16　L 型电控汽油喷射系统的方案

1-油箱;2-油泵;3-滤清器;4-分配管;5-压力调节器;6-电控单元;7-喷油器;8-冷启动阀;9-怠速调节螺钉;10-节气门开关;11-节气门;12-空气流量计;13-继电器组;14-氧传感器;15-发动机温度传感器;16-温度时间开关;17-分电器;18-辅助空气调节阀;19-怠速混合气调节螺钉;20-蓄电池;21-启动开关

1)空气供给系统

其作用是测量和控制汽油燃烧时所需要的空气量,一般由空气滤清器、空气流量计、辅助空气调节器、节气门室以及怠速调节螺钉等组成。经空气滤清器过滤后的空气,通过空气流量计进行测量,再经节气门体流到稳压室后进入进气总管,然后自行分配至进气歧管且与喷油器喷出的燃油混合后,被吸入汽缸内进行燃烧。汽车行驶时,发动机进气量的多少由节气门来调节。发动机怠速时,节气门几乎是关闭的,空气由节气门旁通路通过,旁通路大小可通过怠速调节镙钉进行人工调节,减小通路面积,流过的空气减少,喷油量就会减少,怠速转速将降低。

通常,空气流量由节气门控制,而节气门则通过加速踏板操作。怠速时,节气门关闭,空气则由旁通路通过。怠速转速的控制可由怠速调整螺钉、空气阀或怠速控制阀等调节装置通过调节流经旁通路的空气量来实现。

目前大多数发动机控制系统,采用由 ECU 控制的怠速控制阀来控制发动机的怠速转速及负荷。在冷却液温度较低时,为了加快发动机的暖机过程,ECU 控制的怠速控制阀可提供较多的空气量。此时,发动机的转速较高,又可称为快怠或高怠速。随着发动机冷却液温度逐渐升高,怠速调整装置可使旁通的空气量逐渐减小,至发动机转速逐渐恢复正常为止。

此外,发动机 EFI 系统可自动控制发动机的怠速,来及时调整发动机的输出功率,以满足怠速时空调及其他辅助装置和负载的需要。

2)燃油供给系统

用于产生系统油压、传递燃油、调节油压并进行滤清,供给发动机燃烧过程所需的燃油。主要由燃油泵、油压脉动阻尼器、燃油滤清器、冷启动阀、喷油器以及压力调节器等组成。汽油从燃油箱中被燃油泵吸出,经油泵流出时,具有一定压力,燃油流过阻尼器以减轻油压脉动,使压力稳定,然后通过滤清器,以滤除杂质和水分,经过燃油分配管流至喷油器,其中一部分经过计量后的燃油被喷油器根据 ECU 发出的指令喷入各进气歧管或稳压室中与流入发动机内的空气进行混合形成可燃混合气,剩余的燃油则经过调压器及回流管返回油箱。冷启动阀在冷启动时工作。若启动时发动机的冷却液温低于规定值,冷启动阀开,燃油经冷启动阀进入进气管,额外向发动机供应一部分燃油,供应较浓混合气,以利于发动机冷启动。

3)电子控制系统

其功能是根据发动机运转状况和车辆运行状况确定最佳的喷油正时和最佳的喷射量,以此控制发动机的最佳空燃比。该系统由传感器、电控单元(ECU)和执行器三个部分组成。在 L 型电控系统中,空气流量传感器(L 型)是主要传感器,用于测量发动机进气量的多少。根据这一数据对燃油喷射量作精确的调节。在电控汽油喷射系统中,由于汽油喷射压力保持一定,且喷油器的有效流通面积一定,喷油量的控制就是喷油持续时间的控制。电控单元处理来自各传感器的输入信号,精确计算出燃油喷射量和喷油正时,精准地控制喷油器的动作。可见,喷油器、火花塞就是发动机电子控制系统的执行器。此外,根据发动机的设计要求,发动机电控系统还具有怠速控制、废气再循环率控制功能,故障自诊断功能。

5. 典型工况的喷射控制

汽油喷射控制包括两个重要参数:喷油正时及喷油量控制。喷油正时,由曲轴转角传感器发出的脉冲信号决定。装在各缸的喷油器,它们工作与否由电控单元来控制。

喷油量控制,需要根据驾驶人的操作意图、发动机运行工况、外部环境等,对供油量进行修正。现在车用发动机常用的喷射控制是基于标定的模板数据(发动机 MAP 图),ECU 是从存储在电控单元的模板数据(发动机 MAP 图)查取合适的空燃比和点火时刻,再根据操作意图、发动机运行状态、外部环境等进行修正后对发动机进行控制,以达到最大的动力输出、最好的燃油经济性,并同时满足最低的排放要求。当空燃比控制在 14.7:1,利用三元催化转换器的转换效率最高,排放可降低到最理想的效果。

通常把发动机的运行工况分为冷启动、暖机、加速、减速以及怠速等工况分别处理。

1)冷启动工况

发动机冷启动时,应向发动机各缸供应较浓的混合气,以利于启动。此时,混合气的浓度主要取决于发动机的冷却液温度,冷却液温度可以表征发动机的实际温度。冷却液温度越低混合气越浓。

在一些发动机上,冷启动工况时的加浓可以用冷启动阀进行,在有的发动机上用加宽供油脉宽的办法进行加浓。

2）暖机工况

发动机冷启动后即进入暖机，此时要根据冷却液温度确定燃油加浓，供应合适的加浓混合气，该加浓持续到发动机冷却液温度达到预定值为止。

3）加速工况

踏下加速踏板，电控单元就会接收到节气门位置变化信号，请求增加发动机的输出功率，电子控制装置发出指令增加供油脉宽。此时主要考虑动力输出，而不是燃油经济性。在L型汽油喷射系统中，节气门突然开大时，大量空气迅速地流过空气流量计，翼板短时间内在其全开的位置上摆动，翼板的上冲量将导致较多的燃料供给，以得到加浓和良好的加速过渡性能。

4）全负荷加浓

发动机全负荷运行时，要发出较大的转矩，应供给较浓的功率混合气。此时对发动机进行开环控制。

5）减速运行工况

发动机减速时，减少发动机供油量。

6）怠速控制

在发动机的整个燃油喷射过程中其控制根据有无反馈分为开环控制和闭环控制。由于氧传感器只有在温度足够高时，才能向电控单元提供有用的反馈信号，因此在发动机启动以后，氧传感器还没有得到充分加热以前，电控系统将忽略氧传感器信号，进行开环控制，按程序存储器中所存数据工作。当氧传感器可以向计算机提供有效的发动机排气含氧量信号以后，且发动机温度高于某一设定温度时，才进行发动机闭环控制。此时，电控单元测量氧传感器、冷却液温度和节气门开度等信号，确定合适的供油量，以取得最大的动力输出、最低燃油消耗率和最好的排放性能。对发动机进行开环控制还是进行闭环控制，除了上述一般规律外，还可以根据控制策略进行自动切换。

第三节　柴油机电子喷射系统

柴油机由于其功率大，燃油消耗率低，在中、重型载货汽车中，国外几乎全部用柴油机作动力，国内柴油车的比重也上升到30%～60%。轻型车用柴油机的比重也在稳步增长。柴油机的燃油喷射系统是与汽油机截然不同的，通常把燃油喷射系统中最关键的部件——燃油泵喷油嘴比喻为柴油机的心脏，长期以来柴油机都是采用机械控制系统来控制喷油泵的供油量和喷油正时。随着电子技术和计算机技术的发展，电子控制汽油喷射系统技术已经成熟，应用率在国外已达到60%～90%。在这种条件下，柴油机电控技术也得到了长足的发展。

柴油机电控技术发展的动力最初来自改善柴油机的经济性，尤其是第二次石油危机促使柴油机进一步降低燃油消耗率。机械控制系统中的机械调速器和机械喷油提前器控制精度低，反应不灵敏，无法满足柴油机进一步改善性能的要求。柴油机电控技术发展的最大推动力来自国际上日益严格的排放法规。美国国会通过的“大气污染防治法”，要求将重型货车柴油机的排放污染降低90%。美国西南研究所与美、日、欧等国12家主要汽车发动机厂和五家国际上主要的燃料喷射装置生产厂正在研制低排放柴油机，并提出了一个清洁发动机的排放目标：NO_x，2g/735.499W·h；HC，0.5g/735.499W·h；颗粒PM，0.1g/735.499W·h。要降低柴油机NO_x排放，就要减小柴油机汽缸内的最高压力和最高温度，不使汽缸内的N_2和O_2在高温

高压下变成 NO_x，这就要求喷射正时滞后。喷射正时滞后会引起烟度（颗粒）排放上升，经济性和动力性下降。矛盾的统一除提高喷射压力和速率，缩短喷射持续时间外，主要是通过电子控制方式寻求最优化的喷油正时。废气再循环对降低 NO_x 大有好处，但会引起颗料排放量增加，也需要用电控技术来寻求最佳的废气再循环时刻和排量。可变涡流增压、废气催化这些先进技术对排放有利，但也必须采用电控技术才能与柴油机运行工况配合起来，达到其应有的效果。为降低燃烧噪声和 NO_x 排放，柴油机要求喷射系统有一个小的预喷射量产生在主喷射之前，而且预喷射量、预喷射与主喷射之间的间隔都能根据不同运行工况有所变化，这些显然只有在柴油机电子控制的某些系统（如共轨系统）才能实现。为降低排放，还要对喷油嘴喷出的瞬时喷油速率进行控制，希望实现喷射初期喷油速率低，以降低 NO_x 和噪声，喷射结束时又要能快速断油，以降低颗粒和 HC，并且也要随着不同工况进行适当调整，这也只有采用电控技术才能应用得自如。柴油机采用电控技术后，由于其控制精度高，控制自由度大，控制功能齐全，因此能实现整个运行范围内参数优化，不仅能改善排放，改善经济性，还可有效地改善低速性能，改善低温时启动和怠速性能，以及改善操作性能，从而也改善了汽车的舒适性，柴油机电控技术的发展明显地提高了使用性能和降低了排放。

我国对降低柴油机排放已提出了明确要求，并且还将进一步要求降低柴油机排放指标，实施更为严格的法规。这样，柴油机电控技术在我国的应用已为时不远了。

一、柴油混合气的形成与燃烧过程

柴油机混合气的燃烧过程与汽油机混合气的燃烧过程有着显著的区别，表现在以下三个方面：①相对汽油而言，柴油黏度大、蒸发差，物理性能的差异决定了柴油不可能通过化油器在汽缸外部与空气形成混合气，只能采用高压喷射的方法，在压缩行程终了时才把柴油喷入发动机汽缸，直接在汽缸内部形成混合气，并经过冷焰、蓝焰、热焰等阶段复杂的化学反应而自行着火燃烧。②由于在压缩行程终了时才向燃烧室内喷油，使得柴油机的混合气形成时间很短，因而造成混合气成分在燃烧室各处是很不均匀的，并且由于不可能一下子把所有燃料都喷入汽缸，故随着燃料不断喷入，汽缸内的混合气成分是不断变化的。在混合气稀的部分空气得不到充分利用，而在混合气浓的部分，燃料却因缺氧而燃烧迟缓，甚至燃烧不完全而引起排气冒烟。③柴油机的这种不均匀混合气是在高温、高压环境下多点自行着火燃烧的，不像汽油机混合气一样需要火花塞的点火，因此也不需要外界能量的介入。正因为是自燃，柴油混合气的燃烧控制才显得复杂困难。

1. 柴油混合气的形成

柴油机进气行程中吸入汽缸的是纯空气，在压缩行程接近终了时，采用高压喷射的方法把柴油喷入汽缸，直接在汽缸内部形成混合气。喷油量和喷油时间对发动机性能、燃油经济性和排放有很大的影响。其混合气的形成受下列因素的影响：

（1）供油时间和喷油时间。喷油泵向发动机供油的时间通常用供油开始时刻来描述，喷油器向发动机的喷油开始时刻比喷油泵供油开始时刻稍有延迟，其延迟受燃油的可压缩性、油管的弹性和油管的长度等因素影响，它影响发动机的排放等性能指标。

（2）喷油规律。受喷油泵机械特性的影响，柴油机喷油规律不是一个常数，它影响柴油机的动力性、燃油经济性、排放和振动噪声等多项性能指标。

（3）燃油喷雾。燃油喷雾必须与燃烧室中气流运动和燃烧室的设计紧密配合。

（4）喷油压力。喷油压力影响喷油量，但更重要的是它影响燃油的雾化，高压喷射时，油滴越细，燃烧质量越好，直喷式柴油机喷油压力比分隔式柴油机喷油压力高。

（5）过量空气系数。柴油机负荷采用量调节，即通过控制供油量来调节发动机的负荷，柴油机中为了完全燃烧和降低排放，一般采用了较大的过量空气系数。

2. 柴油混合气的燃烧过程

为了便于理论分析，可将柴油机燃烧过程划分为着火延迟期、速燃期、缓燃期和补燃期四个阶段，如图 3-17 所示。

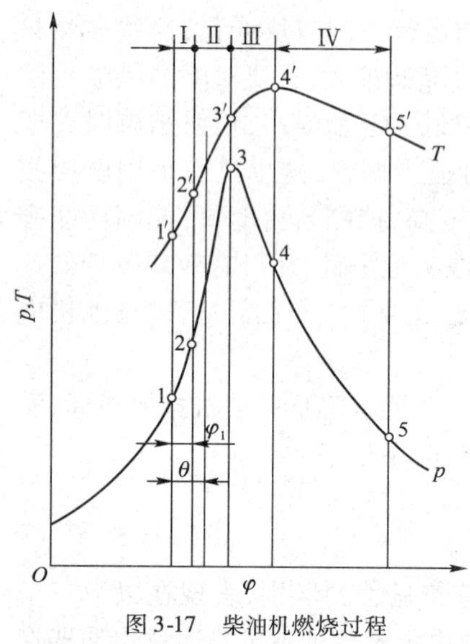

图 3-17 柴油机燃烧过程

Ⅰ-着火延迟期；Ⅱ-速燃期；Ⅲ-缓燃期；Ⅳ-补燃期；

1-燃油开始喷入；2-开始燃烧；3-最大压力点；4-最高温度点；5-燃烧结束点

从柴油喷入燃烧室开始到由于开始燃烧而引起压力升高迫使压力脱离压缩线开始急剧上升这一段时间，称为着火延迟期。在着火延迟期内燃烧室内进行着混合气的物理与化学过程。除了进行如燃油在燃烧室中的分布、受热、蒸发与扩散等一系列物理准备以外，还需要对化学反应做准备。影响着火延迟期的主要因素是此时燃烧室内工质的状态。

从燃烧室压力脱离压缩线开始急剧上升到燃烧室压力上升至最大这一阶段为速燃期。在速燃期内，着火延迟期内准备好的混合气几乎同时开始燃烧，使燃烧室内的压力和温度急剧上升，压力升高率较高。压力升高率决定了柴油机运转的平稳性，如果压力升高率过大，柴油机就会工作粗暴、燃烧噪声较大，同时运动零部件将承受较大的冲击负荷，从而影响其工作的可靠性和使用寿命。为了控制压力升高率，应减少在着火延迟期内准备好的可燃混合气的数量。

从燃烧室内压力达到最大点到温度达到最高点这一时间段称为缓燃期。在缓燃期，起初燃烧很快，后来由于燃烧室内氧气减少、废气增多、燃烧条件变得不利，使得后期的燃烧越来越慢。在这一阶段内，某些燃料成分是在高温缺氧的条件下进行燃烧的，因此很可能会燃烧不完全，产生炭烟随废气排出，从而影响燃油经济性和排气净化问题。所以缓燃期的主要问题是燃料的燃烧速度与混合气形成速度之间的矛盾。如果加强燃烧室内的气流运动，加速向燃料供给氧气，改善混合气形成的质量，就能加速燃烧，缩短缓燃期，使燃烧完全，进而提高柴油机的动力性和燃油经济性。

从燃烧室内最高温度点到燃油基本燃烧完的这一段时间，为补燃期。由于燃烧时间短，混合气又不太均匀，总有少量燃油拖延到膨胀过程中继续燃烧。燃油在补燃期内的燃烧又称为后燃。特别在高速高负荷工况下，因过量空气系数小，混合气形成和燃烧的时间更短，这种后燃现象就更为严重。在补燃期中缸内压力不断下降，燃烧放出的热量得不到有效利用，还使排气温度提高，导致散热损失增大，对柴油机的燃油经济性不利。此外，后燃还增加了有关零部件的热负荷。因此，应尽量缩短补燃期，减少补燃期内燃烧的燃油量。

3. 柴油机的排放

柴油机燃烧的总排放比汽油机低。由于柴油机压缩比高、过量空气系数大，所以 CO、HC 和 NO_x 的排放均比较低。同时高压缩比提高了柴油机的热效率，大的过量空气系数可使燃烧完全，从而提高了燃油经济性。柴油机燃烧中比较大的问题是微粒的排放，这样的炭分子链中可能包含 HC，主要是醛，它们漂浮在空气中，可通过呼吸而吸入人体内。这种排放物由于可能致癌而引起人们的普遍关注。

二、柴油机电控喷射系统

柴油机电控技术与汽油机电控技术有许多相似之处，整个系统都是由传感器、电控单元和执行器三大部分组成。在电控柴油机上所用的传感器中，如转速、压力、温度等传感器以及加速踏板传感器，与汽油机电控系统都是一样的。电控单元在硬件方面也很相似，在整车管理系统的软件方面也有近似处。汽油机电控技术在国外已经成熟，商品化程度已很高，因此大部分传感器和电控单元已不是难点，也不是柴油机电控技术的难点。柴油机电控技术有两个明显的特点：一个特点是其关键技术和技术难点就在柴油喷射电控执行器上；另一个特点是柴油电控喷射系统的多样化。

柴油机是一个热效率比较高的动力机械。它采用高压喷油泵（包括提前器）和喷油嘴将适量的燃油，在适当的时期，以适当的空间状态喷入柴油机的燃烧室，以造成最佳的燃油与空气混合和燃烧的最有利条件，实现柴油机在功率、转矩、转速、燃油消耗率、怠速、噪声、排放等多方面的要求。柴油机燃油喷射具有高压、高频、脉动等特点，其喷射压力高达 60 ~ 150MPa，甚至 200MPa，为汽油喷射的几百倍、上千倍，且柴油喷射对正时要求很高，相对上死点的角度远比汽油机要求精准，这就导致了柴油喷射的电控执行器要复杂得多。因此柴油机电控技术的关键和难点就是柴油喷射电控执行器，也即电控柴油喷射系统。主要控制量是喷油量和喷油正时。

近年来，柴油机的关健技术都有很多突破性的发展。燃油喷射系统是影响燃烧过程的重要因素，高压直喷系统和共轨系统都使柴油机的燃油经济性和排放性能有很大改善。废气再循环、氧化催化器和微粒捕捉器改善了柴油机的各项排放。发动机管理系统对喷油和进气过程进行综合控制，保证发动机能够在保持良好的动力性基础上，燃油经济性和排放性能都能达到最优，同时降低振动和噪声。

燃油喷射系统是影响缸内燃烧过程的关键因素。对柴油机的动力性、经济性和排放性能都有重要影响。要改善柴油机缸内燃烧，燃油喷射系统一方面要有理想的喷射速率特性，另一方面要提高喷射压力。传统的喷射系统由于结构的原理等限制，不能同时达到这两个要求，因此，柴油机电控喷射系统很快发展起来。

柴油机在机械控制时代，就已经有直列泵、分配泵、泵喷嘴、单缸泵等结构完全不同的系统，每个系统各有其特点和适用范围，每种系统中又有多种不同结构。实施电控技术的执行机构比较复杂，因此形成了柴油喷射系统的多样化。

在传统的喷射系统的基础上首先发展起来的电控喷射系统是位置控制系统，称之为柴油机第一代电控喷射系统，而时间控制系统则称为柴油机第二代电控喷射系统。高压共轨系统被世界内燃机行业公认为 20 世纪三大突破之一。将成为 21 世纪柴油机燃油系统的主流，即柴油机第三代电控喷射系统。目前，这三代技术在柴油机中都有应用，体现了柴油机电控喷射系统的多样性。

1. 位置控制系统

位置控制系统的特点是不仅保留了传统的喷油泵 - 高压油管 - 喷油嘴系统，而且还保留了喷油泵中齿条齿圈、滑套、柱塞上控油螺旋槽等控制油量的机械传动机构，只是对齿条或滑套的运动位置由原来的机械调速器控制改为微机控制。

日本电装（Denso）公司的 ECD-V_1系统，德国博世（Bosch）公司的 EDC 系统、日本杰克赛尔

(Zexel)公司的COVEC系统、英国Lucas公司的EPIC系统等都属于位置控制的电控分配泵系统。日本杰克赛尔(Zexel)公司COPEC系统,德国博世(Bosch)公司的EDR系统和美国卡特彼勒(Caterpillar)公司的PCEC系统等都属于位置控制的电控直列泵系统。

2. 时间控制系统

时间控制系统保留原来的喷油泵-高压油管-喷油嘴系统,用高速强力电磁阀直接控制高压燃油的喷射。一般情况下,电磁阀关闭,开始喷油;电磁阀打开,喷油结束。喷油始点取决于电磁阀关闭时刻,喷油量取决于电磁阀关闭的持续时间,传统喷油泵中的齿条、滑套、柱塞上的斜槽和控制喷油正时的提前器等全部取消,对喷射定时和喷射油量控制的自由度更大。

日本电装(Denso)公司的ECD-V_3系统电控分配泵,日本杰克赛尔(Zexel)公司的Model-1电控分配泵,美国底特律(Detroit)公司的DDEC电控泵喷嘴、德国博世(Bosch)公司的EUPl3电控单体泵等都属于时间控制系统。

3. 共轨控制系统

共轨式电控喷射系统改变了传统的柱塞泵脉动供油原理,采用新型的产生高压的燃油系统,例如通过油锤响应、液力增压、共轨蓄压或者高压共轨等形式形成高压。采用压力时间式燃油计量原理,用电磁阀控制喷射过程,可以实现对喷射油量和喷定时的灵活控制。

德国博世(Bosch)公司、日本电装(Denso)公司和英国Lucas公司都研制出了电控高压共轨系统,并开始小批量向市场供货。德国戴姆勒-奔驰公司利用博世公司的技术首先在世界范围内推出了采用新型高压共轨燃油喷射系统的4气门直喷式柴油机,并用于A、C级轿车上。

所谓共轨式电控喷射系统,又称为公共轨道式电控喷射系统,是指该系统中有一条公共油管,用高压(或中压)输油泵向共轨(公共油道)中泵油,用电磁阀进行压力调节并由压力传感器反馈控制。有一定压力的柴油经由共轨分别通向各缸喷油器,喷油器上的电磁阀控制喷油正时和喷油量。喷射压力或直接取决于共轨中的高压压力,或由喷油器中增压活塞对共轨来的油压予以增压。共轨式电控喷射系统的喷射压力高且可控制,又可以实现喷油速率的柔性控制,以满足排放法规的要求。

如图3-18所示,高压共轨系统利用较大容积的共轨腔将油泵输出的高压燃油蓄积起来,并消除燃油中的压力波动,然后再输送给每个喷油器,通过控制喷油器上的电磁阀实现喷射的开始和终止.其主要特点可以概括如下:

(1)共轨腔的高压直接用于喷射可以省去喷油器内的增压机构;而且共轨腔内是持续高压,高压油泵所需的驱动力矩比传统油泵小得多。

(2)通过高压油泵上压力调节电磁阀,可以根据发动机负荷状况以及经济性和排放性的要求对共轨腔内的油压进行灵活调节,尤其优化了发动机的低速性能。

(3)通过喷油器上的电磁阀控制喷射定时、喷射油量以及喷射速率,还可灵活调节不同工况下预喷射和后喷射的喷射油量以及预喷射的时间间隔。

高压共轨系统由五个部分组成,即高压油泵、共轨腔及高压油管、电控单元、各类传感器和执行器。供油泵从油箱将油泵入高压油泵的进油口,由发动机驱动的高压油泵将燃油增压后送入共轨腔内,再自电磁阀控制各喷嘴在相应时刻喷油。

预喷射在主喷射之前,将小部分燃油喷入汽缸,在缸内发生预混合或者部分燃烧,缩短主喷射的着火延迟期。这样缸内压力升高率和峰值压力都会下降,发动机工作比较缓和,同时缸内温度降低使得NO_x排放减少。预喷射还可以降低失火的可能性,改善高压共轨系统的冷启动性能。

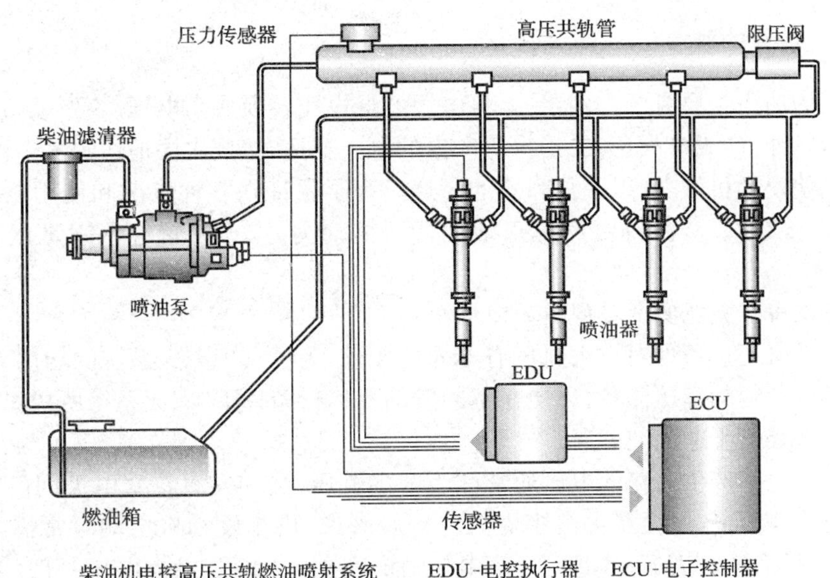

图 3-18 高压共轨系统原理图

主喷射初期降低喷射速率，也可能减少着火延迟期内汽缸内的油量。提高主喷射中期的喷射速率，可以缩短喷射时间从而缩短缓燃期，使燃烧在发动机更有效的曲轴转角范围内完成，提高输出功率，减少燃油消耗，降低炭烟排放。主喷射末期快速断油可以减少不完全燃烧的燃油，降低烟度和碳氢排放。

第四节 电子点火控制系统

发动机的点火方式有炽热点火、压缩着火和电火花点火三种。在汽车所使用的发动机中，柴油机采用压缩着火方式，而汽油机均采用电火花点火方式。

一、传统点火装置

电火花点火装置自 1910 年使用在凯迪拉克汽车上以来，至今被大部分汽车沿用。正是由于电火花点火装置长期以来在汽车上得到广泛应用，故被誉为传统点火装置(图 3-19)。由于它的电能由蓄电池或发电机供给，又被称为蓄电池点火装置。

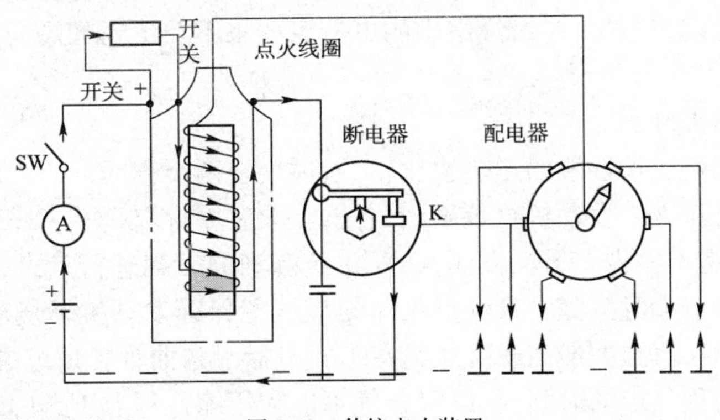

图 3-19 传统点火装置

二、对点火装置的要求

点火系统的功用主要有两方面:一是将电源的低电压转换成高电压,为发动机缸内的火花塞提供高电压脉冲,产生电火花;二是将所产生的电火花适时、按次序地送到各个汽缸之中,点燃压缩混合气使发动机做功,以获得高效的燃烧。为了保证在各种工况和使用条件下发动机混合气均能准确着火,从而提供汽车正常运行所需动力,点火装置应该满足以下三个基本要求。

1. 提供足以击穿火花塞电极间隙的高电压

不同的发动机运行条件对点火电压有不同的要求,为了实现点火系统的功用,点火系统的点火电压必须有一定的高压储备,以便在不同发动机运行条件下,点火系统所提供的高电压脉冲均能在火花塞处产生电火花。

火花塞电极之间产生火花的电压通常称为击穿电压,当加在火花塞电极间的电压高于击穿电压时,汽缸内混合气便会产生击穿点火。一般来说,汽车发动机启动时常需 9 ~ 17kV 的高电压,在满负荷低速时需 8 ~ 10kV 的高电压,而正常点火所需点火电压一般均在 15kV 以上。考虑到各种不利因素的影响,为了保证可靠着火,点火装置所提供的高电压均在 15 ~ 20kV,但电压过高,又会造成绝缘困难,成本提高,一般次级电压限制在 30kV 以内。击穿电压与很多因素有关,其中包括:火花塞间隙的大小、汽缸内混合气的密度、电极的温度及极性、发动机的工况。

2. 提供足够的电火花能量与持续时间

要使混合气可靠点燃,火花塞产生的电火花必须具有一定的能量和持续时间。发动机正常工作时,由于混合气压缩终了的温度已接近其自燃温度,因此所需要的点火能量很小,只要 1 ~ 5mJ 就可以了,而触点式点火装置一般能发出 15 ~ 50mJ 的火花能量,足以点燃混合气。但在发动机启动、怠速及急加速时,由于电极温度、混合气浓度、雾化均匀度不同,导致需要较高的点火能量。基于上述原因,为了保证可靠点火,一般应保证有 50 ~ 80mJ 的点火能量,启动时应能产生大于 100mJ 的火花能量,而且还要保证点火时间不少于 500μs。

闭合角是影响点火能量的因素之一。当断电器触点闭合时,点火线圈初级绕组中的电流不能立即从零上升到最大值,因此,欲使初级电流足够大,断电触点必须闭合足够长的时间若闭合角太小,点火线圈初级绕组中的电流就达不到所需要的值。但闭合角太大时,可能引起点火线圈过热,机械断电触点烧蚀。在传统点火系统中,闭合角由分电器凸轮与活动触点臂等零件之间的配合来控制。当发动机转速升高时,尽管闭合角是一定的,但触点闭合的时间会随发动机转速的升高变得越来越短,初级绕组中的电流可能来不及达到其最大值,其结果是导致次级绕组中电压降低。

3. 提供适时的点火时机

点火时机对发动机工作性能的影响也比较大,体现在两个方面。一方面,点火系统应按发动机的工作时序进行点火。发动机缸数不同,各缸点火时序肯定是不一样;即使发动机缸数一样,其点火时序也可能不一样。另一方面,必须在最有利的时刻进行点火,即必须保证最佳点火时刻。何时为最佳点火时刻呢?最佳点火时刻应该能保证发动机燃烧产生的有用功最大,热量利用率最高,此时,汽缸内最高燃烧压力在上止点后一定曲轴转角范围内产生。因为混合气在汽缸内燃烧需占用一定的时间,所以混合气不应在压缩行程上止点(TDC)处点燃,而应适当地提前,使活塞到达上止点时,混合气已得到充分燃烧,从而使发动机获得较大功率。点火时刻一般用点火提前角来表示，即从发出电火花开始到活塞到达上止点为止的一段时间内曲轴转过的角度。如果点火过迟或过早，会导致发动机过热或爆震，并引起功率下降，有可能造成运动部件和轴承加速损坏。试验证明：燃烧最大压力出现在上止点后10°～15°曲轴转角时，发动机的输出功率最大，可以认为，此时所对应的点火提前角就称为最佳点火提前角。

发动机的最佳点火提前角与发动机型号、发动机工况和发动机使用条件有关。影响最佳点火提前角的主要因素是发动机转速和负荷，其次是发动机工况、进气压力、压缩比、混合气的成分、火花塞的数量、汽油的辛烷值等。

此外，点火时刻对发动机排放有很大的影响。推迟点火时刻，发动机排气中的氮氧化物 NO_x 的排放量随之减少。这是因为推迟点火，燃烧废气的最高温度降低。但是，推迟点火会使发动机热力循环的等容度减小，从而导致动力性、燃油经济性变坏。所以在一些控制发动机排放的发动机中，可以通过改变点火时刻来降低有害排放物，而这种改变通常要降低发动机的热效率，使发动机的燃油经济性下降。

点火时刻是影响发动机爆震的主要因素之一。仅有轻微爆震时，发动机的等容度增大，膨胀功可以得到充分利用，动力性及燃油经济性有所提高。但当剧烈的爆震发生时，燃烧压力和温度剧烈升高，产生高频燃烧压力波，从而破坏了燃烧室壁的激冷层，导致散热量大幅度增加，冷却系统过热，各部分的温度上升。其结果会引起活塞烧结、活塞环卡死和气门烧蚀等故障，而且输出功率下降，油耗增高。点火过早，由于上止点附近的压力升高率增加，使末端混合气处的压缩压力上升，增加了爆震的可能性。相反，推迟点火可以避免爆震的产生。因此，在很多发动机中，设有通过点火提前角调节来消除爆震的爆震控制系统。

三、传统点火装置缺陷

随着汽车工业的高速发展，汽车发动机向高转速、高压缩比、大功率、低油耗和低排放污染方向发展，而传统点火系统就显得越来越不能适应新形势要求，表现在以下三个主要方面。

1. 不能满足发动机多缸、高转速的要求

因为触点闭合时初级电流按指数规律增长时，随着发动机转速的升高和汽缸数增多，触点的闭合时间减小，致使点火线圈初级绕组的断开电流减小，相应地次级最大电压下降，当转速升高到一定值时，次级最大电压将低于火花塞电极间的击穿电压，发动机就不能可靠地点火。尤其是，近年来为了降低油耗和排放污染而采用稀薄混合气，并增加了火花塞电极间隙，要求有更高的点火电压才能可靠地击穿火花塞电极间隙，传统点火系统这一缺点显得更为突出。

2. 火花塞积炭难以清洁

发动机工作时，在火花塞绝缘体上集积有一定数量的炭渣，相当于在火花塞电极之间并联了一个分路电阻，使次级电路闭合。当次级电压还未上升到火花塞击穿电压时，通过积炭产生漏电流，使次级电压下降，造成点火困难。传统点火系统次级电压上升速率慢，上升时间长，积炭分流作用显著，严重时会使次级电压无法升高到击穿电压，造成不能点火。为此，在传统点火系统中，可在高压线与火花塞间预留3～4mm的附加火花间隙，切断由积炭所形成漏电流通道，以便能正常点火，这种方法称之为“吊火”。吊火只能作为火花塞积炭的应急补救措施，不能长期使用，因为击穿两个串联的火花间隙需要更高的次级电压，加重了点火线圈的负担。因此，火花塞积炭严重时，应及时清洁。

3. 触点间隙需要经常调整

若触点间隙增大，则凸轮转动时触点提前打开而推迟闭合，触点闭合角变小，开启角变大。

由于触点闭合时间缩短,初级断电电流减小,次级最大电压相应下降。反之,若触点间隙减小,则触点闭合时间增长,初级断开电流增大,次级最大电压升高。但过小的间隙又难以断弧,反使次级最大电压下降。

在传统点火系统中,触点直接通断初级电流。因电流大,触点间火花放电难以避免,容易产生烧蚀。触点烧蚀后,接触电阻增大,使初级电流减小,次级电压下降。尤其在发动机低速运转时,触点火花较强,触点烧蚀加重,应及时打磨触点,调整触点间隙。

四、电子点火装置

电子点火装置根据分类方法的不同具有不同的划分。电子点火装置按照点火能量存储方式的不同可分为电感储能式电子点火装置和电容储能式电子点火装置两大类。

电感储能式是用点火线圈作为储能元件,初级线圈断电后由电感线圈磁场能量的快速泄放产生点火高压。电容储能式是用电容作储能元件,点火线圈仅起电压变换作用,初级线圈断电后由电容器电场能量的快速泄放在点火线圈上产生的高压实现点火。

汽车无触点电子点火系统于20世纪60年代初开始研究,该点火系统去掉了原有的断电器触点,故称为无触点点火装置。其基本组成如图3-20所示。

图3-21所示为无触点电容放电式电子点火装置。该点火装置由触发器、升压器、晶闸管开关、储能电容、点火线圈和火花塞等组成。

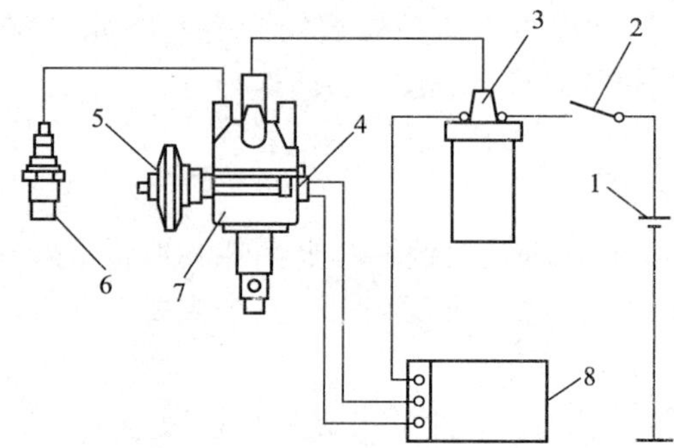

图3-20 电感式无触点电子点火装置简图

1-蓄电池;2-点火开关;3-点火线圈;4-传感器;5-点火真空提前角;6-火花塞;7-分电器总成;8-电子点火控制器

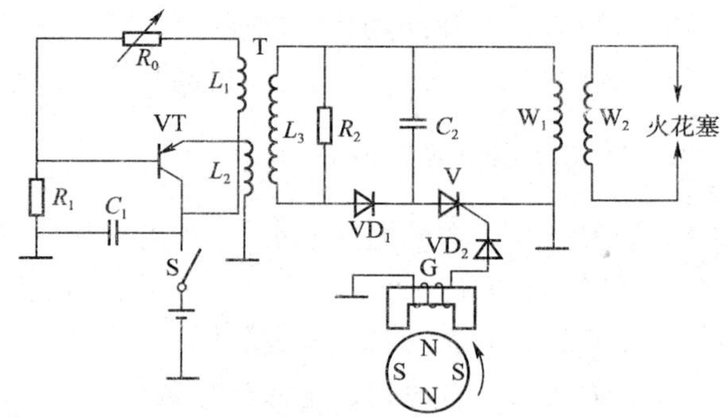

图3-21 电容式无触点电子点火装置

无触点电子点火装置主要由传感器(即脉冲信号发生器)和电子点火控制器构成。它的分电器、点火线圈、火花塞等与传统点火系统的基本相同。

传感器(即脉冲信号发生器)取代了原来分电器中的断电器(凸轮和触点)。它是一种将非电量转变为电量的装置。其功用是:通过一定的转换方式,将汽车发动机曲轴所转过的角度或活塞在汽缸中所处的位置,转换成相应的脉冲电信号,再输出送至电子点火控制器。

无触点电子点火装置的主要优点是:

(1)由于没有断电器触点,避免了机械式触点所带来的危害,减少了发动机高速断火现象,即可得到很高的发火率。

(2)由于没有分电器凸轮,所以不存在机械磨损问题,简化了维护。

(3)由于点火线圈初级电流增大,故其断电电流增大,次级电压提高,电火花能量增强,不仅能加大火花塞电极的间隙,也能点燃较稀的混合气,非常有利于改善汽车发动机的经济性和排气净化性能等。

(4)电子点火时间与发动机曲轴位置没有了固定的机械约束关系,因而可以根据汽车的运行工况、驾驶人的操作意图、外部环境,自动地调整发动机的点火提前角,使发动机的动力性、经济性及排放指标达到最佳状态。

五、电子控制点火系统

由于普通的无触点点火装置采用机械方式调整点火时刻,而机械装置本身的局限性,无法保证在各种状况下点火提前角均处于最佳。同时,由于分电器中的运动部件的磨损,又会导致驱动部件的松旷,影响点火提前角的稳定性和均匀性。而随着汽车技术的进步,人们对汽车发动机的功率、油耗、排气净化等提出了越来越高的要求,用电子信号替代机械触点的普通电子点火装置,也无法满足对发动机更高性能的要求,特别是对点火时刻(即点火提前角)的精确控制,已明显地不能适应现代汽车的需要。为满足各种工况的要求,控制发动机的最佳点火时间,汽车点火装置从初期的机械触点替代,已逐步发展到自适应的电子控制点火系统,确保混合气在最佳的时刻燃烧,达到最大限度地改善发动机的高速性能,不断地提高其动力性、经济性并减少排放污染。

在电子点火控制系统中,点火控制包括点火提前角的控制、通电时间控制和爆震控制等三个方面,并具有以下三个特点:

(1)在各种工况及环境条件下,均可获得最佳点火提前角,从而使发动机在动力性、经济性、排放性及工作稳定性等方面均处于最理想情况。

(2)在全部工作范围内,均可对点火线圈的导通时间进行控制,从而使线圈中存储的点火能量保持恒定不变,提高了点火的可靠性,有效地防止点火线圈过热,减少了能源消耗。此外,该系统可很容易实现在全部工作范围内提供稀薄燃烧所需恒定点火能量的目标。

(3)通过采用闭环控制技术,可使各缸点火提前角控制在刚好不发生爆震的临界状态,从而获得较高的燃烧效率,有利于提高发动机的各种性能。

数字点火控制系统一般由电源、传感器、电子控制系统(ECU)、点火控制模块、分电器、火花塞等组成,如图3-22所示。

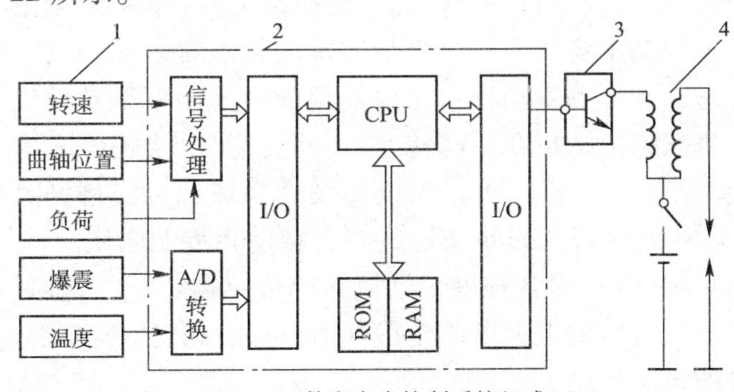

图3-22 数字点火控制系统组成

1-传感器;2-ECU;3-点火控制装置;4-点火线圈

各组成部分介绍如下:

(1)电源:供给点火系统所需的点火能量,一般由蓄电池和发电机共同组成。

(2)传感器:主要用于检测发动机各种运行参数的变化,为ECU提供点火提前角的控制依据。其中,最主要的传感器是发动机转速传感器、进气歧管绝对压力传感器、曲轴位置传感器、凸轮轴位置传感器,此外还有冷却液温度传感器、爆震传感器、节气门位置传感器及启动开关信号、空调开关信号等。

(3)电子控制系统:点火系统的中枢。在发动机工作时,它不断地采集各传感器的信息,按事先设置的程序计算出最佳点火提前角,并向点火控制装置发出点火指令。

(4)点火控制模块:ECU 的一个执行机构。它可将电子控制系统输出的点火信号进行功率放大后,再驱动点火线圈工作。

(5)点火线圈:通过将点火瞬间所需的能量存储在线圈的磁场中,并将电源提供的低压电转变为 15 ~20kV 高压电,从而在火花塞电极间产生击穿点火。

(6)分电器:根据发动机点火的工作时序,将点火线圈产生的高压电依次送到各缸火花塞,在无分电器数字点火方式中无分电器。

(7)火花塞:将点火线圈产生的具有一定能量的电火花引入汽缸,点燃汽缸内的可燃混合气。

其工作原理及控制过程如下所述。

发动机运行时,ECU 不断地采集发动机的转速、负荷、冷却液温度、进气温度等信号,并根据存储器 ROM 中存储的有关程序与数据,确定出该工况下最佳点火提前角和初级电路的最佳导通角,并以此向点火控制模块发出控制指令。

点火控制模块根据 ECU 的点火指令,控制点火线圈初级回路的导通和截止。当电路导通时,有电流从点火线圈中的初级线圈通过,点火线圈此时将点火能量以磁场的形式储存起来。当初级线圈中电流被切断时,在其次级线圈中将产生很高的感应电动势(15 ~20kV),经分电器送至工作汽缸的火花塞,点火能量被瞬间释放,并迅速点燃汽缸内的可燃混合气,发动机完成做功过程。

此外,在带有爆震传感器的点火提前角闭环控制系统中,ECU 还可根据爆震传感器的输入信号来判断发动机的爆震程度,并将点火提前角控制在轻微爆震的范围内,使发动机能获得较高的燃烧效率。

1. 点火提前角控制

由于发动机点火提前角对发动机的动力输出、燃油消耗、排气净化等性能产生直接影响,因此必须予以严格控制,才能满足日益提高的发动机动力性、经济性、环保性要求。

由于点火提前角的控制本身属于相当复杂的多变量求解问题,实践证明很难找到实现精确控制的数学模型。考虑到影响发动机点火提前角的主要因素是发动机转速和负荷,因此目前普遍通过试验方法来获得发动机在不同转速、不同负荷时所对应的最佳点火提前角,以此确定三维控制模型图[参见图 3-23a)],再将该模型图转换成二维表格,便可将这些数据储存在微机的存储器中[参见图 3-23b)],以供实际的点火提前角控制之用。

在发动机实际运行中,ECU 通常根据发动机转速传感器、节气门位置传感器输入的信息,从对应的二维表中找出所对应的点火提前角最佳值,再根据其他传感器信息进行修正,就可以对点火系统进行精确的定时控制。

点火提前角控制系统,各制造厂家因开发点火装置的型号不同而各异。如日本丰田汽车公司的发动机集中控制系统,其点火提前角的控制如下式所示:

实际点火提前角 = 初始点火提前角 + 基本点火提前角 + 修正点火提前角

点火提前角的控制包括两种基本情况:①启动期间的点火时刻控制:发动机在启动时,在固定的曲轴转角位置点火,与发动机的工况无关;②启动后发动机正常运行期间的点火时刻控制:由进气歧管压力信号(或进气量信号)和发动机转速确定的基本点火提前角和修正量决定。修正项目随发动机各异,并根据发动机各自的特性曲线修正,点火提前角控制包括:暖机修正量、稳定怠速修正量、空燃比反馈修正量、过热修正量、爆震修正量、最大提前/延迟角控制、其他修正量。

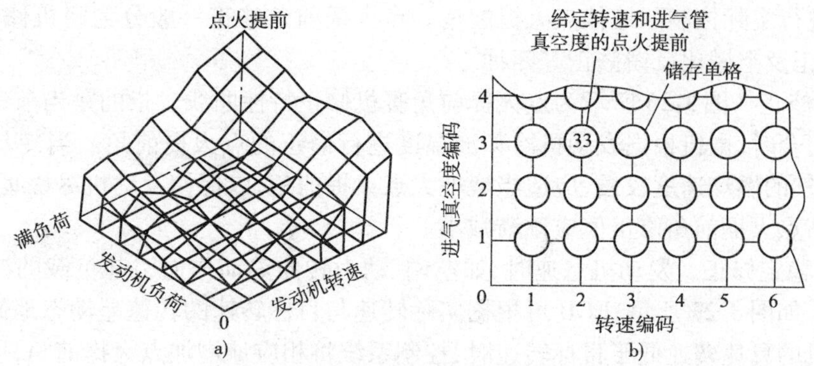

图 3-23 通过试验方法获得最佳点火提前角

a)三维控制模型图;b)储存在微机存储器中的数据

1)初始点火提前角

初始点火提前角是原始设定的,又称为固定点火提前角。对于丰田汽车的 IG ~ GEL 发动机来讲,其值为上止点前 10°曲轴转角。出现下列情况之一时,实际点火提前角等于初始点火提前角。

(1)当发动机启动或发动机启动转速在 400r/min 以下时。

(2)节气门位置传感器怠速触点闭合,车速在 2km/h 时。

(3)当发动机 ECU 的后备系统工作时。

2)基本点火提前角

基本点火提前角通常以二维表格的形式储存在 CPU 的 ROM 存储器中,又分为怠速和正常行驶两种情况:

(1)怠速时的基本点火提前角,是指节气门位置传感器的怠速触点闭合时所对应的基本点火提前角,如图 3-24 所示,其值还根据发动机的怠速转速及空调是否工作而略有不同。当空调不工作时,怠速基本点火提前角则定为 4°;当空调工作时,随着发动机怠速的目标转速的提高,应适当地增加点火提前角,以利于发动机运转速度的稳定,此时怠速基本点火提前角定为 8°。由此可见,两种情况所对应的实际点火提前角应分别为 14°和 18°。

(2)正常行驶时的基本点火提前角,是指节气门位置传感器怠速触点打开时所对应的基本点火提前角。该值主要是依据发动机的转速和用进气量表示的发动机负荷而定。ECU 根据传感器的输出信号,利用查表法从 CPU 的 ROM 存储器中找出基本点火提前角的最佳值即可,如图 3-25 所示。

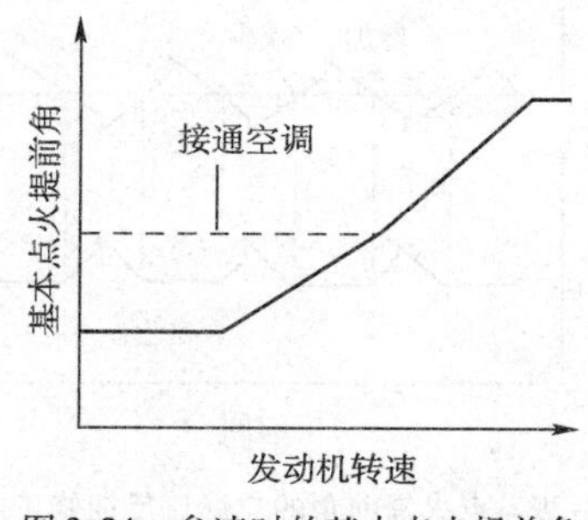

图 3-24 怠速时的基本点火提前角

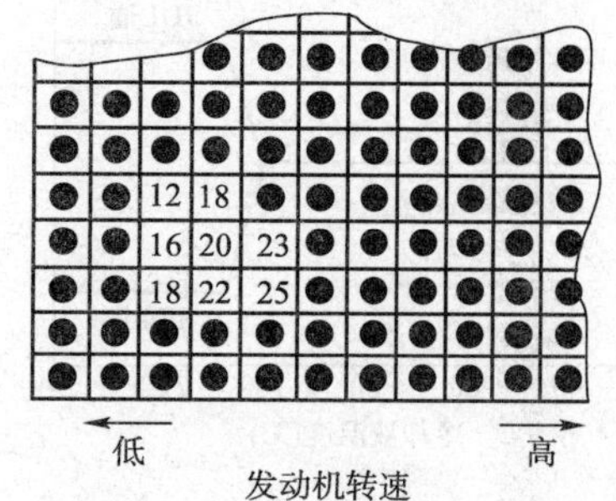

图 3-25 正常行驶时的基本点火提前角

3)点火提前角的修正

通过上述方法获得点火系统初始点火提前角与基本点火提前角后,再通过修正才可得到最终的用来进行实际控制的最佳点火提前角。点火提前角修正一般分为暖机修正、怠速稳定修正、过热修正及空燃比反馈修正等四种。

(1)暖机修正。图 3-26 所示为点火提前角暖机修正特性曲线。指的是当节气门位置传感器怠速触点闭合时,微机根据发动机冷却液温度进行修正的点火提前角。当冷却液温度较低时,由于混合气的燃烧速度较慢,应适当地增大点火提前角,以促使发动机尽快暖机,随着冷却液温度的升高点火提前角修正值应逐渐减小。

(2)怠速稳定修正。发动机怠速时,如空调、动力转向等动作而引起负载的变化时会引起转速不稳定。如图 3-27 所示,ECU 可根据实际转速与目标转速的转速差动态地修正点火提前角。若发动机的怠速转速低于目标转速时,控制系统将相应地增加点火提前角,以利于怠速的稳定;反之,则相应减少点火提前角。

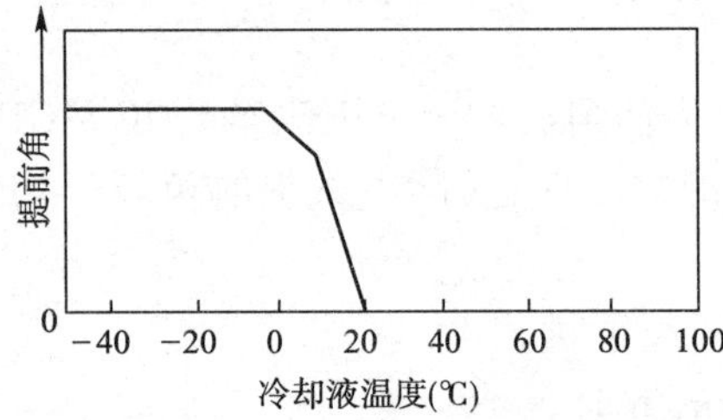

图 3-26 点火提前角的暖机修正曲线

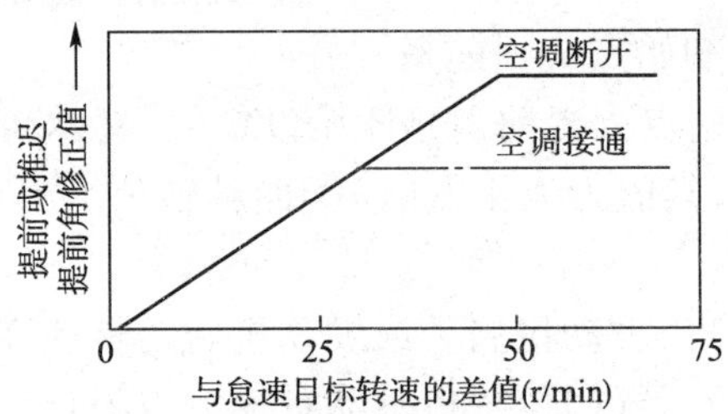

图 3-27 点火提前角的怠速修正曲线

此外,为使发动机怠速转速能稳定在目标转速上,点火提前角的怠速稳定修正与怠速控制系统中的怠速调整同步进行。这样有助于提高怠速转速的控制精度及怠速稳定性,有效地防止发动机怠速熄火的现象产生。

(3)过热修正。当发动机处于正常行驶运行工况,此时节气门位置传感器无怠速信号输出时,若冷却液温度过高,为了避免爆震,应适当的减小点火提前角。但当发动机处于怠速运行工况时,若冷却液温度过高,为了避免发动机长时间过热,则应增加点火提前角。其过热修正特性曲线如图 3-28 所示。

(4)空燃比反馈修正。当装有氧传感器的电控燃油喷射系统进入闭环控制时,ECU 通常根据氧传感器的反馈信号对空燃比进行修正。随着修正喷油量的增加或减少,发动机的转速在一定范围内波动。为了提高发动机转速的稳定性,当反馈修正油量减少而导致混合气变稀时,应适当地增加点火提前角,反之则相反。其修正特性曲线如图 3-29 所示。

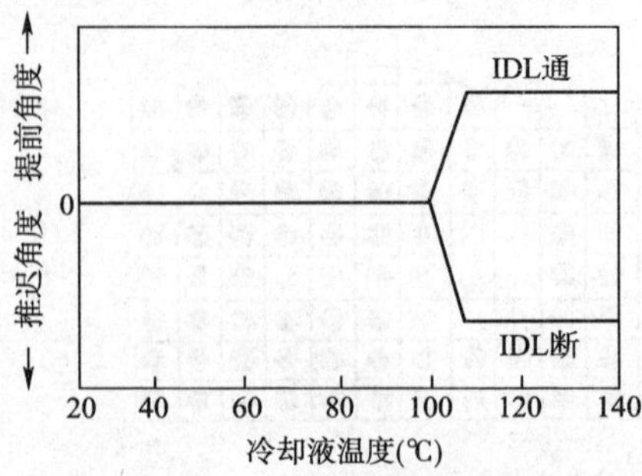

图 3-28 点火提前角的过热修正曲线

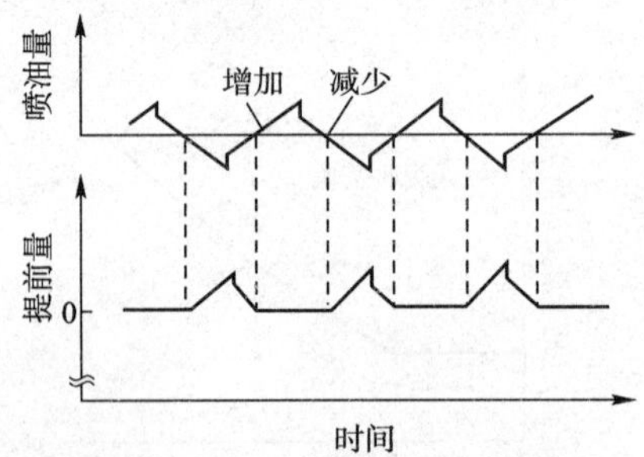

图 3-29 点火提前角的空燃比反馈修正曲线

发动机实际的点火提前角就是固定点火提前角、基本点火提前角及修正点火提前角三项之和。当发动机工作时，曲轴每旋转一圈，ECU 就会根据所测的参数值确定点火提前角并发出点火信号，并随着发动机的转速和负荷变化进行适时控制。

但是，当 ECU 计算出的实际点火提前角超过允许的最大值及最小值范围时，发动机将难以运转。由于在初始点火提前角已被固定的情况下，受 ECU 控制的部分只是后两部分之和，因此该值应保证在某一允许范围之内，一般最大提前角为 35°～45°，最小提前角为 -10°～0°。当超过此范围时，则 ECU 就应以设定的最大或最小点火提前角进行控制。

2. 通电时间控制

通电时间的控制就是闭合角的控制。

对于电感储能式电子点火系统，当点火线圈的初级电路被接通后，其初级电流是按指数规律增长的。初级电路被断开的瞬间初级电流所能达到的值即断开电流与初级电路接通的时间长短有关，只有通电时间达到一定值，初级电流才可能达到饱和。而次级电压最大值 U_{2max} 是与断开电流成正比的。因此，必须保证通电时间能使初级电流达到饱和，为此必需增加通电时间，但另一方面如果通电时间过长，点火线圈又会发热并使电能消耗增大，反而不利于点火系统的正常工作。因此要控制一个最佳通电时间，必须兼顾上述两方面的要求，显然在电控单元 ROM 中存放的初级线圈导通时间即通电时间并不是常数。同时，当蓄电池的电压变化时，也将影响初级电流，如蓄电池电压下降，在相同的通电时间初级电流所达到的值将会减小，因此必须对通电时间进行修正。图 3-30 所示为通电时间的蓄电池电压修正曲线。

在有些点火装置中，为了减小转速对次级电压的影响，提高点火能量，采用了初级线圈电阻很小的高能点火线圈，其饱和电流可达 30A 以上，这一技术称之为高能点火技术（HEI）。为了防止初级电流过大烧坏点火线圈，在点火控制电路中增加了恒流控制电路，如图 3-31 所示，从而保证在任何转速下初级电流都能达到规定值（7A），一方面改善了点火性能，另一方面又能防止初级电流过大而烧坏点火线圈。

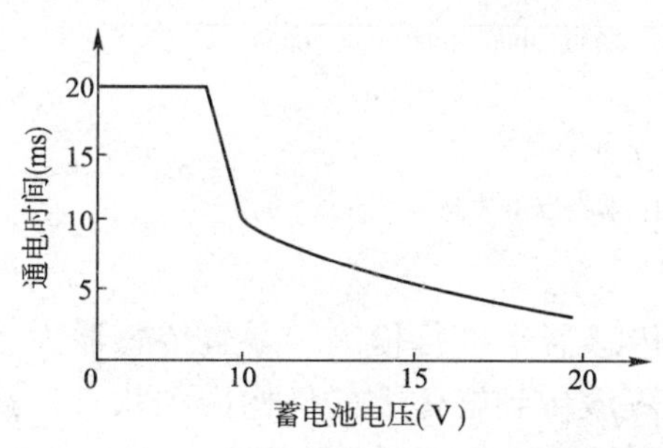

图 3-30 通电时间的蓄电池电压修正曲线

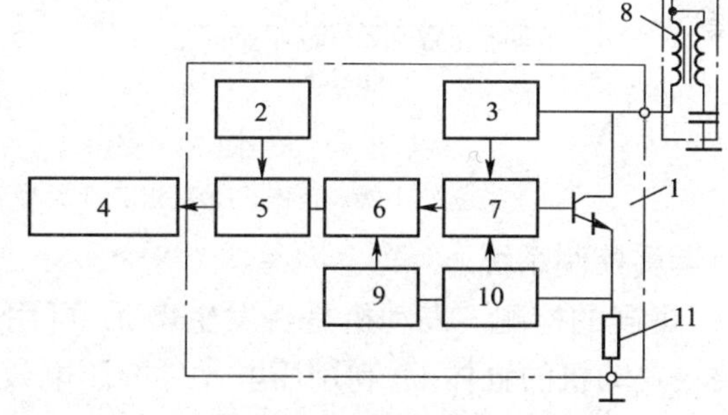

图 3-31 点火线圈的恒流控制电路

1-达林顿功率管；2-偏流回路；3-过电压保护回路；4-磁电敏感元件；5-波形整形回路；6-通电率发生回路；7-放大回路；8-发火器体；9-通电率控制回路；10-恒定电流控制回路；11-电流检测电阻

3. 爆震控制

汽油机汽缸内的混合气在压缩行程快要终了被火花塞点燃后，就会以火花塞为中心通过火焰传播方式向四周进行燃烧，从而完成可燃气体在汽缸内膨胀做功这一过程。在此期间，如果汽缸压力和温度异常升高，就可能会发生部分混合气在火焰尚未传播到位时就自行着火燃烧的现象。如此，整个燃烧室内会瞬时形成多火源燃烧，这种燃烧现象称为爆燃，爆燃时还伴随产生高温和强大的压力波，如果持续产生爆燃，会引起汽缸体、汽缸盖和进气歧管等薄壁构件的高频振动，运动件机构就产生冲击载荷，导致很大的噪声和损坏，这种现象就称为爆震。除此之外，爆震还很可能产生火花塞电极或活塞过热、熔损等现象，造成发动机的严重故障，它是汽油机运行过程中最有害的一种故障现象，必须尽力防止爆震的产生。在电控点火系统中若采用带有爆震传感器进行闭环控制，则可以有效地防止爆震的产生。

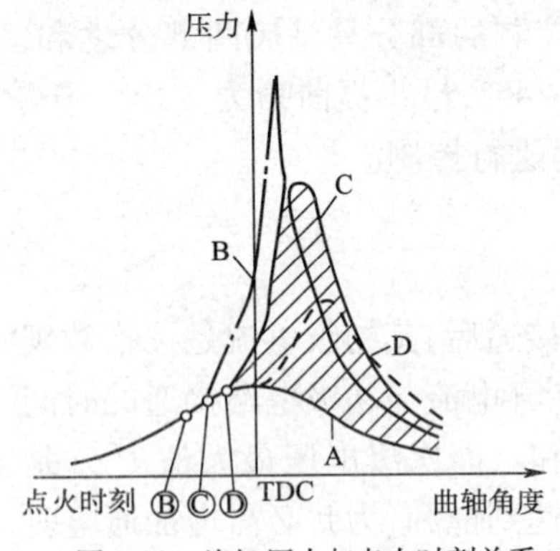

图3-32　汽缸压力与点火时刻关系

1）爆震与点火时刻的关系

爆震与点火时刻有着密切的关系，其关系如图3-32所示。曲线A是汽缸内不燃烧时的压力波形，曲线B、C、D分别表示不同点火时刻汽缸内的燃烧压力波形，显然点火提前角越大，燃烧压力越高，则越容易产生爆震，如曲线B所示。此外，从图3-33中还可以看出，让发动机发出最大转矩的点火时刻（MBT曲线）出现在爆震界限的附近。因此，在有爆震传感器的点火闭环控制系统中，可以利用爆震传感器能够检测到爆震界限的功能进行反馈控制，把点火时刻控制在爆震界限的附近，有利于提高发动机的动力性。

尤其是在装有废气涡轮增压的发动机上，由于使用的是绝热增压的空气燃烧，发生爆震的可能性会增加，更需要采用闭环爆震控制系统。为了有效地防止发动机发生爆震，在有的控制系统中，除了可控制点火提前角外，还可同时控制废气旁通阀的动作，更有效地抑制爆震的产生。

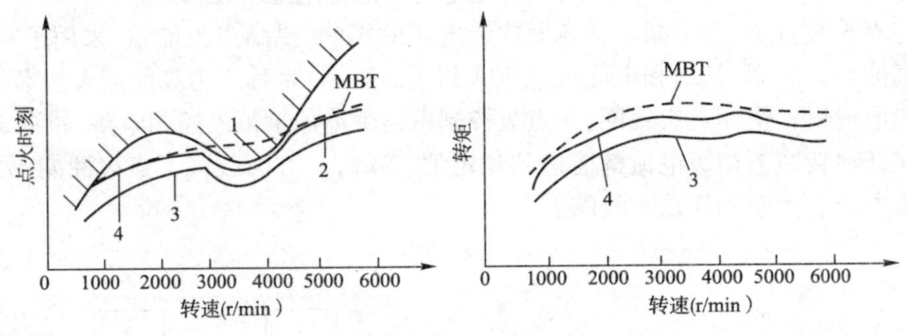

图3-33　爆震与点火时刻的关系

1-爆震范围；2-余量幅度；3-无爆震控制时；4-有爆震控制

2）爆震控制系统

（1）爆震的检测。发动机是否发生爆震，可用爆震传感器来进行检测。爆震传感器大多数安装在发动机的缸体上，利用压电元件的压电效应把爆震传到缸体上的机构振动状态转换成电压信号，再通过ECU对信号进行处理和识别，进而控制发动机的点火提前角。

爆震传感器的种类有很多，可分为共振型、非共振型和火花塞座金属垫型三种。现在广泛采用的是宽幅共振压电式爆震传感器。该类传感器虽输出电压的峰值较低，但可以在较大振动频率范围内检测出共振电压信号。由于宽幅共振式爆震传感器具有感测频率范围较广的优点，故适用于检测随发动机转速变化而产生的不同爆震频率的信号。

（2）爆震的控制方法。综上所述，安装在发动机缸体上的爆震传感器可感应出发动机不同频率范围内的振动，且当发动机发生爆震时，传感器可产生较大振幅的电压信号，如图3-34所示。

发动机是否发生爆震，可用ECU中的爆震信号识别电路（图3-35）来判定。先用滤波电路将爆震信号进行过滤，只允许特定频率范围的爆震信号通过滤波电路。再将滤波后信号的峰值电压与爆震强度基准值进行比较，若其值大于爆震强度基准值，控制系统可由此判定爆震程度，并以某一固定值（1.5°~2°曲轴转角）逐渐减小点火提前角，直至无爆震信号出现，且在一段时间内保持其值不变。若又有爆震发生，继续前一控制过程；若无爆震发生，则又开始以相同固定值逐渐增大点火提前角，一直到爆震重新产生，周而复始。图 3-36 为爆震控制原理图，其实际点火提前角控制过程如图 3-37 所示。

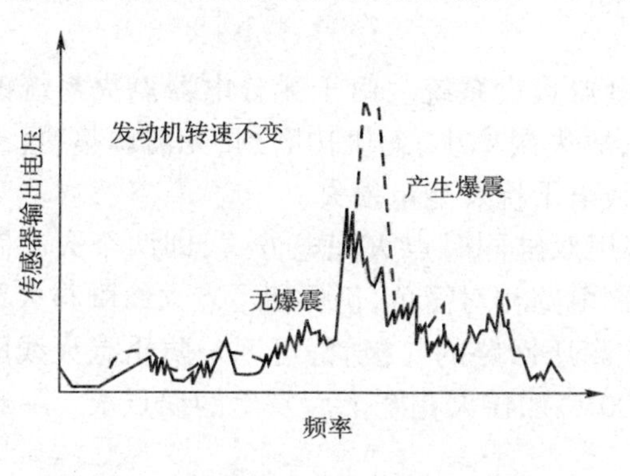

图 3-34 爆震传感器的检测频率与电压输出

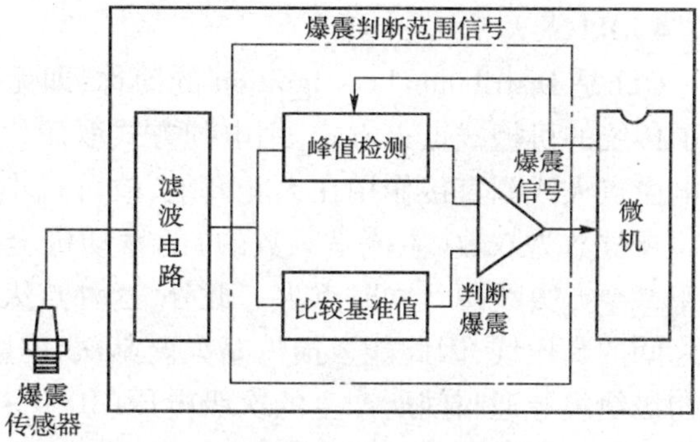

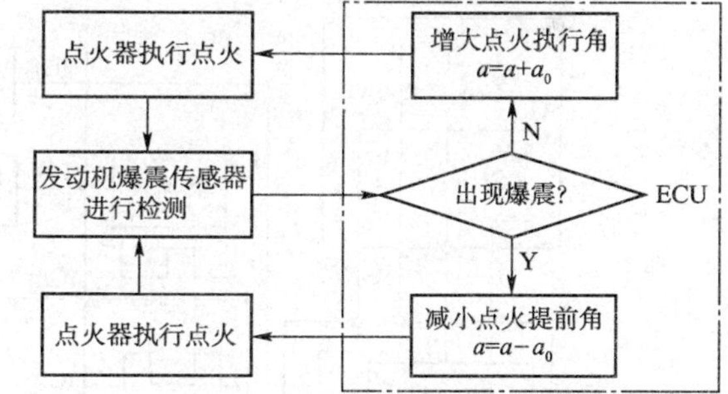

图 3-35 ECU 中爆震信号识别电路

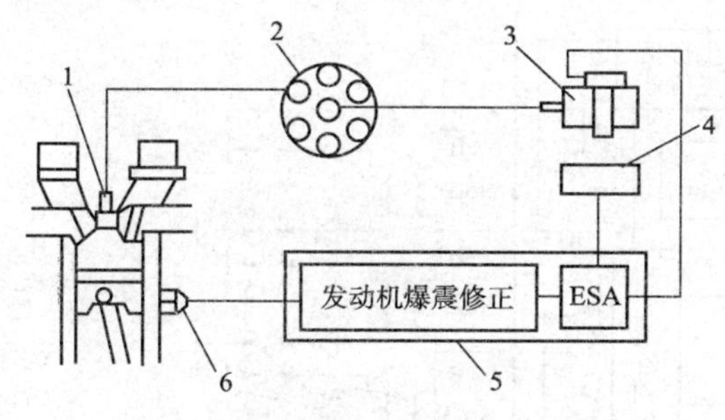

图 3-36 爆震控制

1-火花塞；2-分电器；3-点火器和点火线圈；4-传感器；5-ECU；6-爆震传感器

图 3-37 实际点火提前角的控制过程

爆震强度一般是根据爆震信号超过基准值的次数来判定。其次数越多，爆震强度越大；次数越少，则爆震强度越小（图 3-38）。

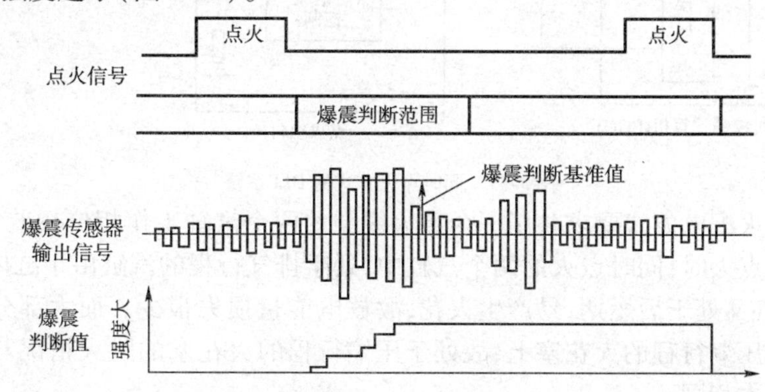

图 3-38 爆震强度的判断

其次，由于发动机运行时振动频率频繁而剧烈，为了提高控制系统的可靠性，故并非任何时间均进行反馈控制。通常设定的爆震控制范围，只限于能够识别发动机点火后爆震且可能发生的一段曲轴转角范围内。只有在该范围内，控制系统才允许对爆震信号进行信号识别。此外，试验表明，当发动机的负荷低于某一值时，一般不会出现爆震。此时，点火控制系统亦采用开环控制，否则，则采用闭环控制。

为防止传感器失灵、检测电路发生故障、线缆断裂等意外情况，系统内设置了一个安全电路。一旦出现上述情况，安全电路将点火时刻推迟，并且点亮仪表警告灯，警告驾驶人爆震控制系统发生了故障。

4. DLI 点火系统

DLI 是 Distributor-Less Ignition 的简称，即无分电器点火系统。由于无分电器点火系统改变了传统的机械式点火方式，用电控方式取而代之，故失误率小、无机构磨损、无需调整，且高压电由点火线圈直接作用在火花塞上，故可减小无线电干扰及能量损失。

在缸数为双数（主流是双数的）的发动机上，多用双缸同时点火配电方式，即两个火花塞共用一个点火线圈且同时点火。此外，这种点火控制电路相对简单，仍保留了点火线圈与火花塞之间的高压线，因此能量损失略大。其次，串联在高压回路的二极管，可用来防止点火线圈在初级绕组导通瞬间所产生的次级电压（1000～2000V）加在火花塞上后发生的误点火。一种常用的 DLI 点火系统如图 3-39 所示。

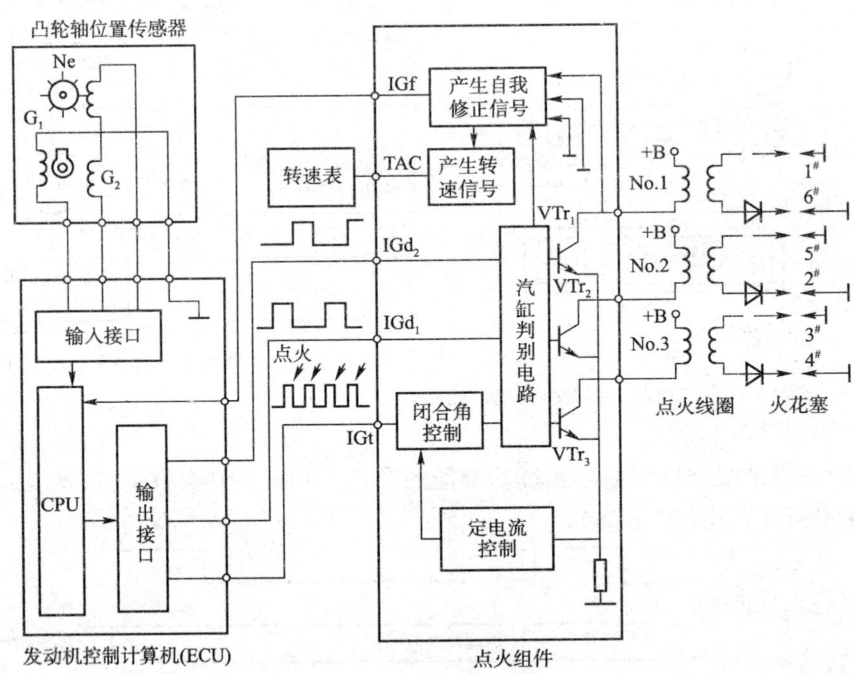

图 3-39　同时点火方式的 DLI 系统

双缸同时点火配电方式要求共用一个点火线圈的两个汽缸工作相位相差 360°曲轴转角，以确保点火线圈点火时，同时点火的两个汽缸中，处于排气行程的汽缸由于缸内气体的压力较小，且缸内混合气又处于后燃期，易产生火花，故放电能量损失很少。而大部分的点火高压和点火能量被加在压缩行程的火花塞上，故处于压缩行程的火花塞的跳火情况与单独点火的火花塞跳火情况基本相同。

根据发动机进气歧管压力传感器、冷却液温度传感器、凸轮轴位置传感器、节气门位置传感器、空调开关信号、启动开关等信号，ECU 可实现点火提正时的精准控制，及点火能量要求的闭合角控制。点火正时的基准信号和辨缸信号来自凸轮轴位置传感器，分别为 G_1、G_2和 Ne 信号，G_1与 G_2用于提供各缸点火时刻基准及判缸信号，Ne 除了向控制系统提供用于计量的 1° 曲轴转角信号外，还可提供发动机转速信号，信号时序如图 3-15 所示。

电子点火具有传统点火方式无与伦比的优势，但为了适应这些多变的外部环境和驾驶需求，其点火提前角的标定和计算是非常繁杂的系统工程，需要大量的人力、物力、财力，要通过相当长时间和足够数量的验证才能完成。庆幸的是，人们在电子系统开发方面的技术积累，由此形成的数据库、建立的开发平台，不断完善的试验验证方法和设施，都是可以借鉴和再运用的。人们认识问题、发现问题永远没有完结，发明和创新总是在现有的基础上有所突破，一个十分复杂和浩瀚的系统工程却在不经意的创新活动中持续向前推进。

第四章 自动变速器

第一节 自动变速器概述

传动系统是发动机与车轮负载之间的传动装置,它的功能是通过变化传动比来调节发动机工作点,并将发动机动力可靠地传递到驱动车轮,它同时影响着动力的生成和传递过程。自动变速是指变速器在完成上述功能时,可以自动变换传动比,无须驾驶人的手动控制。尽管目前在国内市场手动变速依然占据主要份额,但自动变速呈现逐年上升的趋势,特别是在乘用车上的应用。与传统的手动变速相比,自动变速主要具有以下优势:

(1)操作便捷。逐年趋于拥堵的城市交通状况,不仅手动变速的驾驶乐趣无法体现,反而会增加驾驶人劳动强度。据统计,搭载手动机械式变速器的车辆在交通负荷较大的市区内行驶时,驾驶人平均每隔 30 ~ 40s 须进行一次换挡操作,每行驶 100km 驾驶人需要换挡 400 ~ 600 次,踩踏离合器 600 ~ 700 次。特别是对一些缺少经验的驾驶人,如此频繁的操作会使得驾驶人注意力分散,或引发交通事故。而搭载自动变速器的车辆,驾驶人只需对节气门开度进行操控。近几年来,自动变速器在车辆上得到了广泛的应用,市场份额呈快速增长趋势。

(2)车辆使用性能更优。车辆性能不仅与设计、制造因素有关,同时也取决于驾驶人的操控是否合理。对手动变速器来说,传动比的调节依赖于驾驶人的经验,车辆性能与之直接相关。而自动变速的传动比调节受控于电控系统控制策略。控制策略根据行驶条件,综合考虑驾驶性能、经济性能、排放性能等多种因素,并实现各种性能之间的最佳组合。特别是自动变速传动系统的标定过程都是由有经验的专业驾驶人完成,等于将专业驾驶人的经验“灌输”到电控系统中。因此,优化的控制算法和专业驾驶经验的结合使得车辆的综合性能更优。

(3)车辆更加平顺、舒适。由于自动变速系统的传动比调节由电控系统自动控制完成,起步和换挡过程是在驾驶人毫无准备/无认知的情况下发生的,起步和换挡过程中的冲击会使驾驶人产生一种“被驾驶”的感觉。因此,自动变速电控系统毫无例外的对冲击抖动问题进行算法优化和大量的测试标定以消除或降低冲击感,使驾驶人较少或根本感觉不到冲击。同时,这也有助于降低传动系统的冲击载荷、提高系统的使用寿命。

目前在车辆上应用较多的自动变速器主要有以下几种:

(1)电控机械式自动变速器(Automatic Mechanical Transmission,简称 AMT)。它把传统有级式齿轮变速器的换挡过程实现自动化,其结构仍然是一种有级式机械变速器,电控系统控制执行机构的动作实现选挡、换挡、离合器和发动机节气门的一体化操纵。AMT 保留了干式离合器和手动变速器的大部分零件,只需改变操纵控制部分,结构较为简单。

(2)液力机械传动自动变速器(Automatic Transmission,简称 AT)。这种自动变速器一般采用液力变矩器加行星齿轮传动的组合形式,它通过液压操控换挡离合器或换挡制动器来进行换挡,换挡过程通常是一个元件接合、另外一个元件分离的过程。而且液力变矩器的使用,使得挡位切换过程的冲击由于变矩器的使用在一定程度上得以缓冲。这种类型的变速器目前在中国市场的份额最大、应用最广泛。从原理上来说，AT 的挡位越多对车辆的经济性、动力性越有利，但是挡位越多也意味着结构越复杂、零部件数量越多，因此目前乘用车使用的 AT 变速器，挡位数多在 4 ~6 挡。

(3)机械式无级自动变速器(Continuously Variable Transmission，CVT)。无级自动变速器的传动比能在一定范围内连续无级变化，即等效于在传动比范围内拥有"无穷"多个挡位。这种类型的变速器大多采用摩擦传动的方式，传动效率一般低于齿轮传动。但由于其挡位的无级变化，使得发动机工作点拥有了更大的"自由度"，即发动机动力"生成"过程得以实现最大程度的优化。目前应用最为广泛的是金属带式无级自动变速器，一般采用电液控制方式。

(4)双离合式自动变速器(Double Clutch Transmission，简称 DCT；或者 Direct Shift Gearbox，简称 DSG)。根据离合器的操控和润滑形式，DCT 分为干式单片 DCT 和湿式多片 DCT 两种结构形式。根据中间轴个数和布置方式又可以分为单中间轴和双中间轴式，双中间轴的轴向尺寸紧凑，应用较为广泛。从运动学角度来看，DCT 可以看作是两个手动变速器的组合，一个变速器连接所有的奇数挡位齿轮，另外一个连接所有的偶数挡位齿轮，发动机的输出转矩分别通过两个离合器传递到不同的输入轴。当车辆在某一挡位运行时，下一挡位的齿轮处于啮合状态且其对应的离合器处于分离状态，即在换挡前目标挡位的齿轮啮合已经准备完毕，换挡过程就是分离当前离合器、接合目标离合器。

第二节　自动变速器的结构特点

一、有级机械式自动变速器(AMT)

图 4-1 是传统的有级机械式变速器(MT)的示意图，它主要包括动力输入轴、动力输出轴、传动齿轮(固定齿轮与同步器)、换挡机构等。AMT 是在 MT 的基础上，直接把手动换挡机构改造为自动换挡机构。AMT 的自动换挡系统包括起步离合器执行机构、选挡执行机构、换挡执行机构及电子控制装置等，电控系统根据汽车的运行状态和驾驶人的操作意图，自动地把变速器的挡位切换到合适的位置，并使汽车的经济性、动力性及行驶平顺性达到最佳状态。目前主要有三种控制方式，即电控液动系统、电控气动系统和电控电动系统。

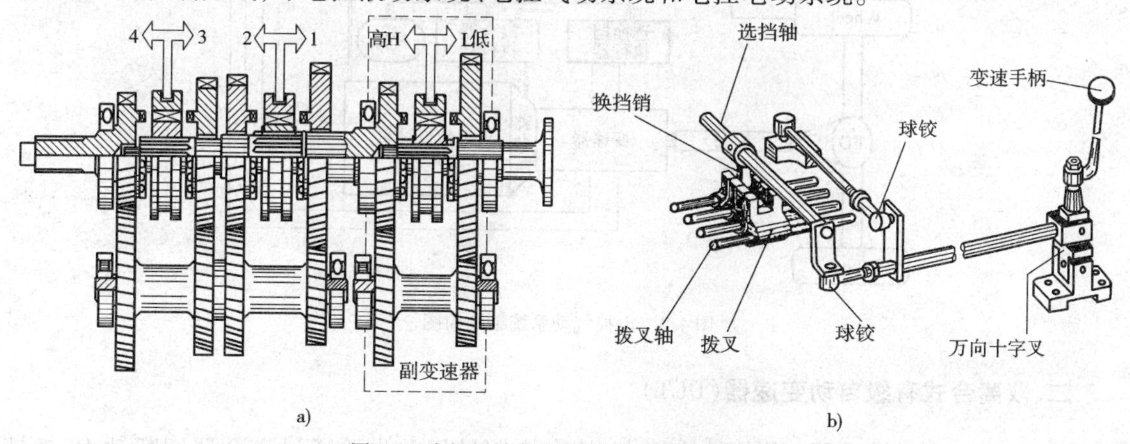

图 4-1　有级机械变速器(MT)及换挡操纵机构

a)MT 变速器；b)MT 换挡操纵机构

电动机执行机构具有结构简单、能量消耗低的优点。车辆行驶过程中的非换挡时刻电动机断电，只有进入选换挡过程电动机才供电，系统原理如图4-2所示。一般电动机驱动方式用于乘用车或者轻型货运车辆，这种驱动方式结构简单，成本较低，且具有较好的环境适应性。由于驱动功率较小，很少在大型货运车辆上使用。

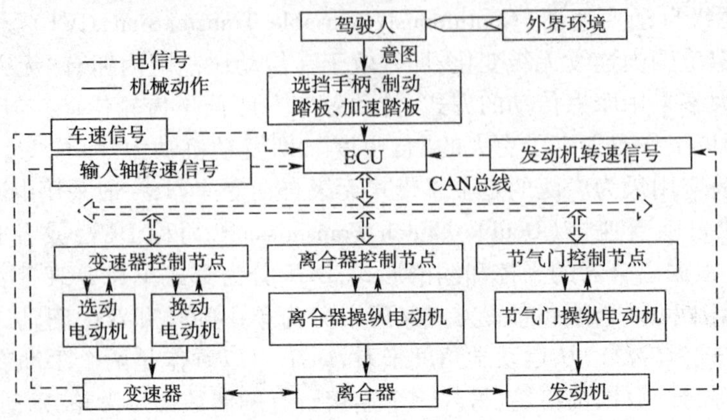

图4-2 电控电动机系统结构简图

电控气动型的AMT的自动换挡系统原理如图4-3所示，电控液压系统的结构与之类似。电液驱动执行机构和电气驱动执行机构的驱动功率较大，控制精度高，响应速度快，但系统的零部件较多且要求较高，因此制造成本较高，一般用于商用车。对某些重型车辆，配备有其他用途的液压系统，则AMT采用电液驱动方式就更为简便。对于拥有气压制动的车辆，则可采用电控气压驱动的换挡机构。

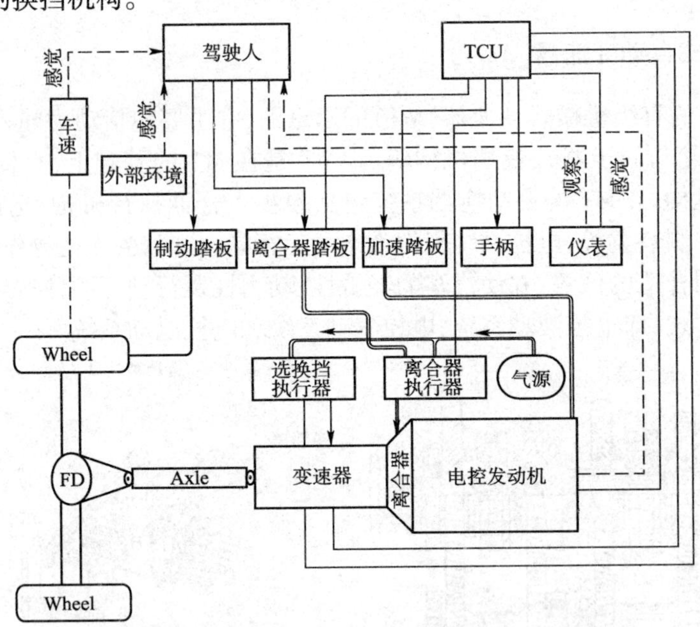

图4-3 电控气动系统结构简图

二、双离合式有级自动变速器（DCT）

由于AMT完全继承了MT的结构特点，故在换挡过程首先要通过离合器切断动力，换挡以后，由于变速器传动比的突变，还需要通过离合器的平顺接合消除传动系统的换挡冲击。为了解决AMT换挡过程动力中断的问题，设计者对传统的MT的结构进行了改进，采用双离合器方案，如图4-4所示。改进后的方案把变速器的换挡过程分为准备、过渡和换挡三个阶段，消除了换挡过程的不连续问题。DCT采用了两个离合器，两根输入轴分别与不同的离合器相连，且换挡同步器以及相应的齿轮组分别按照奇、偶数布置在两根输入轴上。DCT工作时，车辆先以某一挡位运行，离合器A与之相连。车辆自动变速器的电控单元可以根据相关传感器的信号判断即将进入工作的目标挡位和与之相连的离合器B，因该目标挡位尚未传递动力，因此控制单元可以控制执行机构预先啮合目标挡位。当车辆的运行状态达到换挡点时，只需将正在工作的离合器A分离，同时将离合器B接合，则车辆进入目标挡位运行。在这一换挡过程中，发动机的动力始终不断地被传递到车轮，这样的换挡过程称之为动力换挡。

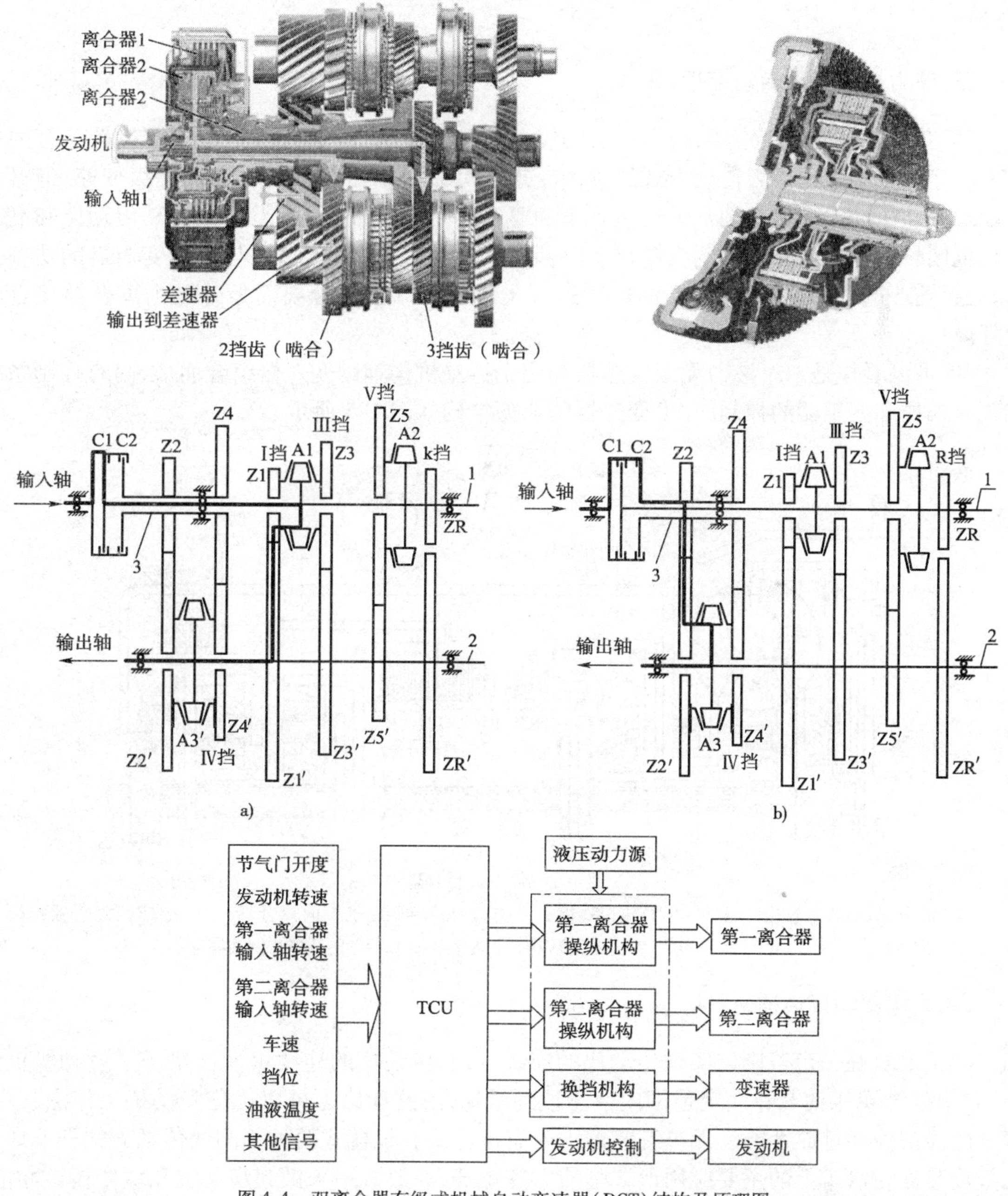

图4-4　双离合器有级式机械自动变速器（DCT）结构及原理图

DCT 既有 MT 结构简单、加工制造工艺继承性好的特点，又具有 AT 变速器在换挡过程动力不中断的特点。但是双离合器由于结构上的限制，无法跳过两个挡位换挡，而是只能顺序换挡。但一般情况下，升挡和降挡的过程都是顺序进行的，在某些特殊的工况下，例如紧急制动，双离合式可以采用 AMT 的控制方式，即只有一个离合器参与工作，因此这并不妨碍双离合自动变速器的应用。

双离合器自动变速器在换挡过程中不存在动力中断，所以换挡时没有明显的减速现象，而且两个离合器之间的切换时间非常短，通常在 0.3 ~ 0.4s，难以被驾驶人感觉到，极大的提高了换挡舒适性，同时也保证了车辆具有良好的经济性，对改善车辆的油耗和排放都具有一定的贡献。

三、液力机械传动自动变速（AT）

AT 变速器由液力变矩器、行星轮机构以及液压系统组成，通过液力传递和齿轮组合的方式来变速变扭。采用液力传动方式的液力变矩器可以根据负载的变化实现无级变速，但是其传动效率和传动比变化范围都无法达到车辆要求的使用条件，因此需要扩大其传动比和高效传动范围。行星传动易于实现自动化、结构紧凑、质量轻，且可以实现与液力变矩器的功率分流，是目前普遍采用的形式。AT 的换挡过程也是一个离合器分离而另外一个离合器接合的过程。

AT 可以看作是一个液力无级变速器和一个行星机构辅助变速器组合而成，另有控制系统实现对挡位和变矩器的控制。AT 变速器的典型结构如图 4-5 所示。

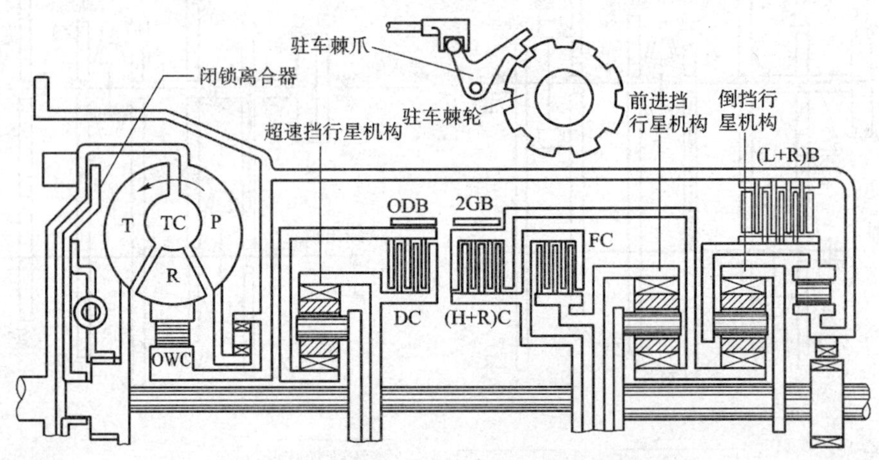

图 4-5　AT 自动变速器

TC-液力变矩器；T-涡轮；P-泵轮；R-导轮；FC-前进挡离合器；OWC-定子单向离合器；ODB-超速挡制动器；DC-驱动离合器；（H + R）C-高挡与倒挡离合器；2GB-二挡制动器；（L + R）B-低挡与倒挡制动器

四、无级自动变速器（CVT）

CVT 能够在一定范围内实现传动比的连续可调，传动比的连续可调性给予了发动机更大的“自由度”，可以使其在一定范围内性能达到最优，因此理论上可以优化发动机工作点，改善车辆的经济性和排放性能。无级变速器主要有流体式和机械式两种不同的传动方式。流体式无级变速器在汽车上的主要应用形式是液力变矩器，一般被用来做起步装置和缓冲转矩冲击。机械式的 CVT 主要有带传动方式和牵引传动方式。

半环面双腔型(曲面牵引式)CVT(图4-6)具有动力传递能力高、噪声低、传动比变化响应快等特点,适用于中大排量轿车以及其他车辆的动力传动系统。这种传动方式是依靠旋转体之间受压油膜产生的剪切力传递动力。这种类型的变速器除1999年Nissan公司在其轿车上曾经应用以外,目前尚无其他厂家真正开发这种动力传动系统。

金属带式CVT(图4-7)是目前应用最广的一种无级自动变速器,主要用于中小排量的乘用车。它依靠金属带和带轮之间的摩擦力来传递转矩,需要一个稳定持续的压力源来夹紧金属带,因此这种类型变速器的液压系统能耗较高。典型的金属带式CVT的结构及液压驱动系统如图4-8和图4-9所示。

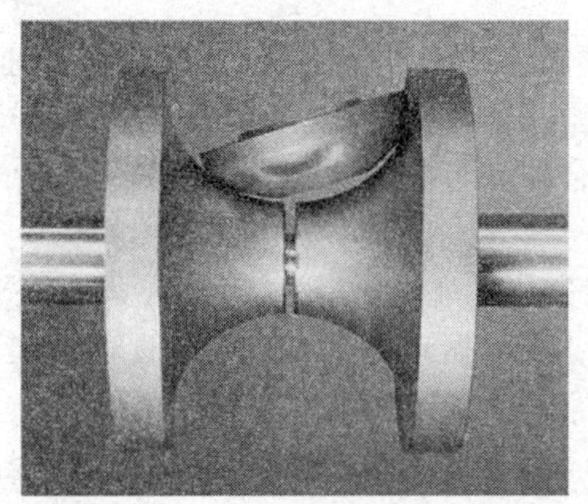

图4-6　曲面牵引式CVT

图4-7　金属带式CVT

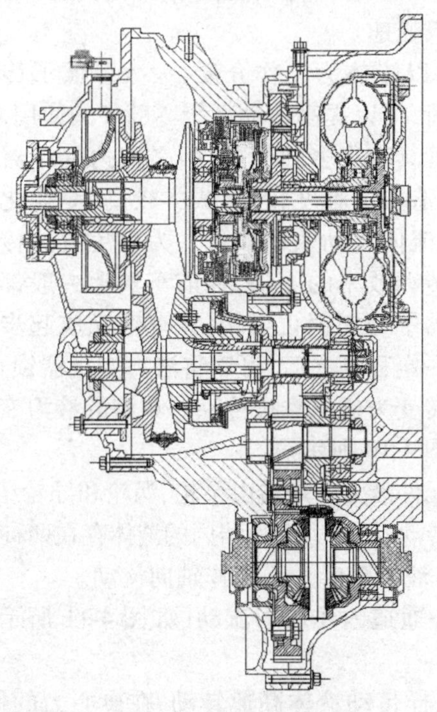

图4-8　典型CVT结构图

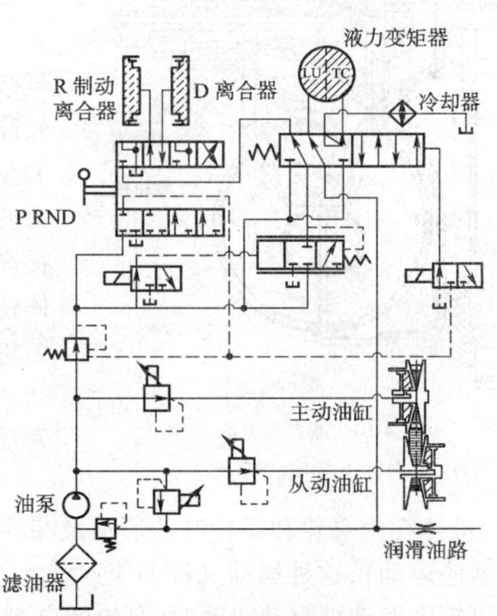

图4-9　CVT液压系统原理图

金属带式CVT的传动比变化过程是依靠主动油缸和从动油缸压力的变化来实现的,主动压力与从动压力比值降低,则传动比增大;相反,主动压力与从动压力比值升高则传动比减小。通过压力的变化,金属带沿着带轮的径向滑动,从而传动比也随之平滑变化。

第三节 自动变速器的共性技术

尽管各类自动变速器的结构形式、驱动方式等各有特色,但它们都有着多项的共性技术,就是根据驾驶人的操作意图、汽车的行驶工况和路面条件,自动改变传动比和起停状态,使汽车的燃油经济性、动力性、安全性、可驾驶性和舒适性达到最佳状态。自动变速器所拥有的共性技术包括起步装置、执行机构、换挡规律等。

一、车辆起步装置

车辆起步过程,必须首先消除发动机转速与输出轴之间的转速差,这种允许转速差并使前后转速逐渐达到一致的装置被称为车辆起步装置。车辆常用的起步装置有液力变矩器(或者液力耦合器)和起步离合器(湿式离合器、干式离合器或者电磁式离合器等)两种。

1. 液力变矩器

液力变矩器依靠流体的循环流动过程的动能变化传递动力,液力变矩器具有以下优点:

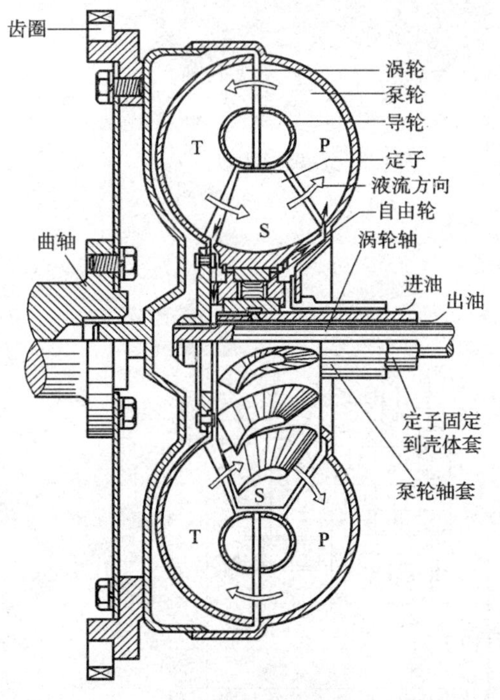

图 4-10 液力变矩器

T-涡轮;S-导轮;P-泵轮

(1)衰减振动与吸收冲击,使车辆起步更加平顺,提高车辆的舒适性。

(2)使车辆能以更低的车速行驶,提高车辆对坏路面的通过性。

(3)自动适应行驶阻力的变化,在一定范围内实现无级变速。

(4)以流体为工作介质,大大降低了传动系统的动载荷,可以提高传动系统零部件的使用寿命。

尽管具有很多的优点,但是液力变矩器的结构复杂,制造加工难度较大,成本较高,专业化程度也较高,且流体传动效率较低。为避免流体传动带来的整车传动效率的下降,目前车辆上一般都是在液力变矩器中增加锁止机构,在车辆完成起步且车速提高到一定程度之后,可以将液力变矩器锁止,将流体传动转变为机械摩擦传动。典型的液力变矩器的结构如图 4-10 所示。

三元件液力变矩器由泵轮、涡轮和导轮组成。当发动机转动时,液力变矩器内的液体存在两种运动:

(1)液体随叶片一起作轴向流动。

(2)液体在由泵轮和涡轮叶片通道及圆环中心通道内作环形流动(如图 4-11 所示的剖切面内圆轨迹运动),这种运动又称涡流运动。

当泵轮由发动机驱动转动时,泵轮像离心泵一样带动液体高速转动,在离心力的作用下,推动液体沿径向叶片通道甩向泵轮四周的出口,成一定的角度喷射到涡轮的叶片,于是在涡轮上产生一个转动力矩。进入涡轮叶片通道中的液体向内流动到涡轮的出口,然后被迫在导轮的叶片之间流动,当液体沿导轮弧形叶片滑动,因流体动量变化产生的反作用力被导轮吸收。流体从导轮出口进入泵轮叶片所形成的通道,于是在泵轮上产生大小与导轮反作用力相等的

转矩。即传递到涡轮上的转矩包括发动机的输入转矩与流体对泵轮的反作用转矩两部分,用表达式描述为

$$T_t = T_e + T_r \tag{4-1}$$

式中:T_t——涡轮输出转矩;

T_e——发动机转矩;

T_r——流体反作用转矩。

流体对泵轮的作用力的方向及大小取决于流体从涡轮的出口进入到导轮的方向。流体进入到导轮的速度可表示为

$$V_R = V_T + V_L \tag{4-2}$$

式中:V_R——流体离开涡轮进入到导轮的绝对速度;

V_T——流体在涡轮出口的相对速度(涡轮出口速度);

V_L——流体在涡轮出口随涡轮绕输出轴转动的速度(线性速度)。

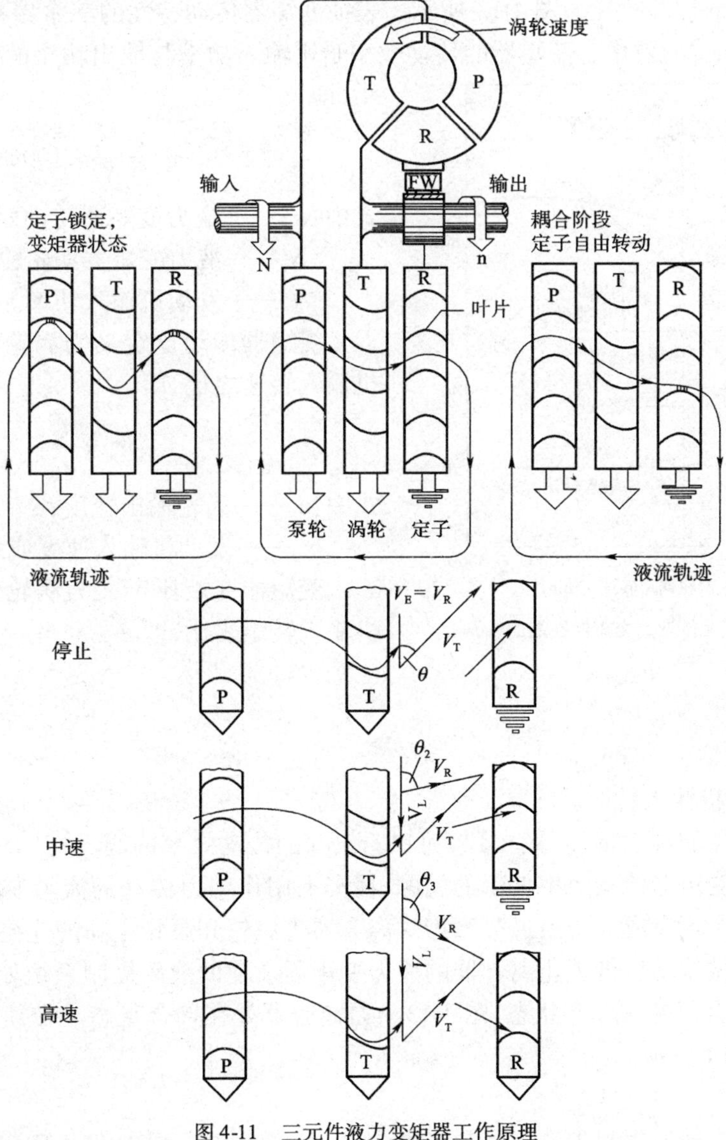

图 4-11　三元件液力变矩器工作原理

根据涡轮与泵轮的相对速度可分为三种情况：

（1）涡轮在静止状态，涡轮的线性速度（绕轴向转动的速度）为零，流体离开涡轮进入到导轮的速度即为流体的绝对速度。此时，流体以最大的角度进入到导轮，于是在泵轮上产生最大的反作用转矩，该转矩的作用方向与泵轮的转动方向相同。

（2）由于涡轮出口速度的切线分量与涡轮的线性速度方向相反，当涡轮出口速度的切线分量与涡轮的线性速度相等时，则流体离开涡轮进入到导轮的绝对速度与导轮弧形叶片相切。此时，流体对泵轮的作用转矩为零。

（3）当涡轮出口速度的切线分量小于（在数值上）涡轮的线性速度时，则流体反向作用到涡轮叶片的凸面上，于是就会产生一个与发动机输入转矩反向的转矩，部分地抵消发动机的输入转矩。为了克服液力变矩器的固有缺陷，定子通过一个单向轴承与变速器壳体连接。随着涡轮转速的提高，当流体的作用方向发生反方向的变化时，单向轴承容许涡轮自由转动，涡轮不再对流体提供反作用力，即相当于三元件液力变矩器退化为两元件的液力耦合器（图4-11）。

液力变矩器的传动特性如图4-12所示。表征变矩器传动特性的三个参数分别为：变矩器传动比，变矩比和传动效率。变矩器的传动效率是用输入功率与输出功率的比值（百分比）表示，即

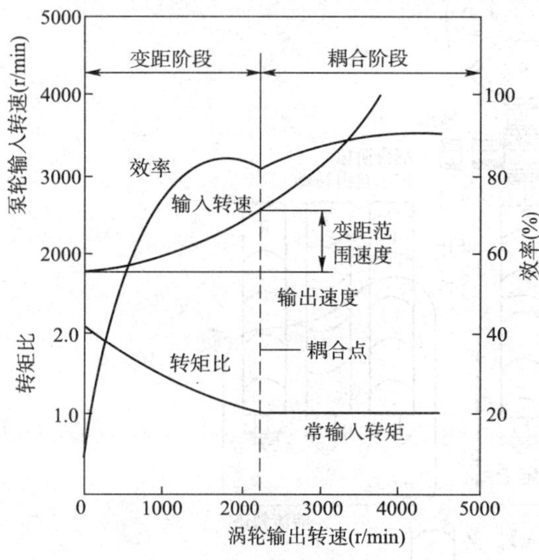

图4-12　三元件液力变矩器性能曲线

$$\eta_{tc}=\frac{N_t}{N_e}\times 100\% \tag{4-3}$$

式中：η_{tc}——液力变矩器传动效率；

N_t——液力变矩器涡轮输出功率；

N_e——发动机输入功率。

变矩器传动比定义为涡轮输出转速与发动机输入转速之比，即

$$r_s=\frac{n_t}{n_e} \tag{4-4}$$

式中：n_t——涡轮输出速度；

n_e——发动机输入速度或泵轮速度。

变矩器变矩比定义为涡轮输出转矩与发动机输入转矩之比，即

$$r_t=\frac{T_t}{T_e} \tag{4-5}$$

式中：T_t——涡轮输出转矩；

T_e——发动机输入转矩。

由液力变矩器的传动特性（图4-12）可以看出它的传动效率偏低。

为解决液力变矩器传动效率偏低的问题，在车上用作动力传动的液力变矩器都会增加一个锁止装置。在车辆完成起步后通过摩擦式离合器将涡轮和泵轮之间的连接方式由流体传动转变为摩擦式机械传动。带锁止离合器的液力变矩器及辅助液压控制系统如图4-13所示，其中图4-13a）是离合器处在分离状态，图4-13b）是离合器处在接合状态。带锁止机构的变矩器传动特性如图4-14所示。

2. 起步离合器

车辆的另外一种通用起步装置是起步离合器，因摩擦材料不同，起步离合器有湿式离合器

(图 4-15)和干式离合器两种。湿式离合器是通过浸在润滑油中的摩擦片组来实现动力传递,而干式离合器则通过从动盘上的摩擦片来传递动力。干式离合器省去了相关液压系统,且摩擦片本身的传动效率较高,因此干式离合器可以提高燃油经济性,成本更低。但干式离合器比湿式离合器的热容性差,散热条件不好,在交通拥挤的城市工况,离合器频繁接合,其滑摩状态很容易导致离合器的过热。综合两种离合器使用寿命和起步性能,显见,湿式离合器比干式离合器更有优势。

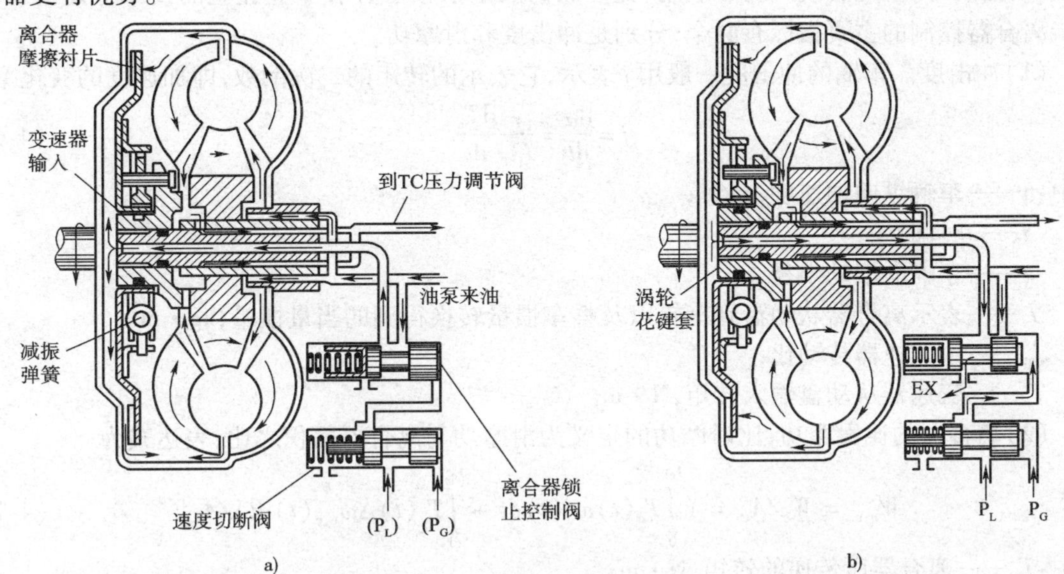

图 4-13　带锁止离合器的液力变矩器

a)锁止离合器处在分离状态;b)锁止离合器处在接合状态

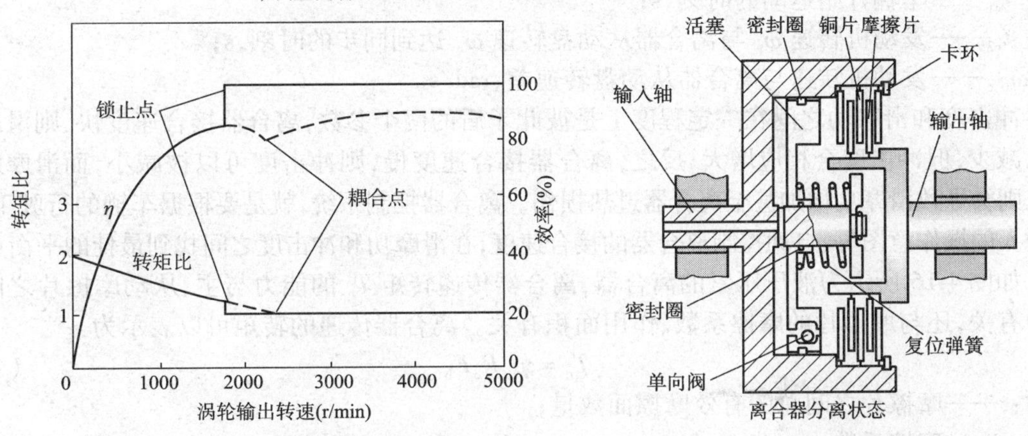

图 4-14　带锁止离合器的液力变矩器的传动特性

图 4-15　湿式离合器结构图

尽管两者性能上有所差别,但两者面临的技术难题是一致的,那就是离合器的自动控制问题,起步离合器的控制一直是困扰自动变速器的难题之一。首先,控制系统必须工作可靠,能精准地适应发动机的输出动力,避免起步冲击或者发动机异常熄火;其次,控制系统要具有对环境的适应性,如交通信号灯、坡道起步、冰雪路面起步等;其三,控制系统还要满足驾驶人不同的操作意图,比如平稳起步、紧急起步等意图。离合器是一个变结构非线性、参数时变性的控制系统,满意解决离合器的控制问题,其难度较大。一般起步离合器控制常见的问题有:

(1)起步时存在明显的转矩冲击,使得驾乘人员感觉不适。

(2)发动机熄火，特别是在坡道起步的工况下，造成起步失败。

(3)离合器接合时间过长，使得摩擦片的滑摩功增加，离合器温升过高。

(4)离合器操纵的滞后问题，驾驶人挂挡并踩下加速踏板后，离合器迟迟不接合；或者挡位已经退出后，离合器分离迟缓。

为解决起步离合器的控制问题，汽车产品工程师摸索采用先进的控制算法，例如模糊控制、滑模控制等，但是要投入实际应用，更多的仍然是依赖于具有专业经验的技术标定。评价起步离合器控制的主要指标有两个，分别是冲击度和滑摩功。

(1)冲击度。车辆的冲击度一般用j表示，它表示的转矩的二次倒数，即加速度的变化率。

$$j = \frac{\mathrm{d}a}{\mathrm{d}t} = \frac{r}{I_t i_0}\frac{\mathrm{d}T_o}{\mathrm{d}t} \tag{4-6}$$

式中：a——车辆纵向加速度，m/s^2；

t——时间；

r——车辆的滚动半径，m；

I_t——表示离合器从动盘到车轮以及整车惯量转换得到的当量惯量，$kg \cdot m^2$；

i_0——主减速器传动比；

T_o——变速器从动盘输入转矩，N · m。

(2)离合器的比滑摩功，比滑摩功的定义为滑摩功与离合器面积之比，表达式为

$$W_{e,s} = W_c/A_c = \left(\int_0^{t_{c1}} T_c(t)\omega_c(t)\mathrm{d}t + \int_{c1}^{t_{c2}} T_c(t)\Delta\omega_{e,c}(t)\mathrm{d}t\right)/A_c \tag{4-7}$$

式中：T_c——离合器所传递的转矩，N · m；

ω_c——离合器从动盘角速度，rad/s；

t_{c1}——车辆开始运动的时刻，s；

t_{c2}——发动机转速ω_e与离合器从动盘转速ω_c达到同步的时刻，s；

$\Delta\omega_{e,c}$——发动机转速与离合器从动盘转速差，rad/s。

冲击度和滑摩功之间在一定程度上是彼此矛盾的两个参数，离合器接合速度快，则滑摩功可以减少，但冲击度会相应增大；反之，离合器接合速度慢，则冲击度可以被减小，而滑摩时间过长则会导致滑摩功增加甚至离合器过热损伤。离合器控制系统，就是要根据车辆的行驶工况、驾驶人的操作意图等，自动控制离合器的接合速度，在滑摩功和冲击度之间找到最佳的平衡点。

如图4-16所示为液压压紧的离合器，离合器传递转矩T_c的能力与主、从动摩擦片之间压紧力有关，还与摩擦片的摩擦系数、作用面积有关。离合器传递的转矩可以表示为

$$T_c = z\mu_c R_c F_b \tag{4-8}$$

式中：z——摩擦片之间总的有效摩擦面数量；

μ_c——摩擦系数；

R_c——摩擦片等效摩擦半径，$R_c = \frac{2}{3}\left(\frac{R_0^3 - R_i^3}{R_0^2 - R_i^2}\right)$，$R_0$为摩擦片外径，$R_i$为摩擦片内径；

F_b——作用在摩擦片上的正压力。

由式(4-8)可见，$z\mu_c R_c$是结构参数，在离合器接合过程中，转矩传递能力的大小只与离合器的压紧力F_b有关。因此，对离合器进行控制的关键就在于要控制摩擦片之间的压紧力大小。

二、执行机构

自动变速器的执行机构包括电动机执行机构、液压/气压执行机构以及电磁执行机构等多

种，其中应用比较广泛的是液压执行机构和电动机执行机构。

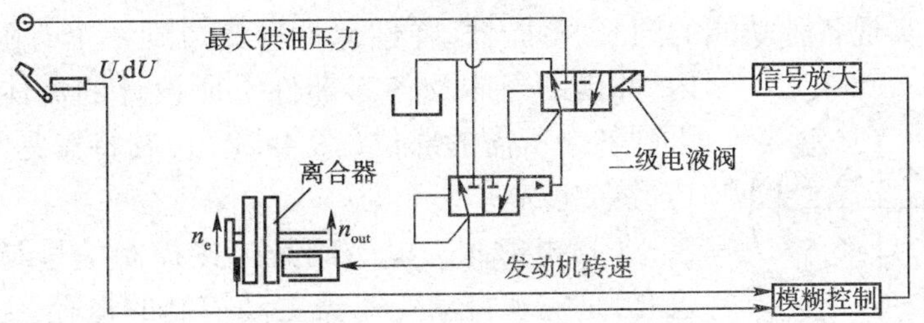

图 4-16　离合器压力控制系统

1. 液压执行机构

不同于其他场合使用的液压系统，对集成度要求很高。要实现的功能包括离合器或者变矩器控制，选换挡控制或传动比变化控制，还要考虑变速器的热平衡管理、系统润滑等功能，液压系统的性能直接影响着自动变速器的性能。以无级变速器的液压系统为例，典型的结构如图 4-17 所示。

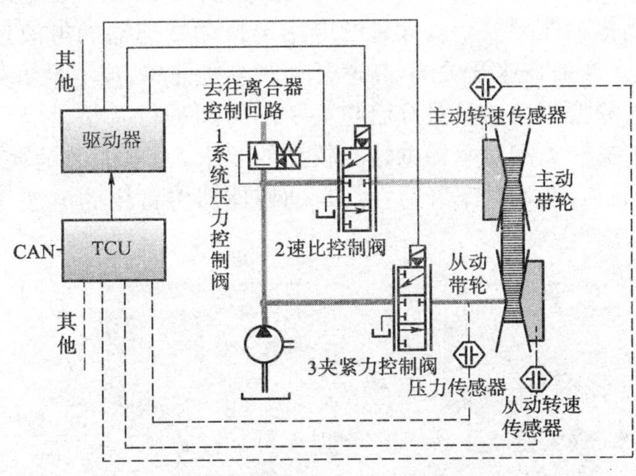

图 4-17　金属带式 CVT 液压系统图

液压系统主要部件有：

(1) 液压泵。不同类型的自动变速器其液压泵的类型也会有所不同，其压力和流量的设计也是根据系统所需的峰值流量和峰值压力来进行设计的。例如 CVT 的液压泵的设计主要考虑其传递最大转矩时所需的夹紧力来确定的，而 AT 或者 DCT 的液压系统只需要完成离合器的操纵控制和选换挡控制等，因此其压力和流量等级要远远低于 CVT 液压泵。变速器中采用的主要的泵的形式如图 4-18 ~ 图 4-21 所示。另外根据各类变速器的液压系统对流量、压力以及工作特性可以采用发动机直接驱动、链驱动以及电驱动等多种方式。

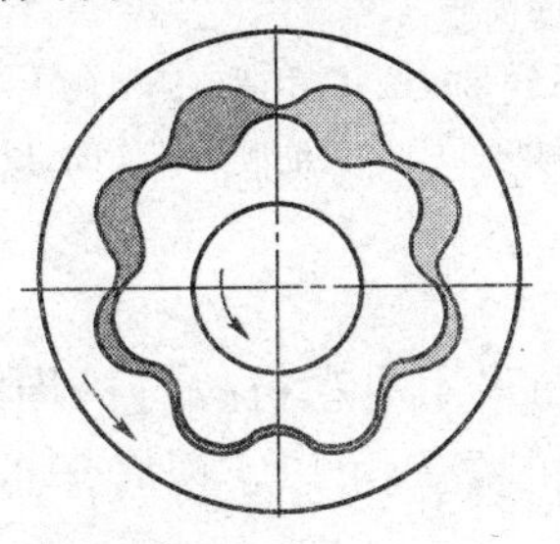

图 4-18　摆线转子泵

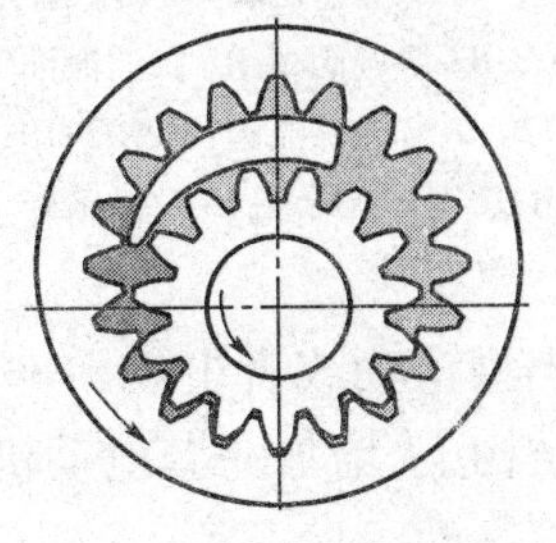

图 4-19　内啮合齿轮泵

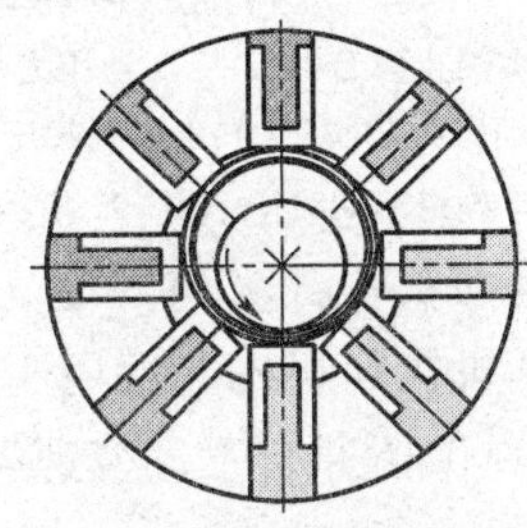

图 4-20　径向柱塞泵

(2)机械阀体、阀芯。由于变速器液压系统的高集成度的要求,其液压系统一般采用集成阀体的形式,即将实现各种功能的阀芯、蓄能器、弹性元件等集成到一个有限的空间——阀块内,并借助壳体及各零部件上所设计的流体通道将润滑油引入到各个所需的部位(图4-22)。其特点是结构紧凑、零件小巧、集成度高。

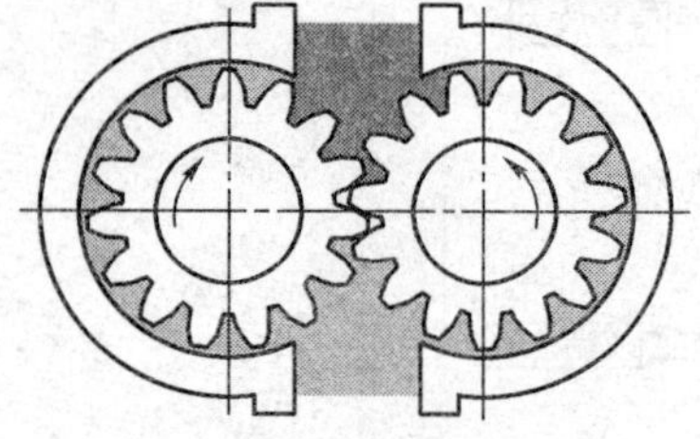

图4-21 外啮合齿轮泵

(3)电磁阀。电磁阀是连接控制信号与液压驱动机构的媒介,是实现自动变速器主动控制的途径。主要的类型有:电液伺服控制系统、电液比例控制系统及数字液压控制系统。电液伺服控制系统具有控制精度高、重复性好、响应速度快、抵抗干扰能力强的优点,它的核心实现元件为电液伺服阀。但电液伺服阀的加工精度要求高,对油液清洁度有很高的要求,造成其成本很高,显然对于要大批量生产制造的机械产品来讲,电液伺服系统是不适用的。电液比例控制系统使用的电液比例阀抗污染能力高,可使用数字驱动电路直接驱动,对电能的消耗少,且其控制精度、重复精度与响应速度已能满足CVT电液控制系统要求,当前已作为先导控制阀大量的应用于自动变速器的电液控制系统当中。数字液压控制系统的核心元件是高速开关阀,高速开关阀结构简单,成本低。高速开关阀在阀芯的高速开关动作的同时,根据驱动信号对开启与关断的时间进行调整,控制输出的压力与流量。因阀芯的高速运动,高速开关阀对驱动电路有较高的要求,对电能的消耗量较比例阀高,且高速开关动作难免产生噪声,影响整车舒适性。自动变速器中常用的电液比例阀和数字开关阀的外形如图4-23所示。

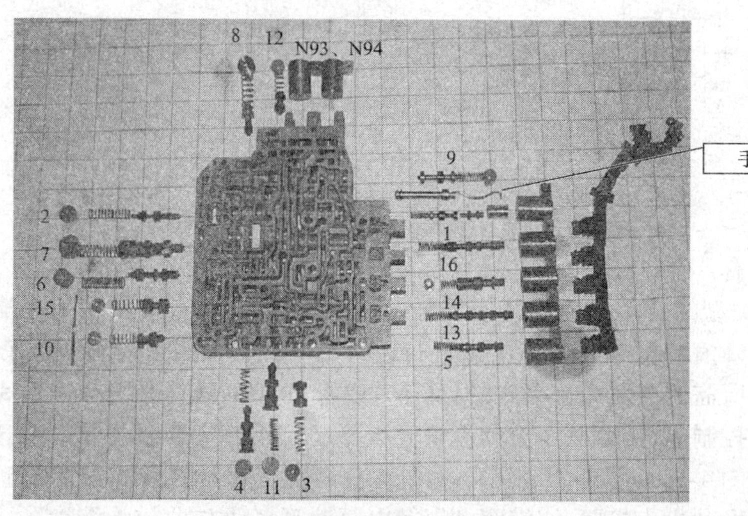

图4-22 典型的4AT变速器阀体(帕萨特01N型变速器)

1-N91锁止离合器;2-变矩器压力调节阀;3-B2协调阀;4-B2供油泄油转换阀;5-N89:B2;6-主油压调节阀(-);7-主油压调节阀(+);8-电磁阀压力调节阀;9-高挡供油阀:K3、B2;10-K1协调阀;11-K1供油泄油转换阀;12-防4挂1阀;13-N88:K1;14-N92换挡平顺阀;15-K3协调阀;16-N90:K3

2. 电动机执行机构

电动机执行机构一般用于中、小型车辆或者电动汽车,例如采用电动机执行机构的AMT变速器,在保留原有手动变速器的结构上,增加一套电动机驱动装置就可以实现离合器和挡位的控制。

电动机执行机构(图4-24)一般用于驱动功率较小的场合,具有成本低廉、结构简单、维修容易等特点。由于直流电动机具有启动和调速性能好、且堵转转矩大的特点，为了减小对其他车载电子设备产生电磁干扰，一般执行电动机多选择无刷直流电动机。

电磁开关阀

比例溢流阀

高速开关阀

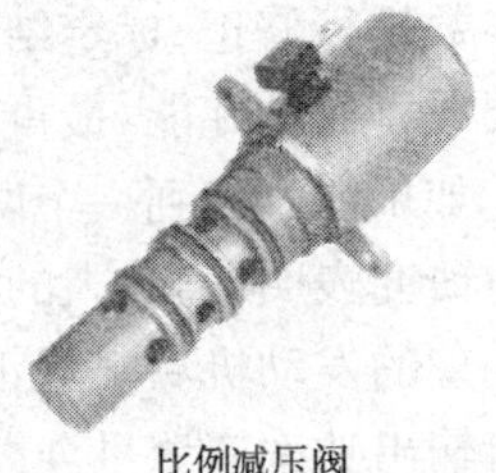
比例减压阀

图 4-23　变速器通用数字比例阀和数字开关阀

对电动机执行机构的位置控制可以采取多种方法，通常采用的是闭环控制，即设置传感器对执行机构是否到达预定的位置进行判断。主要有以下三种方法：

(1)对电动机旋转的圈数进行测量，电动机每旋转一周输出若干个脉冲信号，对脉冲信号进行计数，由于传动机构均为刚性连接，因此可以得知执行器终端的位置，从而实现对位置的闭环控制；但是这种方法受到脉冲信号及外部环境的干扰较大。

(2)直接在执行机构上安装传感器，或者在选换挡滑杆上安装传感器，直接测量拨叉的位置，从而得知当前执行机构的精确位置，这种方法也是很常用的方法。

图 4-24　电动机执行机构

(3)设置多圈角位移传感器。由于选挡和换挡的位移都比较小，也可直接在电动机的转子安装多圈角位移传感器，来实现对执行机构的精确定位控制。

第四节　动力总成综合匹配规律

动力总成综合匹配规律，就是综合考虑发动机、变速器和整车三个子系统之间的参数匹配，并结合驾驶人的操作意图和工况条件，将三个子系统作为整体考虑，并且在整车的经济性和驾驶性之间寻找平衡点。变速器作为传动系统，它在影响动力“传递”路线的同时，也通过改变发动机工作点影响着发动机的动力“产生”过程。

一、车辆驾驶性能定义

车辆的驾驶性能是指车辆满足驾驶人期望的能力，即驾驶人通过对加速踏板、制动踏板、换挡杆等的操作输出了其对车辆速度、爬坡能力等方面的期望，而车辆满足这种期望的能力就是车辆的驾驶性能。

驾驶人对一辆车的驾驶性能好坏的评价是主观性的，它反映的是车辆的实际响应与驾驶人期望的符合程度。不同的驾驶习惯、不同的使用工况，对车辆驾驶性能的要求也是不同的。但是，总体来看，驾驶人对车辆响应的期望可以描述为“对节气门开度的输入响应平稳、快速、符合预期心理预期、具有可重复性”。

由于驾驶性能是一个随意性较大且难以定义的目标，尽管大多数学者都比较清楚单一的最佳经济性或者动力性控制目标会导致驾驶性能变差，但是鲜有学者针对驾驶性能进行系统性的论述。车辆的目标消费群体不同，则对其驾驶感觉的评价标准和关注的侧重点也会有所不同。因此，在实际生产过程中，往往要在控制算法完成之后，通过手工的方式对影响驾驶性能的参数进行修正，标定结果的优劣很大程度上依赖车辆评价工程师对驾驶感觉的敏感性。

要改善驾驶性能，最重要的是找到导致驾驶性能变差的因素，并努力将这些影响因素降至最低。如果能够找到一个明确的、可量化的指标，将会使得问题大大简化。

有研究表明，驾驶人的加速踏板输入与其对发动机功率的期望是相关的，节气门开度与驾驶人期望的发动机功率呈正比例关系，且该期望是具有连续性的，即随着节气门开度的变化，发动机输出功率应该呈连续性增长。这一研究结论，为优化自动变速器控制、改善车辆的驾驶性能提供了重要依据。

发动机输出功率经过变速器作用在驱动轴上成为真正的驱动功率。对一款手动变速车辆，驾驶人可以通过控制变速器的挡位来调节发动机功率与驱动功率之间的转换。因此，驾驶人对于手动变速器车辆的功率期望是直接与发动机相关的。但是 CVT 的传动比是不受驾驶人控制的，发动机功率与驱动功率转换的过程是由电液控制系统完成的。因此，驾驶人对自动变速车辆的输出功率期望，更侧重于对驱动功率的期望。

作用于半轴的驱动功率，不仅与发动机输出功率有关，也与变速器的传动比控制有关，因此改善 CVT 车型的驾驶性能，必须要从发动机输出功率和变速器的传动比控制两个因素入手来进行综合优化。

二、发动机最佳经济性和动力性曲线

发动机在每个工况下的各参数之间存在着由发动机工作过程理论所确定的函数关系。发动机节气门开度固定不变，其有效功率、输出转矩、油耗率以及每小时耗油量等随转速变化的关系称为发动机的速度特性。因此可以构造发动机的燃油消耗模型。将每个发动机转速下的负荷特性曲线由 $g_e = g_e(n_e, N_e)$ 转化为 $g_e = g_e(n_e, T_e)$ 的关系，利用三次样条插值拟合出关于发动机有效燃油消耗率与发动机转速和转矩的关系，如图 4-25 和图 4-26 所示。

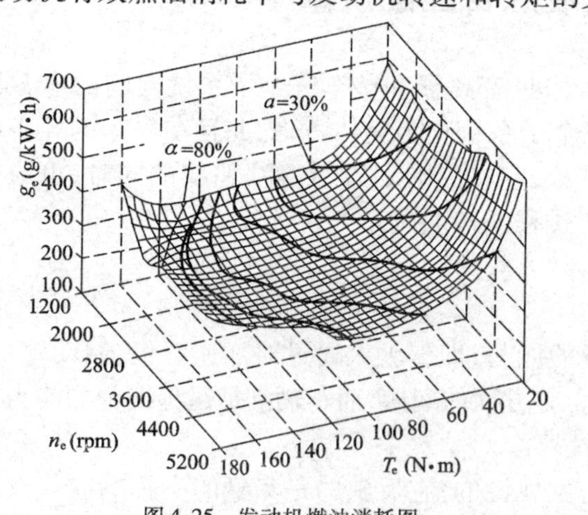

图 4-25　发动机燃油消耗图

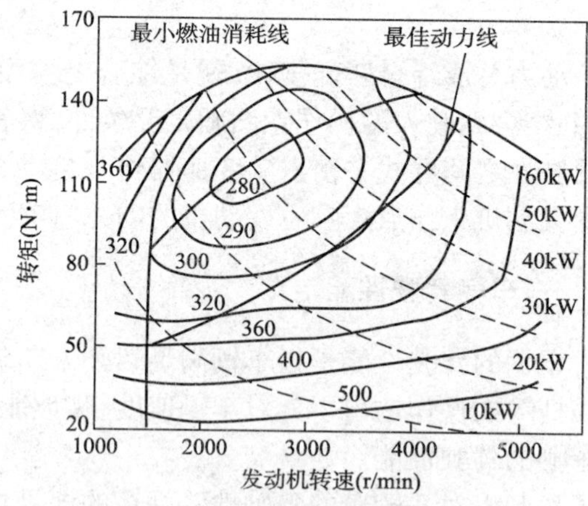

图 4-26　发动机的万有特性图

在发动机节气门开度一定的条件下，发动机的转速可以随需求特性的功率变化。在不同的转速条件下，发动机的性能也存在着差异，如图 4-27 所示。在任一节气门开度条件下，随着发动机的转速变化，发动机的燃油消耗率发生变化。如果要求将发动机供应特性场上每一个相应的功率都保持在最低油耗的转速下工作，则可以实现发动机按最小燃油消耗工况运转，此时发动机节气门开度与发动机转速的关系即为发动机最佳燃油经济性转速调节特性。如果希望在每一个发动机节气门开度下发动机均能在发出最大功率的转速下工作。此时发动机节气门开度与发动机转速的关系则为最佳动力性转速调节特性。

对应每一个节气门开度,都有这样的点存在,因此可以把这些点连接起来形成发动机的燃油经济性曲线和动力性曲线。

经济性工作线:

$$n_g = f_g(\alpha) \tag{4-9}$$

动力性工作线:

$$n_N = f_N(\alpha) \tag{4-10}$$

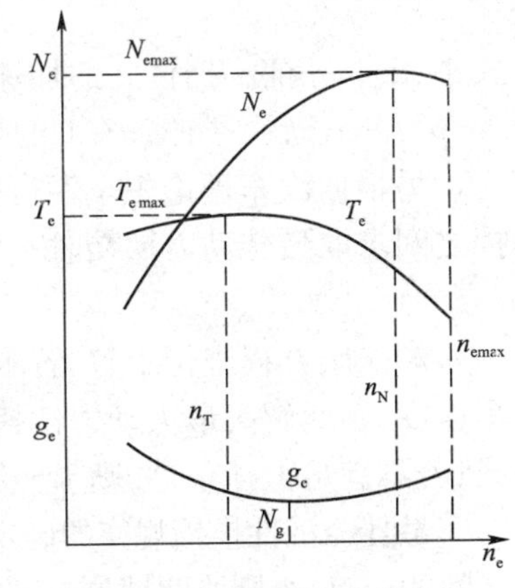

图 4-27　发动机外特性曲线

通过发动机输出转矩模型与发动机燃油消耗模型得出发动机万有特性图,如图 4-26 所示。发动机的万有特性图也是发动机的效率图,图中的各工作点反应了发动机的效率分布情况。与发动机经济调节特性和动力调节特性对应的经济性工作线和动力性工作线也可以绘在万有特性图上。在这两条曲线上,发动机节气门开度与转速、转矩及输出功率之间具有一一对应的关系。

发动机的经济工作线或动力工作线上的点,是汽车在一定条件下行驶时,发动机的稳态工作点,在仿真分析和实际控制中,作为控制目标存在于发动机模型中。

三、换挡规律

换挡规律是指根据对车辆运行工况的判断,挡位随汽车运行参数的变化规律,它是自动变速器控制的核心问题,直接影响着车辆的经济性和动力性等多项性能指标。换挡规律的研究方法一般是从车辆的运行参数(诸如车速、牵引力、发动机转速、发动机节气门开度等)中找到影响其挡位变化的主要因素,必要时可建立包含各主要影响因素的数学模型,通过优化方法确定最佳的换挡点。

一般自动变速器多采用两参数换挡规律,两参数分别为节气门开度和车速。当节气门开度和车速变化到某一状态时,就切换到新的挡位运行。换挡时刻的节气门开度和车速的关系就是换挡规律。换挡规律应当满足以下原则:

(1)优先考虑驾驶安全。

(2)人机协调原则,即换挡规律的制定要充分的体现驾驶人的意愿,使车辆的响应符合驾驶人的期望。

(3)利用车辆运行状态的各种参数,对车辆的运行环境进行判定,使换挡选择与运行环境相互适应。

(4)动力性、经济性、驾驶感觉及零部件的使用寿命等达到综合最佳,即实现各项指标的协调兼顾原则。

1. 有级变速器的换挡规律

汽车动力装置所采用的活塞式内燃机的特性可由图 4-27 表示,图中的功率特性曲线的最高点即为在 100% 节气门开度下的发动机最大功率点。如果能够让发动机运行在当前节气门开度下的最大功率点,那么整车将会获得最佳的动力。但是对于有级式换挡,由于挡位的不连续性,因此无法使得换挡前后的发动机工作点始终保持在最大功率点,如图 4-28 所示。因此,对于有级式换挡的最佳动力性换挡规律即要保持图 4-28 曲线的下围面积最大。

取同一节气门开度下相邻两挡位的加速度交点为换挡点，则会使得汽车具有最佳的动力性，故可以得到最佳动力性换挡点的计算公式为

$$a_n = \frac{\mathrm{d}u_n}{\mathrm{d}t} = \frac{\mathrm{d}u_{n+1}}{\mathrm{d}t} = a_{n+1} \tag{4-11}$$

式中：a_n——前一挡位 n 的加速度；

a_{n+1}——后一挡位 $n+1$ 的加速度。

另根据汽车理论中车辆行驶阻力和牵引力的计算公式，可以将上式转换为在 n 挡和 $n+1$ 挡之间求取最佳动力换挡时刻的二次方程，即

$$A_{n,n+1}u^2 + B_{n,n+1}u + C_{n,n+1} = 0 \tag{4-12}$$

对二次方程进行求解，若求得的解小于 n 挡位的最大行车速度且大于 $n+1$ 挡位的最小行车速度，则此解为最大动力性换挡车速点，即两挡位动力曲线之间有交点，情况与图中 A 点相同；若不满足上述条件，则参照图中的 B 点或 C 点的状态。

最佳经济性换挡规律的确定和上述方法相同，若二次方程的解满足要求，则取两挡位经济线之间的交点，否则取两挡位在同一车速下燃油消耗率差最小的点作为换挡点，如图 4-29 所示。

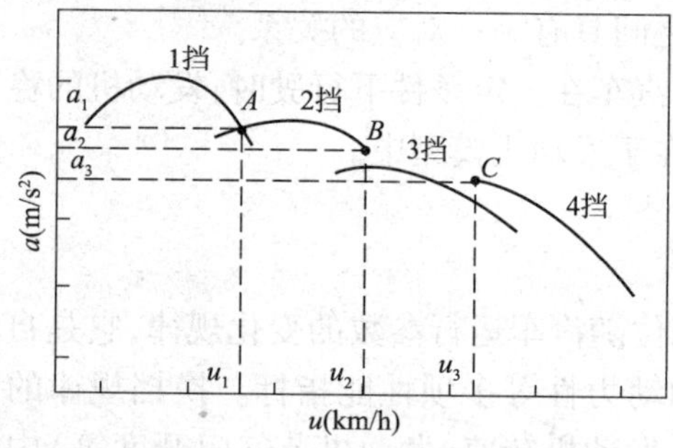

图 4-28　发动机理想动力曲线

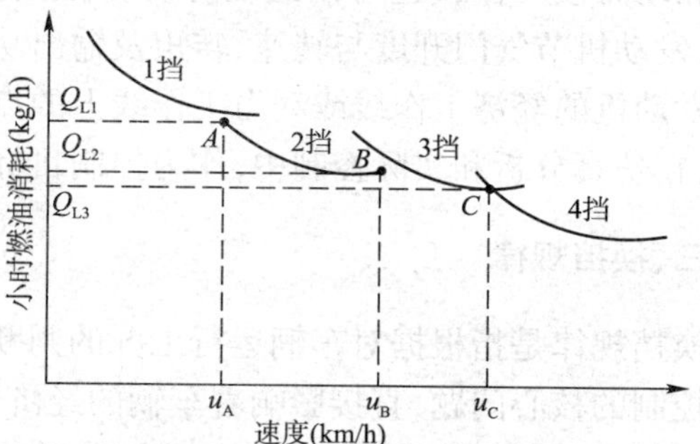

图 4-29　发动机理想经济曲线

根据上述方法得到在发动机 100% 节气门开度下的换挡点后，以同样的方法，可以分别得到在部分节气门开度下的换挡点。由此，便可得到以发动机节气门开度和车速为参数的两参数换挡规律，分别如图 4-30 和图 4-31 所示。

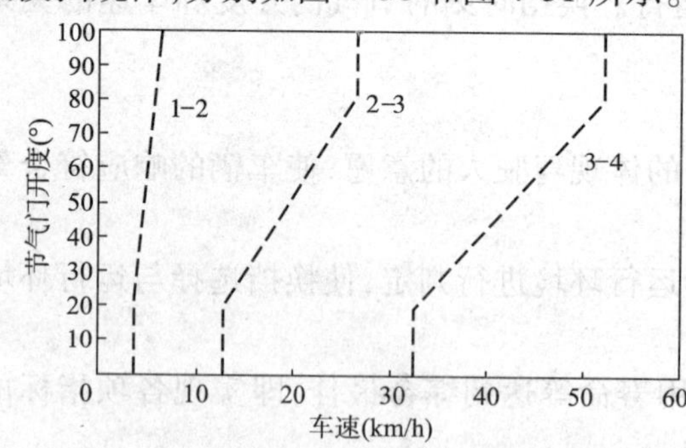

图 4-30　变速器最佳动力换挡规律

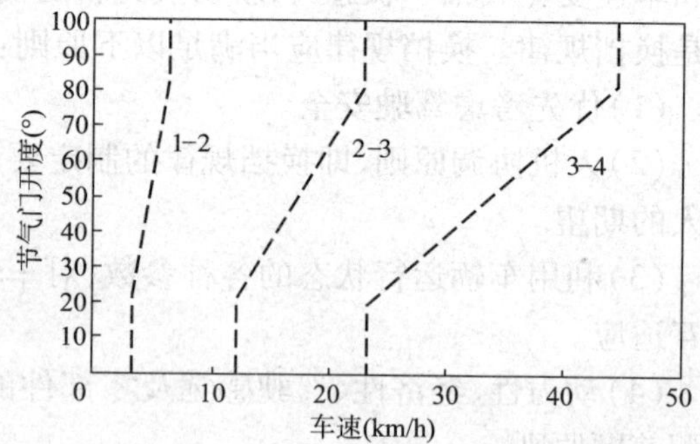

图 4-31　变速器最佳经济性换挡规律

对于一款挡位排序为 1、2、3、4 的四挡变速器来说，当传动器在 2、3 两挡工作，换挡可能有降挡和升挡两种可能，工作在 1 挡，仅有升挡，在 4 挡，就仅有降挡。变速器从一个挡位换到另一个挡位的条件，由节气门开度和汽车行驶速度决定。目标是保证汽车在不同的使用条件下，使经济性和动力性为最优所对应的换挡曲线。

对变速器的实际换挡规律，它与发动机的特性、传动比的分配、节气门开度有关，并且要综

合考虑驾驶性因素。

2. 无级变速器的换挡规律

无级变速可以任意地调节传动比,使发动机的输出功率和路面的阻力功率相适应,所以当发动机的油门开度给定以后,汽车行驶阻力在一定的范围内变化,无级变速可通过控制其传动比,使发动机的工作点稳定不变。为了使汽车的驾驶性可随驾驶人的操作意图而变,CVT 提供 *E*、*D* 和 *S* 三种模式(*E*——经济模式;*D*——正常模式;*S*——动力模式)。无级变速的匹配规律也是利用发动机的速度特性和负荷特性的试验数据,确定发动机最小燃料消耗和最佳动力性转速调节特性曲线。

例如当节气门的开度一定,发动机部分负荷特性中的功率与燃油消耗率曲线如图 4-32 所示。在图中的功率和燃油消耗率曲线上各有一个特殊的点 *A*、*B*,它分别是发动机在该条件下的最佳经济点(最低耗油率点)和最大功率点。从大到小连续改变节气门开度,就得到发动机一条最佳经济线和一条最大功率线,把这两组数据在(α,n_e)两维平面上绘制出来就得到发动机最佳动力线 *S* 和最佳经济线 *E*(图 4-33),这两条曲线对应无级变速器两种常用的不同工作模式。如当节气门的开度连续变化时,通过无级变速器自动改变传动比使发动机的转速按 *E* 线滑动,这就是 CVT 的所谓 *E* 模式(经济模式)。同理,当节气门的开度连续变化时,通过无级变速器自动改变传动比使发动机的转速按 *S* 线滑动,这就是 CVT 的所谓 *S* 模式(动力模式)。在 *E*、*S* 模式之间进行折中,就是车上广泛使用的 *D* 模式(正常模式),其动力性和经济性介于 *E* 和 *S* 两者之间。由于汽车尾气对大气的污染,人们在环保意识方面的觉醒,世界各国政府和组织对汽车的排放提出了越来越严格的标准,不久的将来 CVT 定会出现一种新的模式——最低排放模式。

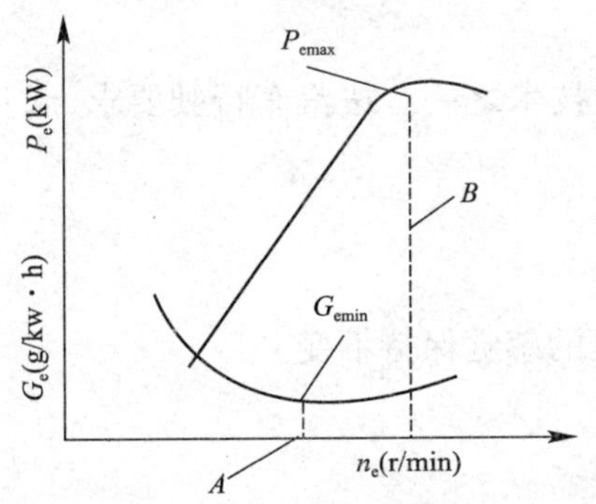

图 4-32 发动机部分负荷特性的功率与耗油率曲线

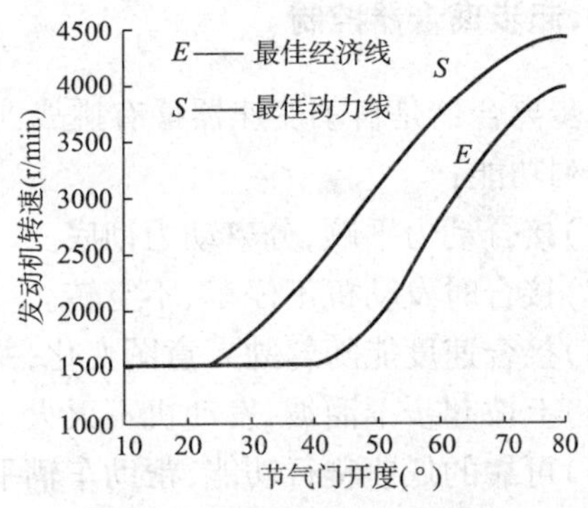

图 4-33 发动机转速调节特性

发动机的万有特性图更全面地反应了发动机的效率分布情况,把发动机经济调节特性(图 4-33 中 *E* 曲线)所对应的发动机工作点标在万有特性图上,所得到的工作线即为发动机燃油消耗率最低的理想的经济工作线(图 4-26)。在发动机理想经济工作线上,发动机节气门开度与转速和转矩的关系是一一对应的。需要指出的是,上述的匹配原则仅有定性的意义,从精确定量上看,很多细节需要通过大量的标定后才能确定。对于产品开发,必须考虑发动机的最低稳定转速限制、发动机输出功率体现驾驶人的操作意图、加速减速后的动态响应等使用情况。

四、换挡曲线对驾驶性能的影响

通过对发动机特性曲线以及变速器挡位分布情况分析后得到的最佳经济性和最佳动力性

换挡规律，是车辆在稳态工作条件下的理想换挡规律，但实际情况是，发动机和车辆的工况是动态变化的。因此得到了理想换挡规律之后，还要将其放在整车的动态环境中，综合考虑其他因素对该曲线进行修正，即所谓的标定。

如果孤立地将最佳经济性换挡规律作为换挡的唯一依据，发动机往往工作在低转速大转矩区域，此时发动机后备功率较小。驾驶人增加节气门开度意图加速或爬坡时，发动机输出功率的增量不足，而只能借助提升发动机转速来增加功率输出。而此时，对于有级自动变速器来说，则意味着车辆要提速则首先要降挡位，而后才能有足够的后备功率和后备转矩来使得车辆提速。

但是发动机转速增加越快，意味着旋转惯量增速需要消耗的发动机功率越大，甚至有可能将发动机功率增加量完全抵消。如果发动机转速增加慢，其功率提升的速度也相对较慢。因此，低转速经济区工作的发动机，在驾驶人希望功率迅速增加时，往往难以满足驾驶人需求，这就造成了经济性和驾驶性之间的矛盾。根据大量用户反馈信息调查，急加速工况的车辆响应是影响消费者对 CVT 车辆接受程度的原因之一。

第五节　自动变速器的控制技术

变速器的类型很多，从控制的角度上可分有级和无级两类。有级变速器有 AMT、DCT 和 AT，尽管其结构形式非常不同，但控制的基本问题是一致的，分为起步控制和换挡控制。无级变速，如金属带式 CVT，其控制包括起步控制、夹紧力和传动比控制。

一、起步离合器控制

起步离合器是自动变速器最有挑战性的关键技术之一。按汽车行驶要求，起步离合器应满足下列功能：

(1)接合动力平顺，分离动力彻底。

(2)接合时发动机不停车、不空转。

(3)接合速度能随驾驶人意图变化，并给乘员的感觉保持不变。

(4)上坡起步不溜坡，发动机不灭火。

(5)可靠的低速爬行功能，帮助车辆平稳越障。

(6)限制传递最大的转矩。

为满足上述功能，各汽车生产公司，有不同的解决方案。如液力变矩器、多片湿式离合器及干式摩擦离合器。如湿式离合器控制的基本策略如图 4-34 所示，其中分为初始的充油阶段 2，接合控制阶段 3，同步接合过程 4，最重要是离合器的接合控制过程。所有离合器的控制策略大同小异，但需要说明的是，成功的产品一定是在大量的工程实践中摸索验证出来的。

二、有级变速器的换挡控制

对自动变速器，其关键技术就是如何解决换挡过程中的动力无中断和换挡无冲击的难题。任何类型的有级变速器，从一个挡位换到另一挡位，由于变速器的传动比突变，在同一旋转轴线上的两个运动件的转速不等都会造成传递冲击。对 AT(两个摩擦元件)、DCT 变速器(两个离合器)，虽结构不同，却有十分类似的解决问题的控制策略。AMT 结构最为简单，从理论上可以通过发动机的转矩调节来缓解这种冲击，但因多变而复杂的使用条件，其技术难度大，AMT 产业化的道路异常地艰难。结果导致结构简单、研发时间最长的 AMT，并未得到普遍采用。需要指出的是，对需要更多挡位的商用车，AMT 无疑是最合适的技术方案。

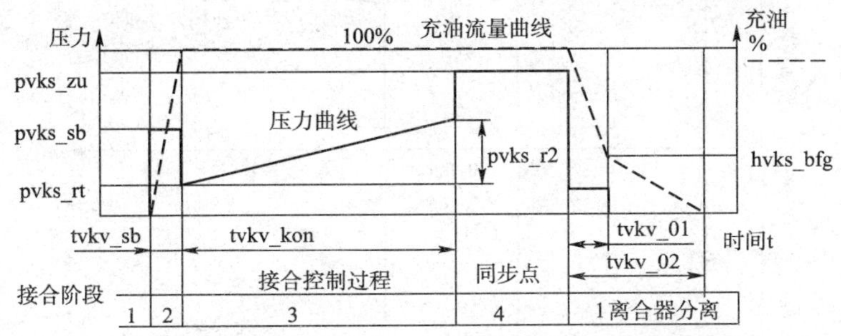

图 4-34　多片湿式离合器接合分离过程的基本控制策略

对 AT、DCT 变速器，换挡期间同时存在两条传动路线（即换挡前的传动路线和换挡后的传动路线），参与换挡的两摩擦元件在控制的作用下逐步完成过渡的传递方式。动力重叠的比例和时间是通过控制参与交接的多片离合器/制动器实现，判定其控制策略的有效性原则是：是否圆满地解决了自动变速器换挡过程的动力无中断、无冲击的问题。动力重叠传动阶段，从机械原理上讲是几何超静定的过渡模式。在换挡过程中：一路要退出的传动元件，先要经历一个部分接合的过程，再全部退出工作状态；进入接替的一路传动元件，则先从部分接合的过程慢慢过渡到全接合工作状态。解决换挡无动力中断、无换挡冲击，就归结于两条传动路线的摩擦元件下在控制作用下的控制策略。以 AT 变速器的升挡过程为例，其传动元件的接替工作顺序如图 4-35 所示。换挡过程可分为三个阶段：换挡预备阶段、过渡阶段、事后调节阶段。在预备阶段，即将退出工作的传动元件（多片离合器/制动器）的接合压力降低至标准压力（线压）的 3/4 左右，同时把将要接替工作的传动元件从管路的剩余压力升至线压，保持很短的时间后迅速降低至 1/2 线压。接替的元件虽然施加了接合压力，但传递转矩要比接合压力要滞后一点时间，所以当将退出的传动元件减压时，变速器实际传递的转矩下降，从而导致发动机有瞬时增速过程。在预备换挡的继续阶段，发动机转速继续保持原有的增长趋势。在换挡的过渡阶段，接替传动元件快速增压，这相当于退出元件仍在传递部分转矩，接替元件开始逐步进入工作状态，传动器由当前挡位向高一级挡位过渡，变速器出现适量的运动干涉使发动机负载增加，导致发动机转速下降。待系统检测到发动机转速下降时，退出元件接合压力快速降压，直至接替元件的接合压力升至 3/4 线压时，退出元件立即泄压至管路的剩余压力，接替元件转入缓变增压过程。至此换挡过渡阶段结束，进入到事后调节阶段。在事后调节阶段，退出元件接合压力一直保持剩余压力，接替元件保持为缓变增压过程，直至接近线压，接合压力跳变到线压，到此换挡过程结束。需要说明的是，压力重叠的过程不能太长，也不能太短。太长会导致传动元件的扭转造成过大的内部应力。而太短，则会出现瞬间动力中断，发动机空转突然增速，换挡重叠过程需要通过试验标定和反复验证的基础上才能最后确定。

AT 变速器因当前的工作挡位不同，是升挡还是降挡操作不同，参与换挡的元件则不同，但换挡品质其本质都是快速平稳实现两组摩擦元件动力传递的接替动作，在控制的作用下实现动力无中断无冲击的换挡过程。

DCT 变速器换挡，不管现在的挡位是什么，是升挡还是降挡，都是在两个离合器之间完成，两个离合器间的动力传递的接替控制，其过程与 AT 变速器是完全一样的。

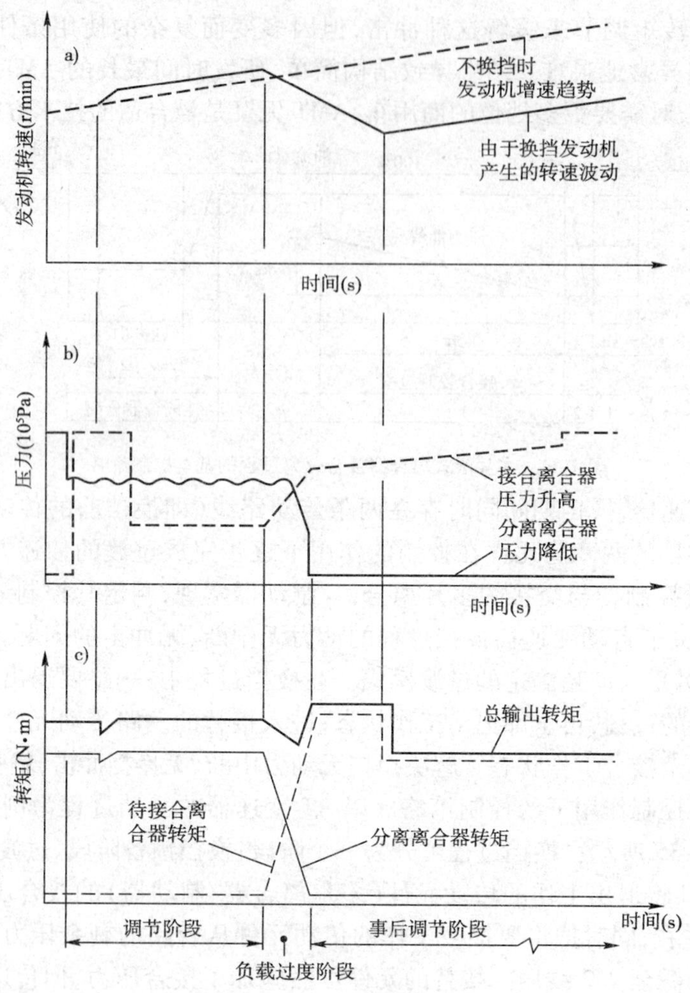

图 4-35　AT 变速器升挡动力元件接替工作顺序

除 AMT 外的有级自动变速器,AT、DCT 的结构设计都是为谋求在换挡过程实现无动力中断、换挡过程平稳连续。在变速器结构可满足的条件下,最终能否达成预期目标,则取决于控制技术。因此换挡控制是有级变速器的关键技术之一,换挡品质是评价变速器的重要性能指标。

三、无级变速器的夹紧力和传动比控制

CVT 传动系统的两个主要任务:一是把发动机输出功率可靠地传递到驱动轮,并尽可能减小功率损失;二是根据汽车的运行条件,按驾驶人选定的工作模式,自动改变传动比,使发动机维持在理想的工作点。由此决定 CVT 控制问题可归结为如下两个目标:

(1)金属带夹紧力控制。为了提高传动效率,必须合理控制对金属带的夹紧力。如夹紧力过小,则金属带在带轮上滑转。这不仅降低传动效率,还加快金属带与带轮的磨损,缩短金属带与带轮的使用寿命。而夹紧力过大,也将增加不必要的摩擦损失,同样会降低传动系统的效率。根据汽车的运行条件,始终把夹紧力控制在目标值附近。

(2)传动比控制。在汽车的所有运行工况,为了满足它的经济性和动力性要求,应使传动系的传动比在汽车的行驶阻力和发动机输出功率之间,按驾驶人的意图自动实现动态最佳匹

配，把汽车的经济性、动力性发挥到极限状态。

1. 目标金属带夹紧力

1）主、被动轮夹紧力的稳态比值 Q_{DR}/Q_{DN}

由于金属带的长度为一定值，当在被动缸施加的夹紧力为 Q_{DN}，则在锥面的楔力作用下，使带向外移动，于是在带内产生张紧力。在主动轮上，被张紧的金属带产生向里运动的趋势。为使金属带维持在稳定的节圆位置上，必须在主动缸上作用一个推力 Q_{DR}，使它与被动缸的推力 Q_{DN} 通过金属带在主动轮上产生的轴向负荷相平衡（图 4-36、图 4-37）。

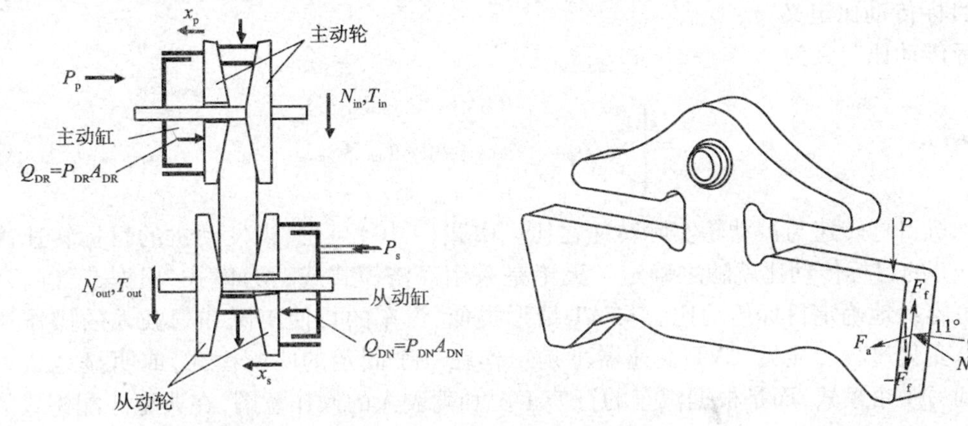

图 4-36　主、被动缸推力平衡关系　　　图 4-37　推力块上的作用力

2）金属带传递的转矩与夹紧力

通过理论分析可以得出，当被动轮的夹紧力给定以后，金属带能传递的最大转矩为

$$T_{in}^{*} = 2Q_{DN}\mu_{DR}R_{DR}/\cos\alpha \tag{4-13}$$

如果实际传递的转矩为 T_{in}，它与可能传递的最大转矩 T_{in}^{*} 之比定义为转矩比，即

$$r = \frac{T_{in}}{T_{in}^{*}} \tag{4-14}$$

一般地，只要金属带传递的转矩比满足 $r = T_{in}/T_{in}^{*} < 1$，金属带就不会出现滑转。但是过大的传动余量，会使金属带过度张紧，结果不仅使金属带的寿命缩短，也会使 CVT 变速器的效率降低。所以精确控制金属带传递转矩比 r，并使 r 趋近于 1，这就是金属带夹紧力控制的基本思想，式（4-15）即为金属带夹紧力控制的依据。被动缸的目标夹紧力为

$$P_{obj} = \frac{T_{in}^{*}\cos\alpha}{2A_{DN}\mu_{DR}R_{DR}} \tag{4-15}$$

式中：A_{DN}——被动缸的有效面积。

2. 目标传动比

1）CVT 的传动比

传动装置的传动比定义为主动轮的转速与被动轮的转速之比，即

$$i = n_{DR}/n_{DN} = n_e/n_{out} \tag{4-16}$$

式中：n_{DR}——主动轮输入速度；

n_{DN}——被动轮输出速度；

n_e——发动机输出速度；

n_{out}——被动轮输出速度。

它也可用主、被动轮的节圆半径比表示。当被动轮处在最大节圆半径,主动轮处在最小节圆半径,得到最大传动比为

$$i_{max} = R_{DNmax} / R_{DRmin} \tag{4-17}$$

通常 CVT 传动装置的最大传动比为 2.5。当主动轮在最大节圆半径,被动轮在最小节圆半径,得最小传动比为

$$i_{min} = R_{DNmin} / R_{DRmax} \tag{4-18}$$

比值一般为 0.5。传动装置的传动比范围为 0.5 ~ 2.5。

2)目标传动比定义

目标传动比定义为

$$i_0 = \begin{cases} i_{max} & n_{e0}/n_{out} > i_{max} \\ n_{e0}/n_{out} & i_{min} < n_{e0}/n_{out} < i_{max} \\ i_{min} & n_{e0}/n_{out} < i_{min} \end{cases} \tag{4-19}$$

发动机目标转速与被动轮实际转速之比。由式(4-19)可见,当发动机的目标转速确定以后,则 CVT 的目标传动比就随之确定。无论是采用经济模式或动力模式,根据节气门开度和车速就可容易地确定目标传动比。与 AT 情形类似,汽车的行使工况和驾驶人的操作意图是一个动态变化过程。显见,CVT 变速器不是工作在一个固定的匹配模式,或明显地从一个模式切换到另一个模式,而是根据汽车的行使工况和驾驶人的操作意图,在典型匹配模式的基础上,按照某种规则生成综合性能指标最佳的动态匹配规律。

四、小结

CVT 是无级式的,AT、DCT、AMT 是有级式的,两类变速器的换挡规律略有不同。从结构上看,四种变速器的差别很大。但它们都有共同之处:就是控制系统从传感信号中获取汽车的行驶状态、外部环境及驾驶人的操作意图等信息,根据大量的标定数据和经验公式进行决策推论,自动控制离合器的分离与接合、调节变速器的传动比,使整车的燃油经济性、动力性达到最佳的状态。

第五章　防滑控制技术

汽车防滑控制技术分为制动防滑移和驱动防滑转两类。其中制动防滑移依靠防抱死制动系统(ABS,Anti-Lock Braking System)实现,驱动防滑转依靠驱动控制装置(ASR或TRC,Anti-Skidding Restraint,Traction Control,Acceleration Slip Regulation)实现。

第一节　ABS控制技术概述

汽车防抱死制动系统是指汽车在制动过程中能实时判定车轮的滑移率,自动调节作用在车轮上的制动力矩,防止车轮抱死并取得最佳制动效能的电子装置。汽车在行驶中遇到危急情况驾驶人会采取紧急制动,有相当多的交通事故事是由于汽车在紧急制动时车轮抱死,从而导致各种非稳定因素造成的。汽车的防抱制动系统(ABS)就是为消除在紧急制动过程中出现的这些非稳定因素(诸如侧滑、跑偏、失去转向操纵能力)而研制的。当驾驶人猛踩制动踏板时,对装备常规制动器的汽车,它的四个车轮很快会处于“抱死”状态,车轮不再滚动而是在路面上滑移。结果不但不能实现最佳的制动效果,反而还会带来以下的负效应:

(1)由于车轮被抱死,车辆失去操纵性,不能按驾驶人的要求改变行驶方向以躲避障碍物或行人而造成交通事故。

(2)在非对称附着系数的路面,车轮抱死将丧失直线行驶稳定性,易出现侧滑、甩尾及急转等危险现象。

(3)车轮抱死时的附着力一般低于路面所能提供的最大附着力,车轮在全抱死状态的制动距离反而略有增加。

(4)因为车轮被抱死导致轮胎局部急剧摩擦,降低轮胎的使用寿命。

由此可见,车轮抱死的常规制动方式有较多的弊端,为了提高制动安全性,在现代汽车的防抱制动系统(ABS)已成为法规要求的必备装置之一。

一、轮胎与路面间的相互关系

汽车通过轮胎与路面之间的相互作用,把发动机传至车轮的驱动转矩转变为推动汽车前进的驱动力,在制动时把作用在车轮上的制动力矩转变为制动力。在弯道行驶,由于地面对轮胎的侧向作用力,使车辆能按驾驶人的要求改变它的运动方向。路面所能提供的附着力(即最大纵向、侧向作用力)与附着系数有关,附着系数μ定义为路面附着力F_t与作用在车轮上的垂直负荷F_N之比,即

$$\mu = \frac{F_t}{F_N} \tag{5-1}$$

它与轮胎的结构、材料、花纹、气压及路面特性等多种因素有关。如子午线轮胎在干燥路面上附着系数最大。不同路面的附着系数在0.05~1.0的范围,在冰面上最小,为0.05左右,其他路况介于这两者之间。根据汽车的行驶方向可将附着系数分为纵向附着系数μ_b和侧向

附着系数μ_s。在车轮制动时，作用在车轮上的纵向制动力和侧向附着力分别为

$$F_b = \mu_b F_N \tag{5-2}$$

$$F_s = \mu_s F_N \tag{5-3}$$

附着系数还与车轮的滑移/滑转率有关。在分析防抱制动系统（ABS）制动问题时，把车轮的滑移/滑转率定义为

$$\begin{cases} \lambda = \dfrac{v_e - v_w}{v_w} & 驱动\quad \lambda < 0 \\ \lambda = \dfrac{v_e - v_w}{v_e} & 制动\quad \lambda \geqslant 0 \end{cases} \tag{5-4}$$

式中：v_e——实际车速，$v_e = \omega_w r_e$；

其中：v_w——车轮的切线速度。

r_e——车轮有效滚动半径，定义见图5-1；

ω_w——车轮转动角速度。

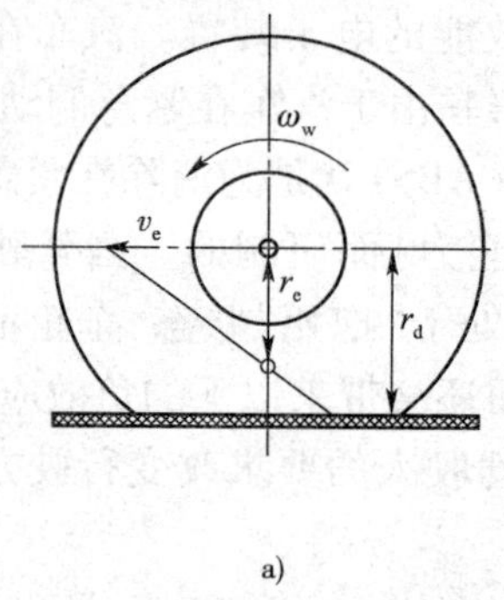

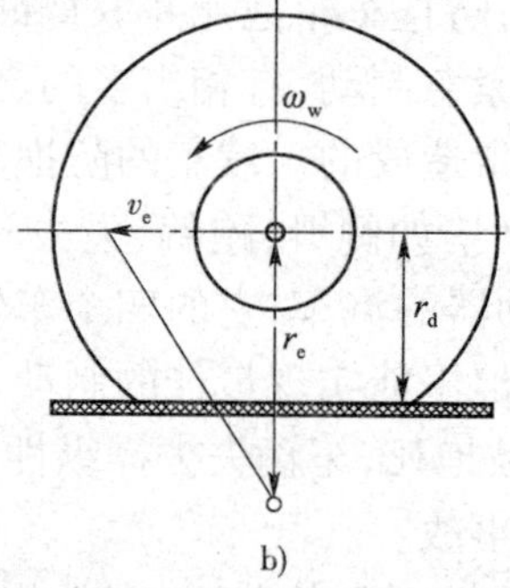

图5-1　车轮的滚动半径

a）驱动工况；b）自由滚动或制作工况

如把实际车速用动力滚动半径r_d表示，则车辆在自由滚动时的有效角速ω_e为

$$\omega_e = \frac{v_e}{r_d} \tag{5-5}$$

把式（5-5）和$v_w = \omega_w r_d$代入式（5-4），则式（5-4）还可写成另一种形式，即

$$\begin{cases} \lambda = \dfrac{\omega_e - \omega_w}{\omega_w} & 驱动\quad \lambda < 0 \\ \lambda = \dfrac{\omega_e - \omega_w}{\omega_e} & 制动\quad \lambda \geqslant 0 \end{cases} \tag{5-6}$$

式中，λ在[-100%，$+100\%$]范围内变化，λ在[-100%，0%）区间为驱动工况，其轮速大于车速，车轮相对地面滑转，对应的λ值称为滑转率。λ在（0，100%]为制动工况，此时车速大于轮速，车轮相对地面滑移，λ值称为滑移率。几个特殊点$\lambda = 0$、$\lambda = -100\%$和$\lambda = 100\%$分别对应车轮自由滚动、车轮纯空转和车轮被完全抱死状态。

车轮的滑移率与纵向、横向附着系数间的关系如图5-2所示。不同的路面特性、轮胎参数及轮胎的侧偏角都会影响$\mu - \lambda$曲线。对纵向$\mu_b - \lambda$曲线，滑移率从0开始，附着系数随λ上升到最大值$\mu_{bmax}(\lambda_k)$。自λ_k以后，附着系数或多或少保持下降的趋势。由控制理论可知，当滑移率小于λ_k的区间是稳定制动区，大于λ_k后为非稳定制动区，λ_k为临界稳定点。制动时一旦车轮的滑移率$\lambda > \lambda_k$，如不迅速减小制动力，则车轮就会很快抱死。对实际防抱制动系统

(ABS),滑移率 λ 被控制在 λ_k 附近的小范围内,即图 5-2 中的阴影部分。侧向附着系数 μ_s 在 $\mu-\lambda$ 图上,在 $\lambda=0$ 时具有最大值,随 λ 增加 μ_s 一直呈下降趋势。防抱制动系统(ABS)制动系统把 λ 控制在 λ_k 附近,既能使路面提供最大的制动力,又能提供足够大的侧向附着力,满足车辆制动时直线行驶稳定性和操纵稳定性。

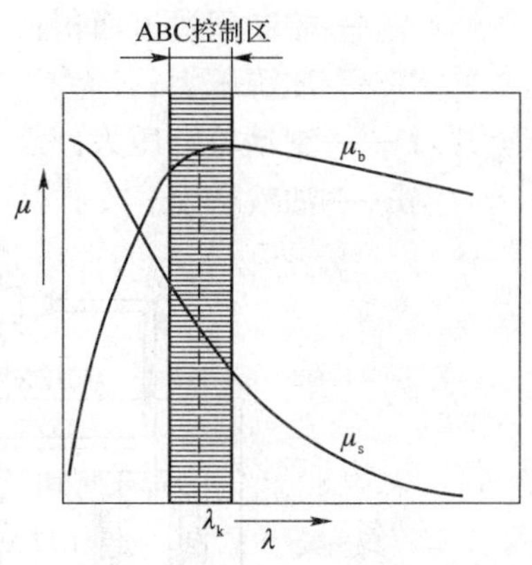

图 5-2 $\mu-\lambda$ 曲线

防抱制动系统(ABS)正是利用道路与轮胎之间的关系,强制性地把车轮的滑移率控制在临界点 λ_k 附近,使路面附着性能得到最充分的发挥,从而达到最佳的制动效果。有经验的驾驶人,当驾车行驶于较滑路面上或速度较高而需紧急制动时,它往往不是一脚把制动踏板踩到底来施加全制动,而是采用"点制动"的方法来达到安全减速、停车的目的。这正是驾驶人在常规制动器上无意识地实施了防抱制动的过程。

二、单轮车辆系统的数学模型

1. 车轮制动状态数学模型

为研究 ABS 的控制过程,车辆可简化为如图 5-3 所示的单轮车辆系统。由于车速通常是指直线运动速度,轮速用角速度表示,故在后文中车速用 V 表示,车轮角速度用 ω 表示。由此可得车轮和整车的运动微分方程分别为

$$J\dot{\omega}=r_dF_b-T_b-T_f \tag{5-7}$$

$$m\dot{v}=-F_b-F_w \tag{5-8}$$

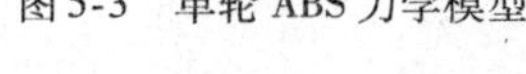
图 5-3 单轮 ABS 力学模型

式中:T_f——车辆的滚动阻力矩;

T_b——制动力矩;

m——汽车质量;

$\dot{v}$——汽车制动时的负加速度;

F_w——车体受到的迎风阻力;

J——车轮转动惯量,对驱动轮还应计入传动系统的转动惯量 J_T,单轮车辆系统可取

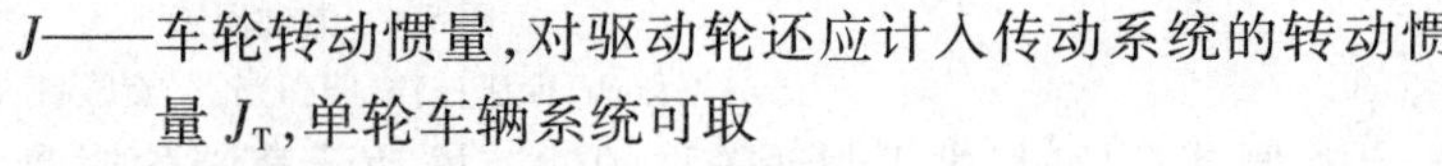

$$J=J_T/2+J_{qw} \tag{5-9}$$

式中:J_{qw}——驱动轮的转动惯量。

其中地面对车辆的制动力 F_b 按式(5-2)计算,式中的纵向附着系数 μ_b,与车轮滑移率及路面状态有关。

2. 驱动机构的数学模型

汽车的制动回路如图 5-4 所示。它主要由制动踏板、制动主缸、控制阀、轮缸及速度传感器等组成。根据液压控制阀的位置可使制动器对应三种不同状态:当控制阀使油源与轮缸接通,制动轮缸增压;控制阀关闭,制动器保压;控制阀使制动器和回油路相通,制动轮缸减压。

假定油源的压力是常数,根据液压流体力学,进入制动轮缸的流量 Q 为

$$Q=c_dA\sqrt{\frac{2(P_s-P)}{\rho}} \tag{5-10}$$

式中:c_d——阀的流量系数;

A——控制阀过流面积；

P_s——油源压力；

P——制动轮缸压力；

ρ——油液密度。

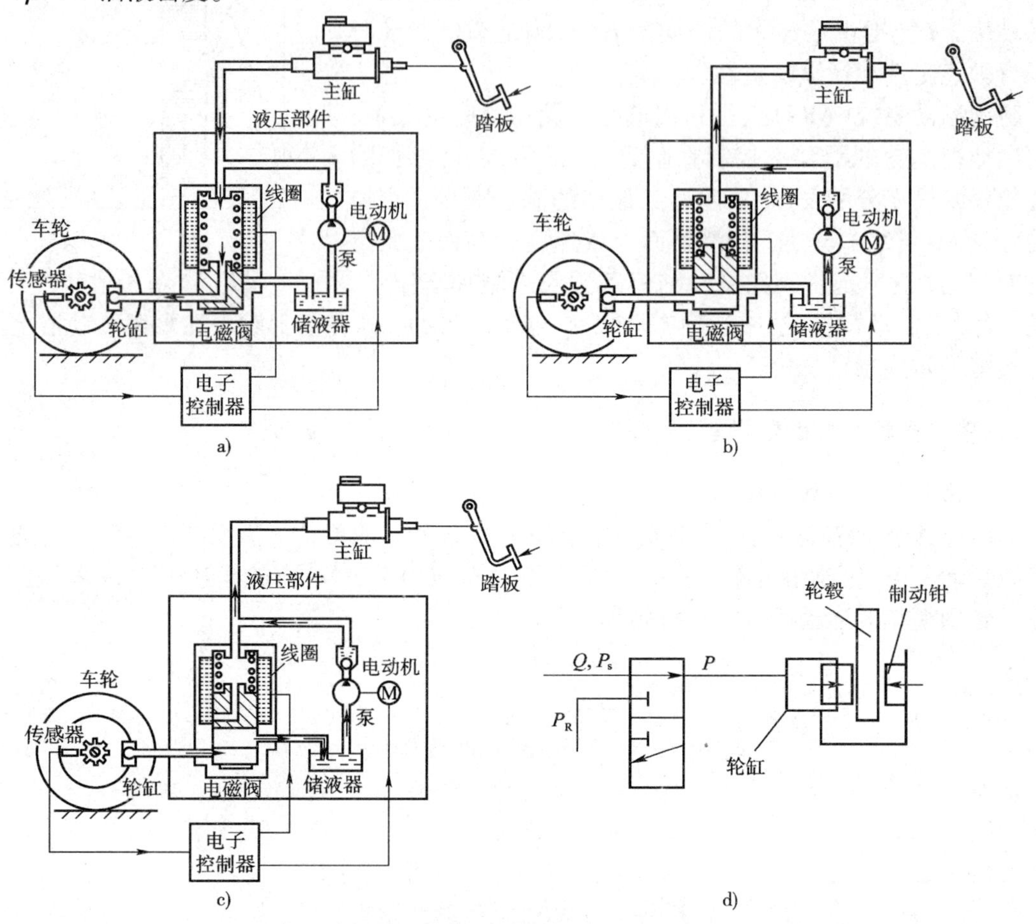

图 5-4 制动回路

a）增压；b）保压；c）减压；d）轮缸旋压制动过程

在制动开始时，进入制动轮缸的油液推动活塞消除钳盘之间的间隙。不考虑油液的可压缩性，由流量连续方程，可求得活塞的运动速度为

$$V_p = \frac{Q}{A_p} \tag{5-11}$$

式中：A_p——油缸作用面积。

设制动器的间隙为 S_0，则消除间隙所需要的时间 t_d 为

$$t_d = \frac{S_0}{V_p} = \frac{S_0 A_p}{Q} \tag{5-12}$$

所求的 t_d 即为制动器响应的滞后时间。消除制动器间隙以后，进入制动轮缸的油液被压缩增压，增压变化规律为

$$Q = \frac{V_D}{\beta_e} \cdot \frac{dP}{dt} \tag{5-13}$$

式中：V_D——油缸及管路的容积；

β_e——油液的体积弹性模量。

把式(5-10)代入式(5-13)得

$$\frac{\mathrm{d}P}{\mathrm{d}t}=K\sqrt{(P_s-P)} \tag{5-14}$$

式中：$K=\frac{\beta_e}{V_D}c_d A\sqrt{\frac{2}{\rho}}$

对开关阀 K 为常数。由式(5-14)可见，当控制阀的开口保持恒定时，油缸的压力升率不是常数，而是随制动轮缸的压力升高而减小。在减压过程，由制动轮缸排出的油液为

$$Q_R=-c_d A_R\sqrt{\frac{2}{\rho}(P-P_R)} \tag{5-15}$$

式中：P_R——回油路压力；

A_R——控制阀回油路过流面积。

此时油缸内被压缩的油液被释放，油缸压力下降变化率为

$$\frac{\mathrm{d}P}{\mathrm{d}t}=-K_R\sqrt{(P-P_R)} \tag{5-16}$$

式中：$K_R=\frac{\beta_e}{V_D}c_d A_R\sqrt{2/\rho}$

在进行系统分析与设计时，为了简化系统，可按图5-5所示的方法把式(5-14)和式(5-16)在常用的工作压力点(图中标注为 p_0)线性化，得

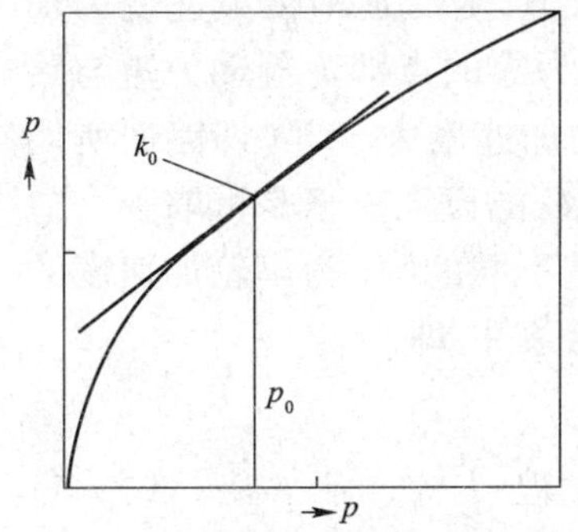

图5-5　压力变化率线性化方法

$$\frac{\mathrm{d}p}{\mathrm{d}t}=uk_0 \qquad u=\begin{cases}1 & \text{增压}\\-1 & \text{减压}\\0 & \text{保压}\end{cases} \tag{5-17}$$

式中：k_0——阀的线性化系数。

由式(5-17)得作用在车轮上的制动力矩的变化率为

$$\frac{\mathrm{d}T_b}{\mathrm{d}t}=K_b u$$

式中：K_b——与制动器的结构参数和线性化系数 k_0 有关的常数。

考虑到制动轮缸在增压和减压时需要不同的变化率(采用PWM脉宽调制实现)以满足不同的使用工况，则作用在车轮上的制动力矩的变化率可进一步写成如下的形式：

$$\frac{\mathrm{d}T_b}{\mathrm{d}t}=u \qquad u=\begin{cases}U_i & \text{增压}\\-U_d & \text{减压}\\0 & \text{保压}\end{cases} \tag{5-18}$$

第二节　ABS逻辑控制算法

防抱死制动系统的目的是为了把车轮的滑移率控制在 λ_k 附近，使路面的附着系数得到最充分的发挥。那么，应以哪些参数作为控制目标才能使控制的效能最佳？事实上，有不同的方法都可以达到预期的目标，但每种方法将以不同的规律逼近期望点。下面以车辆上普遍采用的逻辑控制算法，分析防抱制动算法的调节过程。

一、简单逻辑控制算法

设路面条件是一定的，则路面附着系数都不会超过某一给定的值，也就是作用在四个车轮上的总制动力必满足不等式：

$$F_{\mathrm{b}} \leqslant \mu_{\max} m g \tag{5-19}$$

汽车制动时的最大减速度也必然满足条件：

$$a \leqslant \mu_{\max} g \quad (a > 0) \tag{5-20}$$

所以当车轮的角减速度超过极限条件

$$\dot{\omega} r_{\mathrm{d}} < -a \tag{5-21}$$

时，则表明制动力已超出路面所提供的最大附着力，车轮可能出现抱死倾向。基于上述分析，最简单的 ABS 控制逻辑可确定为

$$\dot{\omega} < -a/r_{\mathrm{d}} \tag{5-22}$$

当条件式(5-22)成立，表明车轮可能出现抱死的倾向，于是制动轮缸减压，反之制动轮缸增压，这就是最简单的防抱制动算法，其动态调节过程如图 5-6 所示。

在制动刚开始时，采用快速升压。当车轮角减速度超出了固定的门限值 $-a$ 开始减压，至负加速度进入门限值 $-a$ 内结束。随后以慢速升压到车轮减速度再次超出 $-a$ 门限值，似此周期性地重复，直至汽车完全制动。仅以减速度 $-a$ 作为门限值的逻辑控制，车轮的滑移率变化较大，也不能适应路面附着系数的变化。

从增压到减压切换的过程来看：车轮的减速度超过 $-a$ 门限值，随后逐渐由减速变为加速，在这一转变过程中，车轮减速度必然经过等于零的点，减速度为零的点即为制动力矩与路面所能提供的制动力产生反驱力矩的平衡点。可见，只要车轮的加速度大于零(即路面所能提供制动力对车轮中心之矩大于所施加的制动力矩)就可避免抱死的倾向。于是可取一个适当大的正数 $+a$($+a$, $-a$ 仅表示车轮加、减速度，它们的值可以是不同的)作为车轮加速度的门限，构成双门限的逻辑控制，经组合可得到三个常用的逻辑判定条件，即

$$\begin{cases} \dot{\omega} < -a & \text{减压} \\ \dot{\omega} > +a & \text{保压，上一个过程是减压过程} \\ \dot{\omega} < +a & \text{增压，上一个过程是保压过程} \end{cases} \tag{5-23}$$

按逻辑条件式(5-23)实现防抱制动的调节过程如图 5-7 所示。双门限控制逻辑可以适应不同的路面特性，一般可消除车轮抱死现象。但当路面附着系数出现跃变时，就不能快速适应，对快速变化的路面跟踪性能较差。

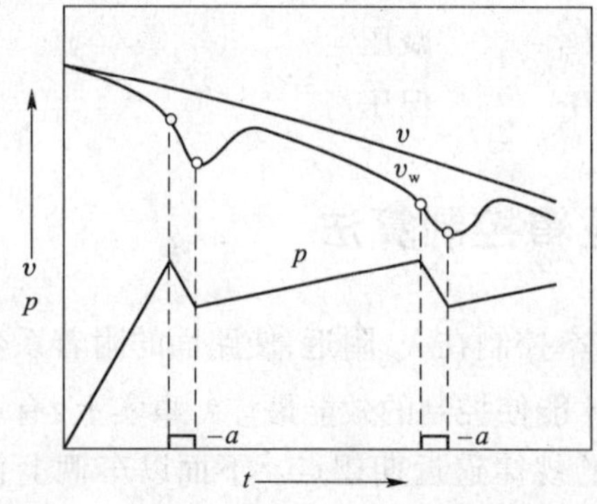

图 5-6　以车轮负加速度作为门限的防抱制动过程

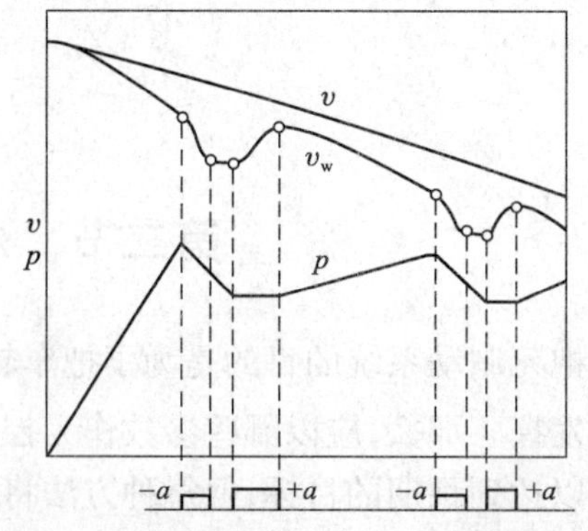

图 5-7　车轮正负加速度门限值的防抱控制

二、以车轮加、减速度和滑移率结合的逻辑控制

1. 参考车速和滑移率的计算

为了适应路面特性的变化，必须通过相应的逻辑条件识别出这些变化，再对控制逻辑作相应的修改，使车辆在不同运行环境下都能取得最佳的效果。为此引入了车轮的滑移率作为辅助的门限值，与车轮负加速组合构成双参数逻辑控制算法。由式(5-6)可知，确定滑转率要用到车体速度，需要增加另外的传感器。故现今汽车上一般不采用直接测量的方法获得实际车速，而是采用间接的方法由车轮的角速度和负加速度构造车辆的参考速度，其构造方法如图 5-8 所示。在初始制动过程中，当车轮的负加速度小于 $-a$ 时，把此时车轮的速度作为初始参考速度 v_{R0}，以后以减速度 a_R（初始时设定汽车在一般路面制动时能达到的负加速度）计算参考速度，即

$$v_R = v_{R0} - a_R t \tag{5-24}$$

由于车轮的角速度是已知的，当参考速度估算出来以后，则车轮的参考滑移率为

$$\lambda = \frac{v_R - r_d \omega}{v_R} \times 100\% \tag{5-25}$$

在减压阶段，车轮在路面制动力的作用下反驱增速。当车轮的速度大于参考速度后，则说明此时的车速不会低于当前的轮速，于是应把参考速度设定为当前的轮速，使参考速度得到修正。经过第一个循环以后，减速度 a_R 也被估算出来，即

$$a_R = \frac{v_R - v_{R0}}{t_1 - t_0}$$

式(5-24)中的加速度 a_R 再被修正。可见估算参考速度可以跟踪路况变化，也具有一定的精度。

2. 大附着系数路面上的制动控制

图 5-9 是引入车轮的加速度门限值 $+a$，在典型的大附着系数路面防抱制动的调节过程。

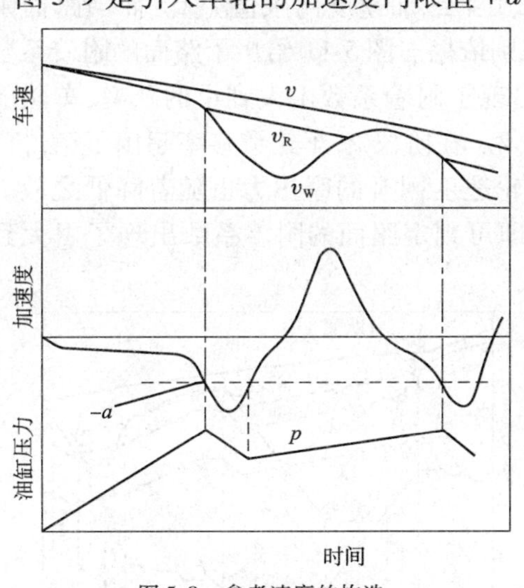

图 5-8 参考速度的构造

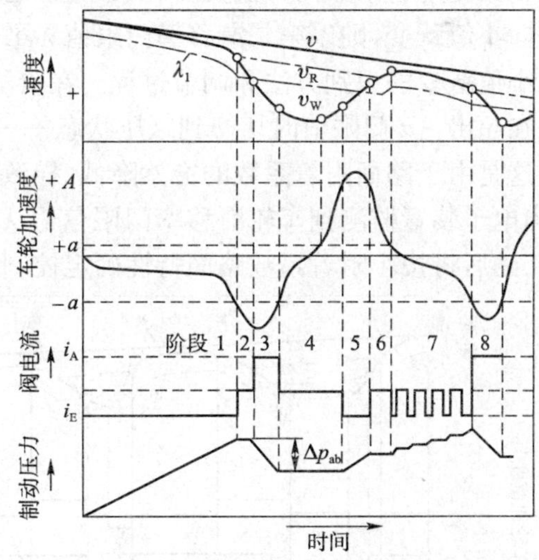

图 5-9 大附着系数路面的制动调节过程

阶段 1（见图中数字标注）轮缸快速升压，直至车轮负加速度很快超出门限值 $-a$，电磁阀从升压切换到保压状态，同时由式(5-25)和式(5-26)估算出参考车速和滑移率为 λ_1 的门限曲线。阶段 2 保压，轮速继续下降，当轮速降至低于 λ_1 门限值时，电磁阀由保压切换到减压状态。阶段 3 减压，轮速又开始回升，当车轮的负加速度进入 $-a$ 门限内，减压过程结束又开始

保压。阶段4定时保压，即一个规定时间间隔的保压过程，用于识别路面的附着系数是高、中、低的三种情况。在给定的保压时间内，如果车轮的加速度不能超过 $+a$ 门限，则属于低附着系数路面的情况。反之，若超过 $+a$ 门限则继续保压，并设定识别高附着系数路面的第二门限值 $+A$。在继续保压过程中可能出现两种情况，车轮加速度没超过第二门限值 $+A$；车轮加速度超过了第二门限值 $+A$。对于前者，则属于一般附着系数路面。对后者则属大附着系数路面（或是已跃变到大附着系数路面）。经过一个完整的制动循环，完成了路面附着系数的识别。此例属大附着系数路面，则要对轮缸进行一次增压，直至车轮的加速度低于 $+A$ 门限，再保压至低于 $+a$ 门限。在随后的升压过程中，一般采用比初始升压慢得多的上升梯度，开关阀以增压-保压的方式不断切换（相当于调制脉宽控制），直至车轮负加速度再次低于 $-a$ 门限，此后似此周期性地重复。

3. 小附着系数路面的制动控制

图5-10所示是在小附着系数路面的调节过程，在初始的1、2调节阶段和大附着系数的路面相同。阶段3首先有一个定时保压阶段，由于在给定的时间内车轮的加速度达不到 $+a$ 门限，于是可以判定：此时是属于小附着系数路面的情形，控制逻辑产生一个小的减压-保压脉冲，使车轮慢慢升速，然后再比较车轮加速度是否到 $+a$ 门限，如低于此门限值再次产生减压-保压脉冲，车轮继续升速直至超过 $+a$ 门限。阶段4保压阶段，当车轮加速度再低于 $+a$ 门限时，阶段4结束。阶段5是以增压-保压（脉宽调制）方式的慢速升压过程，直至出现 $-a$ 门限，到此第一个控制周期结束。因为在高附着系数路面和在小附着系数路面的控逻辑不同，故制动开始的第一个周期是用于识别路面特性。自第二周期采用和路面附着系数相对应的控制算法，如第一个周期的阶段3加了一个缓慢减压过程，结果导致车轮以较大滑移率运行较长时间，这对汽车的操纵稳定性来说是不利的。为纠正这种现象，在阶段6（第二周期）的制动压力是持续下降到出现 $+a$ 门限，结果车轮只在短时间处于大滑移状态，改善了操纵稳定性。

当路面附着系数向大值突变，其识别方法是采用第二加速度门限值 $+A$。而当路面附着系数向小值跃变，则以第二滑移率门限值 λ_2 作为识别依据。图5-11给出了路面的附着系数由大到小值跃变的识别方法和调节过程。在阶段1出现了附着系数由大到小的跃变，车轮的减速度在超出 $-a$ 门限值时切换到减压状态——阶段2。在阶段2，车轮滑移率超出了第二门限 λ_2。这是由于路面附着系数的突然降低，导致使车轮速度回升的摩擦力也随着降低之故。所以，当电子装置监测到车轮滑移率门限信号 λ_2 时，即可判定路面的附着系数出现了由大到小跃变，随后将按小附着系数路面特性确定控制逻辑。

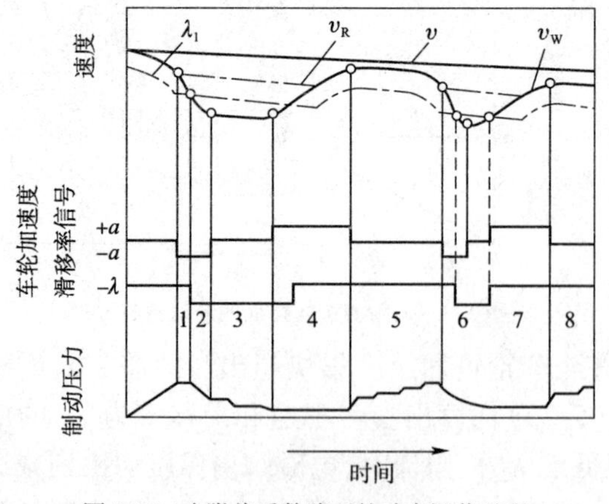

图5-10 小附着系数路面的动态调节过程

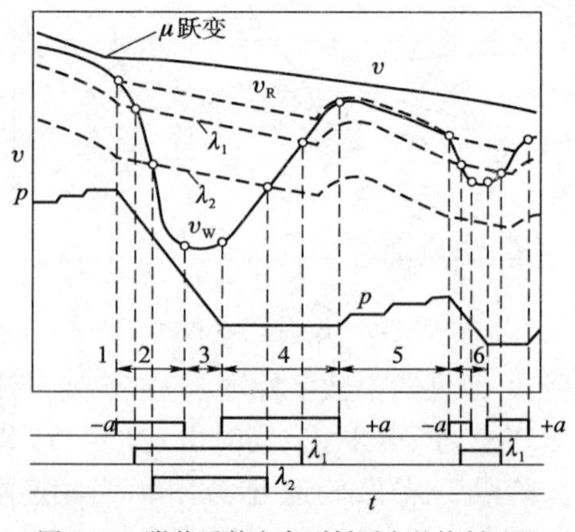

图5-11 附着系数由高到低跃变的控制过程

综上所述，逻辑控制是把车轮的加速度分为（$-a$、$+a$、$+A$）几个门限值，再辅之以车轮的滑移率门限值 λ_1、λ_2，并利用控制从减压切换到保压后的规定时间间隔里，根据可能出现的几种门限信号（$+a$、$+A$、λ_1、λ_2）识别出路面的特性（低、一般和高附着系数路面三种情况）。再根据识别结果，分别采用不同的控制逻辑，确保防抱制动系统对路面状况的跟踪性能，保证在各种路面条件下都能取得期望的制动效果。

门限条件又称为边界条件，常用的防抱制动的边界条件见表 5-1。表中 P 边界条件，就是当满足这些条件时，车轮就有抱死的倾向。此时就应当降低制动轮缸压力，使车轮增速。而 R 边界条件，即当满足这些条件就避免了车轮抱死的倾向，可对轮缸再次升压。从 P 和 R 中挑选不同的条件可以组成各种不同的控制逻辑。如博世公司采用的就是 P_1R_3 控制逻辑，再辅之其他特征量识别路面特性的变化，以保证控制逻辑对路面附着系数变化的适应能力。

常用的边界条件 表 5-1

P 边界与对应的条件			
P_1	$-\dot{\omega}r_d > k_1$	P_3	$-\dot{\omega}r_d > k_1$ 和 $-\dot{\omega}/\omega > k_2$
P_2	$-\dot{\omega}/\omega > k_2$		
R 边界与对应的条件			
R_1	当所有 P 条件都不满足时	R_4	$\ddot{\omega} < 0$
R_2	满足 P 条件后延迟固定时间 τ_d	R_5	$\ddot{\omega} < 0$ 和 $\dot{\omega}r_d > k_3$
R_3	$\dot{\omega}r_d > k_3$		

从形式上看，逻辑控制与防抱制动系统的模型（动态特征）无关，但实际上决定逻辑控制的门限值是根据所用的车型和路面特性在反复试验的基础上确定的，它隐含了系统模型与路面特性的依赖关系。因为系统的动态特性和路面条件在较大的范围内连续变化，而逻辑控制把这些变化分为有限的几种状态（三种状态）。显然，不能期望逻辑控制算法在不同路面条件都能达到最佳控制的效果。但采用逻辑控制算法，它首先避免了一系列繁杂的理论分析和对一些不确定因素的定量计量，简化了控制器的设计。其次，逻辑控制算法仅需要测定车轮的角速度，便于实现，装车成本低。此外这种算法经历了几十年的发展，设计方案已经成熟，且在制动性能方面已达到工程应用的要求，逻辑控制算法仍将会普遍采用。

三、基于滑移率的控制系统

逻辑控制算法虽已在车上得到广泛的应用，但它并非最佳的控制算法。为进一步提高 ABS 的性能，汽车电子工程师都在致力研究基于滑移率的控制算法。用滑移率作为控制目标容易实现连续控制，因而可提高 ABS 在制动过程中的平顺性，并最大限度地发挥它的制动效能。实现连续控制的最简单算法是 PID（Proportional、Integral and Derivative，即比例、积分及微分控制，简称为 PID 控制）控制，它只要适当地整定比例（k_p）、积分（k_i）和微分（k_d）三个系数即可。设滑移率的设定目标为 λ_0，则控制误差为

$$e = \lambda - \lambda_0 \tag{5-26}$$

于是 PID 的控制规律可表示为

$$u = k_p e + k_i \int_0^t e\mathrm{d}t + k_d \frac{\mathrm{d}e}{\mathrm{d}t} \tag{5-27}$$

按式（5-27），ABS 控制器的设计最后就归结为：根据 ABS 动态系统，确定出一组最佳的参数，k_p、k_i 和 k_d，使车轮的滑移率以最快的方式趋近设定目标 λ_0。

$\mu_b-\lambda$ 曲线在 λ_k 这一点被分成两个区，在 λ_k 左边，$\frac{du_b}{d\lambda}>0$ 为稳定制动区，而 λ_k 右边，$\frac{du_b}{d\lambda}<0$ 为非稳定制动区。通过计算发现，当目标值 λ_0 设在 λ_k 的左侧，通过 PID 控制可以使车轮滑移率迅速趋近 λ_k，制动过程近似为理想过程，如图 5-12a）所示。如把 λ_0 设定在 λ_k 这点，则形成以滑移率 λ_k 为中心的稳定极限环。特别是 λ_0 略为设定在 λ_k 右侧，滑移率就出现较大幅度的波动，如图 5-12b）所示。在实际应用中，$\mu_b-\lambda$ 曲线的峰值变动很大（5% ~30%），只要当 λ_0 设定在 λ_k 的右侧，滑移率就会出现很大的波动。如 λ_0 在距 λ_k 较远的右侧，车轮就有抱死的危险。而保守地把 λ_0 选得过小，虽可保证 λ_0 在 λ_k 的左侧，解决控制系统的非稳定性问题，但在相当多的路面条件下，会使路面附着系数得不到充分的利用，从而失去滑移率控制算法的优越性。从 PID 的动态调节过程可以得出，用滑移率作为控制目标必须解决这样一个问题。实时辨识路面的附着系数变化情况，自动地改变控制目标 λ_0 以跟踪路面附着系数的变化，使制动效能始终在最佳状态。由此也可见，简单的 PID 控制器不能满足 ABS 在全工况的使用要求，它必须具备识别路面特征的辨识功能，并有在线整定控制器的参数的功能。

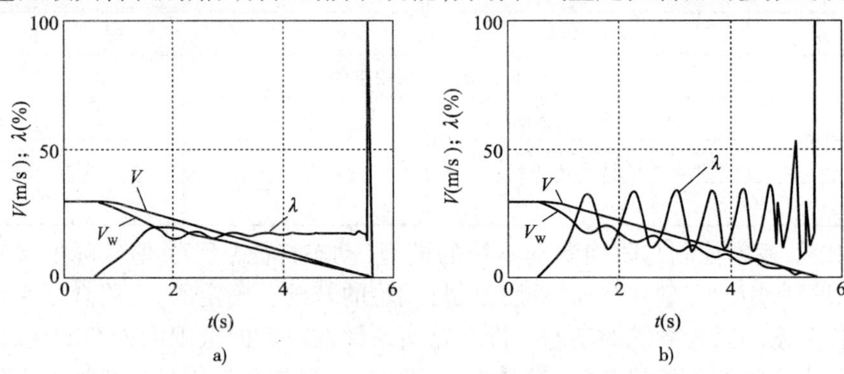

图 5-12　目标 λ_0 的位置对控制性能的影响

a）λ_0 在 λ_k 的左侧；b）λ_0 在 λ_k 的右侧

第三节　ABS 整车控制技术

一、整车布置形式

如前所述，ABS 单轮控制技术的本质是把车轮的滑移率控制在 $\mu_b-\lambda$ 的峰值点。因此，在制动时可保证取得最短的制动距离和转向时的操纵稳定性。但作为整车，如所有的车轮都采用单轮方式进行独立控制，在非对称的路面就会出现如图 5-14 所描述的现象，汽车不能保持行驶方向的稳定性。所以对于整车，除了评价 ABS 的制动距离、操纵性，还必须考虑汽车行驶方向稳定性。

1. ABS 的通道与传感器

可以独立地控制车轮制动轮缸压力的执行机构称之为一个通道，一般一个通道对应一个传感器，如 4 通道 4 传感器 ABS 是当前最普遍的配置形式。而早期的 ABS，通道数与传感器个数不一定相等，4 传感器 3 通道 ABS，4 传感器 2 通道 ABS，都已成为过时的系统了。

2. ABS 整车布置形式

图 5-13 都是 4 通道 4 传感器的 ABS，每个车轮都具有一个轮速传感器和一个液压通道，

可对每个车轮实现任意目标压力的控制，使 ABS 总体性能达到最佳状态。但布置形式是不同的，其中图 5-13a）是按前后方式布置，即前、后轮缸分别采用不同的液压回路，图 5-13b）是按对角（X 形方式）方式布置，即处在对角线上的两个轮缸采用同一液压回路，其目的就是提高系统的可靠性。两套分离的液压系统，可保证其中的一套出现故障，其中的一套还能使系统正常地工作，只是制动效能降低了一半。

如果简单地按单轮控制目标进行独立控制，把每个车轮的滑移率都控制在 $\mu_b-\lambda$ 曲线的峰值点，在对称路面，可使 ABS 总体性能发挥到最佳状态。但在非对称路面（如图 5-14 所示的情形），将在左右两侧车轮上产生不同的制动力，使汽车很难保持它原来的行驶方向，方向稳定性恶化。可见，4 传感器 4 通道是 ABS 最完备的配置形式，也必须配合相应的控制方式，才能达到预期的效果。

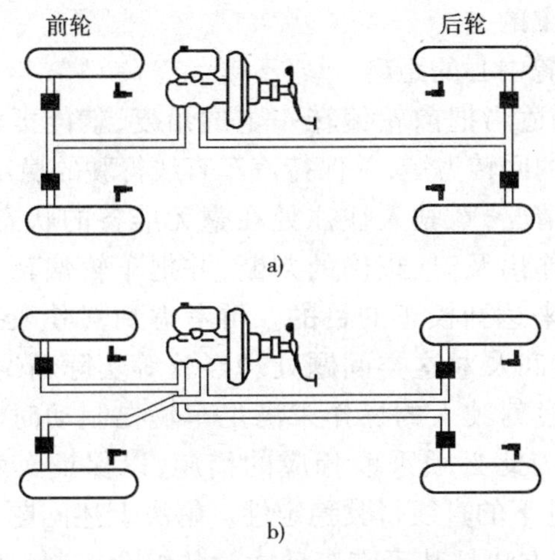

图 5-13　ABS 的布置形式

a）四通道四传感器前后制动管路用；b）四传感器四通道 X 形制动管路用

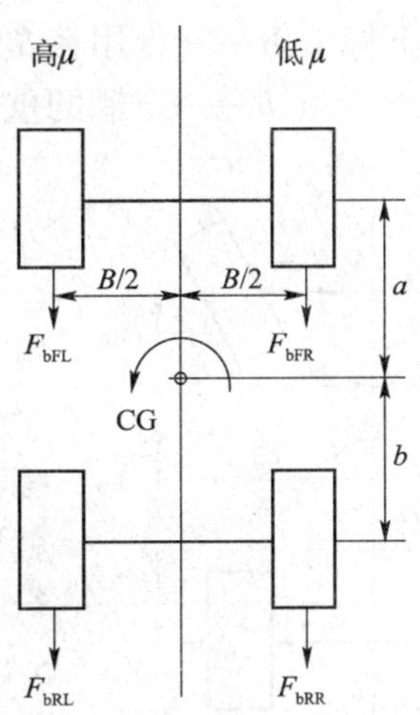

图 5-14　车辆在非对称路面制动的侧偏现象

二、整车制动时的受力分析

前面已讲述了 ABS 的单轮控制技术，是否可以把汽车的所有车轮均按前述的方法进行控制就能达到期望的效果呢？在分析 ABS 整车控制技术之前，先考查汽车直线行驶在非对称路面制动时的整车制动动力学。设汽车的一侧车轮在高附着系数路面行驶，另一侧在低附着系数路面行驶（如冰面，这在我国东北地区的冬天经常可能遇到的路面条件）。按前面讲述的单轮控制方式，各个车轮的滑移率都控制在峰值点，于是左右两侧的制动力不等使汽车产生侧向偏转的过程如图 5-14 所示。

在制动刚开始时，前轮的偏转角为零，因而作用在车轮上的侧向力为零，由图 5-14 可得到作用在车辆上的偏转力矩为

$$M_{\Sigma}=(F_{bFL}+F_{bRL})B/2-(F_{bFR}+F_{bRR})B/2 \tag{5-28}$$

式中：B——轮距；

F_{bFL}、F_{bFR}——作用在左、右前轮上的制动力；

F_{bRL}、F_{bRR}——作用在左、右后轮上的制动力。

在偏转力矩作用下，车辆回转运动方程为

$$J_v \dot{\omega}_{yaw} = M_\Sigma \tag{5-29}$$

式中：J_v——整车惯性矩；

$\dot{\omega}_{yaw}$——汽车横摆角速度。

由式(5-28)和式(5-29)可知，车辆将向高附着系数的一侧偏转。为了保持车辆直线状态，由驾驶人和车辆构成的环闭系统，观测到汽车行驶方向与期望的行驶方向出现偏差时，于是会通过转向盘进行校正。当导向轮(假定为前轮转向的车辆)偏转一定的角度(图5-15)后，作用在车辆上的回转力矩成为

$$M_\Sigma = (F_{bFL} + F_{bRL})B/2 - (F_{bFR} + F_{bRR})B/2 - (F_{sFL} + F_{sFR})a + (F_{sRL} + F_{sRR})b \tag{5-30}$$

式中：第一个下标 b、s——作用在车轮上的纵向力和侧向力；

第二个下标 F、R——作用在前、后车轮上的力；

第三个下标 L、R——作用在左右两侧车轮上的力；

a、b——车辆的重心到前后车轮中心的距离。

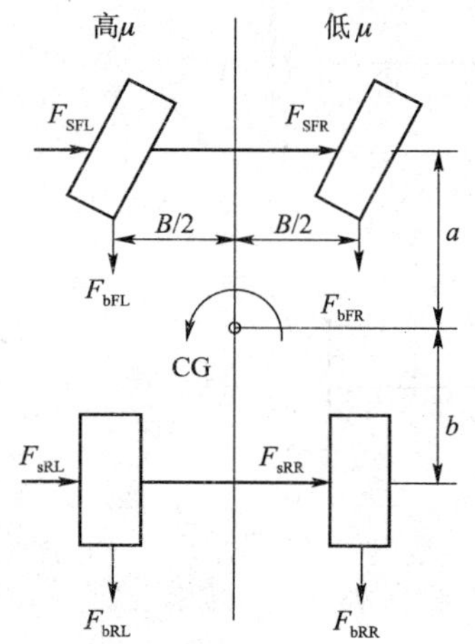

图5-15　在非对称路面的整车动力学(带修正导向轮偏转角)

可见，只要适当把前轮偏转一定的角度，就能抵消制动力不等所产生的回转力矩，并保持汽车直线行驶的稳定性。

但在上述情况，驾驶人往往处在毫无准备的状态，因而很难在短时间作出及时、正确的判断，并把车轮偏转这样一个合适的角度来达到校正的目的。再考虑到驾驶人技术熟练程度、反应时间及对这类问题处理经验等实际情况，因而就更难期望通过驾驶人的操作来满足车辆在制动时的直线行驶稳定性。为此必须采取相应的措施，以保证车辆在图5-14路面的条件下的直线行驶稳定性。解决上述问题有不同的方法，最好的方法是基于汽车动力学的综合控制。因为汽车期望的横摆角速度由转向盘的输入唯一确定，一旦监测到在制动过程中出现了转向盘的转角为零(直线行驶状态)，而车辆的横摆角速度不为零的情形，由综合控制系统，即可判定车辆当前的工况是属于路面特性的扰动导致车辆非稳态的回转运动。于是通过车辆行驶方向自动控制系统，把导向轮逆非稳态横摆方向转动一个角度，就可抵消制动过程中的非稳态现象，保证车辆在制动过程中的直线行驶稳定性。在当前技术条件下，最为实用的方法就是通过ABS自身的整车布置方式和整车控制技术来满足车辆在不同路面条件下的操纵性与稳定性。

三、整车控制技术

通过对整车布置的分析可知，在非对称路面上，采用单轮独立控制方式，可最大限度地利用路面附着力，缩短制动距离。但在非对称路面必然导致两侧车轮制动力不等，使车辆向高μ侧路面偏转。按附着系数取低的方式控制，虽消除了偏转力矩，改善了方向稳定性，但导致制动距离增加。基于这两种控制方式的特点，目前实用产品一般采用修正的单轮控制方式，它是对前述两种方式的综合。既兼顾了制动距离，又兼顾了行驶方向稳定性。下面讲述修正单轮控制的基本思想。

单轮修正控制算法的基本思想是：单轮控制方式过分强调利用路面附着系数，结果导致两侧车轮制动力相差太大，最后使车辆失去方向稳定性。而低选控制方式则走到另一个极端，只要两侧附着系数不等，就不加选择地按低侧附着系数进行控制，结果使制动器的效能得不到充

分的发挥。单轮修正算法是在上述两者之间进行折中控制,对处于低附着系数的车轮按自己的门限条件(由边界条件确定)进行控制,处于高附着系数的车轮则在低附着侧压力的基础上,适量地逐步增加一个变化的压力差。其工作原理(图 5-16)是:当处于低附着系数的车轮(假定为左轮)到达减速度门限时开始减压,处于高附着系数车轮(右轮)则开始保压,左轮减压结束时车轮减速度达到加速度门限,则左轮开始保压,而右轮则保压结束开始减压,减压幅度为左轮减压幅度乘以修正系数 $0<\alpha<1$,α 具体取值视修正的要求而定。减压结束后右轮又开始保压,直到左轮低于加速度门限时,则两轮同时进入小步长增压阶段。这样每个 ABS 循环结束形成一个压力差,随着 ABS 循环的继续,其压差逐步增加。

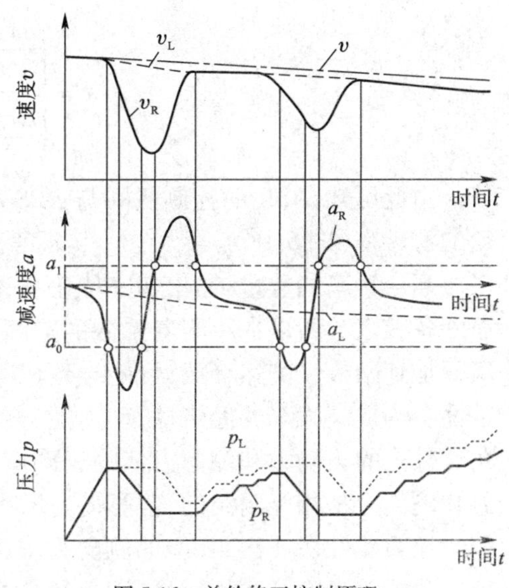

图 5-16 单轮修正控制原理

第四节 ASR 控制技术

随着交通量的增加和车速的提高,驾驶人对汽车的起步性能和操纵性能的要求日益提高。汽车在行驶过程中,驾驶人、汽车和环境三者之间的关系可由图 5-17 表示。根据路面条件,驾驶人通过操纵节气门、转向盘及制动踏板,使汽车按照他的意图行驶。汽车作为被控对象,由路面条件和驾驶人的控制作用决定了它的真实的运动状态。汽车真实的运动状态是否与驾驶人的意图一致则取决于两个条件:

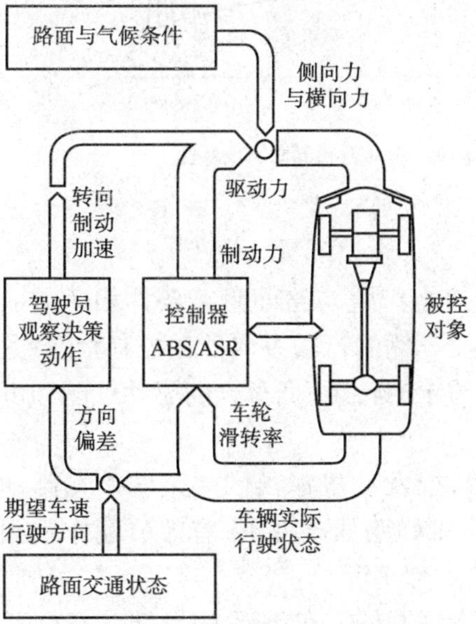

(1)驾驶人的动作和他的意图是否能达到一致,这通常由驾驶人的经验和反应速度决定系统是否处在可控状态。

(2)导致汽车运动状态失控的主要因素是轮胎和路面间的摩擦系数。要使汽车处在可控的状态,车轮的滑转或滑移率必须控制在允许的范围之内。要及时精确控制车轮的滑转或滑移率在允许的范围之内,驾驶人的反应速度往往达不到要求,于是采用比人工响应速度快,精度高的自动控制系统已成为提高汽车的经济性、主动安全性的必然的趋势。

路面与气候条件 侧向力与横向力 驱动力 转向制动加速 制动力 驾驶员观察决策动作 控制器ABS/ASR 被控对象 方向偏差 车轮滑转率 期望车速行驶方向 车辆实际行驶状态 路面交通状态

图 5-17 ASR/ABS 闭环控制系统

一、ASR 的原理

ABS 是防止制动过程中车轮被抱死,保持方向稳定性、操纵性并缩短制动距离的装置。而驱动控制装置(Anti-Skidding Restraint,Traction Control,Acceleration Slip Regulation,简称 ASR 或 TRC)的作用是防止汽车在加速、起步过程中的滑转,特别防止汽车在非对称路面或在转弯时驱动轮的空转,是保持方向稳定性、操纵性和最佳驱动力的装置。可以说,在利用 $\mu-\lambda$ 曲线的性质,并把滑转/移率控制在某一范围,这两者是一致的。对驱动控制,车轮的滑转率定义为

$$\lambda = \begin{cases} \dfrac{\omega r_d - V}{\omega r_d} & \lambda > 0, \quad 驱动 \\ \dfrac{\omega r_d - V}{V} & \lambda < 0, \quad 制动 \end{cases} \tag{5-31}$$

由此可知,ASR 的控制区间与 ABS 相反。ABS 控制的是车轮的滑移率,而 ASR 控制是车轮的滑转率(图 5-18)。

当今轿车的重量/输出功率比正在逐步减小,其趋势还会继续发展。也就是说,发动机转矩储备较大。所以在小附着系数的路面上,必须谨慎地控制节气门。对大功率后轮驱动车,若猛踩加速踏板又突然释放,可能导致汽车横摆。对前轮驱动车,导致驱动轮滑转而失去方向稳定性。为提高汽车的经济性、动力性、方向稳定性和可操纵性,必须对驱动力进行控制。作用在车轮上的驱动力和侧向力依赖于摩擦的存在,其合力不会超出摩擦圆(图 5-19)。亦即驱动力和侧向力是相互制约的,若驱动力增大,侧向力就必然减小。若驱动轮发生滑转时,驱动力和侧向力就处在 A 区,相应的侧向力很小。此时若有很小的外力或路面倾斜等原因均会使车轮发生侧滑。为了防止侧滑,就必须适当降低驱动力,提高抵抗侧滑的能力。ASR 和 ABS 都是为了增加汽车抗侧滑能力的装置,但 ASR 不是把车轮的滑转率控制在 $\mu-\lambda$ 曲线的峰值点,只是减小驱动力,提高侧向力,在这一点与 ABS 也是不同的。

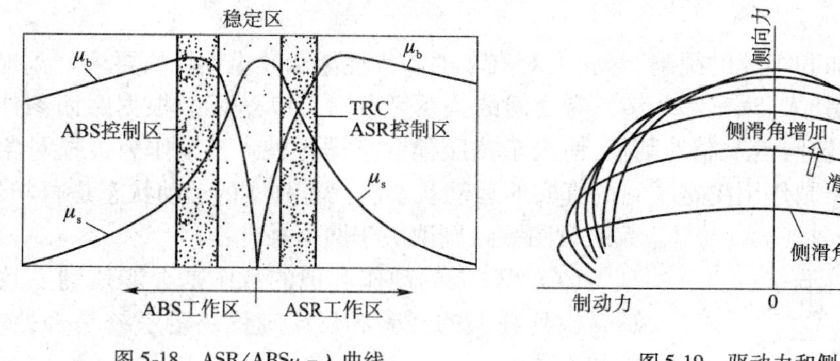

图 5-18　ASR/ABS$\mu-\lambda$ 曲线　　图 5-19　驱动力和侧向力摩擦圆

二、ASR 的控制

驱动控制的目的是精确控制传递到驱动轮上的转矩,使之产生与路面附着条件相适应的驱动力,提高汽车的动力性和通过性;控制车轮的滑转率,使车辆的行驶方向处在控制状态;尤其在非对称的分离附着系数路面,有效分配作用到两个驱动轮的转矩,把车辆的驱动性能和可操纵性发挥到最佳状态。目前常用的几种控制方式为:

(1)制动控制方式。对将要空转的驱动轮施加制动力,把发动机输出的多余转矩在制动器上消耗掉,控制车轮的滑转率在期望的范围内,尤其在非对称路面条件下,有效分配作用到两驱动轮的转矩,使驱动性和操纵性达到最佳状态,其方法类似 ABS。

(2)发动机转矩控制方式。调节发动机输入到驱动轮上的转矩,使车轮的滑转率在合适的范围。

制动控制方式比发动机控制方式响应速度快(图 5-20),能有效地防止汽车起步时或者从高 μ 路面突然跃变到低 μ 路面时车轮的空转。制动控制方式还能对每个驱动轮进行独立控制,可实现两驱动转矩的分配功能。发动机控制方式则是根据路面状况输入给驱动轮最佳的驱动转矩,燃油经济性好,可持续长时间使用,但响应速度比制动方式慢。发动机转矩控制的方法有改变燃料喷射量、点火时间和节气门开度。上述两种方法既可以单独使用,也可以组合起来使用。

(3)发动机与制动控制的组合方式。采用制动控制方式,有几点不足之处:在动力传动路线上附加了高频振动载荷;把多余功率在制动器上以热的形式消耗掉,降低了燃油经济性;长时间使用,会导致制动器发热,可见制动方式只能是辅助的方式。把发动机与制动控制组合起来,是 ASR 最合理的组合之一。

(4)发动机与限滑差速器的组合方式。在配置有限滑差速器的大型商用车上,发动机与限滑差速器则是最佳的组合方式。可实现两侧驱动轮转矩的最佳分配,以适应分离附着系数的路面条件,改善车辆的通过性。调节发动机的转矩,使传递到驱动轮上的转矩与路面相适应,提高车辆的动力性、燃油经济性和可操纵性。

1. *发动机转矩调节方式*

1)控制燃油喷射和点火时间

对 ASR 非常重要的输入信息是车轮的旋转速度(驱动轮和从动轮)。当采用燃油喷射和点火时间调节发动机转矩方式时,ABS/ASR-ECU 和发动机的 ECU 信息共享,如图 5-21。由从动轮和驱动轮的转速可计算出驱动轮的滑转率为

$$\lambda = \frac{\omega_{DR} - \omega_{DN}}{\omega_{DR}} \tag{5-32}$$

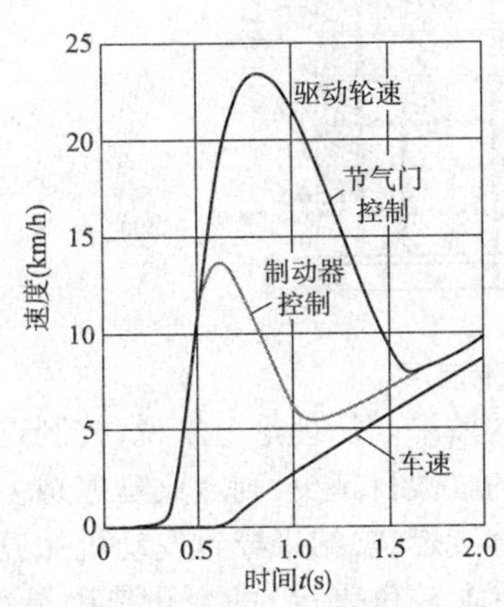

图 5-20 发动机控制与制动方式性能比较

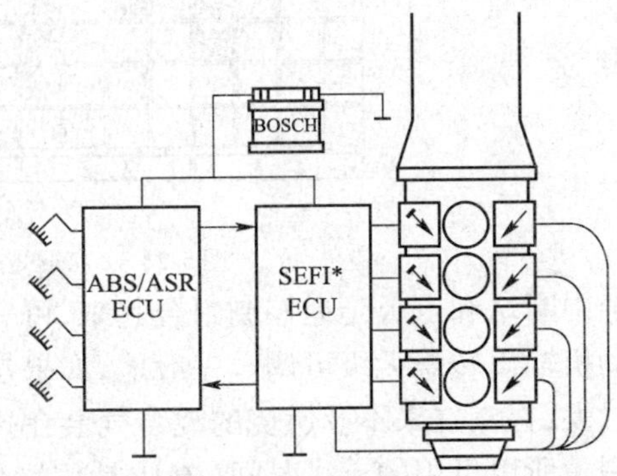

图 5-21 ABS-ECU 与发动机 ECU 之间的信息传递 SEFI-顺序电子燃油喷射

设驱动轮的期望滑转率为 λ_e,则发动机转矩控制的依据为

$$\begin{cases} \lambda > \lambda_e & \text{(减小发动机转矩)} \\ \lambda < \lambda_e & \text{(增加发动机转矩)} \end{cases} \tag{5-33}$$

减小发动机转矩输出的最简单方法是按一定的顺序停止向汽缸喷射燃油,也可中断对某一缸的点火。但中断点火会把没有燃烧的燃油排出汽缸,降低了燃料经济性并加剧了对空气的污染。

一种逐级减小发动机输入转矩的控制方式如图 5-22 所示。在一个工作周期内,各缸都喷射燃油,此为发动正常工作情况;各缸都不喷射燃油,则为发动机制动工况,发动机输出转矩达到最小。对四缸发动机,在一个工作循环内,分别向一个缸、二个缸或三个缸喷油,就可使发动机得到多级转矩输出。可见,控制发动机一个工作循环内参加工作缸的数目,就可得到发动机转矩的 4 级输出。

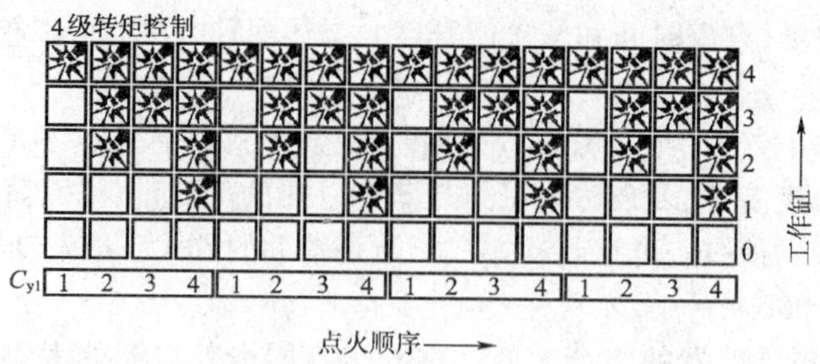

图 5-22 发动机转矩四级输出方式(单循环控制)

对 ASR 控制,上述调节方式太粗,实用 ASR 通常采用双循环燃油中断喷射法(图 5-23)。在两个工作循环内,对四缸发动机将有 8 个汽缸参与工作。控制二个工作循环内参与工作缸的数目,就可使发动机得到 8 级转矩输出,相当于单循环内的工作缸数目可以按 0.5 的间隔变化。同理,采用多循环燃油中断喷射法可以得到更多级转矩输出,但标定要花费的代价更大。因为每一种模式(每一级输出),都要建立相应的发动机输出转矩预测 Map(数据模型)图,故而需要占用太多的 ECU 内存。

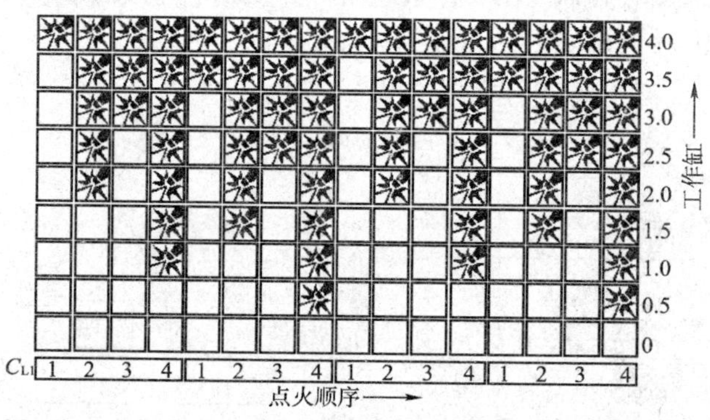

图 5-23 8 级转矩输出(双循环控制)

供油中断法和点火延迟控制组合起来,可获得更好的效果。从理论上来说,控制点火时间可使发动机输出转矩无级可调。一般地,如果参与工作的缸数目越少,则点火延迟越多。但点火延时过大,在汽缸来不及燃烧的混合气会在排气管中继续燃烧,结果导致发动机的温度高出允许范围。所以可用的点火时间(本质是位置信号,用曲轴转角表示)的变化范围是很窄的。在各种工作条件下,为了控制发动机的输出转矩有待确定的点火时间,需要标定的工作量很大。

采用中断喷油法和延迟点火组合方式能够快速实现发动机输出转矩控制,发动机应具备的条件和基本规则如下:

(1)发动机管理系统是燃油顺序喷射电子控制系统(简称 SEFI)。

(2)一进入 ASR 控制模式,下一个未进行工作过程的汽缸就得中断供油,以保证发动机输出转矩尽快地下降。

(3)在汽缸工作中断期间,由于在进气管上有未燃烧的蒸发油膜,所以当该缸重新进入工作时,应对喷油量进行调节以保证可靠燃烧。

(4)在汽缸中断工作期间,应关闭环排放控制系统的作用,否则未燃烧缸排出的过量氧气会使排放传感器作出错误的判断。

前轮驱动车辆在冬季压实的雪地上进行试验所得到的结果如图 5-24 所示。在车速为 40km/h 时突然把节气门全开(Kickdown),结果车速立即增加。而不采用 ASR 方式,车速几乎保持不变。由试验结果可以看出:在起始阶段,由于车轮的滑转率较大,为了立即减小发动机的输出转矩,切断了对所有工作缸的供油。一旦滑转率达到可以接受的程度时,工作缸数逐步增加,最后达到稳态时,工作缸的数目在2.5~3缸。

采用喷油中断法减小发动机的输出转矩非常简单,不需要增添其他硬件设备。驱动控制试验已经证实,借助于ASR控制软件,在各种路面条件下,它都能保证车辆行驶的方向稳定性和操纵性。它不仅适用于前轮驱动车辆,也适用于后轮驱动车辆。但是这种方法在ASR工作模式噪声偏大,振动比较厉害,发动机运转不平稳。并且,它只能适用于燃油顺序喷射电控发动机。

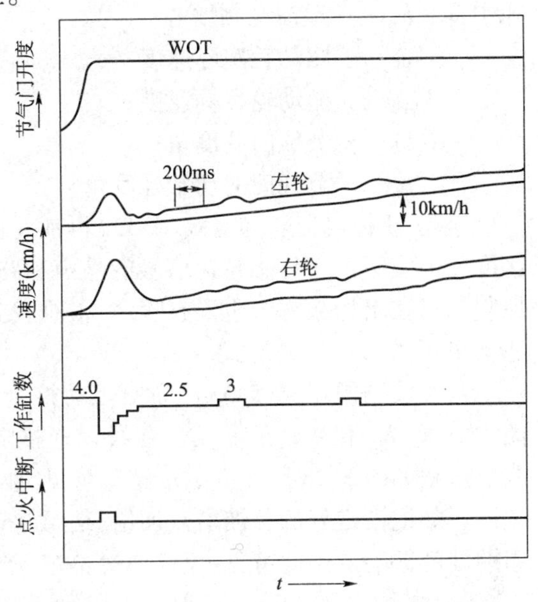

图5-24 发动机转矩逐级调节ASR系统的性能

2)节气门调节方式

采用喷油中断和延迟点火方法不需要增加硬件设备,但发动机噪声大,运转不平稳。因此,目前更广泛采用的是节气门调节方式,该系统的结构如图5-25所示。在这种ASR中,汽车各电控系统的ECU(发动机和传动器ECU、驱动控制ASR-ECU以及防抱制动ABS-ECU)之间也需要信息共享。如轮速传感器的信号由ABS-ECU可输入到ASR-ECU,节气门的位置传感信号和发动机速度信号也可通过发动机和传动系统的ECU输入到ASR-ECU。

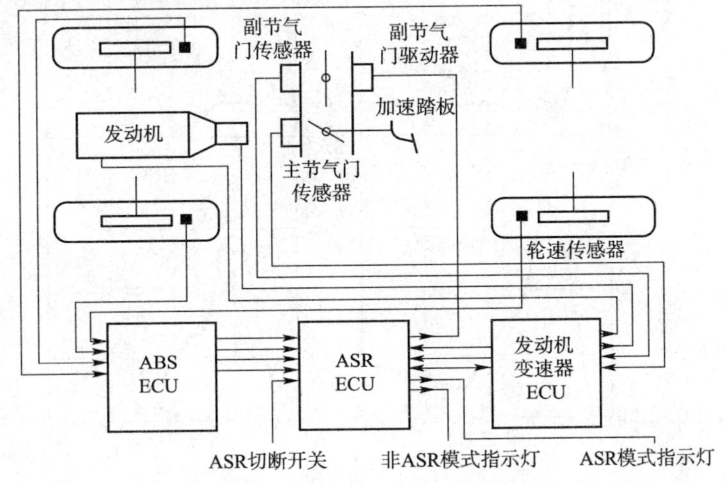

图5-25 节气门调节驱动控制系统框图

ASR的节气门总成由主、副节气门组成,主节气门由驾驶人通过加速踏板控制,在主节气门上流的副节气门通常由机械复位弹簧维持在最大开度。进入ASR工作模式,副节气门的开度由一步进电动机控制。由于把副节气门从全开位置驱动到全闭位置要花一定的时间(约为200ms),所以用节气门调节发动机的输出转矩时滞大,响应也较慢。

(1)节气门控制算法。设车辆的行驶速度为V_e,驱动轮期望的滑转率为λ_e,则驱动轮的理想速度应为

$$V_{DR0}=(1+\lambda_e)V_e \tag{5-34}$$

为把驱动轮转速控制在目标值 V_{DR0} 的小范围内，节气门闭环控制规律可由下式计算：

$$\alpha(t) = K_a\int(V_{DR0} - V_{DR})dt + K_b(V_{DR0} - V_{DR}) + \alpha_i \tag{5-35}$$

式中：K_a、K_b——反馈控制增益；

V_{DR}——驱动轮实际速度；

V_{DR0}——驱动轮目标速度；

$\alpha(t)$——节气门开度角；

α_i——节气门的初始开度角。

这是 PI 控制器。如对式(5-35)再加一微分项，从理论上来说，它可改善系统的动态响应速度。但实际由于传感轮速信号的噪声和路面扰动，结果导致微分项的作用表现为对噪声的控制。且在工作频率内也混有噪声，很难找到抑制噪声的有效方法，所以节气门闭环控制规律适于采用式(5-35)的形式。

基于控制规律式(5-35)，为使驱动控制取得满意的性能，其问题就归结为确定合理的反馈增益 K_a、K_b 和初始角度 α_i。在线合理整定反馈增益系数 K_a、K_b，得到 ASR 起步过程的动态调节过程如图 5-26 所示。图示结果可见，驱动轮的滑转率在初始瞬间波动较大，调节的速度较慢。如把设定好的反馈增益加倍，结果驱动轮滑转率的最大幅值稍有减小，但却导致节气门周期性的振动。由此可见，仅仅通过整定反馈增益对驱动控制不会有明显的改善。

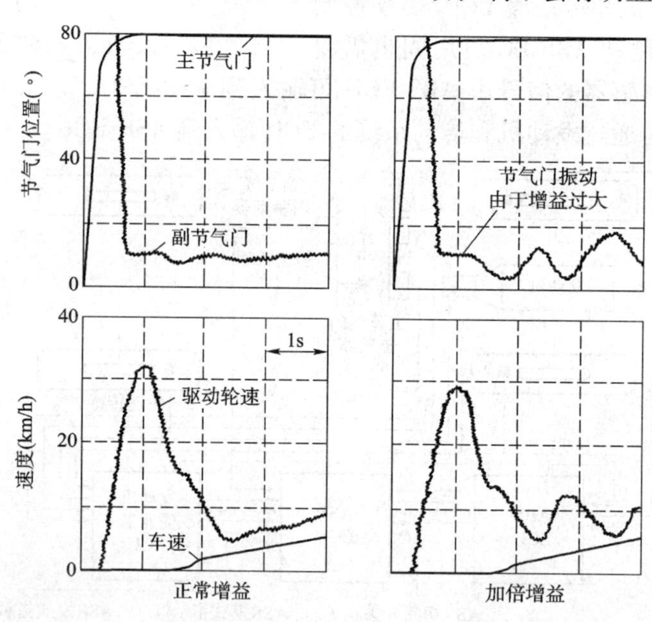

图 5-26 反馈增益对动态响应的影响

(2)总体控制策略。把点火延迟、供油终止及节气门控制综合起来，得到驱动控制总体方案如图 5-27 所示。需要指出的是：如发动机温度过低，或发动机转速低于事先给定的某一阈值，就不能采用供油中断方式。

(3)驱动控制的性能。采用节气门与发动机管理系统进行综合控制，得到 ASR 的性能改善如图 5-28 所示，控制效果非常接近采用制动控制方式。采用制动方式，是把发动机输出的多余功率以热的形式在制动器上消耗掉，因而降低了汽车的燃油经济性。而采用节气门控制是以减小发动机的输出转矩(即减小燃油的供给)来达到同一目的，因而效率比前者高。

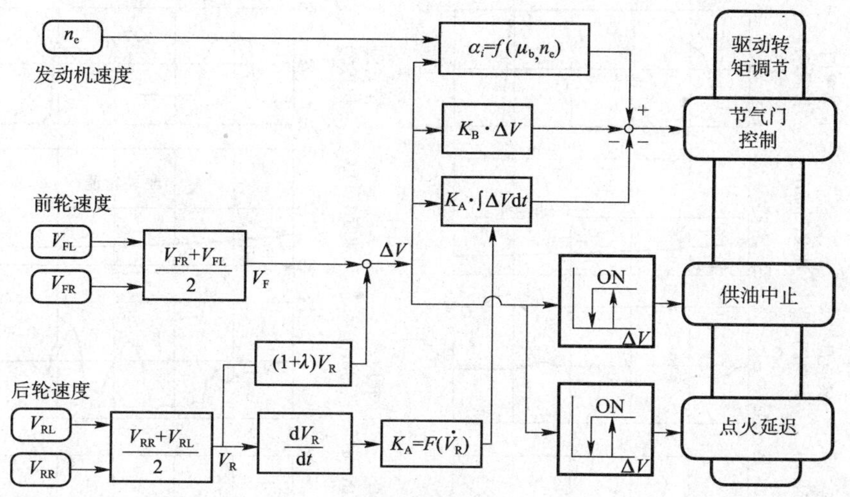

图 5-27　由发动机实现的驱动控制策略

图 5-29 是 ASR 控制系统在雪地上的加速性能试验数据。分别为汽车从静止起步，通过 100m 所需要的时间。结果表明，装有 ASR 的车辆无论采用冬季轮胎，还是采用夏季轮胎，其加速性得到明显的改善。

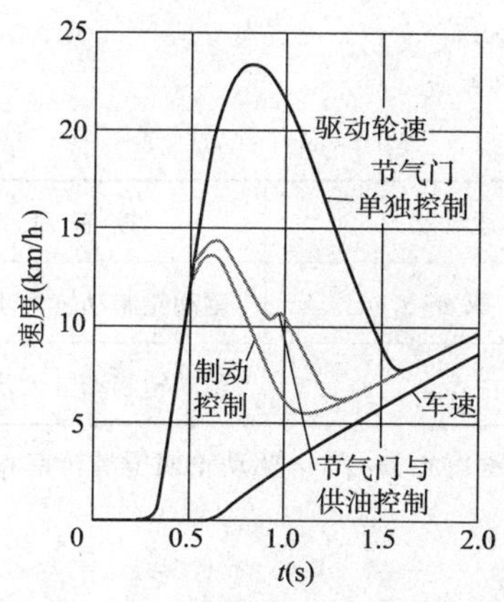

图 5-28　节气门控制在起步时的动态响应

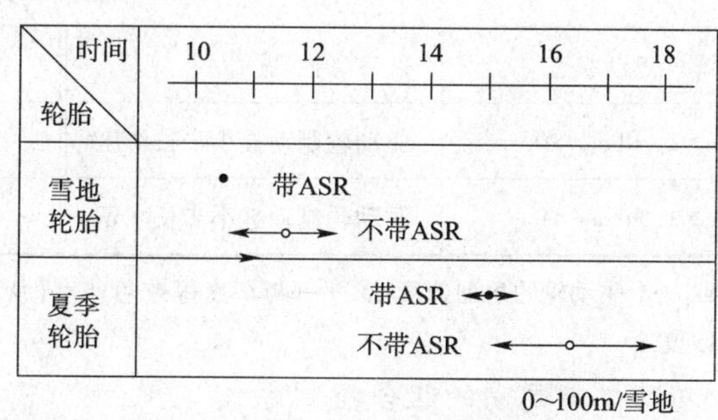

图 5-29　ASR 的加速性能

不装备 ASR 车辆和装备 ASR 车辆在积水路面行驶稳定性的对比试验结果如图 5-30 所示。装备 ASR 的车辆，在积水路面行驶不仅转向盘转角而且转向盘的保持力矩都比未装备 ASR 车辆小，并且不需要精确控制加速踏板。对未装备 ASR 的车辆，转向盘最大转角达到 50°，为了保持方向稳定性，还要配合加速踏板的操作。

从试验的结构可以看出基于节气门和发动机管理控制的驱动控制系统（ASR）可使 ASR 的驱动控制性能几乎达到制动控制的水平，而实现的成本比制动控制方式低。在操纵性和方向稳定性方面也取得了非常明显的效果，并消除了纯粹的供油中断方式的噪声和振动。但是，这种控制方式和任何其他基于发动机转矩控制方式一样，不能适应非对称路面工况。

2. 驱动轮制动方式

防滑控制系统采用类似于 ABS 的逻辑门限方式，对车轮实施制动的执行机构也是共用的，所以防滑控制与防抱制动通常都集成于一体。驱动控制采用的门限逻辑控制算法见表 5-2。

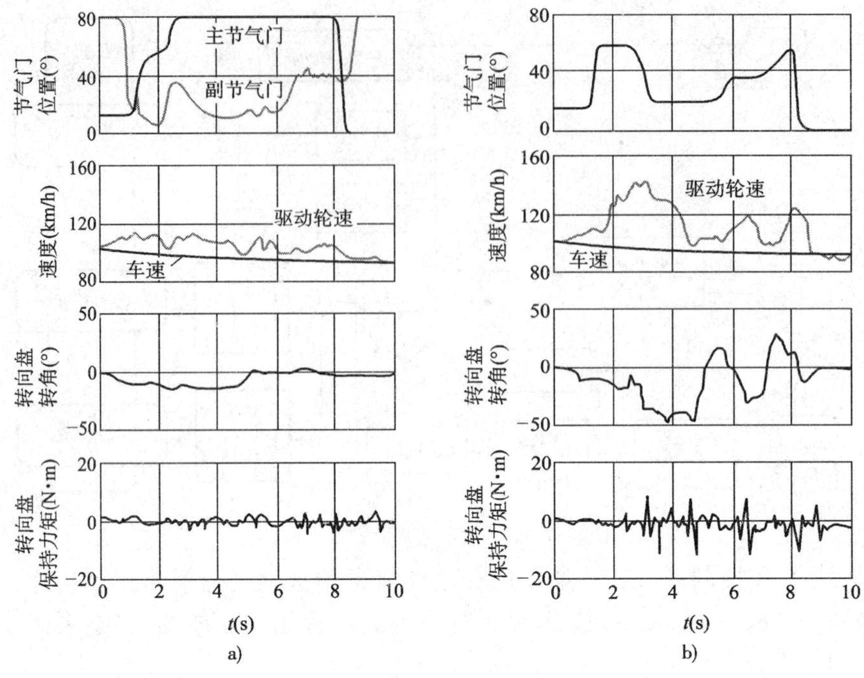

图 5-30　涉水行驶试验(带 ASR)

a)装备 ASR 系统;b)不装备 ASR 系统

ASR 控制算法　　表 5-2

车轮运动状态	控制命令	车轮运动状态	控制命令
$\lambda > \lambda_e$ 和 $\dot{\omega}_R > 0$	驱动轮制动缸小步长增压	$\lambda < \lambda_e$ 或 $\omega_R < \omega_v$	驱动轮制动缸大步长减压
$\lambda > \lambda_e$ 和 $\dot{\omega}_R < 0$	驱动轮制动缸小步长减压	$\lambda > \lambda_{lim}$	驱动轮制动缸大步长增压

注:$\dot{\omega}_R$——驱动轮的角加速度;ω_v——与车速等效角速度(从动轮转速);λ_e、λ_{lim}——驱动轮期望滑转率和滑转率门限值。

3. 发动机与制动的组合控制方式

从上述的分析可知,采用制动方式响应速度快。但这种控制方式要把发动机多输出的功率以热的形式在制动器上消耗掉。因而制动器发热严重,影响它的使用寿命,也不利于提高汽车的燃油经济性。而采用发动机转矩控制,除了响应速度比制动方式较慢以外,另一个本质问题是在非对称附着系数路面不能实现最佳驱动控制,其效能和 ABS 控制系统低选的情形相似。所以为了实现驱动力最佳控制,即最大限度地提高汽车的经济性、动力性、方向稳定性及可操纵性,通常采用发动机转矩与车轮制动的组合控制方式。

采用发动机转矩和制动组合的 ASR 控制系统如图 5-31 所示。用于驱动控制的制动液压回路如图 5-32 所示。ASR 控制和 ABS 控制采用同一液压系统,从 ABS 模式切换到 ASR 模式由切换控制阀实现,左右两驱动机采用非独立控制方式。

1) ASR 控制算法

节气门的开度由下式确定:

$$\alpha(t) = K_a \int_0^t (V_{DR0} - V_{DR}) + K_b (V_{DR0} - V_{DR}) + c \qquad (5\text{-}36)$$

式中:c——常数。

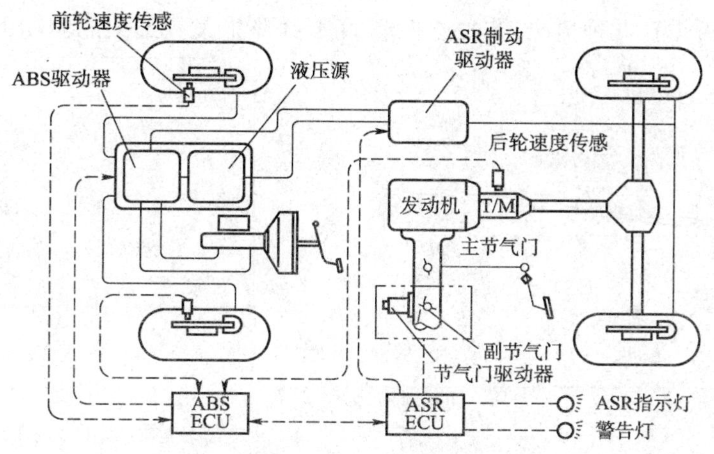

图 5-31　发动机与制动组合的 ASR

同时根据车速和加速度，由脉宽调制信号控制制动缸的增压、减压变化速率。其控制逻辑见表 5-3。

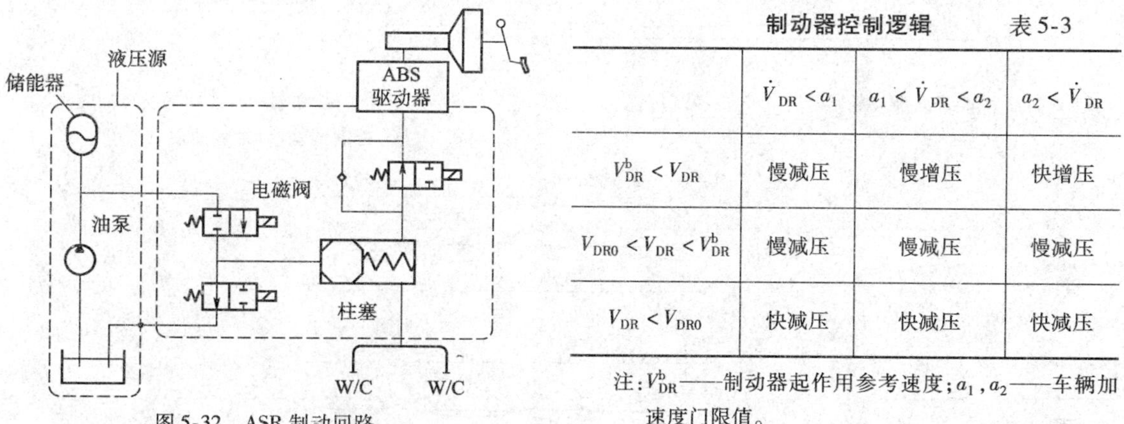

图 5-32　ASR 制动回路

制动器控制逻辑　　　表 5-3

	$\dot{V}_{DR} < a_1$	$a_1 < \dot{V}_{DR} < a_2$	$a_2 < \dot{V}_{DR}$
$V_{DR}^{b} < V_{DR}$	慢减压	慢增压	快增压
$V_{DR0} < V_{DR} < V_{DR}^{b}$	慢减压	慢减压	慢减压
$V_{DR} < V_{DR0}$	快减压	快减压	快减压

注：V_{DR}^{b}——制动器起作用参考速度；a_1，a_2——车辆加速度门限值。

制动器与节气门起作用的参考速度如图 5-33 所示。为了防止制动与节气门控制相互干涉，用驱动轮的滑转率的门限值（$\lambda_1 < \lambda_2$），确定两种控制方式的作用区间。车辆的目标速度为

$$V_{DR0} = (1 + \lambda_1) V_e \tag{5-37}$$

当驱动轮的速度满足条件：

$$V_{DR} > V_{DR}^{b} = (1 + \lambda_2) V_e \qquad \lambda_1 < \lambda_2 \tag{5-38}$$

则采用制动控制方式，迅速降低驱动轮的滑转速度。当驱动轮的速度进入门限值 λ_2 之内，即当 $V_{DR} < V_{DR}^{b}$时，于是便切换到节气门控制方式。

采用发动机节气门与制动组合控制方式，加快了驱动控制的响应速度和调节能力，驱动控制的效果如图 5-34 所示。在压实的雪地上进行方向行驶稳定性试验结果如图 5-35 所示，在 S 形弯道的可操纵性试验如图 5-36 所示。这些试验结果表明，节气门与制动器组合的 ASR 驱动控制系统，能够更有效地改善车辆在低附着系数路面行驶的方向稳定性、可操纵性和加速性能。

2）采用独立控制与非独立控制的性能比较

在非对称的路面上，采用独立和非独立两种控制方式的驱动力如图 5-37 所示，采用独立控制方式，驱动能力得到了明显改善，而非独立控制的驱动力（或加速性）与没有装备 ASR 的

车辆相差不大。可见在此种情况，非独立控制的 ASR 不能发挥最大的驱动力。

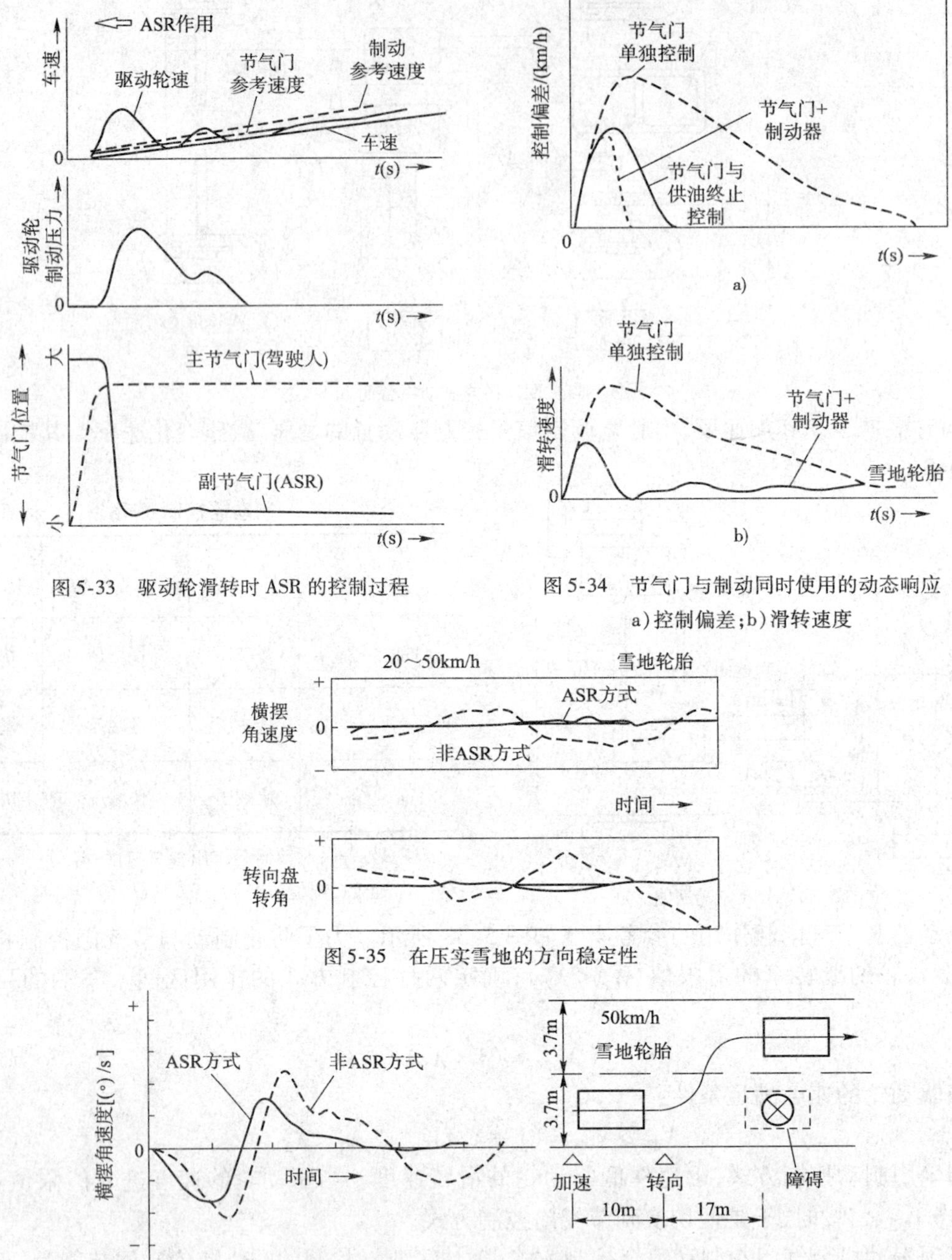

图 5-33　驱动轮滑转时 ASR 的控制过程

图 5-34　节气门与制动同时使用的动态响应
a）控制偏差；b）滑转速度

图 5-35　在压实雪地的方向稳定性

图 5-36　在压实雪地 S 形弯道的操纵性

在压实积雪地面的方向稳定性如图 5-38 所示。车的初始速度为 10km/h，转向盘转角保持不变。在压实雪地行驶时，独立控制比非独立控制的方向稳定性好，车辆的回转角速度变化小。通过试验进一步证实，在压实的积雪路面上，独立控制的 ASR 一边转向，一边自然加速，方向稳定性也无明显的恶化。

在 S 形弯道的可操纵性对比试验结果如图 5-39 所示。显见采用独立控制比非独立控制在 S 形弯道的加速转向的操纵性能好。

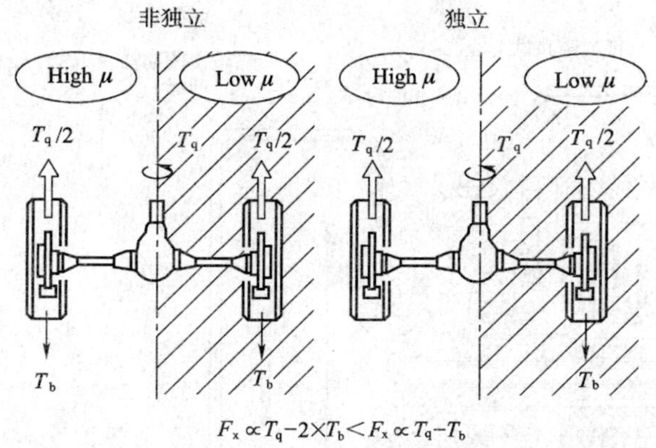

图 5-37　独立/非独立 ASR 在非对称路面的驱动力比较
T_q-驱动转矩；T_b-制动力矩；F_x-驱动力

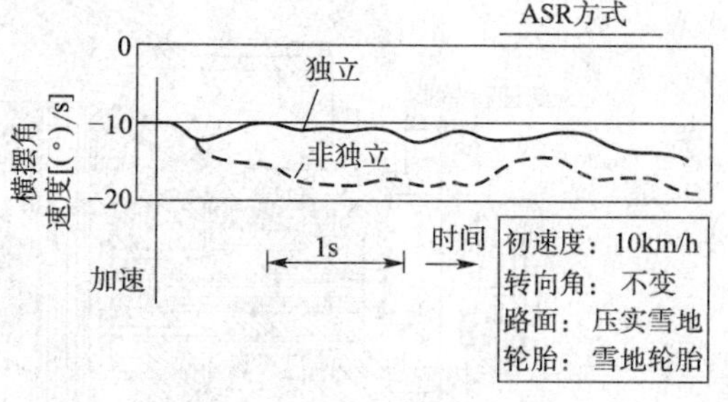

图 5-38　独立/非独立 ASR 在压实积雪路面的方向稳定性

综上所述，ASR 驱动控制系统的性能与它的硬件配置有关。其中以发动机供油中断方式最为简单。对顺序喷射发动机，它不需要增加任何硬件设备，通过相应的控制软件就能达到较好的效果。但是这种驱动控制方式，ASR 工作模式噪声较大，发动机运转也不平稳。在此基础上，再增加发动机节气门的控制，可更有效地降低发动机的多余转矩，提高汽车的加速性、经济性、方向稳定性和可操纵性，并克服单一供油中断法的不足之处。但节气门控制与供油中断组合方式不可避免存在发动机控制的固有缺陷，在非对称路面失去它的控制效能。为了最大限度地提高 ASR 的性能，显然，发动机转矩调节与驱动轮制动就成为自然的组合。但把发动机转矩调节和非独立制动组合起来，也只是充分利用了制动控制的快速性，却仍然解决不了发动机转矩调节方式的本质问题。

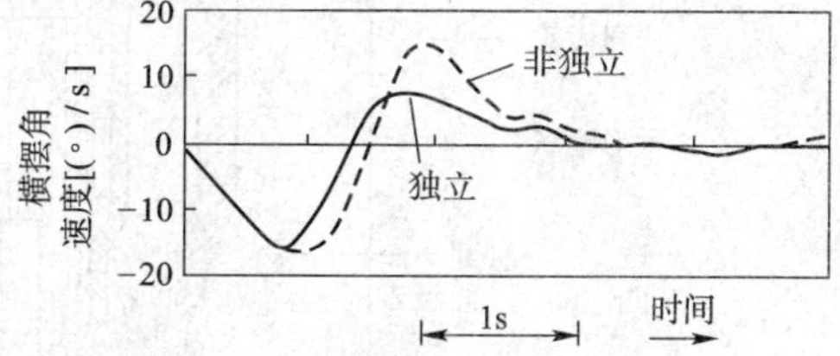

图 5-39　S 形弯道的操纵性

综合各类 ASR 的特点，采用发动机节气门控制与驱动轮独立控制方式，是 ASR 最完备的硬件配置，只要采用合理的控制算法，就可以解决各种路面条件的驱动控制问题，并使车辆的加速性、经济性、方向稳定性和操纵性达到最佳状态。

4. 发动机转矩调节与限滑差速器组合方式

一种主动式限滑差速锁定装置如图 5-40 所示。通过主动控制，可使锁止程度在 0% ~ 100% 范围变化。当限滑差速器不起作用时，允许两轮独立旋转。当完全锁定时，两轮成为一个整体一起旋转。根据路面状况，可任意控制锁止程度。ECU 通过测量两轮的转速信号与转向盘的转角信号，即可判定路面附着系数的分布情况。在正常情况下，两侧车轮的速度差与转向盘的转角成一定的比例关系变化。而在分离附着系数路面，低附着侧的车轮出现的滑转，导致两侧车轮的速度差与转向盘的转角关系出现畸变，于是通过这些信号，ECU 即可准确判定路面附着系数的分布。根据车辆行驶的路面条件，电子控制装置自动调节离合器驱动油缸的压紧力，经过多片湿式离合器把左右半轴锁定起来，保证左右驱动轮的滑转率之差在允许的范围之内。可见，限滑差速锁止装置(Limited Slip Differential 简称 LSD)在非对称路面条件具有很好的效果。但 LSD 在对称路面，对提高车辆的驱动力的效果并不明显，故它通常不单独用作 ASR 的驱动控制，而是和发动机转矩调节方式组合使用。在装备有限滑差速器的大型商用车，节气门控制与限滑差速器锁止控制的组合方式，同样构成了完备配置的 ASR 控制系统。

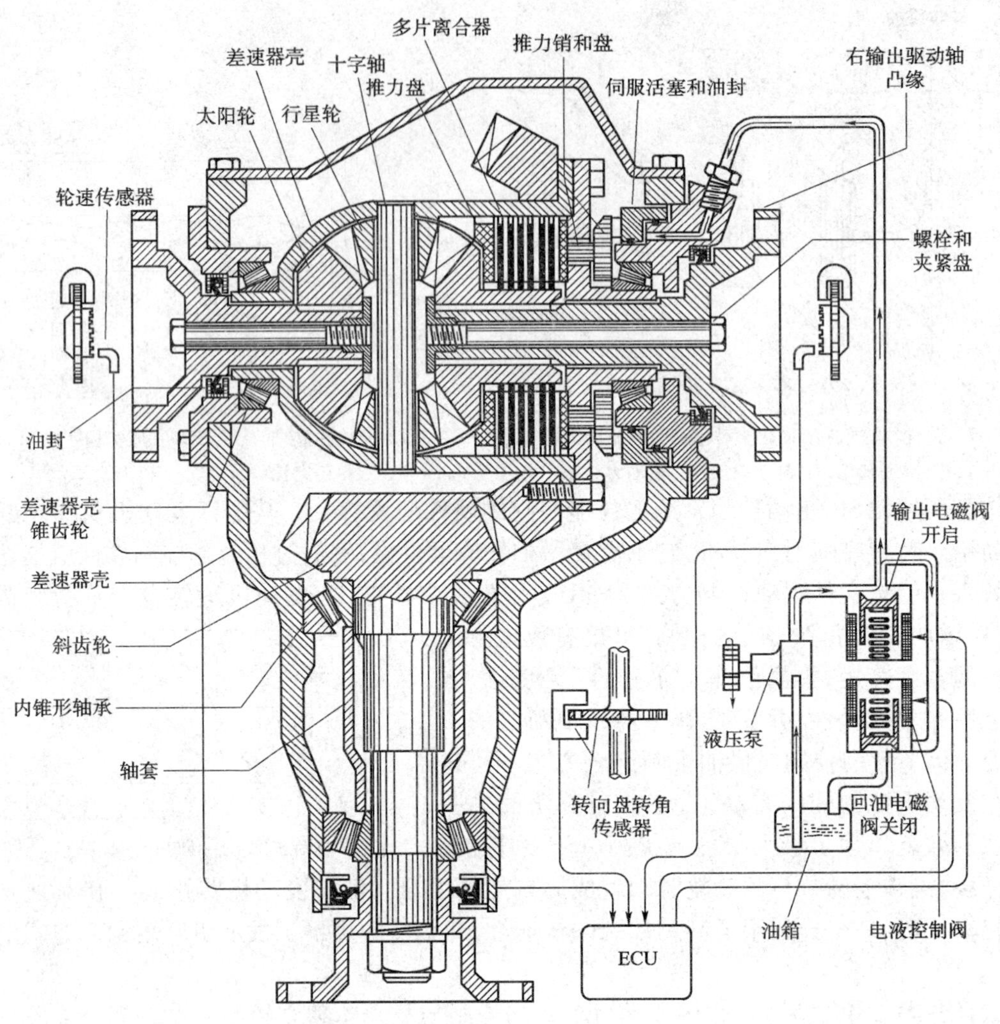

图 5-40 采用 LSD 的 ASR 系统

5. 实现 ASR 不同方式的性能比较

ASR 的本质是:控制作用在驱动轮上的转矩;在非对称路面,对传到驱动轮上的转矩实现最佳分配,从而改善汽车的加速性、方向稳定性和操纵性。实现 ASR 控制的各种不同方法的性能比较见表 5-4。

采用单一的节气门控制,结构简单,便于实现,它不会对传动系统带来任何附加载荷,舒适性也好,但驱动控制的效果不好。单独采用制动方式,多余的功率都得以热的形式在制动器上消耗掉,因而发热严重,不宜在高速下也不宜长时间使用。此外在制动时对传动件和轴等产生附加动载荷,引起传动轴的振动和噪声。两种综合性能好的组合方式分别为发动机与制动组合、发动机与限滑差速器组合。由于现代车辆通常都有 ABS,很容易就可把 ABS 扩充到 ASR 方式,不需要添加更多的硬件设备。而采用发动机与限滑差速器组合,需要不同的液压驱动装置和控制系统,成本较高。所以,发动机与制动器组合是 ASR 的最佳组合方式和最完备的硬件配置形式。只要采用合理的控制算法,充分发挥发动机控制和制动控制的优势,它完全可以满足车辆在各种路面条件的驱动控制的要求,使车辆的方向稳定性、操纵性、舒适性和加速性达到最佳状态。

实现 ASR 控制的各种不同方法的性能比较　　表 5-4

控制方式＼性能指标	操纵性稳定性		驱动力	舒适性	传动系统载荷	系统复杂程度
	RWD	FWD				
节气门	+	+(+)	−	+ +	+ +	+ +
喷油 + 点火时间	+	+ +	0	0	0	+ +
制动(单轮)	+	+	+ +	− −	− −*	−
节气门 + 制动(单轮)	+ +	+ +	+ +	+	+	− −
节气门 + 喷油、点火时间	+ +	+ +	0	+	+	+
节气门 + 喷油、点火 + LDS	+ +	+ +	+ +	+(+)	+	− − −

注：* ——仅在低速下是可行的；+ + ——很好；+(+)——好；RWD——后轮驱动；FWD——前轮驱动；+ ——较好；0——一般；− ——不好；− − ——很不好；− − − ——非常不好；LDS——限滑差速器。

这里需要再说明的一点是：ASR 控制与 ABS 控制类似的地方，就是在非对称路面提高驱动力与方向稳定性是矛盾的，最大限度地利用高附着系数路面一侧的驱动力，必然降低车辆的方向稳定性。在这种工况，即使车辆没有转向要求，也可能会使车辆偏离期望的行驶方向。为此驾驶人必须通过转向盘产生纠偏力矩以抵消非稳态力矩(由两侧驱动力之差产生)的影响。当车辆在高速行驶时，驾驶人是否能作出及时正确的反应，并把车辆的行驶方向控制在期望的状态，这是 ASR 控制系统无法保证的。从这一方面说，ASR 只是通过它的控制作用，保证车辆处在一个可控的状态。而能否准确控制车辆的行驶方向，则取决于驾驶人的心理状态、技术的熟练程度等多种因数。要主动实现车辆行驶方向的稳定性，就必须采用综合控制系统。如增加转向盘转角信号传感，构成车辆行驶方向闭环自动控制系统，在各种路面条件下就可实现车辆方向稳定性的主动控制。可以肯定，随着汽车电子控制技术的发展，必然出现由当前的单目标(驱动)的控制逐步向多目标(驱动、方向稳定性)的综合控制方向过渡。

第五节　ABS/ASR 的驱动机构与电子控制装置

一、ABS 及主要部件

ABS 主要由制动主缸、液压装置、电控装置，轮速传感器以及制动轮缸组成。由于采用制动方式实现防滑控制与防抱制动控制的原理与方法一致，通常 ABS 液压系统和 ASR 液压回路都集成在一起。如 ABS/ASR5 液压回路(图 5-41)，它在 ABS 液压回路的基础上，增加了两个切换阀和两个充液阀，完成从 ABS 状态到 ASR 状态的切换，或由 ASR 到 ABS 状态的切换。当切换阀在非通电状态，切换阀是开启的。通电以后，切换阀关闭，进入 ASR 工作状态，液压泵输出的高压油和制动主缸分开。此后 ASR 的增压、降压和保压与 ABS 的方式相同。充液阀在通常(ABS)情况是关闭的，仅在 ASR 状态是开启的，此刻液压泵经充液阀快速通过主缸中心阀从油箱吸油。图 5-41 所示是前驱防滑控制系统，液压泵的高压油仅供给左右驱动轮。在切换阀和充油阀之间，还有个限压阀，用来控制系统的最高工作压力。特别指出的是：ABS 在正常情况并不工作，制动主缸的压力油直接进入到制动轮缸，仅当 ABS-ECU 检测到车轮有抱死倾向，ABS 进入工作状态，产生调制压力进入到轮缸，解除车轮抱死状态。ABS 触发后进入工作状态，驾驶人会感觉到制动踏板的振动。

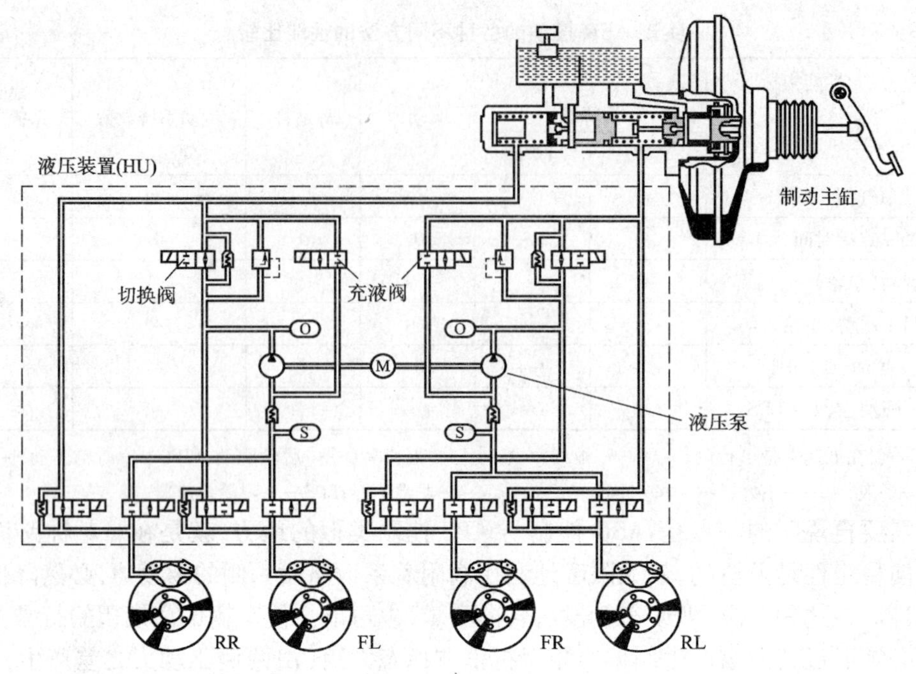

图 5-41　ABS/ASR5

1. 轮速传感器

ABS 采用的轮速传感器的外形与基本结构如图 5-42 所示。由于齿圈、齿顶和电极之间的间隙随车轮的转动交替地变化,使之在线圈回路中感应出周期性的电压信号,经整形电路得到与轮速成正比的脉冲信号。

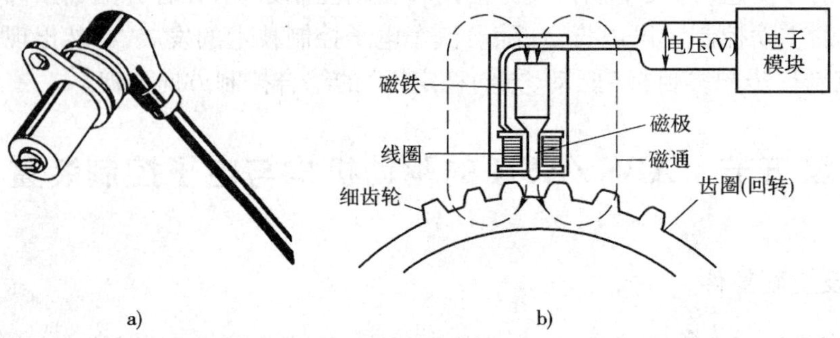

图 5-42　轮速传感器的外形与结构

a) 外形;b) 基本结构

2. 电磁阀

ABS 中采用的电磁阀如图 5-43 所示,分为 2/2、3/3 两种,其中图 5-43a) 所示是 2/2 电磁阀,只有通断两种功能,要实现增压、保压和减压三种状态,就需要把两个阀集成在一起。由于阀只有开启关闭两个状态,阀的结构非常简单。考虑到阀的作用不同,进油阀和出油阀的结构会略有不同。如进油阀,阀芯的背部无大刚度弹簧,在不通电时,是常开的。对出油阀,则在阀的背部装有大刚度弹簧,在不通电时是常闭的。以保证当电气系统出现故障时,ABS 仍能按常规制动方式工作。图 5-43b) 所示是 3/3 电磁阀,它有三个通孔,三个状态。根据输入电流的大小,可将阀芯控制在对应的三个状态,从而改变三个阀孔之间的通路。当电流为零,阀芯在弹簧作用处于最低位置,主缸和轮缸相通,得到增压状态。保证当电气系统出现故障时,ABS 仍能按常规系统进行工作,这是所有 ABS 必备的基本功能。输入电流最大,阀芯移至最高位移,把主缸油道关闭,轮缸和储液筒接通,此为减压状态。电流在两者之间,阀芯居中,封闭所有通路,对应 ABS 保压状态。

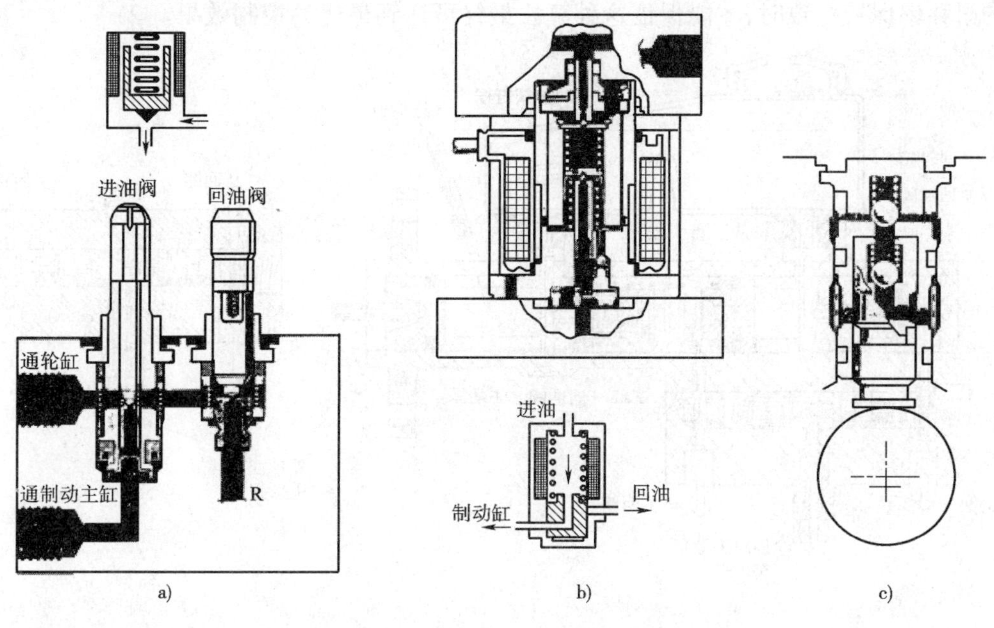

图 5-43　ABS 系统的 2/2 阀和循环泵

a)2/2 控制阀;b)3/3 控制阀;c)循环柱塞泵

3. 循环柱塞液压泵

图 5-43c)所示是循环液柱塞泵。它的作用是把 ABS 在减压时排出的液压油加压后再送回到高压油路。液压泵的排量取决于低压侧是否有多余的液体,柱塞的行程随充液量的多少自动调节,它是自动调节的变量泵。这种泵结构紧凑,效率高,已在汽车上得到广泛采用。

4. 制动主缸

制动主缸的结构如图 5-44 所示。它有两个独立的活塞,形成两个独立的领、从式液压缸。领、从液压缸不是靠机构方式连接在一起的,而是借助于领缸的压力驱动从缸的活塞。当踩下制动踏板时,首先在领缸建立起压力,然后在压力油作用下,使从缸活塞随领缸活塞依据压力的变化一起运动。领、从缸如此设计的目的是:保证领、从缸输出压力相等(如不计从缸活塞的摩擦力)。当一个缸的油路出现故障,仍可保证另一缸的正常工作。假如从缸的液压管路松脱,不能建立起压力。当踩下制动踏板时,则首先不能在领缸建立起压力,从缸活塞将随领缸活塞一起运动至最左端的限位块(图 5-44)。此时由于从缸活塞被限位,当踏板进一步踩下时,于是主缸开始按正常工作方式建立起工作压力。

当系统处在 ASR 工作模时,循环泵能通过充液阀经主缸的中心阀从油箱吸油,保证 ASR 响应的快速性。

为了研究 ABS 的控制算法对改善 ABS 制动性能、操纵性和方向稳定性的可能性,许多文献研究了各种不同的算法,但目前在车上广泛采用的仍是门限控制算法。从理论上来看,门限逻辑控制算法不是最优的,但经过相当长时间的完善和发展,对这种算法的理论分析和试验研究已趋于成熟。

基于车轮滑移率的各种控制算法,从理论上优于门限逻辑控制算法,但在实际应用中面临两个问题:其一是车速的测量,其二是精确实时估计峰值附着系数对应的滑移率。因为在不同路面条件下,峰值附着系数对应的滑移率变化很大,只有当滑移率的设定目标与路面峰值附着系数的滑移率保持一致时,才能保证这种算法最终可达到最优的控制效果。

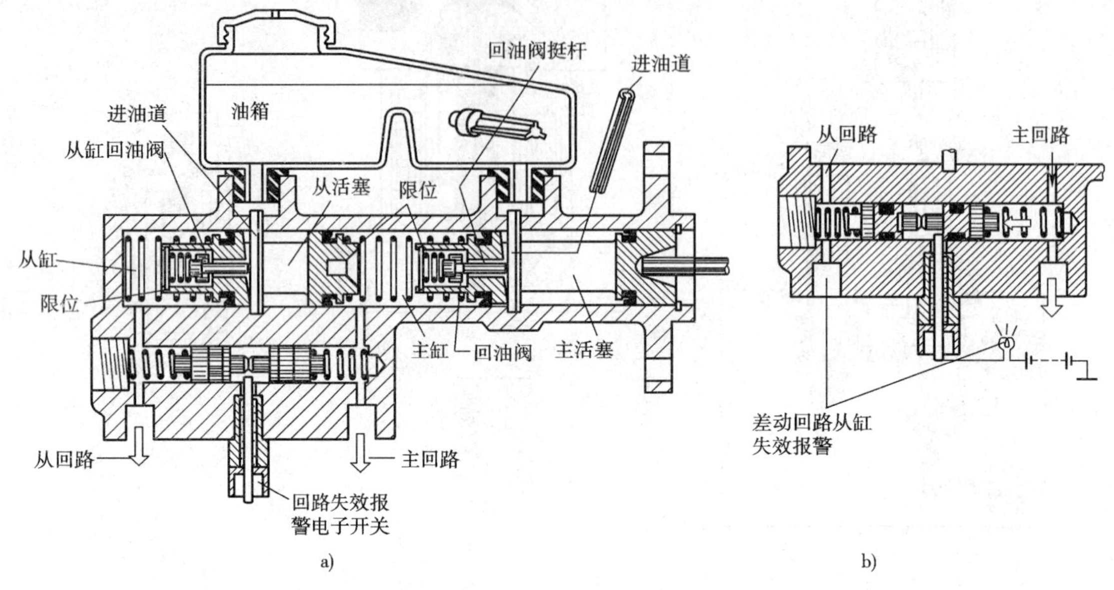

图 5-44 制动主缸的结构

a)释放压力;b)失效报警

ABS 制动系统在相当多的路面条件下(如峰值附着系数不明显的路面),在缩短制动距离方面比常规制动器并无明显优势,甚至没有优势。可以说,ABS 首先是用来改善汽车的操纵性和方向稳定性,其次是用来缩短汽车的制动距离。而最大限度地缩短汽车的制动距离和方向稳定性是相互矛盾的,如单轮独立控制可最大限度地利用路面的附着系数,使制动距离缩短到极限,但由此导致汽车方向稳定性恶化。相反,采用低选控制方式是为了保证汽车的方向稳定性而牺牲了制动距离。单轮修正方式是对前述两种极限情况的折中,使制动距离和汽车方向稳定性的综合性能达到最佳。

二、ASR 的电控装置

ASR 的电控装置如图 5-45 所示。中央处理单元是 8 位单片机,具有 12kb ROM、384 字节 RAM、16 位可编程定时器和高速 I/O 中断控制器,时钟频率 12MHz。

ASR-ECU 的输入信号来自 ABS-ECU,发动机控制 ECU 及几个选择控制开关。根据输入信息,ASR-ECU 通过精确计算后输出控制指令,控制制动器与节气门的工作状态,并通过指示灯显示当前工作情况。如果 ASR-ECU 检测到任何故障,ASR-ECU 立即关闭它的工作,车辆按常规方式行驶,检测出的错误信息存入由电池供电的 RAM 区。同时,诊断的故障码输出到多功能显示 ECU,并点亮闪烁警告指示灯。

程序流程图如图 5-46 所示。主程序完成初始化,决定控制模式,并依次计算驱动轮速度、副节气门的参考位置及诊断过程。为了提高实时处理车轮速度与发动机速度信号的精度,采用了中断执行方式。速度信号中断处理计算具有最高的优先级,而节气门和制动器控制,则采用定时中断。

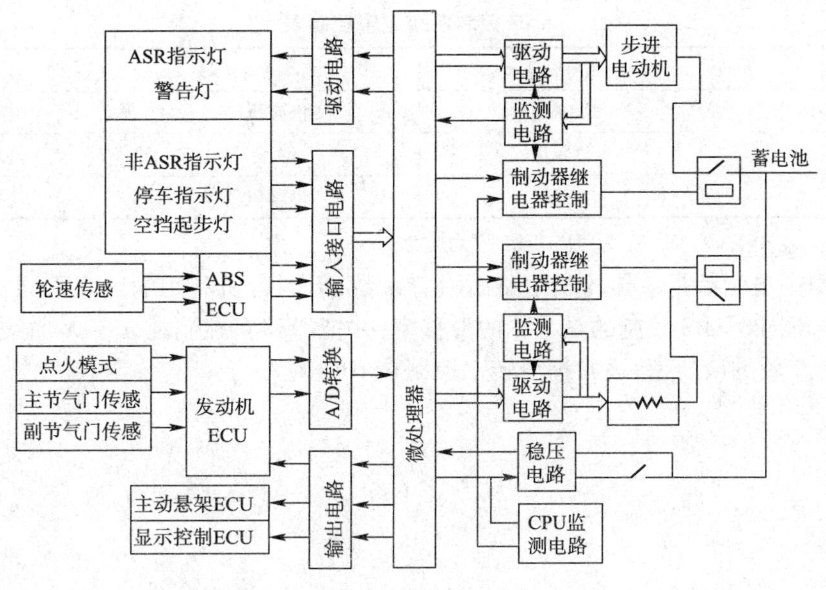

图 5-45　ASR-ECU 框图

三、ASR 与 ABS 控制算法的比较

ASR 控制与 ABS 控制相比，其控制算法有相同的地方，也有不同的地方，既有它简单的方面(对两轮驱动方式)，又有它复杂的方面。它的简单方面就是：设车辆运动速度为 V_e，期望的滑转率为 λ_e，则驱动轮的目标速度为

$$V_{DR0} = (1 + \lambda_e) V_e \tag{5-39}$$

于是最佳驱动控制问题就可简单地描述为：控制驱动轮的速度跟踪目标速度 V_{DR0} 的变化，这就是伺服跟踪控制问题。由于车速 V_e 是两从动轮速度的平均值，均是可测的。而 ABS 只能依据车轮的加减速度和参考速度来进行间接控制，为了实现最佳控制，就比 ASR 控制困难得多。从理论上来说，制动方式可使驱动控制的加速性、方向稳定性和操纵性达到最佳状态。但由此必然导致一些难以克服的负效应，如突然的强力制动会在传动系统产生很大的动载荷及噪声等，极限情况甚至会超出车辆的允许范围，所以在现代车辆上通常采用发动机与制动干预的组合控制方式。

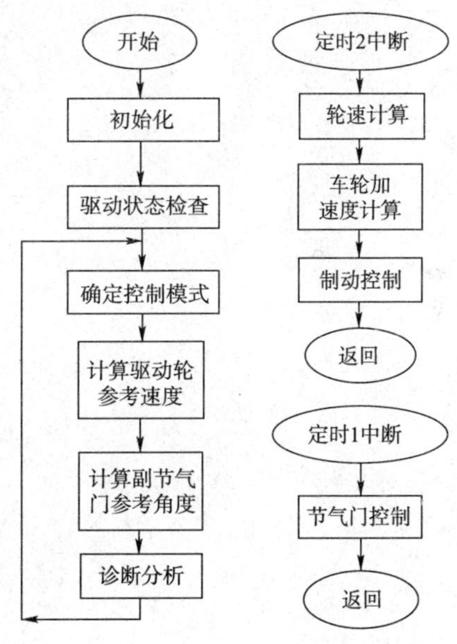

图 5-46　ASR-ECU 的程序流程图

由于发动机输出特性很难用解析方法描述(通常用 Map 图的形式描述)，这就是 ASR 实现精确控制较困难的一个方面。从工程应用方面考虑，所采用的算法并不涉及对象的数学模型，使 ASR 的控制问题得以简化。如节气门与制动组合控制方式，节气门通常采用 PI 控制规律，见式(5-36)，制动干预采用逻辑门限条件。

ASR 制动干预采用逻辑门限条件与 ABS 算法类似。由于 ASR 可以很容易获得目标车速和滑转率，故 ASR 比 ABS 更容实现精确控制。ASR 控制系统由目标速度 V_{DR0} 和滑转率门限值 λ 决定的五级逻辑控制见表 5-5。

ASR 控制系统逻辑控制表 表 5-5

	$\dot{\lambda} < -a$	$-a < \dot{\lambda} < a$	$\dot{\lambda} > a$
$V_{DR} < V_{DR0}$	快减压	慢减压	保压
$V_{DR} = V_{DR0}$	慢减压	保压	慢增压
$V_{DR} > V_{DR0}$	保压	慢增压	快增压

注：目标速度 $V_{DR0} = (1 + \lambda_e)V_e$，$V_e$ 为两从动轮的平均速度。

ASR 和 ABS 虽然都是最佳的利用路面附着系数，但两者所利用的区间不同，附着系数的理想工作点也不同。ABS 控制的是车轮的滑移率，并把滑移率控制在 $\mu_b - \lambda$ 曲线的峰值。而 ASR 控制的是车轮的滑转率，通常把滑转率控制在 10% 左右。

第六章　电控悬架

第一节　绪　　论

悬架是汽车的重要组成部分，它把车体与车轴弹性地连接起来，并承受作用在车轮和车体之间的作用力，缓冲来自不平路面给车体传递的冲击载荷，衰减各种动载荷引起车体的振动。悬架对汽车的行驶平顺性、乘坐舒适性及操纵稳定性等多种使用性能都有很大影响，因此悬架设计一直是汽车设计人员非常关注的问题之一。

按悬架的工作原理不同可分为被动悬架、半主动悬架及主动悬架三种。目前在汽车上普遍采用的多为传统机械悬架。随着汽车速度的提高，汽车悬架需要有越来越好的性能。由于机械式悬架的结构和主要参数不能随着汽车行驶速度和路面条件自动进行调节，它不可能在各种工况下都能达到期望的性能指标。通过改变机械结构与参数优化来改善这类悬架的性能也临近到极限，故当前对汽车悬架的研究工作主要围绕电子控制悬架展开。特别是近年电子空气悬架的迅速发展，被广泛用于大型客车与大型货车，并逐渐在高档轿车上应用。

先分析机械式被动悬架的本质问题，由此引出电子控制悬架（简称电子悬架）的基本概念和系统设计时的关键问题。图 6-1 所示是汽车上采用的机械悬架，具体的结构可能不同，但研究来自不平路面的激励引起车体的垂直振动都可用图 6-2 所示的四分之一车辆力学模型表示。

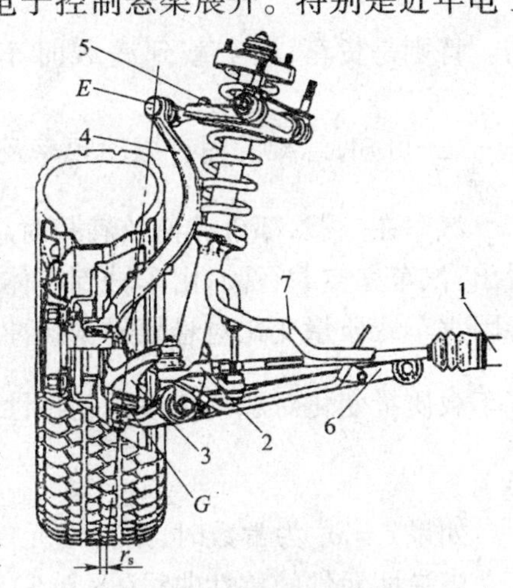

图 6-1　机械悬架的结构

1-转向器；2-转向横拉杆；3-转向梯形臂；4-车轮转向节；5-上横臂；6-下横臂；7-横向稳定杆；E-导向铰节；G-支撑铰节

考虑到轮胎的弹性、阻尼特性对选用的轮胎来说是确定的，且固有频率远高于车体簧载质量的固有频率。为了分析被动悬架的簧载质量、悬架的刚度及阻尼系数对振动传递特性的影响，进一步可把图 6-2 所示的力学模型简化如图 6-3。

以车体的静平衡位置作为原点，由系统动力学，可写出图 6-3 所示系统的运动微分方程为

$$m_s \ddot{x}_s + c_s(\dot{x}_s - \dot{x}_r) + k_s(x_s - x_r) = 0 \tag{6-1}$$

式中：m_s——1/4 车体质量；

x_s——车体的垂直位移；

x_r——路面的垂直位移；

c_s——悬架的阻尼系数；

k_s——悬架的刚度系数。

对式(6-1)取拉普拉斯(Laplace,后文简称拉氏变换)变换,得

$$(m_s s^2 + c_s s + k_s) x_s(s) - (c_s s + k_s) x_r(s) = 0 \tag{6-2}$$

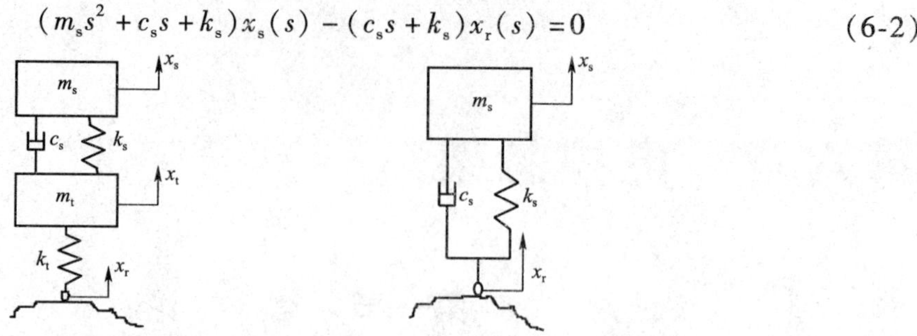

图 6-2　1/4 车体悬架模型　　　图 6-3　1/4 车体悬架简化模型

由式(6-2)可得到从车轴到车体振动传递函数为

$$H_{Xr \sim Xs}(s) = \frac{x_s(s)}{x_r(s)} = \frac{c_s s + k_s}{m_s s^2 + c_s s + k_s} = \frac{2\xi\omega_n s + \omega_n^2}{s^2 + 2\xi\omega_n s + \omega_n^2} \tag{6-3}$$

式中:ω_n——悬架的固有振动频率,$\omega_n^2 = \dfrac{k_s}{m_s}$;

ξ——悬架的阻尼比,$\xi = \dfrac{c_s}{2\sqrt{m_s k_s}}$。

对被动悬架,c_s 与 k_s 在工作时是一定的,仅有汽车车体的质量因载人或载货不同是变化的。特别是货车,从空载到满载时车体质量相差较大。当 c_s 与 k_s 恒定,由 $\omega_n^2 = \dfrac{k_s}{m_s}$和 $\xi = \dfrac{c_s}{2\sqrt{m_s k_s}}$可知,悬架的固有振动频率及阻尼比都随汽车的质量发生变化。

汽车在空载、部分载荷及满载时悬架对路面激励的传递特性如图 6-4 所示。由计算结果看出,汽车在空载行驶,由车轴到车体传递振动的频带宽,悬架的缓冲隔振效果恶化。为了改善因汽车载质量变化对悬架隔振缓冲性能的影响,汽车设计人员采用非线性刚度悬架以降低汽车载质量变化对悬架传递振动特性的影响。由 $\omega_n^2 = \dfrac{k_s}{m_s}$可以得出:

$$k_s = \omega_n^2 m_s = c m_s \tag{6-4}$$

如果 $c = \omega_n^2$ 为常数时,则弹性元件的刚度与车体质量成正比。

当弹性元件的特性曲线(图 6-5)满足:

$$\frac{\dot{y}(x)}{y(x)} = c \tag{6-5}$$

即可满足条件式(6-4)。求解微分方程式(6-5)得弹性元件特性曲线为

$$y = a e^{\omega_n^2 \cdot x} \tag{6-6}$$

$$\omega_n^2 = \frac{k_{s0}}{m_{s0}}$$

式中:a、m_{s0}——车体平均质量,$a = m_{s0}$;

x——相对参考点的静挠度(以车体平均质量 m_{s0}对应的稳态工作点为参考点);

y——悬架载质量;

k_{s0}——悬架在参考点的刚度。

只要悬架的弹性元件具有式(6-6)的特性,它可使悬架的固有频率不会因车体质量的变化而变化。但在悬架上实现如此特性曲线有一定的困难,在实际应用中也存在以下问题:

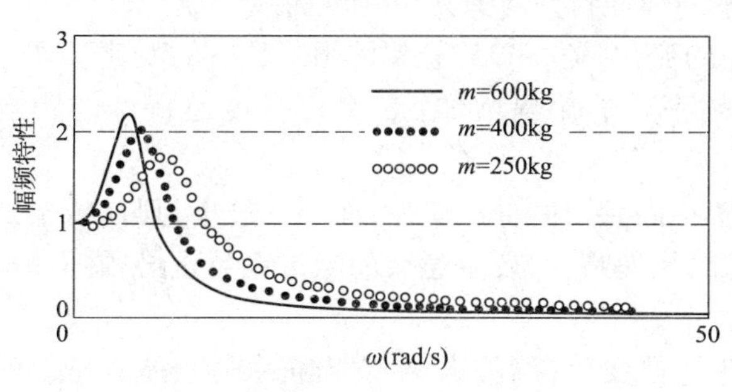

图 6-4 车体载质量变化对传递特性的影响

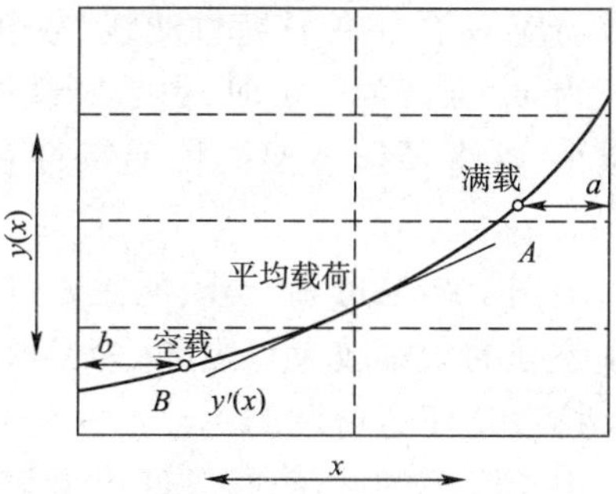

图 6-5 变刚度特性曲线($\omega_n = c$ 是常数)

(1)由于车体质量变化,将导致悬架的静态工作点变化很大。如当汽车空载或满载时,悬架的静态工作点将处在弹性元件的两端,结果使车体的高度变化较大(参见图 6-5 中的工作点 A、B)。

(2)当动载使悬架的负荷减小时,由于悬架刚度按指数规律降低,它将导致较大的单边动挠度。

由上述的分析可见,因机械悬架的结构特点,很难全面提高悬架在所有工况的性能指标。一种实用的非线性特性如图 6-6 所示。它的特点是静平衡点附近刚度小,而在离静载荷较远的两端刚度大。来自不平路面的激励产生的动载使悬架的挠度以静平衡点为中心变化,因而汽车在一般道路条件下行驶有低刚度悬架的性能,能保证良好的行驶平顺性。而在曲线的两端,刚度急剧增大。当遇到较大的冲击时,这样可使悬架在同样有限的工作范围内能吸收(或存储)比线性悬架更多的能量,防止悬架与车体的直接碰撞。

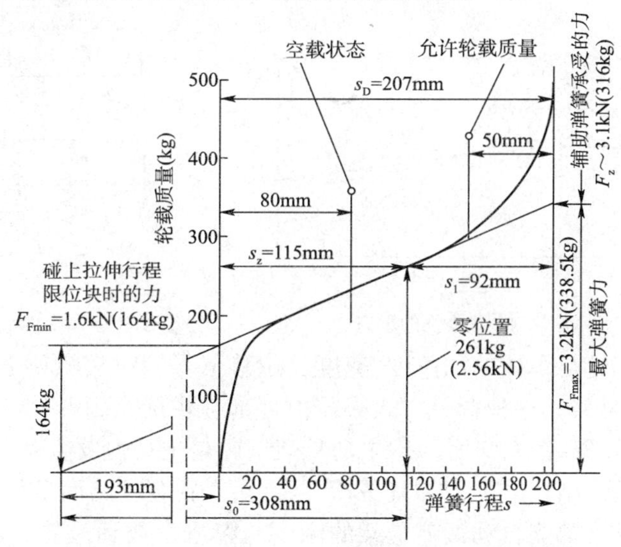

图 6-6 实用的变刚度悬架特性曲线

采用图 6-6 中的特性曲线,也同样存在簧载质量不同导致悬架的静挠度变化的情形,且比图 6-5 中曲线更为明显。因为工作段弹簧刚度较低,当车载质量偏离期望质量 m_{s0},则实际工作点很快向两端移动。如图 6-6 所示,在满载时,上跳行程只有 36mm。如图 6-6 所示的变刚度特性曲线,不能满足对车载质量变化的使用要求。

从上述的分析可见，为了使机械悬架取得较为满意的性能，必须使悬架的固有振动频率和车身高度均保持不变。于是要求悬架的刚度特性必须是无级可调的，在不同的簧载质量下，悬架都对应一条力-位移特性曲线，故理想悬架的弹性特性应该是由一族曲线组成。

当 ω_n 维持为一定时，由于簧载质量 m_s 的变化，还将导致悬架的阻尼比 ξ 的变化。如阻尼比减小，这将导致悬架的传递特性在固有频率处的振幅增加。ξ 变化对传递特性的影响如图 6-7所示。

由图示结果可见，当阻尼比 ξ 过大，悬架在高频段的性能变差，而当 ξ 过小，则在悬架的固有频率处的振幅较大。因此，为了取得满意的传递特性，要求悬架的阻尼系数也必须随冲击的频率特性是任意可调的。

由于汽车的载荷、行驶速度及路面条件经常变化，驾驶人既不能随时地去调节悬架的高度，也不能根据当前的工况去准确地调节刚度与阻尼，这就是机械悬架不能实现理想传递特性的本质问题。

从对机械悬架的分析可知，如悬架的刚度、阻尼及车身的高度能根据汽车装载质量和路面状况实现自动调节，就能使悬架取得较好的隔振缓冲效果。于是在悬架中增加信号传感、执行驱动机构及电子控制装置，根据汽车工作状况与路面的不平度，对悬架的阻尼、刚度及车身的高度进行自动调节，这就是汽车上采用电子控制悬架的基本思想。

电子悬架由于工作方式不同，可分为半主动悬架和主动悬架。根据路面冲击、车轮与车体的加速度、速度及位移信号仅实时调节悬架的阻尼系数，消耗来自不平路面的冲击能量，而不需要提供能量，以这种方式来改善悬架的缓冲性能的称为半主动悬架。它具有结构简单、造价低、能量消耗小等优点，是目前在轿车上较为普遍采用的调节方式。图 6-8 所示是一种典型的半主动悬架，它是通过改变油缸上下两腔节流口的过流面积，以调节悬架的阻尼系数，在结构上更接近传统的机械悬架。

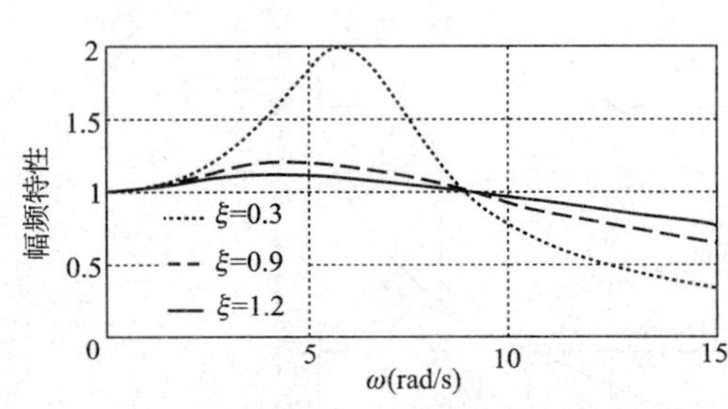

图 6-7　阻尼比对传递特性的影响

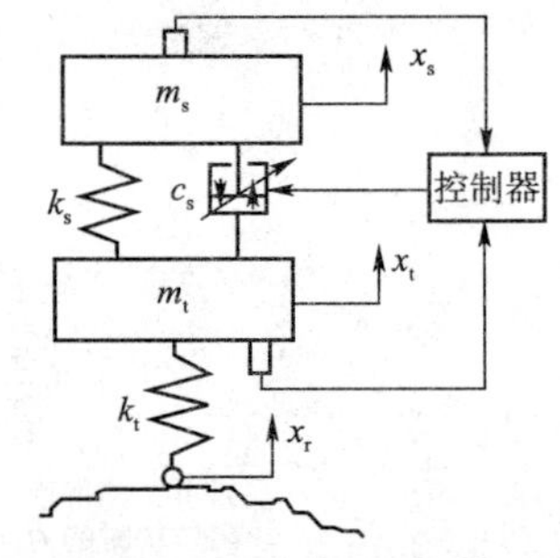

图 6-8　半主动悬架工作原理

根据路面冲击、车轮与车体的加速度、速度及位移信号同时实时调节悬架的阻尼、刚度及车身的高度称为主动悬架。这种调节方式必需由外部提供能量，相对半主动悬架，结构复杂，造价也较高，其工作原理如图 6-9 所示。主动悬架实际是主动力发生器，可根据汽车的质量和地面的冲击载荷，自动产生相应的力与其平衡，保证汽车在各种路面条件下都具有较好的平顺性，相当于在不同工况下都能自动调节悬架的刚度与阻尼系数到最佳值的调节装置。主动悬架在结构上有两种基本布置方式，力学模型如图 6-9所示。

近年在大型客车、大型货车与某些轿车采用的电子空气悬架，它用低刚度气囊式空气弹簧代替大刚度机械弹簧，使悬架的减振性能得到明显改善。电子空气悬架在系统组成上类似于主动悬架，也包括信号传感（虽然仅是主动/半主动悬架的部分信号）、执行机构与电子控制装置（图 6-10）。但它的控制方式与主动/半主动悬架有很大不同，如主动/半主动悬架是基于车轮和车体的加速度信号实时地调节悬架的刚度和阻尼力，是连续的动态调节过程，要求执行机构的响应速度高。而某些电子空气悬架，是基于汽车的行驶状态（尤其是操作状态，制动、加速、转向等）和装载质量调节阻尼力与刚度，是有级的不连续的过程，对执行机构响应速度不高，消耗的能量极低。从工作方式来看，电子空气悬架更接近被动悬架。

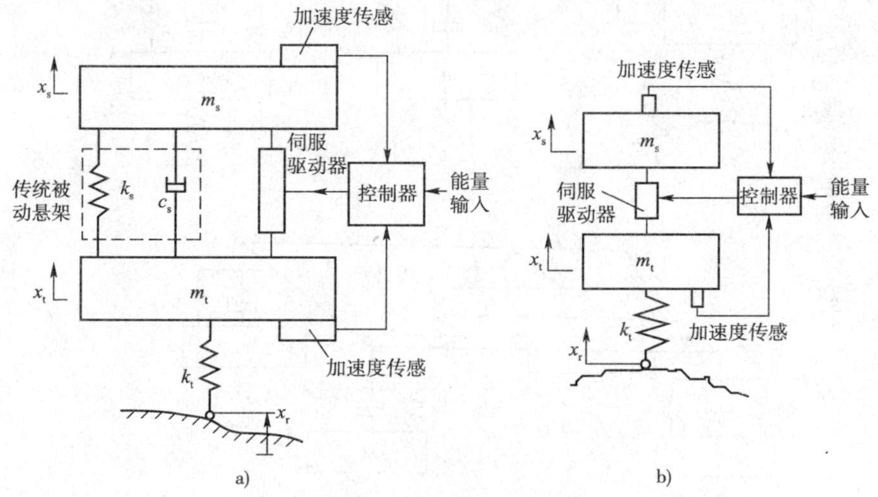

图 6-9　主动悬架力学模型

a）与被动悬架并置式主动悬架；b）完全独立式主动悬架

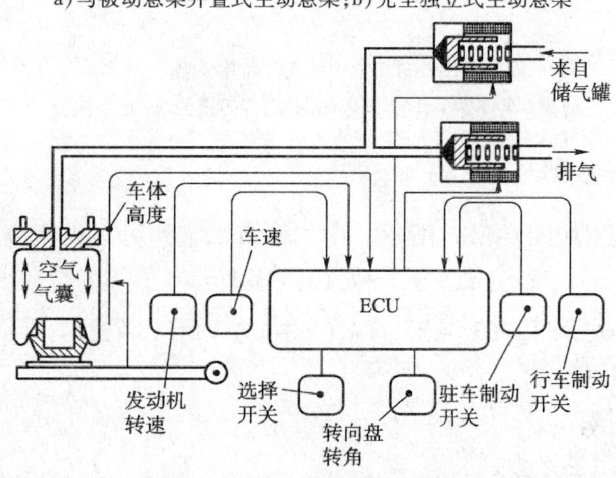

图 6-10　电子空气悬架的组成

综上所述，电子悬架实际是在机械悬架的基础上，增加了阻尼、刚度与车体高度自动调节装置。故电子悬架的设计任务最终也就归结为：寻求合适的控制算法，使之能够根据汽车的运行工况和路面条件，自动地跟踪调节悬架的刚度、阻尼及车体的高度到最佳状态，以保证悬架在任意工况都具有最佳的平顺性和操纵稳定性。

第二节　悬架的力学模型

悬架的力学模型是进行性能分析和系统设计的基础。由于所研究问题的出发点不同，为了简化研究对象，突出问题的本质，通常用不同的简化模型来描述。常用的简化模型为二自由度的 1/4 车体模型，如图 6-11a）所示；四自由度 1/2 车体侧倾、仰俯模型，如图 6-11b）所示；及七自由度整车模型，如图 6-11c）所示。

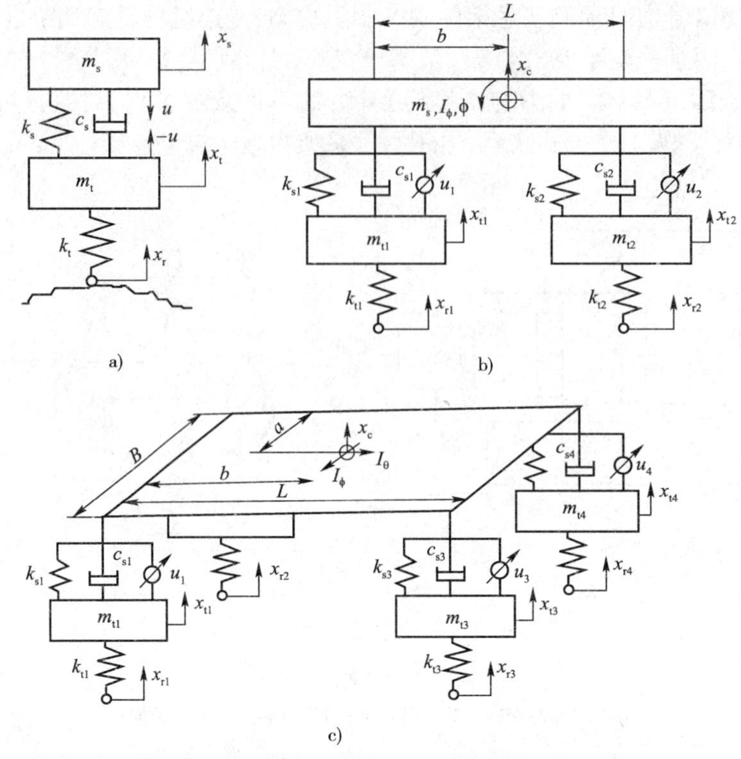

图 6-11　常用的几种简化模型

a)1/4 车体模型;b)1/2 车体侧倾、仰俯模型;c)整车模型

一、1/4 车体的力学模型

1/4 车体的力学模型如图 6-11a)所示。由牛顿第二定律可写出相应的运动方程为

$$\begin{cases} m_s \ddot{x}_s + c_s(\dot{x}_s - \dot{x}_t) + k_s(x_s - x_t) = u \\ m_t \ddot{x}_t + c_s(\dot{x}_t - \dot{x}_s) + k_s(x_t - x_s) + k_t(x_t - x_r) = -u \end{cases} \tag{6-7}$$

式中:m_s——1/4 车体质量;

m_t——非簧载质量;

c_s——被动悬架阻尼系数;

k_s——被动悬架刚度系数;

k_t——轮胎刚度系数;

x_r——地面的扰动输入;

x_s——车体位移;

x_t——非簧载质量位移;

u——控制力,它既可是主动悬架的作用力,也可是半主动悬架的作用力。对被动悬架,则 $u=0$。

令式(6-7)的初始条件为零取拉氏变换得

$$\begin{cases} (m_s s^2 + c_s s + k_s)x_s(s) - (c_s s + k_s)x_t(s) = u(s) \\ (m_t s^2 + c_s s + k_s + k_t)x_t(s) - (c_s s + k_s)x_s(s) = k_t x_r(s) - u(s) \end{cases} \tag{6-8}$$

再令

$$a(s) = -(2\xi_2\omega_2 s + \omega_2{}^2)$$
$$b(s) = s^2 + 2\xi_2\omega_2 s + \omega_2{}^2$$
$$c(s) = s^2 + 2\xi_1\omega_1 s + \omega_1{}^2 + u\omega_2{}^2$$
$$d(s) = -(2\xi_1\omega_1 s + u\omega_2{}^2)$$
$$u_1(s) = u(s)/m_s$$
$$u_2(s) = u(s)/m_t$$

其中:

$$\omega_1{}^2 = \frac{k_t}{m_t};\xi_1 = \frac{c_s}{2m_t\omega_1};u = \frac{m_s}{m_t};$$
$$\omega_2{}^2 = \frac{k_s}{m_s};\xi_2 = \frac{c_s}{2m_s\omega_2};$$

则上式可写成:

$$\begin{cases} a(s)x_t(s) + b(s)x_s(s) = u_1(s) \\ c(s)x_t(s) + d(s)x_s(s) = \omega_1{}^2 x_r(s) - u_2(s) \end{cases} \tag{6-9}$$

解线性方程组式(6-9),得

$$x_t(s) = \frac{du_1 - b[\omega_1^2 x_r(s) - u_2]}{ad - bc} = \frac{(d/m_s + b/m_t)u(s) - \omega_1^2 b x_r(s)}{\Delta(s)} \tag{6-10}$$

$$x_s(s) = \frac{a[\omega_1^2 x_r(s) - u_2] - cu_1}{ad - bc} = \frac{a\omega_1^2 x_r(s) - (a/m_t + c/m_s)u(s)}{\Delta(s)} \tag{6-11}$$

式中:$\Delta(s) = a(s)d(s) - b(s)c(s)$

路面激励引起车体的垂直位移反映悬架的缓冲隔振的效果,其传递特性与控制规律有关。当 $u = 0$ 时则为被动悬架,相应平顺性传递函数为

$$H_{Xr\sim Xs}(s) = \frac{x_s(s)}{x_r(s)} = \frac{\omega_1^2 a(s)}{\Delta(s)} \tag{6-12}$$

如用路面激励引起车体的垂直加速度定义悬架的平顺性,则悬架平顺性传递函数又可定义为

$$H_{Xr\sim \ddot{X}s}(s) = \frac{\ddot{x}_s(s)}{x_r(s)} = \frac{s^2 x_s(s)}{x_r(s)} = \frac{\omega_1^2 a(s)}{\Delta(s)} \cdot s^2 \tag{6-13}$$

为了使悬架获得满意的缓冲隔振的效果,则要求平顺性传递函数式(6-12)或式(6-13)在所有频率段内或重要工作频率段内的幅值越小越好。于是悬架的设计就成为:对被动悬架就是确定合理的结构参数使 $H_{Xr\sim Xs}$ 或 $H_{Xr\sim \ddot{X}s}$ 的幅值取最小值,对主动悬架则为寻求合适的控制规律 $u(t)$ 使 $H_{Xr\sim Xs}$ 或 $H_{Xr\sim \ddot{X}s}$ 的幅值取最小值。

非簧载质量和车体之间的位移表示悬架的动挠度,由此可定义悬架挠度传递函数为

$$H_D(s) = \frac{x_s(s) - x_t(s)}{x_r(s)} = \frac{\omega_1{}^2}{\omega_2{}^2} \cdot \frac{(s/\omega_2)^2}{\Delta(s)} \tag{6-14}$$

悬架的动挠度影响汽车的重心高度及悬架的结构尺寸,所以悬架的动挠度只能在给定的范围内变化(由限位行程决定)。当悬架的动挠度超出限位行程就会撞击限位块,使平顺性变坏,也会缩短悬架的使用寿命。所以在满足悬架平顺性要求的前提下,要求悬架最大动挠度应在限位行程之内。

车轮与路面间的动载荷影响车轮与路面的附着性能,由此影响汽车的操纵稳定性。故悬

架在工作时,希望车轮能始终跟随地面运动,即满足 $x_t - x_r = 0$。由此可定义轮胎动态变形的传递函数为

$$H_T(s) = \frac{x_t(s) - x_r(s)}{x_r(s)} = -\left(\frac{\omega_1}{\omega_2}\right)^2 \cdot \frac{(s/\omega_2)^2 + 2\xi_2(s/\omega_2) + 1 - \Delta(s)\left(\frac{\omega_2}{\omega_1}\right)^2}{\Delta(s)} \tag{6-15}$$

或轮胎动载传递函数为

$$H_{TF}(s) = k_t \frac{x_t(s) - x_r(s)}{x_r(s)} = k_t H_T(s)$$

有时为了分析的方便,也用路面的输入速度定义传递函数式(6-12)~式(6-15),如平顺性:

$$H_{\dot{X}r \sim \ddot{X}s}(s) = \frac{\ddot{x}_s(s)}{\dot{x}_r(s)} = \frac{s^2 x_s(s)}{s x_r(s)} = sH_{Xr \sim Xs} \tag{6-16}$$

可见,用来评价悬架的性能函数不是唯一的。但无论采用哪一种性能函数,仅是表示方法的区别,而不会影响最后的分析结果。但可能由于选用的表示方法不同,有时会给悬架的分析带来意想不到的方便。在这需要强调的是:悬架的控制目标有三个(平顺性、动挠度和车轮的动载荷),而所有的主动/半主动悬架的控制量仅有一个(簧载质量和非簧载质量之间的力)。所以,无论采用何种控制方式,都不能使三个性能指标都同时达到最佳状态,因此在悬架设计时,必需对三个指标加权进行综合考虑,使综合性能达到最佳。

二、1/2 车体力学模型

1/2 车体力学模型如图 6-11b)所示。该力学模型可分别用来研究悬架的仰俯运动和侧倾运动控制。对图 6-11b)可得到两组运动微分方程,即车体运动方程和非簧载质量的运动方程。车体的运动方程为

$$m_s \ddot{x}_c + c_{s1}(\dot{x}_{s1} - \dot{x}_{t1}) + c_{s2}(\dot{x}_{s2} - \dot{x}_{t2}) + k_{s1}(x_{s1} - x_{t1}) + k_{s2}(x_{s2} - x_{t2}) = u_1 + u_2$$

$$I_\phi \ddot{\phi} - c_{s1}(\dot{x}_{s1} - \dot{x}_{t1})b + c_{s2}(\dot{x}_{s2} - \dot{x}_{t2})(L-b) - k_{s1}(x_{s1} - x_{t1})b + k_{s2}(x_{s2} - x_{t2})(L-b) = -u_1 b + u_2(L-b)$$

写成矩阵形式为

$$[M_s]\ddot{X}_c + [R][C_s](\dot{X}_s - \dot{X}_t) + [R][K_s](X_s - X_t) = [R]U \tag{6-17}$$

其中:

$$[M_s] = \begin{pmatrix} m_s & 0 \\ 0 & I_\phi \end{pmatrix}, \quad [C_s] = \begin{pmatrix} c_{s1} & 0 \\ 0 & c_{s2} \end{pmatrix}$$

$$[K_s] = \begin{pmatrix} k_{s1} & 0 \\ 0 & k_{s2} \end{pmatrix}, \quad [R] = \begin{pmatrix} 1 & 1 \\ -b & L-b \end{pmatrix}$$

$$X_c = [x_c, \phi]^T, \quad X_s = [x_{s1}, x_{s2}]^T = [R]^T X_c;$$

$$U = [u_1, u_2]^T, \quad X_t = [x_{t1}, x_{t2}]^T;$$

非簧载质量的运动方程为

$$m_{t1}\ddot{x}_{t1} + c_{s1}(\dot{x}_{t1} - \dot{x}_{s1}) + k_{s1}(x_{t1} - x_{s1}) + k_{t1}(x_{t1} - x_{r1}) = -u_1$$

$$m_{t2}\ddot{x}_{t2}+c_{s2}(\dot{x}_{t2}-\dot{x}_{s2})+k_{s2}(x_{t2}-x_{s2})+k_{t2}(x_{t2}-x_{r2})=-u_2$$

它的矩阵形式为

$$[M_t]\ddot{X}_t+[C_s]\dot{X}_t-[C_s][R]^T\dot{X}_c+\{[K_s]+[K_t]\}X_t-[K_s][R]^TX_c=-U+[K_t]X_r \quad (6\text{-}18)$$

式中：

$$[M_t]=\begin{pmatrix} m_{t1} & 0 \\ 0 & m_{t2} \end{pmatrix}$$

$$[K_t]=\begin{pmatrix} k_{t1} & 0 \\ 0 & k_{t2} \end{pmatrix}$$

$$X_r=[x_{r1},x_{r2}]^T$$

运动方程中的符号图 6-11b）所示。令 $X=[x_{t1},x_{t2},x_c,\phi]^T$，则可把方程式(6-17)和式(6-18)两式合并，得

$$[M]\ddot{X}+[C]\dot{X}+[K]X=[W_T]X_r+[T]U \quad (6\text{-}19)$$

其中：$[M]$、$[C]$、$[K]$、$[T]$和$[W_T]$分别为悬架系统的质量矩阵、阻尼矩阵、刚度矩阵、控制作用矩阵及路面扰动输入矩阵，转换关系式为

$$[C]=\begin{Bmatrix} [C_s] & -[C_s][R]^T \\ -[R][C_s] & [R][C_s][R]^T \end{Bmatrix}$$

$$[K]=\begin{vmatrix} [K_t]+[K_s] & -[K_s][R]^T \\ -[R][K_t] & [R][K_s][R]^T \end{vmatrix}$$

$$[W_T]=\begin{pmatrix} k_{t1} & 0 & 0 & 0 \\ 0 & k_{t2} & 0 & 0 \end{pmatrix}^T$$

$$[T]=\begin{pmatrix} -1 & 0 & 1 & -b \\ 0 & -1 & 1 & L-b \end{pmatrix}^T$$

$$[M]=\begin{pmatrix} [M_t] & 0 \\ 0 & [M_s] \end{pmatrix}$$

设初始条件为零，对式(6-19)取拉氏变换，得

$$\{[M]s^2+[C]s+[K]\}X(s)=[W_T]X_r(s)+[T]U(s) \quad (6\text{-}20)$$

把 $s=j\omega$ 代入式(6-20)就得到 $X(t)=[x_{t1},x_{t2},x_c,\phi]^T$ 对路面激励 $X_r(t)=[x_{r1},x_{r2}]^T$ 的频率响应矩阵为

$$X(j\omega)=H_r(j\omega)X_r(j\omega)+H_u(j\omega)U(j\omega) \quad (6\text{-}21)$$

式中：

$$H_r(j\omega)=\{[K]-\omega^2[M]+j\omega[C]\}^{-1}[W_T] \quad (6\text{-}22)$$

$$H_u(j\omega)=\{[K]-\omega^2[M]+j\omega[C]\}^{-1}[T] \quad (6\text{-}23)$$

式(6-21)即为分析悬架侧倾、仰俯运动的频响函数。对被动悬架 $U=0$，因而悬架的设计就是确定一组参数 $C_{s1},C_{s2},K_{s1},K_{s2}$，使 $H_r(j\omega)$ 的各项性能达到期望的要求。而对主动悬架、半主动悬架，它是在被动悬架的基础上，进一步寻求合适的控制规律 $U(j\omega)$，使悬架的各项性能指标达到期望的特性。

三、整车力学模型

整车力学模型如图6-11c)所示。同理可以分两步写出七自由度整车悬架系统的运动方程。设质心坐标 $X_c=(x_c,\theta,\phi)^T$,得车体的三个运动方程为

$$m_s\ddot{x}_c+c_{s1}(\dot{x}_{s1}-\dot{x}_{t1})+c_{s2}(\dot{x}_{s2}-\dot{x}_{t2})+c_{s3}(\dot{x}_{s3}-\dot{x}_{t3})+c_{s4}(\dot{x}_{s4}-\dot{x}_{t4})+k_{s1}(x_{s1}-x_{t1})+$$
$$k_{s2}(x_{s2}-x_{t2})+k_{s3}(x_{s3}-x_{t3})+k_{s4}(x_{s4}-x_{t4})=u_1+u_2+u_3+u_4$$

$$I_\theta\ddot{\theta}-c_{s1}(\dot{x}_{s1}-\dot{x}_{t1})(B-a)+c_{s2}(\dot{x}_{s2}-\dot{x}_{t2})a-c_{s3}(\dot{x}_{s3}-\dot{x}_{t3})(B-a)+c_{s4}(\dot{x}_{s4}-\dot{x}_{t4})a-$$
$$k_{s1}(x_{s1}-x_{t1})(B-a)+k_{s2}(x_{s2}-x_{t2})a-k_{s3}(x_{s3}-x_{t3})(B-a)+k_{s4}(x_{s4}-x_{t4})a=$$
$$-(u_1+u_3)(B-a)+(u_2+u_4)a$$

$$I_\phi\ddot{\phi}-c_{s1}(\dot{x}_{s1}-\dot{x}_{t1})b-c_{s2}(\dot{x}_{s2}-\dot{x}_{t2})b+c_{s3}(\dot{x}_{s3}-\dot{x}_{t3})(L-b)+c_{s4}(\dot{x}_{s4}-\dot{x}_{t4})(L-b)-$$
$$k_{s1}(x_{s1}-x_{t1})b-k_{s2}(x_{s2}-x_{t2})b+k_{s3}(x_{s3}-x_{t3})(L-b)+k_{s4}(x_{s4}-x_{t4})(l-b)=$$
$$-(u_1+u_2)b+(u_3+u_4)(L-b)$$

式中:$x_{s1}=x_c-b\phi-(B-a)\theta$

$x_{s2}=x_c-b\phi+a\theta$

$x_{s3}=x_c+(L-b)\phi-(B-a)\theta$

$x_{s4}=x_c+(L-b)\phi+a\theta$

四个非簧载质量系统的运动方程为

$$m_{t1}\ddot{x}_{t1}+c_{s1}(\dot{x}_{t1}-\dot{x}_{s1})+k_{s1}(x_{t1}-x_{s1})+k_{t1}(x_{t1}-x_{r1})=-u_1$$
$$m_{t2}\ddot{x}_{t2}+c_{s2}(\dot{x}_{t2}-\dot{x}_{s2})+k_{s2}(x_{t2}-x_{s2})+k_{t2}(x_{t2}-x_{r2})=-u_2$$
$$m_{t3}\ddot{x}_{t1}+c_{s3}(\dot{x}_{t3}-\dot{x}_{s3})+k_{s1}(x_{t3}-x_{s3})+k_{t3}(x_{t3}-x_{r3})=-u_3$$
$$m_{t4}\ddot{x}_{t4}+c_{s4}(\dot{x}_{t4}-\dot{x}_{s4})+k_{s4}(x_{t4}-x_{s4})+k_{t4}(x_{t4}-x_{r4})=-u_4$$

把上述方程分别写成矩阵形式,得

$$[M_s]\ddot{X}_c+[R][C_s]([R]^T\dot{X}_c-\dot{X}_t)+[R][K_s][R]^TX_c-[R][K_s]X_t=[R]U \quad (6\text{-}24)$$

$$[M_t]\ddot{X}_t+[C_s]\dot{X}_t-[C_s][R]^T\dot{X}_c+\{[K_s]+[K_t]\}X_t-[K_s][R]^TX_c=-U+[K_t]X_r \quad (6\text{-}25)$$

式中:

$$[M_t]=\begin{pmatrix} m_{t1} & 0 & 0 & 0\\ 0 & m_{t2} & 0 & 0\\ 0 & 0 & m_{t3} & 0\\ 0 & 0 & 0 & m_{t4}\end{pmatrix},\quad [K_t]=\begin{pmatrix} k_{t1} & 0 & 0 & 0\\ 0 & k_{t2} & 0 & 0\\ 0 & 0 & k_{t3} & 0\\ 0 & 0 & 0 & k_{t4}\end{pmatrix};$$

$$[K_s]=\begin{pmatrix} k_{s1} & 0 & 0 & 0\\ 0 & k_{s2} & 0 & 0\\ 0 & 0 & k_{s3} & 0\\ 0 & 0 & 0 & k_{s4}\end{pmatrix},\quad [C_s]=\begin{pmatrix} c_{s1} & 0 & 0 & 0\\ 0 & c_{s2} & 0 & 0\\ 0 & 0 & c_{s3} & 0\\ 0 & 0 & 0 & c_{s4}\end{pmatrix};$$

$$[R]=\begin{pmatrix} 1 & 1 & 1 & 1\\ -(B-a) & a & -(B-a) & a\\ -b & -b & L-b & L-b\end{pmatrix},\quad [M_s]=\begin{pmatrix} m_s & 0 & 0\\ 0 & I_\theta & 0\\ 0 & 0 & I_\phi\end{pmatrix}$$

$$X_t=(x_{t1},x_{t2},x_{t3},x_{t4})^T,\quad X_s=[x_{s1},x_{s2},x_{s3},x_{s4}]^T=[R]^TX_c,$$

$$X_r=(x_{r1},x_{r2},x_{r3},x_{r4})^T,\quad U=(u_1,u_2,u_3,u_4)$$

假定后轮来自路面的输入 X_{rr} 可由前轮输入 X_{rf} 加上一个时间延迟因子$[\Gamma]$得到,于是可定义:

$$X_r(s)=[\Gamma]X_{rf}(s) \tag{6-26}$$

式中:

$$[\Gamma]=\begin{pmatrix}1 & 0\\ 0 & 1\\ e^{-\tau s} & 0\\ 0 & e^{-\tau s}\end{pmatrix};\quad X_{rf}=\begin{pmatrix}x_{r1}\\ x_{r2}\end{pmatrix}$$

把式(6-26)代入式(6-25),并取拉氏变换,得

$$\begin{aligned}\{[M_t]s^2+[C_s]s+([K_s]+[K_t])\}X_t(s)-\{[C_s][R]^Ts+[K_s][R]^T\}X_c(s)\\ =-U(s)+[K_t][\Gamma]X_{rf}(s)\end{aligned} \tag{6-27}$$

对式(5-24)取拉氏变换为

$$\{[M_s]s^2+[R][C_s][R]^Ts+[R][K_s][R]^T\}X_c(s)-\{[R][C_s]s+[R][K_s]\}X_t(s)=[R]U(s) \tag{6-28}$$

方程式(6-27)和式(6-28)两式即为悬架整车的力学模型。

第三节　路面输入模型

一、路面不平度的功率谱

分析悬架在时域或频率域内的性能,首先要用到地面的随机输入。路面相对基准平面的垂直位移 x_r 沿水平距离方向的变化用图6-12表示。在不同的路段测量,很难得到两个完全相同的路面轮廓曲线(或不平度函数)。通常是把测量得到的大量路面不平度随机数据,经数据处理得到路面功率谱密度 $G_{xr}(n)$,一种被普遍接受的路面功率谱密度为

$$G_{xr}(n)=G_{xr}(n_0)(n/n_0)^{-w} \tag{6-29}$$

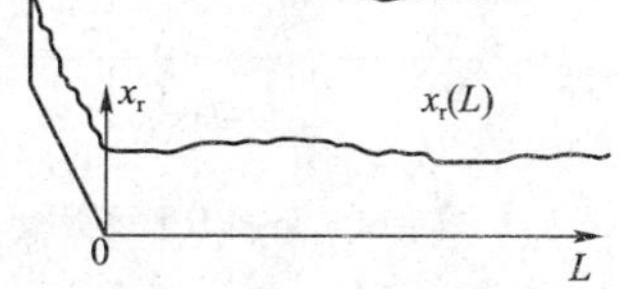

图6-12　路面不平度曲线图

式中:n——空间频率,它是波长的倒数,表示每米长度中包含的波数,m^{-1};

n_0——参考空间频率,$n_0=0.1m^{-1}$;

$G_{xr}(n_0)$——参考空间频率下的路面谱值,称为路面不平度系数,m^2/m^{-1};

w——频率指数,确定每段功率谱斜线的斜率,取值由路面谱的频率结构确定。

根据路面功率谱密度把路面按不平度分为8级。表6-1规定了各级路面不平度系数 $G_{xr}(n_0)$的变化范围及其几何平均值,分级路面谱的频率指数 $w=2$。按功率谱密度对路面分级如图6-13所示。

除了用式(6-29)表示的路面垂直位移功率谱外,还可用路面的垂直速度、加速度来描述路面不平度的统计特性。路面速度功率谱、加速度功率谱与垂直位移功率谱之间的关系为

$$G_{\dot{x}r}(n)=(2\pi n)^2G_{xr}(n) \tag{6-30}$$

$$G_{\ddot{x}r}(n)=(2\pi n)^4G_{xr}(n) \tag{6-31}$$

路面不平度 **8** 级分级标准　　表6-1

路面等级	$G_{xr}(n_0)\times10^{-6}m^2/m^{-1}$ $n_0=0.1m^{-1}$			$\sigma_{xr}\times10^{-3}m$ $0.011m^{-1}<n<2.83m^{-1}$		
	下限	几何平均值	上限	下限	几何平均值	上限
A	8	16	32	2.69	3.81	5.38
B	32	64	128	5.38	7.61	10.77
C	128	256	512	10.77	15.23	21.53
D	512	1024	2048	21.53	30.45	43.06
E	2048	4096	8192	43.06	60.90	86.13
F	8192	16384	32768	86.13	121.80	172.26
G	32768	65536	131072	172.26	243.61	344.52
H	131072	262144	524288	344.52	487.22	689.04

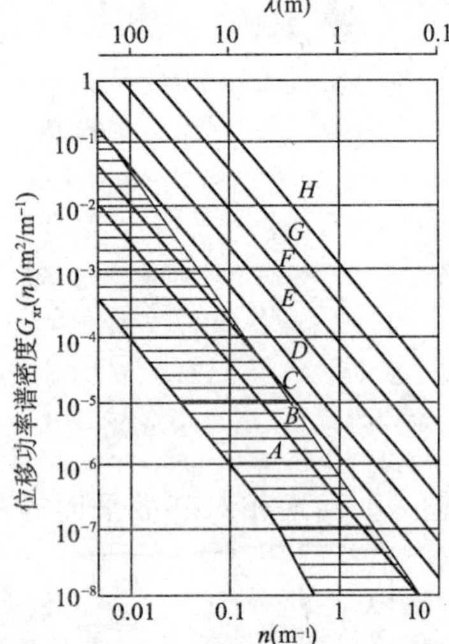

图6-13　路面不平度分级

当频率指数 $w=2$ 时，把式(5-29)代入式(5-30)，得

$$G_{\dot{x}r}(n)=(2\pi n_0)^2G_{xr}(n_0) \tag{6-32}$$

可以看出，此时路面速度功率谱幅值在整个频率范围内为一常数，即为一白噪声。因速度功率谱幅值大小仅与不平度系数 $G_{xr}(n_0)$ 有关，所以有时用它来计算分析会更为方便。

另一种被普遍接受的路面不平度的功率谱密度，具有以下形式：

$$G_{xr}(n)=G_{xr}(n_0)\frac{n^2}{(n^2+n_0^2)(n^2+n_r^2)} \tag{6-33}$$

式中：n_0、n_r——为低频、高频时的参考空间频率，波数/m。

二、空间频率谱函数与时间频率谱函数的转化

谱函数 $G_{xr}(n)$ 描述路面的统计特性，仅与路面距离和表面粗糙度有关，而与车速和时间无关。故空间谱函数描述路面特性具有唯一性。但在分析来自不平路面的激励在悬架上产生的动态响应时，要用到的路面不平度函数 $x_r(L)$，必须要考虑汽车的行驶速度（$L=vt$）。为了分析方便，通常把空间频谱函数转换为时间频谱函数。设车速为 v，则空间与时间频谱之间的转换关系为

$$G_{xr}(f)=\frac{G_{xr}(n)}{v} \tag{6-34}$$

式中：f——时间频率，Hz；

　　v——汽车行驶速度，m/s。

空间频率 n 与时间频率 f 之间的关系为

$$f=vn \tag{6-35}$$

把式(6-34)和式(6-35)代入式(6-29)得

$$G_{xr}(f)=\frac{1}{v}G_{xr}(n_0)\left(\frac{f}{n_0v}\right)^{-w} \tag{6-36}$$

当 $w=2$ 时，则式(6-36)又可表示为

$$G_{xr}(f)=n_0^2G_{xr}(n_0)\frac{v}{f^2} \tag{6-37}$$

在时间频率域内,路面不平度垂直速度和加速度的谱密度公式分别为

$$G_{\dot{x}r}(f)=(2\pi f)^2G_{xr}(f)=4\pi^2G_{xr}(n_0)n_0^2v \tag{6-38}$$

$$G_{\ddot{x}r}(f)=(2\pi f)^4G_{xr}(f)=16\pi^4G_{xr}(n_0)n_0^2f^2v \tag{6-39}$$

由式(6-37)~式(6-39)可知,$G_{xr}(f)$、$G_{\dot{x}r}(f)$和$G_{\ddot{x}r}(f)$都与路面的粗糙度及车速成正比。

第四节 半主动悬架控制

一、天棚阻尼悬架(Sky-Hook Damper)

半主动悬架由于结构简单,不需要外部施加控制能量,它仅需要通过改变可调阻尼系数就可达到缓冲隔振的效果,因而在汽车上得到广泛的应用。其中天棚阻尼器(图6-14)在半主动悬架中占有很重要的位置。由天棚阻尼控制原理,当可调阻尼器产生的阻尼力满足条件时,天棚阻尼器具有最佳的效果。由于当 $\dot{x}_s-\dot{x}_t$ 趋近于零时,等效阻尼系数趋向无穷,而实际阻尼器产生的阻尼力是有限的。此外,阻尼系数不可能为零,故等效阻尼器只能近似实现天棚阻尼器特性。

$$F_d=-C_d(\dot{x}_s-\dot{x}_t) \tag{6-40}$$

$$C_d=\begin{cases}C_s\dot{x}_s/(\dot{x}_s-\dot{x}_t) & \dot{x}_s(\dot{x}_s-\dot{x}_t)>0\\ 0 & \dot{x}_s(\dot{x}_s-\dot{x}_t)\leqslant 0\end{cases} \tag{6-41}$$

由式(6-40)可知,为了实现控制律式(6-40),需要传感簧载质量速度 $\dot{x}_s$ 和悬架的相对速度 $\dot{x}_s-\dot{x}_t$,在车上实现的结构框图如图6-15所示,调节阻尼系数的驱动机构如图6-16所示。它由步进电动机驱动阀芯转动,从而改变活塞上下两腔的节流口面积。节流口分为可调部分和固定两部分。当可调部分全闭时,活塞上下两腔经固定节流口连通。此时,阻尼系数达到最大值。当可调节流口处在全开位置,得到最小阻尼系数。所以实际能实现的阻尼系数不可能为无穷大,也不可能为零。

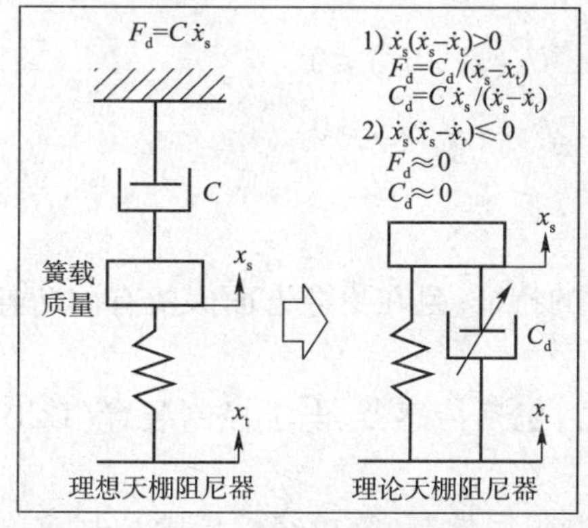

图6-14 天棚阻尼器模型图

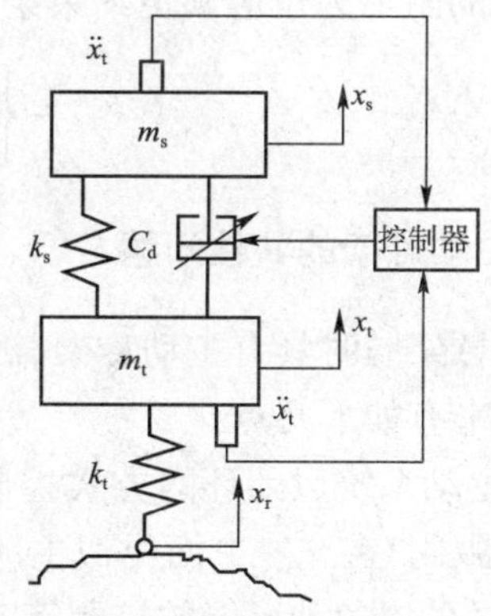

图6-15 天棚阻尼器的实现

天棚阻尼器通常为非对称结构,导致阻尼缸在拉伸和压缩状态具有不同的阻尼力特性,测试的结果如图6-17所示。

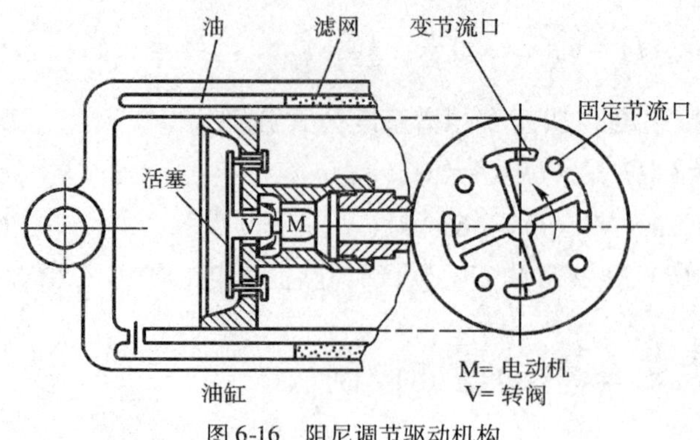

图 6-16　阻尼调节驱动机构

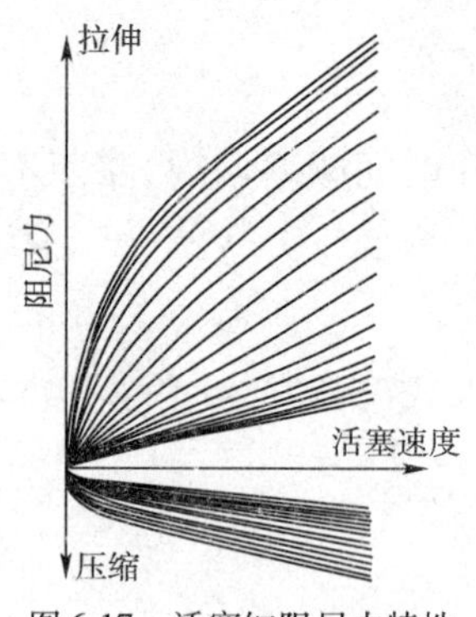

图 6-17　活塞缸阻尼力特性

二、简单线性反馈控制策略

令半主动悬架的阻尼力有如下形式：

$$F_{\mathrm{d}} = -(c_1\dot{x}_{\mathrm{s}} + c_2\ddot{x}_{\mathrm{s}}) \tag{6-42}$$

增加一个常数增益 c_2，就形成简单的反馈控制策略。考虑到半主动悬架不能提供控制能量，故半主动悬架阻尼力 F_{SA} 还必须满足约束条件：

$$F_{\mathrm{SA}} = \begin{cases} F_{\mathrm{d}} & F_{\mathrm{d}}(\dot{x}_{\mathrm{t}} - \dot{x}_{\mathrm{s}}) \leqslant 0 \\ 0 & F_{\mathrm{d}}(\dot{x}_{\mathrm{t}} - \dot{x}_{\mathrm{s}}) > 0 \end{cases} \tag{6-43}$$

采用常用的数值分析法就可确定增益系数 c_1 和 c_2，使半主动悬架具有最佳的效果。

三、线性最优控制策略

对半主动悬架，也可采用最优控制理论确定最优控制规律，一般地有如下形式：

$$U_{\mathrm{d}} = -KX(t) \tag{6-44}$$

式中：K——最优反馈矩阵，取决于给定的性能指标和悬架系统的参数；

$X(t)$——由动态方程确定的全状态变量。

因它的设计过程完全和主动悬架最优控制器的设计完全一样，这里所要指出的是，半主动悬架仅有可调阻尼系数的驱动装置，它只能消耗来自路面的能量，而不能提供能量，故按式(6-44)确定的阻尼力也应满足约束条件：

$$F_{\mathrm{SA}} = \begin{cases} U_{\mathrm{d}} & U_{\mathrm{d}}(\dot{x}_{\mathrm{t}} - \dot{x}_{\mathrm{s}}) \leqslant 0 \\ 0 & U_{\mathrm{d}}(\dot{x}_{\mathrm{t}} - \dot{x}_{\mathrm{s}}) > 0 \end{cases} \tag{6-45}$$

四、半主动悬架的共性问题

半主动悬架同时具有主动悬架、被动悬架的特征，且在更多方面保留有被动悬架的固有特征。概括起来有如下几点：

(1)半主动系统以闭环的方式控制阻尼力，包括传感器、电子控制装置(ECU)，以及调制阻尼力的伺服阀，在这一方面类似主动悬架。

(2)可以采用各种可能的控制策略，如天棚阻尼控制、简单线性反馈控制、最优控制、相对控制，这也类似主动悬架。

(3)无论采用什么样的控制方式，由于半主动系统不能提供能量，而仅能消耗能量。在进行控制器设计时，尽管可以采用线性反馈、最优全状态反馈，但最终能在半主动系统实现时，一定具有形如式(6-43)、式(6-45)的切换函数或约束条件。所以半主动系统是本质非线性的，在消耗能量时具有主动悬架的特征，而在补充能量时表现为被动悬架特征。

(4)半主动悬架本质上是可调阻尼系统，它可以产生任何期望的阻尼力替代被动阻尼力(被动系统特征)。

(5)半主动悬架仅有电控装置和驱动机构要消耗能量，因而消耗的能量小，系统的结构简单、造价低。

第五节　主动悬架系统

一、整车控制算法

以上讲述的是1/4车体模型，仅能研究车体的垂直振动控制。作为主动悬架的整车控制，还需要考虑车体的侧倾和仰俯动运。一种基于八板块的整车控制算法(Octa-Plate Control Method，简称OPCM)如图6-18所示，把整车分为四个1/4车体模型和四个1/2车体模型。在每个分块采用相应的控制逻辑独立进行控制，最后为了实现总体控制目标，把控制垂直运动、侧倾运动和仰俯运动需要的三个作用力叠加起来，就得到各个驱动器的总控制力。

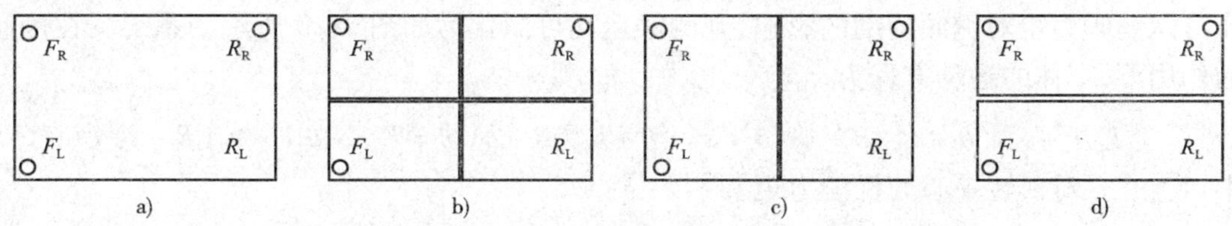

图6-18　整车悬架模型的八板块结构(四个1/4和四个1/2板块)

a)整车；b)1/4车体；c)1/2车体侧倾；d)1/2车体仰俯

对四个1/4板块，可用天棚阻尼控制逻辑确定垂直运动的控制力，用公式表示为

$$F_{sky} = -C_{sky}\dot{x}_s \tag{6-46}$$

$$C_{sky} = \frac{m_s}{c_s}R$$

式中：R——控制垂直振动的增益系数，确定该系数R的原则是使垂直振动在谐振频率处具有较小的传递幅值。

由图6-19得相应的运动方程为

$$m_s\ddot{x}_s + c_s(\dot{x}_s - \dot{x}_t) + c_{sky}\dot{x}_s + k_s(x_s - x_t) = 0 \tag{6-47}$$

取拉氏变换得

$$\frac{x_s(s)}{x_t(s)} = \frac{c_s s + k_s}{m_s s^2 + (c_{sky} + c_s)s + k_s} = \frac{2\omega_2\xi_2 s + \omega_2^2}{s^2 + 2\omega_2(\xi_2 + \xi_{sky})s + \omega_2^2}$$

式中：

$$\xi_{sky} = \frac{c_{sky}}{2\sqrt{m_s k_s}}$$

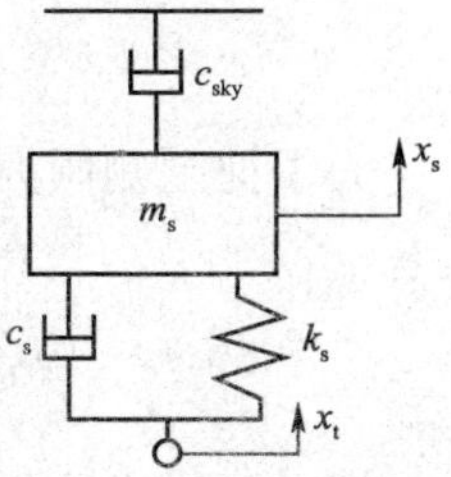

图6-19　简化的被动悬架与天棚阻尼悬架

传递函数在谐振频率ω_2的峰值为

$$\left|\frac{x_s}{x_t}\right|_{s=j\omega_2} = \frac{\sqrt{4\xi_2^2 + 1}}{2(\xi_2 + \xi_{sky})} \tag{6-48}$$

通过确定增益系数 R 可使式(6-48)取最小值。

对侧倾运动,前后两个 1/2 板块运动姿态的控制力由方程式(6-49)、式(6-50)确定:

$$|F_{\mathrm{roll}}| = \frac{T_{\mathrm{roll}}}{B} \tag{6-49}$$

$$T_{\mathrm{rollc}} = K_{\mathrm{p-roll}}\theta + K_{\mathrm{i-roll}}\int\theta \mathrm{d}t + K_{\mathrm{d-roll}}\dot{\theta} \tag{6-50}$$

式中:B——轮距;

T_{roll}——侧倾控制力矩;

F_{roll}——由驱动器作用到悬架上的垂直力,作用力的方向随侧倾控制力矩而定;

$K_{\mathrm{p-roll}}$——侧倾运动控制比例增益系数;

$K_{\mathrm{i-roll}}$——侧倾运动控制积分增益系数;

$K_{\mathrm{d-roll}}$——侧倾运动控制微分增益系数。

抑制侧倾运动的反力矩取决于侧倾角、侧倾角变化率以及对侧倾角的积分,这些信号由左右两侧车轮的垂直加速度、垂直速度与垂直位移计算。其 PID 参数是在控制能量和抑制侧倾运动之间折中选取,确定 $K_{\mathrm{p-roll}}$、$K_{\mathrm{i-roll}}$和 $K_{\mathrm{d-roll}}$三个侧倾控制器参数的原则是:使车体的侧倾运动在谐振频率处具有最小的幅频特性。引起侧倾运动的扰动一般为侧向加速度和各种侧向力。考虑侧倾力矩对侧倾运动的影响,则侧倾运动可简化为如图 6-20 所示的系统。在侧倾力矩的作用下,车体的运动方程为

$$I_{\theta}\ddot{\theta} + c_{\mathrm{s1}}c^{2}\dot{\theta} + c_{\mathrm{s2}}(B-c)^{2}\dot{\theta} + k_{\mathrm{s1}}c^{2}\theta + k_{\mathrm{s2}}(B-c)^{2}\theta = T_{\mathrm{roll}} - u_{1}c + u_{2}(B-c) \tag{6-51}$$

式中:T_{roll}——对回转中心的扰动力矩。

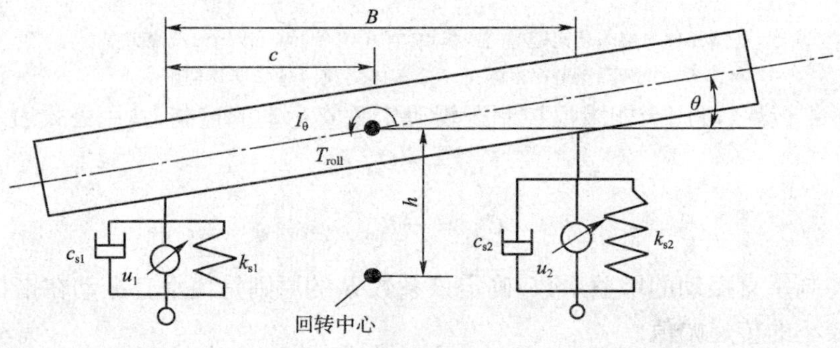

图 6-20　悬架的侧倾运动简图

为了抑制侧倾力矩引起车体的姿态的变化,左右两侧的控制力应大小相等,方向相反。于是有

$$u_{1}c - u_{2}(B-c) = u_{1}B = K_{\mathrm{t-roll}}\theta + K_{\mathrm{i-roll}}\int\theta \mathrm{d}t + b_{\mathrm{t-roll}}\dot{\theta}$$

把上式代入式(6-51),并取拉氏变换,得

$$[I_{\theta}s^{2} + [c_{\mathrm{s1}}c^{2} + c_{\mathrm{s2}}(B-c)2 + b_{\mathrm{t-roll}}]s + [k_{\mathrm{s1}}c^{2} + k_{\mathrm{s2}}(B-c)2 + K_{\mathrm{t-roll}}] + K_{\mathrm{i-roll}}\frac{1}{s}\}\theta(s) = T_{\mathrm{roll}}$$

在扰动力矩的作用下的传递函数为

$$\frac{\theta(s)}{T_{\mathrm{roll}}(s)} = \frac{1}{a_{0}s^{2} + a_{1}s + a_{2} + a_{3}\dfrac{1}{s}} \tag{6-52}$$

式中：
$$a_0 = I_\theta;\qquad a_1 = c_{s1}c^2 + c_{s2}(B-c)2 + K_{d-roll};$$
$$a_2 = k_{s1}c^2 + k_{s2}(B-c)^2 + K_{p-roll};\qquad a_3 = K_{i-roll}$$

最后的问题就是合理确定 K_{p-roll}、K_{i-roll} 和 K_{d-roll} 三增益系数，使式(6-52)在谐振频率处有最小的幅值。

同理对仰俯控制，抑制仰俯运动的作用力为

$$|F_{pitch}| = \frac{T_{pitch}}{L} \tag{6-53}$$

$$T_{pitch} = K_{p-pitch}\phi + K_{i-pitch}\int\phi\mathrm{d}t + K_{d-pitch}\phi \tag{6-54}$$

其中 ϕ 为俯仰运动角。确定仰俯运动控制的比例增益 $K_{p-pitch}$、积分增益 $K_{i-pitch}$ 和微分 $K_{d-pitch}$ 增益常数，也是使仰俯运动在谐振频率处具有最小的幅值。把抑制垂直运动、侧倾运动及仰俯运动的作用力加起来，就得到每个驱动器应产生的总驱动力为

$$u_i = F_{i-sky} + F_{i-roll} + F_{i-pitch}\quad (i = 1,2,3,4) \tag{6-55}$$

可见，实际系统应用的算法都非常简单有效。

二、液压控制系统

某主动悬架的液压控制系统如图6-21所示，由于主动悬架能量消耗很大，降低主动悬架的能量消耗成为系统设计的重点之一。该系统如图6-22所示，采用了两个流量不等的并联油泵，根据控制系统对流量的需求，通过电磁阀的作用可实现3级流量选择。在稳态工况，小泵单独工作(1/3 流量)，一般工况，大泵单独工作(2/3 流量)，大流量需求，双泵同时工作，得到全流量。

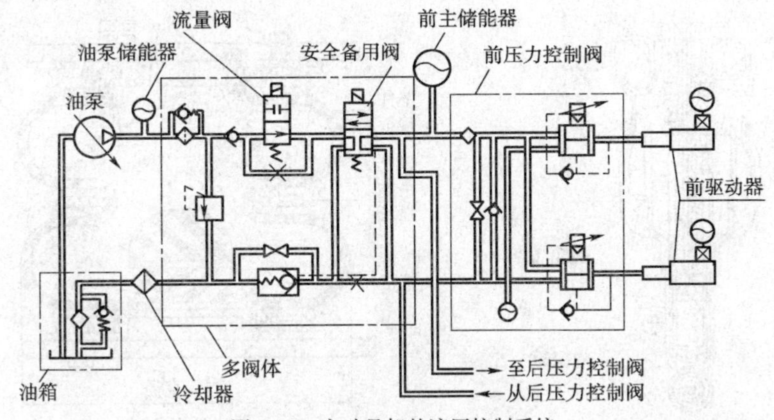

图6-21　主动悬架的液压控制系统

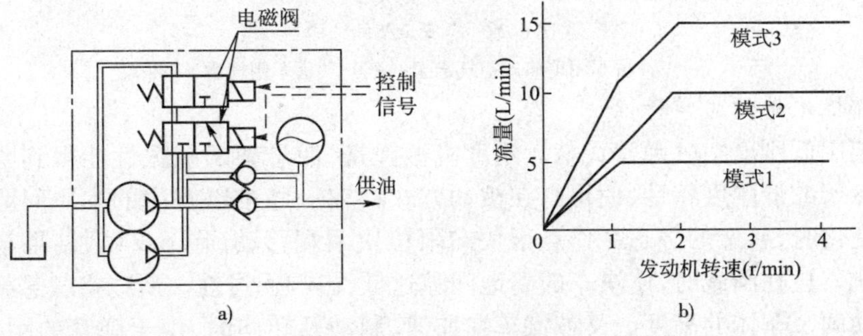

图6-22　变量泵流量特性

第六节　电子空气悬架

汽车主动悬架可以明显改善乘坐舒适性和操纵稳定性已成为人们的共识，但成本高、液压装置噪声较大、功率消耗较大。在当前技术条件下，主动悬架很难在汽车上得到普遍采用，主要应用对象为数量较少的高档轿车。而近年发展起来的电子空气悬架，同时具备主动、半主动及被动悬架的特性。其阻尼和刚度可以根据汽车的行驶工况自动调节，具备主动悬架的特征。调节过程不需要补充能量（不计调节悬架的高度和系统泄漏需要补充的能量），乃典型半主动悬架特征。但系统的调节过程是有级的，也不是根据检测到的路面扰动的实时调节，工作过程更接近传统的被动悬架，因此很难给空气悬架一个精确的定义，为此本书把它称为电子空气悬架。由于该类悬架不仅造价低，且性能优越，近年很快在大型货车、公交车、中高档轿车上采用。从能量消耗、生产成本及使用性能三个方面综合考虑，电子空气悬架必将成为汽车悬架的主导产品。

一、空气弹性元件及工作原理

1. 空气气囊

空气悬架的主要部件为弹性气囊，根据使用对象不同，悬架气囊有不同的结构形式。在轿车上，为减小悬架的结构尺寸，通常把气囊和阻尼减振器做成一体，结构如图 6-23a）所示。它主要由橡胶限位块、气囊及阻尼器等组成。在客车或货车，可以容许较大的结构尺寸，为提高气囊的承载能力，气囊做成独立结构，如图 6-23b）所示。由于悬架动行程的限制，加上橡胶限位块后的力学特性如图 6-24 所示。

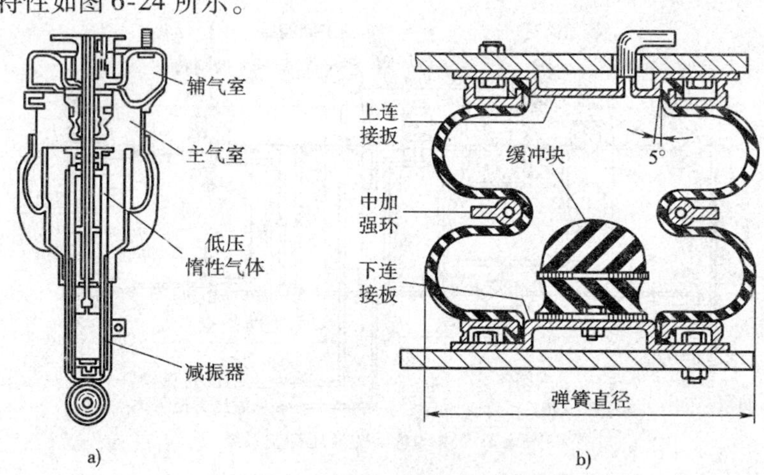

图 6-23　空气悬架的结构

a）轿车用整体式空气悬架；b）客车、货车用气囊

2. 空气弹性元件的力学特性

空气悬架用低刚度空气弹簧代替大刚度机械弹簧，使悬架的减振性能得到明显改善。也恰恰是空气悬架的低刚度特性，使得它在被动方式存在一些难以解决的本质问题。如随着汽车的载质量变化时，悬架的静态工作点很快向限位块两端移动（图 6-24），结果与限位块碰撞导致性能恶化。且在满载时，使汽车的离地间隙过低，影响通过性。所以空气悬架必须根据车的载质量自动调节车体的高度。又如汽车在加速、制动及转向时，由于弹簧的刚度低，车身易出现点头、仰俯及侧倾运动。要克服这些缺陷，悬架系统应该根据汽车的行驶状态调节各个悬

架的刚度，以保持车体正常的运动姿态。可见，汽车在不同的行驶状态对悬架特性的要求是不同的。采用传统的被动方式，空气悬架就无法解决这些本质问题。把电子控制技术与空气悬架结合起来，根据汽车的行驶状态，自动调节悬架的刚度与阻尼，解决了汽车在不同行驶状态对悬架的不同要求的难题。由于此种空气悬架同时具备主动悬架、半主动悬架及被动悬架的特性，为此本书把此种悬架被称为电子空气悬架。

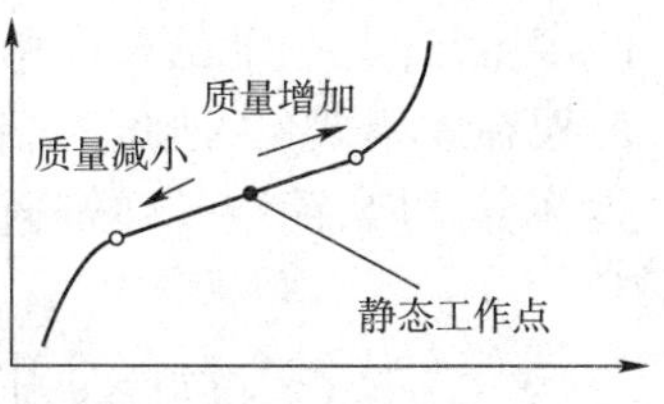

图 6-24　空气悬架的力学特性

3. 刚度、阻尼自动调节装置

某种轿车用的阻尼调节和悬架刚度调节的装置如图 6-25 所示，可实现阻尼调节和刚度调节。刚度调节方法为：主、副两个气室的通路间装有由步进电动机驱动的空气阀，调节空气阀的开度，可把悬架的刚度变为高、中、低三种状态。

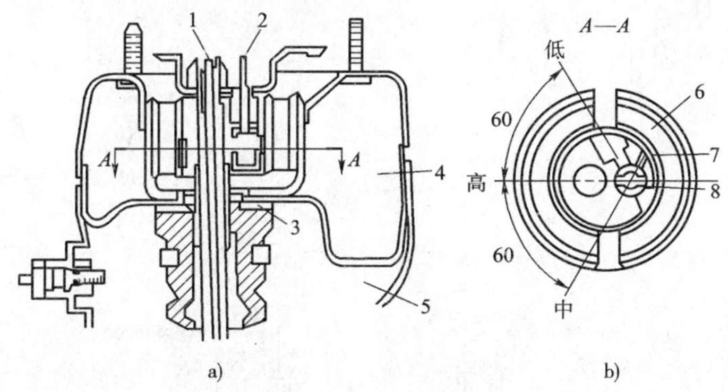

图 6-25　刚度自动调节原理

1-阻尼调节杆；2-气阀控制杆；3-主辅气室通路；4-辅气室；5-主气室；6-小节流口；7-阀体；8-大节流口

当空气阀关闭，空气阀位置如图 6-25b）所示，副气室不参与工作，悬架的刚度由主气室决定，即为悬架的大刚度模式。

当气阀控制杆 2 相对于图 6-25b）所示的位置顺时针旋转 60°，打开连通主、副气室的大节流口 9，主、副气室以较小的节流阻力连同，相当于两个气室参与工作，于是得到低的悬架刚度。

当气阀控制杆 2 相对于图 6-25b）所示的位置逆时针旋转 60°，就得到部分开启，主、副气室的空气由一小孔连通，两气室空气流动的阻力很大，悬架产生介于上述两者之间的中等刚度。

悬架阻尼自动调节的原理如图 6-26 所示。减振器油缸上下两腔油液的通路由阻尼阀调节，它是由驱动空气阀的同一个步进电动机调节，实现悬架刚度与阻尼的同步调节。于是，在调节悬架高、中、低三种刚度的同时，也分别产生了悬架高、中、低三种阻尼状态。

阻尼阀关闭，活塞上下两腔的油液只能经过一个固定的小孔通过，液体流动的阻力很大，减振器工作在高阻模式，此工况如图 6-26 所示的位置。

图 6-26 中的阀芯逆时针旋转 60°位置，阻尼阀全开，控制阀在三个剖面的位置上都与节流口连通，活塞上下两腔的油液产生的节流阻力最小，悬架工作在低阻模式。

图 6-26 中的阀芯顺时针旋转 60°位置，阻尼阀部分开启，活塞上下两腔的油液在剖面 *B*—*B* 的节流口通相通，节流阻力较大，悬架工作在中阻模式。

一种油气悬架调节刚度的工作原理如图 6-27 所示。油气悬架采用的是电磁阀，它仅调节悬架的刚度，而阻尼是两空气弹簧之间的固定小阻尼孔产生的，是不可调的。在每个悬架上有两个电磁阀,一个是高度调节阀,一个是刚度调节阀。当刚度调节阀关闭,一个空气弹簧工作,悬架在硬模式(大刚度)工作,当阀全开,两个空气弹簧工作,悬架工作在软模式(舒适模式)。阀部分开启,两空气弹簧通过小节流孔连接,悬架工作在中刚度模式。

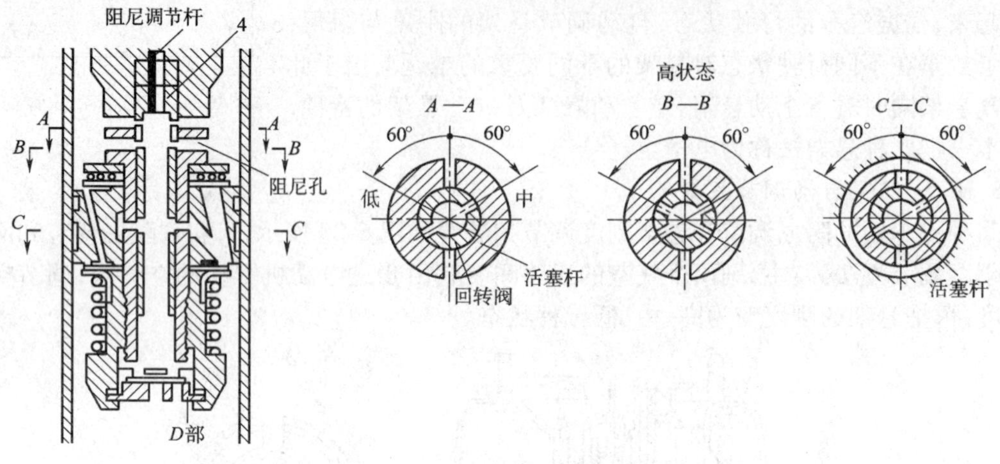

图 6-26 阻尼自动调节原理

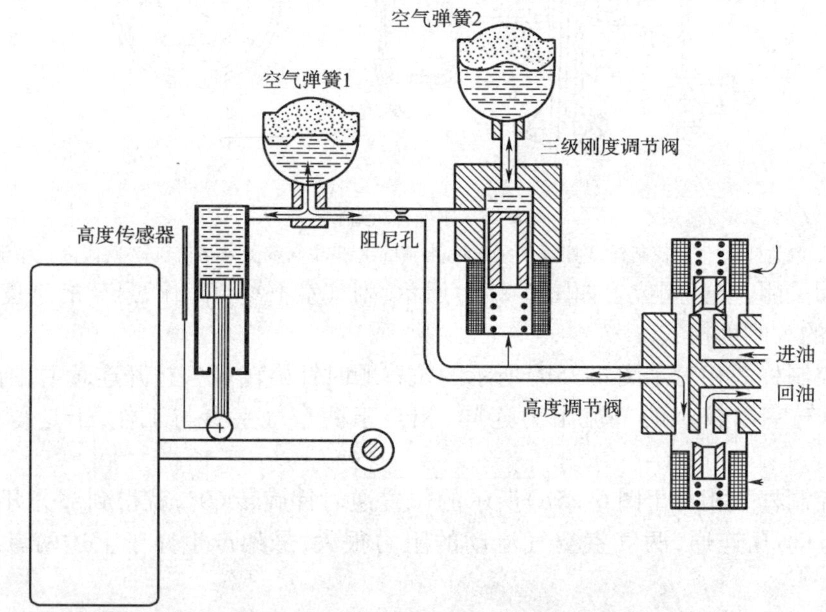

图 6-27 油气悬架刚度自动调节装置

二、电子空气悬架系统

1. 大型客车、货车空气悬架

大型客车、货车电子空气悬架的工作原理如图 6-28 所示。主要由电子控制单元(ECU)、执行机构和传感器组成。其中传感器包括:车身高度传感器、车速传感器、发动机转速传感器、制动传感器及储气罐压力传感器等。电子控制装置根据这些传感信号,确定汽车的行驶状态,通过执行机构,自动调节悬架系统的刚度及车身高度等参数,使汽车具有良好的乘坐舒适性和操纵稳定性。悬架的主要功能分述如下。

1)储气罐充气

当发动机一运转,电子控制装置立即启动空气压缩机电动机,开始通过储气罐止回阀给储气罐充气。此时四个车身高度调节阀全部关闭，排气阀关闭，进气阀开启。于是卸载阀膜片的上方作用压力空气，克服弹簧的张力，把卸载阀关闭，防止空气压力卸到大气中去。当储气罐的压力达到1MPa时，电控装置自动停止空气压缩机电动机。

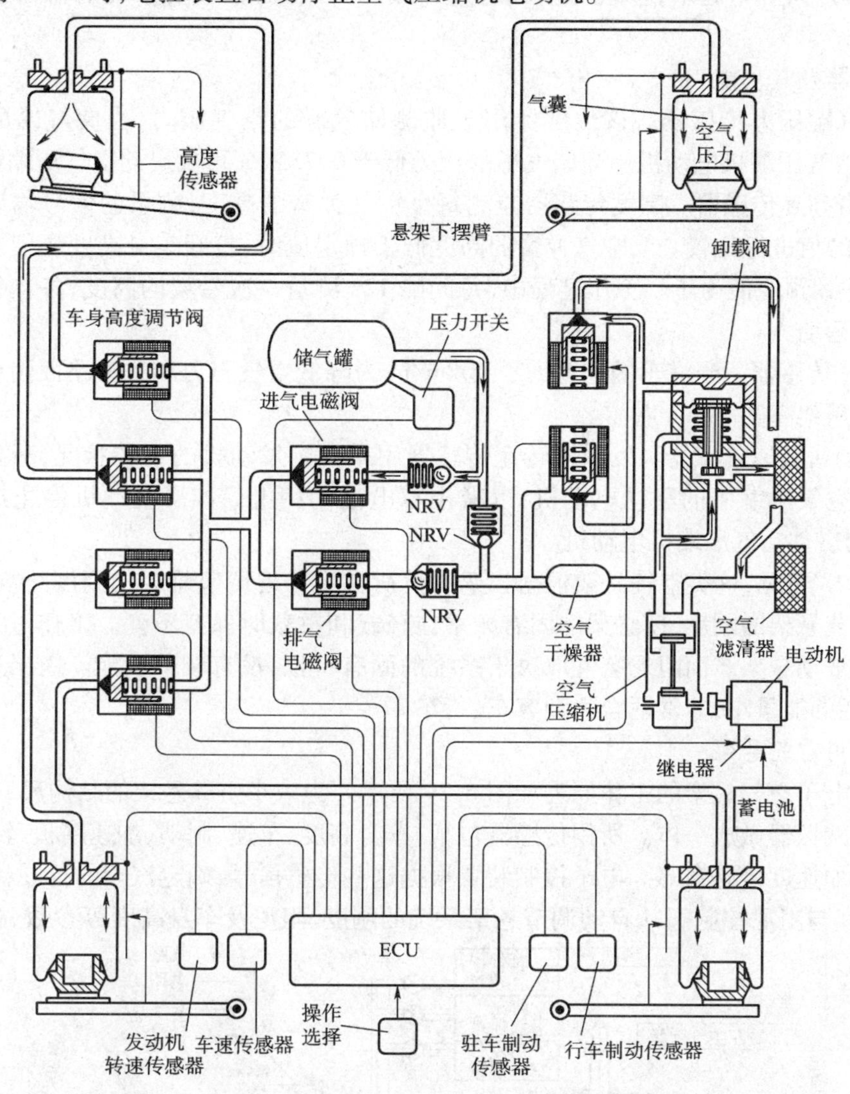

图6-28 大型客车、货车用电子空气悬架工作原理

2）悬架高度和刚度调节

悬架应处在驾驶人选定的或系统预定的高度，如果悬架不在期望的位置，电控装置就会发出信号，使相关悬架的车身高度调节电磁阀动作。如汽车停放一段时间后由于空气泄漏导致悬架的高度偏低，电控装置就会打开进气电磁阀和四个车身高度调节电磁阀，于是储气罐的高压空气进入到悬架气囊，使车体升高直至规定的高度，电磁阀关闭。当车辆减小负荷导致车身高度过高，其调节过程与此相反。电控装置则打开排气电磁阀和四个车身高度调节电磁阀，气囊多余的空气经高度调节阀、排气阀，再经卸载阀排到大气中，直至悬架达到规定的高度，电磁阀关闭。

3）单个悬架高度调节

当车辆载荷分布不均时，由此可能导致某一悬架下陷过多，使车身失去水平姿态。电控装置打开进气阀与对应的车身高度调节阀，补充空气增加气压，恢复悬架的水平姿态。

4)储气罐安全工作压力限制

当储气罐压力超过安全限(1MPa)时,作用在卸载阀膜片下方的压力加弹簧力将克服膜片的阻力,把膜片向上举起来,多余的空气通过卸载阀排放到大气中,系统的压力稳定维持在1MPa左右。

5)传感器及其功能

(1)储气罐压力传感器。该传感器用于监测储气罐的空气压力,当储气罐的压力超过1MPa,停止空气压缩机电动机。当储气罐的压力低于0.75MPa再次启动空气压缩机电动机。

(2)车身高度传感器。高度传感器监测每个空气弹簧的高度,测量的信号输入到的电控装置与预定的值进行比较。当空气弹簧的高度低于预定值时,打开车身高度调节电磁阀及进气阀,直到达到预定值为止。工作过程中,每间隔12s测量一次悬架的高度,各空气悬架都在不停地上下运动。

(3)车速传感器。当汽车的速度大于80km/h,为降低空气阻力和改善路面附着性能。电控装置降低悬架高度20mm左右。

(4)发动机转速传感器。发动机转速传感器用来确定发动机的运转状况,只要发动机在运转就切断空气压缩机的驱动电动机,以减小蓄电池的用电。如果发动机停止或转速低于500r/min,则启动空气压缩机电动机。

由图6-28可见,这类空气悬架根据悬架的负荷在不停地调节悬架的高度至规定的值,而实际上是调节悬架的刚度,使悬架的固有频率在轻载和重载时保持不变。工作过程等价于理想变刚度的被动悬架。而阻尼特性取决于系统的固有特性,没有调节功能。由于这种悬架结构简单,消耗的能量小,非常适合大型客车、货车。

2.轿车用空气悬架

轿车用电子空气悬架的工作原理如图6-29所示。为减小空气悬架的结构尺寸,一般空气气囊和阻尼减振器做成一体。所用传感器包括:车身高度、车速、制动、加速踏板、转向盘转角、纵向及侧向加速度传感器等。电子控制装置根据这些传感信号,确定汽车的行驶状态,通过执行机构(刚度与阻尼控制阀),自动调节悬架系统的刚度、阻尼及车身高度等参数,使汽车具有

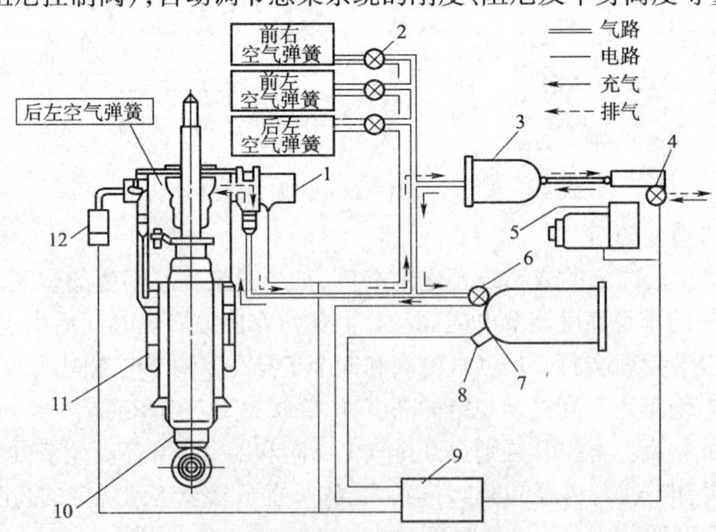

图6-29 轿车用电子空气悬架工作原理

1、2-高度调节阀;3-空气干燥器;4-排气电磁阀;5-空气压缩机;6-进气电磁阀;7-储气罐;8-压力传感器;9-电子控制装置;10-减振器;11-橡胶气囊;12-高度传感器

良好的乘坐舒适性和操纵稳定性。高度调节过程为:根据高度传感器12的输入信号,电控装置比较悬架的高度与设定值,自动控制高度调节阀1的动作。如果悬架的高度低于预定的值,高度调节阀1打开储气罐至主气室通道,储气罐向悬架充气,直至悬架至规定的高度。相反,高度调节阀1打开储气罐至大气通道,多余的空气排到大气中去,直至悬架降低到预定的高度。

3. 电子控制油/气体悬架

油/气体悬架和空气悬架的工作原理类似,不同的地方是油/气体悬架包括两种隔离的工作介质,即气体与液体。其中用高压氮气填充的气囊作为弹性元件,而液体用来实现悬架的高度与刚度控制。油/气体悬架的工作原理如图6-30所示。前悬架为一组,后悬架为一组,每组

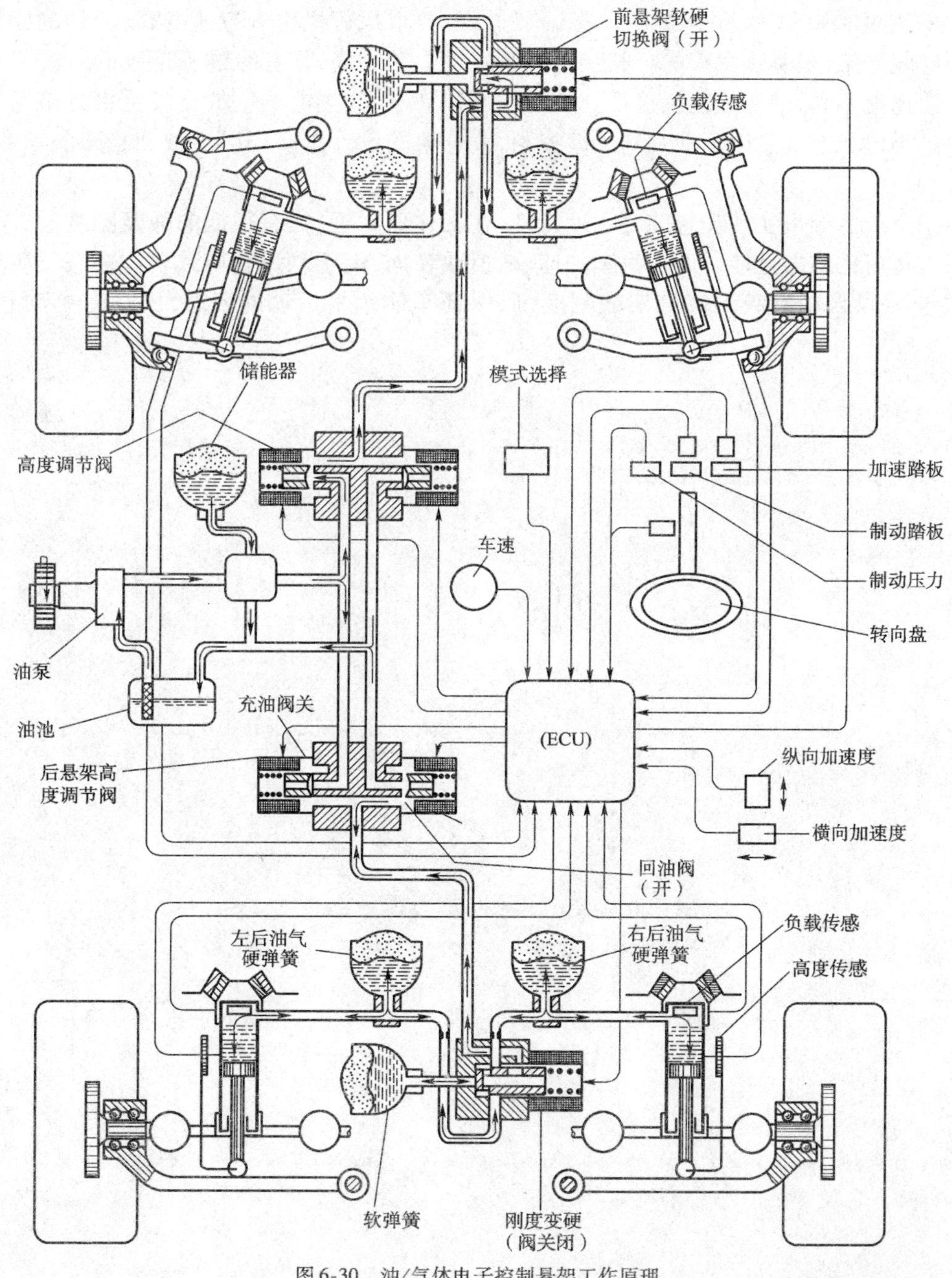

图6-30 油/气体电子控制悬架工作原理

悬架作为整体控制。当汽车在不平路面行驶时，遇到凸起部分或凹坑时，车轮上下运动，通过横摆臂带动减振器活塞运动。如悬架遇到凹坑，高压空气弹簧的膜片扩张，产生很大的流量驱动活塞向外伸出。如遇到凸起路面时，车轮向上运动，空气弹簧的膜片向内收缩，可吸收很大的瞬时流量。可见油气弹簧完全具有空气悬架的特性。

三、小结

某些电子空气（或油气）悬架虽然包括传感元件、执行机构和电控单元，其构造类似主动悬架，但它的控制方式与主动悬架有很大不同。主动悬架是基于车轮和车体的加速度信号调节悬架的刚度和阻尼力，是连续的动态调节过程，要求执行机构响应速度高，消耗的能量多。而电子空气悬架，是基于汽车的行驶状态调节阻尼力与刚度，是有级的不连续的过程，对执行机构响应速度不高，消耗的能量极低。从工作过程来看，这类电子空气悬架更接近被动悬架。也正是这类电子空气悬架不涉及到反馈控制，故悬架的设计本质仍属于被动悬架的参数匹配设计。

由于空气悬架可实现理想的变刚度特性，在工作点附近，具有很低的弹簧刚度，汽车平稳行驶具有很好的减振性能。而当汽车加速、减速或转向，由于软弹簧导致车体姿态发生变化，悬架系统可以自动有级调节悬架的刚度，以保证车体水平运动的姿态，又具有主动悬架的特性。

第七章　其他底盘电控技术

第一节　电控转向助力技术

转向助力系统又称转向助力装置,是利用其他能源来辅助驾驶人进行转向的转向系统。

通常情况下,在高速行驶时,对动力进行限制,使转向不致过轻,以增强转向的灵敏度(路感)。在正常情况下,汽车转向所需的能量,只有一小部分由驾驶人的人力提供。但在动力转向装置失效时,应当还能由驾驶人的手力独立承担其传统转向的任务。

动力转向按能源的形式可分为两大类:一类是电控-液压式动力转向,另一类是电动式动力转向。

一、电控-液压动力转向系统

现代电控-液压动力转向系统的主要类型大多为车速响应型,即主要根据车速的变化,通过传感器向计算机模块或ECU传递信号,经过处理后控制电液转换装置,改变动力转向器转向的手力,使驾驶人的转向手力根据车速和行驶条件的变化而得到改变。也就是说,在低速行驶或转急弯时,能以很小的转向手力进行操作,以获得较轻便的转向;而在高速行驶时能以稍重的转向手力进行稳定的操作,以避免转向“发飘”,使转向的操纵性和稳定性达到最合适的平衡状态。

1.基本类型及原理

电控-液压动力转向系统按其控制方式可分为:流量控制式、液压缸分流控制式、压力反馈控制式和阀特性控制式四种。

1)流量控制式

流量控制式动力转向系统,其工作主要是随着车速的变化,通过改变通往动力转向器的供油流量来控制转向手力。车速低时,充分发挥动力转向器的助力效果,减小转向手力;车速高时,适当减少油泵的供油量,使转向手力略显沉重,无“发飘”的感觉,以提高行驶稳定性;转急弯时,又可通过传感器检测出转向的角度,做出快速变换,控制系统恢复到全动力转向状态,以帮助驾驶人操纵。该控制方式主要有可变量孔式、电磁阀式及独立油泵式三种结构形式。

2)液压缸分流控制式

液压缸分流控制式动力转向系统,通常在连接液压缸两腔室的油路中增设电磁分流阀和分流的油路,随着车速的提高,电磁分流阀开启间隙增大,从而减小了液压缸工作压力,增大转向手力;在停车或低速行驶转急弯情况下,电磁分流阀完全关闭,不起分流作用,转向手力明显减小,以达到改变转向手力的效果。

3)压力反馈控制式

压力反馈控制式动力转向系统,是采用改变控制阀反作用腔室反馈压力的办法来改变转向手力的。该结构在动力转向器控制阀旁边增加一个电液转换器,在车速信号控制下,车速越高，使通往控制阀反作用腔的反馈压力越高，从而增大了开启控制阀的阻力，转向手力也随着增加；反之，转向手力减小。该结构必须增加一个电液转换阀和一个反作用力阀才能实现。

这种结构能在低速掉头和停车转动转向盘时提供较高(95%)的助力作用；随着车速的提高，可以逐渐减少到最低(65%)的助力作用，这样可提供明显的路感和精确的手动控制，并且不受温度变化而引起的油量变化或液体黏度变化的影响。另外，可保证在轮胎爆裂时对转向的控制，在任何电子元件失效时，均能作为一般动力转向使用，确保车辆行驶的安全性。

4)阀特性控制式

阀特性控制式动力转向系统，以可变的阀特性来控制转向手力，即在回油道中增加一个电磁阀，利用电磁阀开启的大小，控制回油道中阻力的方式来改变阀特性，而电磁阀开度的大小，由车速传感器传来车速变化的信号通过计算机模块或 ECU 来控制。转急弯时则保证电磁阀全开，几乎不影响转向。

2. 应用实例

液压式动力转向系统有很多种，在此以旁通式液压动力转向系统为例介绍其结构与工作原理。

旁通式动力转向系统的一个典型例子是日本日产(NISSAN)公司的蓝鸟牌轿车，系统构成及原理如图 7-1 所示。它采用的是旁通流量控制阀，具体结构可参见图 7-2。流量主孔的开口面积由主滑阀来控制。主滑阀与电磁线圈柱塞相连接，因此电磁线圈产生的推力大小与滑阀的移动量成正比，滑阀的移动改变流量主孔的开口面积。当进入的油压高于设定值时，稳压滑阀左移，使节流孔的开口面积减小，进入的液压油量减少，稳压滑阀的前后压差减小，在复位弹簧的作用下，稳压滑阀右移，将节流孔的开口面积增大，这样就能调节压力的稳定性。利用在仪表板上的转换开关，蓝鸟轿车还有三种不同行驶条件的转向力特性曲线可以选择。

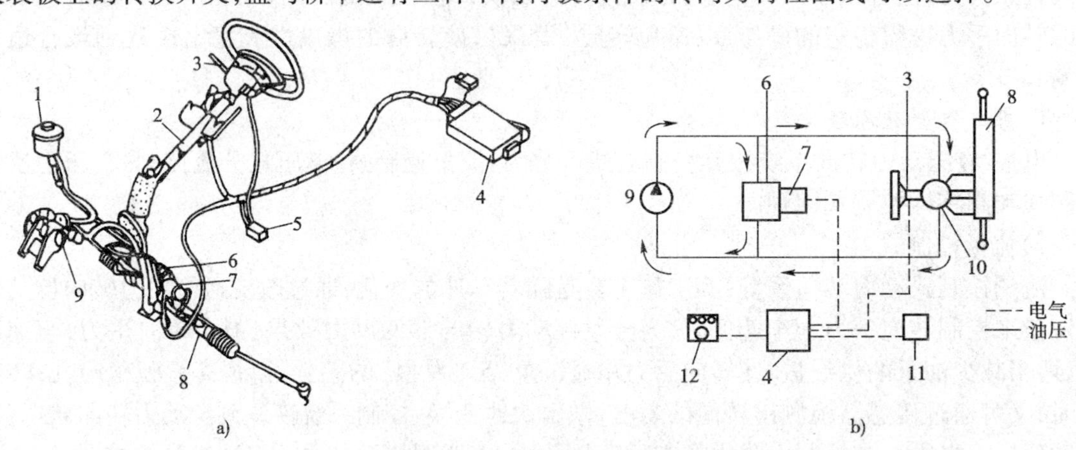

图 7-1　蓝鸟轿车动力转向系统

a)结构组成简图；b)电路原理简图

1-动力转向油罐；2-转向管柱；3-转向角速度传感器；4-ECU；5-转向角速度传感器增幅器；6-旁通流量控制阀；7-电磁线圈；8-转向齿轮联动机构；9-油泵；10-控制阀；11-车速传感器；12-选择开关

二、电动式动力转向系统

传统的动力转向一般都是采用液压式的助力方式，这些系统结构复杂，功率消耗大，容易产生泄漏，转向力不易进行有效的控制。随着电动机控制技术的发展，电动式动力转向(Electronic Powered Steering，EPS)系统大有取代传统动力转向系统的趋势。

电动式动力转向系统的一个显著特点就是所谓的“精确转向”，它能在汽车转向过程中，根据不同车速、转向盘转动的快慢，准确提供各种行驶路况下的最佳转向助力，减小由路面不平引起的对转向系统的扰动。不但可减轻低速行驶时的转向操纵力，而且可大大提高高速行驶时的操纵稳定性，并能精确实现人们预先设置的在不同车速、不同转弯角度所需要的转向助力。通过控制助力电动机，可降低高速行驶时的转向助力，增大转向手力，解决高速“发飘”问题，而且成本相对较低。同时，因降低发动机功率损耗而节省了燃油，也是电动动力转向系统的重要特点。

1. 分类与结构

根据电动机布置的位置不同，电动式动力转向系统可分为转向轴助力式、齿轮助力式、单独助力式及齿条助力式四种结构形式。

1）转向轴助力式

该电动转向系统的电动机固定在转向轴一侧，由离合器与转向轴相连接，如图 7-3 所示，直接驱动转向轴进行动力转向。

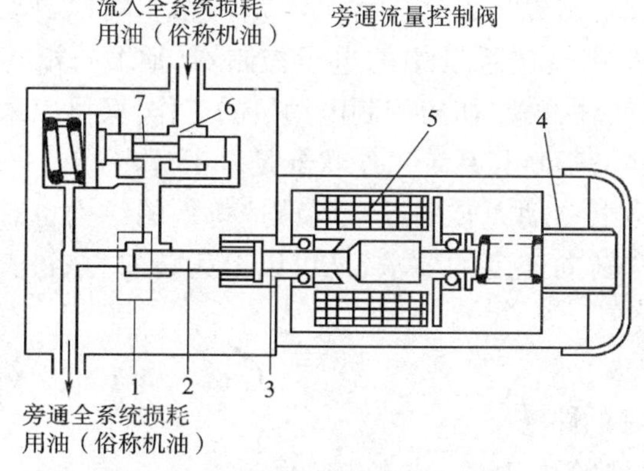

图 7-2　旁通流量控制阀结构图

1-流量主孔；2-主滑阀；3-电磁线圈柱塞；4-调节螺钉；5-电磁线圈；6-节流孔；7-稳压滑阀

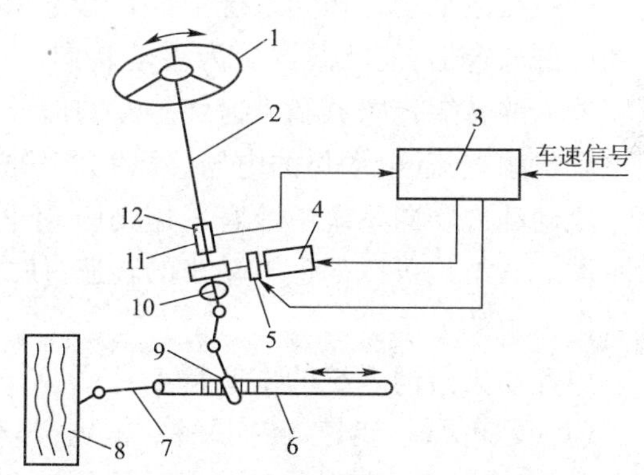

图 7-3　转向轴助力式结构原理图

1-转向盘；2-输入轴；3-ECU；4-电动机；5-电磁离合器；6-转向齿条；7-横拉杆；8-转向轮；9-输出轴；10-扭力杆；11-转矩传感器；12-转向齿轮

2）齿轮助力式

该电动转向系统的电动机和离合器与小齿轮直接相连，从而直接驱动齿轮进行动力转向。

3）单独助力式

该电动转向系统的电动机和离合器固定在齿轮齿条转向器的小齿轮相对另一侧，单独驱动齿条助力实现转向动作。

4）齿条助力式

该电动转向系统的电动机与齿条为一体，电动机转动时带动循环球螺母转动，使齿条-螺杆产生轴向位移，直接起动力转向作用。

总之，转向轴助力式，是将电动机安装在转向管柱上，通过减速机械与转向轴相连。其特点是结构紧凑，所测取的转矩信号与转向盘转矩在同一直线，因此控制直流电动机助力的响应性较好，但对电动机的噪声和振动要求较高。这种类型一般在微型轿车上使用。

小齿轮助力式转向系统的转矩传感器、电动机、离合器和转向助力机构仍为一体，只是整体安装在转向小齿轮处，直接给小齿轮助力，可获得较大的转向力。该形式可使各部件布置更方便，但当转向盘与转向器之间装有万向传动装置时，转矩信号的取得与助力车轮部分不在同一直线上，其助力控制特性难以保证准确。

齿条助力式转向系统的转矩传感器单独安装在小齿轮处，电动机与转向助力机构一起安装在小齿轮另一端的齿条处，用以给齿条助力。这种结构是第一代电动动力转向系统，由于电动机位于齿条壳体内，结构复杂，价格高，维修也很困难。也有的将电动机轴与齿条平行放置，称为轴旁式。由于易于制造和维修，成本低，在一般汽车上已取代了第一代产品。

2. 基本原理和特点

各种电动式动力转向系统的基本工作原理都是相同的，由于其转矩传感器与转向轴（小齿轮轴）连接在一起，所以当转向轴转动时，输入轴和输出轴在扭杆作用下产生相对的位移，转矩传感器就把该位移转变成电信号传送给电子控制器（ECU），ECU 根据车速传感器和转矩传感器的信号，决定电动机的旋转方向和助力电流的大小，因此，它可以很容易地实现在车速不同时电动机提供不同的助力效果，保证汽车在低速行驶时转向轻便灵活，高速行驶时的转向稳定可靠。

一般在电动动力转向系统中都装有电磁离合器，在规定车速和出现异常情况时，可以自动切断电磁离合器，使转向器变为手动转向。电动动力转向系统中的电子控制器（ECU），既可以将输入的转矩传感器和车速传感器的信号加以处理，确定如何控制电动机的工作，又可以采集电动机的电流、电动机的电压、发动机工况等信号，判断其系统工作状况是否正常。

电动动力转向系统中装有减速机构，不同类型电动动力转向系统的减速机构的结构也有所不同。其结构可以保证电动机的转速，使之适合转向速度的要求；又可以增大转向力矩，满足转向助力的要求。

电动动力转向系统的主要特点有：

(1) 反应灵敏、迅速，转向平稳、精确，具有良好的路感。

(2) 零部件少，其质量比通常的液压转向助力系统小 25%，成本也降低了。

(3) 当发动机出现故障时，仍能通过蓄电池供电继续提供转向助力。

(4) 结构外形小巧，所占的空间比传统的液压动力转向器要小，且布置方便。

(5) 由于不用发动机直接驱动，需要转向时才接通电源，因此降低了油耗。

(6) 具有良好的低温工作性能。

(7) 转向手力特性能满足不同使用对象的需求。

(8) 具有较好的缓冲作用，能使转向摆动和反冲力降低到最小程度。

3. 应用实例

现以齿轮齿条式电动动力转向系统为例来简单说明它的基本结构和工作原理。

图 7-4 所示是齿轮齿条式电动动力转向系统组成的示意图，它包括转矩传感器、车速传感器、电控单元（ECU）、电动机、电磁离合器、减速机构和警报指示灯。

1) 转矩传感器

直流电动机通过蜗轮蜗杆减速，带动转向管柱的转向轴转动，转向管柱中的转向轴通过扭力杆与转矩传感器相连，转矩传感器有两个探测环 1 和 2（图 7-5），探测环 2 安装在输入轴上，探测环 1 安装在输出轴上，同时有一个探测线圈和一个补偿线圈。转矩由探测线圈测量，在转矩的作用下，探测环 1 和探测环 2 产生相对转角，磁通发生改变。探测线圈的温度和外部电磁辐射噪声的影响，由补偿线圈来加以修正。

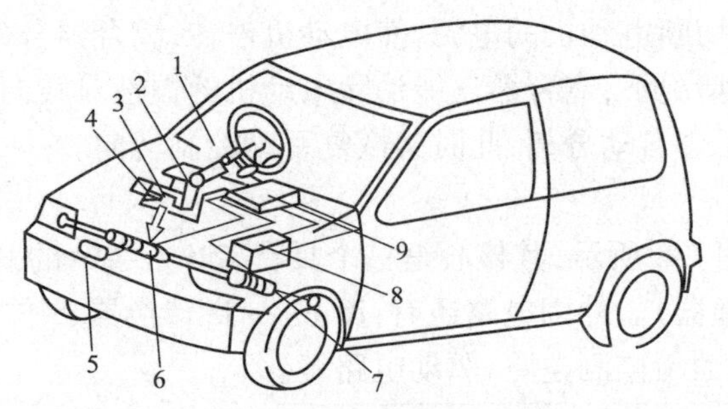

图 7-4 齿轮齿条式电动动力转向系统组成示意图

1-车速传感器;2-转矩传感器;3-减速机构;4-电动机和离合器;
5-发电机;6-转向齿轮;7-发动机转速传感器;8-蓄电池;9-ECU

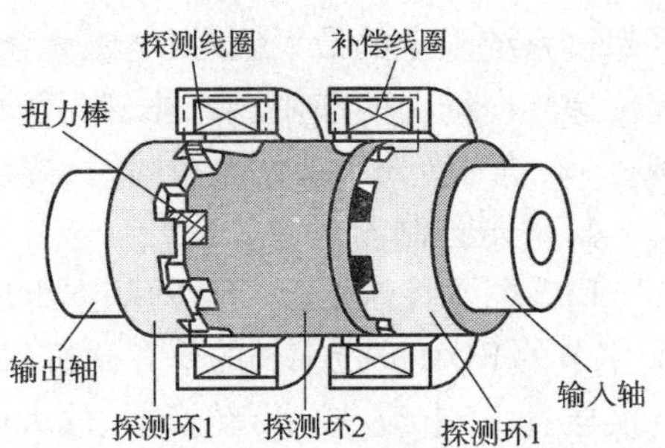

图 7-5 转矩传感器

探测线圈和补偿线圈组成的转矩传感器电路如图 7-6 所示。线圈由高频正弦波激励,经一个电流驱动电路和一个反相电流驱动电路来驱动线圈,这样高频激励的相位差为 180°。探测线圈的阻抗只由输入转矩来改变,经过差动放大器,将转矩信号电压放大。

其输出电路分主、副两路,是冗余设计,主、副两路的电源和放大电路结构都是一样的,并且彼此分开,相当于把两块相同的芯片集成在一个基片上,从而提高了可靠性。该芯片的使用温度范围为 -40 ~ +120℃。车速传感器输入车速信号,转矩传感器输入转矩信号,控制器以此计算出电动机的驱动电流,输出合适的方波信号,采用脉宽调制的方法来驱动电动机。电动机大多采用永磁无刷直流电动机,其电动机的要求为低速、大转矩、惯量小、质量轻、尺寸小;还要求可靠性高,容易控制。为此,针对 EPS 的特点,对电动机结构作一些特殊处理,如沿转子的表面开出斜槽、定子磁铁设计成不等厚、靠特殊形状的定子产生不均匀磁场等来改进电动机的性能。

2)直流电动机

EPS 用的电动机与启动用直流电动机原理基本相同,但它一般采用永磁磁场。最大电流一般为 30A 左右,电压为 12V,额定转矩为 90N · m 左右。

EPS 直流电动机需要正反转控制,图 7-7 所示为一种比较简单适用的控制电路,a_1、a_2为触发信号端。当 a_1 端得到输入信号时,晶体管 VT_3 导通,VT_2 得到基极电流而导通,电流经 VT_2、电动机 M、VT_3、搭铁而构成回路,于是电动机正转;当 a_2 端得到输入信号时,电流则经 VT_1、M、VT_4、搭铁而构成回路,电动机则因电流方向相反而反转。只要控制触发信号端电流的大小,就可以控制通过电动机电流的大小。

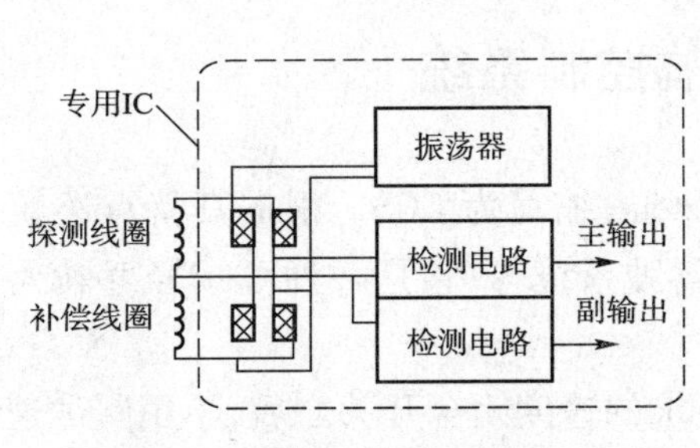

图 7-6 转矩传感器电路框图

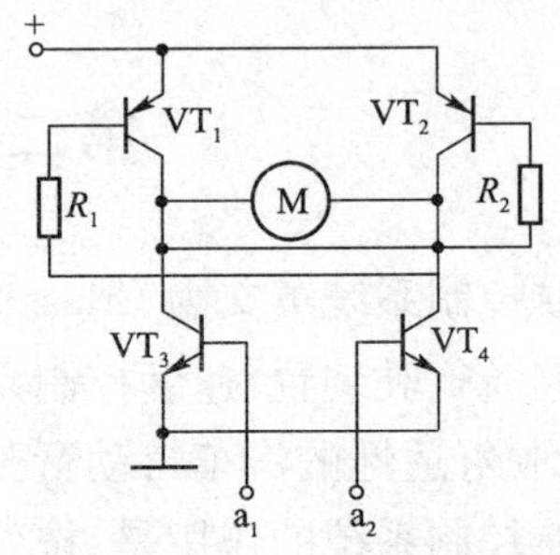

图 7-7 电动机正反转控制电路

3)电磁离合器

电磁离合器的主要功用是保证电动助力只有在预定的车速范围内起作用。当汽车行驶速度超过系统限定的最大值时，电磁离合器便切断电动机的电源，使电动机停转，离合器分离，不起传递转向助力的作用。另外，在不助力的情况下，离合器还能消除电动机的惯性对转向的影响；当该动力转向系统发生故障时，离合器还会自动分离，此时又恢复手动控制转向。

4）电子控制器

EPS 电子控制器（ECU）的基本组成如图 7-8 所示，其核心是一个具有 256 个字节的 RAM、4k 字节的 ROM、8 位字长的单片微机（微处理器）。外围电路还有：10 位 A/D 转换器、8 位 D/A 转换器、I/F（电流/频率）转换器、放大电路、动力监测电路、驱动电路等。

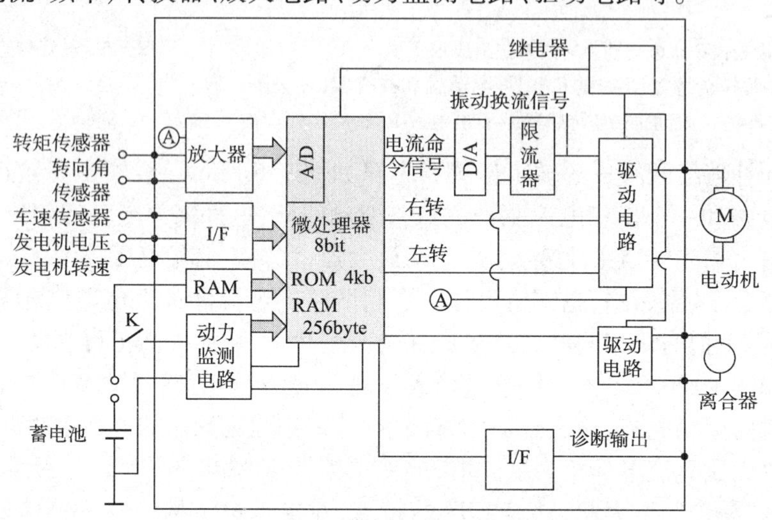

图 7-8　EPS 的 ECU 结构及其控制系统

工作时，转向转矩和转向角信号经过 A/D 转换器被输入到微处理器（ECU），微处理器根据这些信号和车速计算出最优化的助力转矩。ECU 把已计算出来的值作为电流命令值送到 D/A 转换器转换为模拟量，再将其输入到电流控制电路。电流控制电路把来自微处理器的电流命令值同电动机电流的实际值进行比较，产生一个差值信号。该差值信号被送到驱动电路，该电路可驱动动力装置并向电动机提供控制电流。也就是说，当转矩传感器和转向角传感器的信号经 A/D 转换器处理后，微处理器就在其内存中寻找与该信号相匹配的电动机电流值，然后将此值输送给 D/A 转换器进行数字/模拟转换，处理后的模拟信号再送给限流器，由限流器来决定电动机驱动电路电流值的大小。微处理器同时给电动机驱动电路输出另一个信号，即决定电动机的转动方向。

第二节　巡航控制系统

汽车巡航控制系统英文为 Cruise Control System，缩写为 CCS。根据其特点巡航控制系统一般又称为巡航行驶装置、速度控制系统、自动驾驶系统等，它是一种可减轻驾驶人操纵劳动强度、提高行驶舒适性的汽车自动行驶装置。

汽车巡航控制系统的作用是：按驾驶人所要求的速度闭合开关之后，不用踩加速踏板就可以自动保持车速，使车辆以固定的速度行驶。采用了这种装置，当在高速公路上长时间行车时，驾驶人就不再去控制加速踏板，减轻了劳动强度，同时减少了不必要的人为因素引起的车速变化，可以节省燃料。

一、巡航控制系统的基本组成

巡航控制系统主要由主控开关、车速传感器、执行器和巡航 ECU 四部分组成。

1. 主控开关

主控开关是杆或按键式组合开关，装在转向柱或转向盘等驾驶人容易接近的地方。操纵主控开关可实现的功能有：设定车速、加速、减速、恢复、解除等。

2. 车速传感器

巡航系统与发动机电控系统共用一个车速传感器。车速传感器有多种结构形式、有磁脉冲式、光电式、霍尔式、磁阻式等。

3. 执行器

执行器是一种将 ECU 输出的电信号转变为机械运动的装置。节气门执行器有电动式和气动式两种。电动式一般采用步进电动机或直流电动机控制，而气动采用由进气歧管真空度控制的气动活塞式结构。

4. 巡航 ECU

巡航 ECU 是整个系统的中枢。早期巡航控制系统的 ECU 多采用模拟电子技术制造，随着数字电子技术的发展，特别是大规模集成电路及微机控制技术在汽车控制方面的推广，巡航控制系统已全部采用数字微型计算机车速控制器。

二、巡航控制系统的原理

巡航控制系统按控制原理可分为机械巡航控制系统与电子巡航控制系统两类。机械巡航控制系统是早期使用的汽车巡航控制系统，电子巡航控制系统则经历了从晶体管分立元件组成的模拟计算控制到数字式微型计算机控制的发展过程。

汽车在平坦路面行驶时，车速与节气门开度的关系如图 7-9 中的 A 曲线所示。当汽车以速度 v_0在平坦路面行驶时，一旦进入自动行驶状态，节气门的开度则处于 θ_0，故不需要进行任何调节。当汽车遇到上坡路段时，行驶阻力增加，车速与节气门开度的关系将按 B 曲线变化。若不及时调整节气门开度，车速将会下降到 v_d。采用巡航控制系统可以根据设计的具有一定斜率的控制线，自动调节节气门开度，使其从 θ_0变为 θ_H，将车速稳定在 X 点，取得新的平衡。行驶阻力减小时，车速与节气门开度的关系将按 C 曲线变化，同样控制系统也沿控制线调节节气门，其开度从 θ_0变为 θ_L，车速在 Y 点取得平衡。因此，汽车行驶阻力在上述 B 曲线和 C 曲线中间变化时，车速在 $X \sim Y$ 范围内变化。显然，自动调节的结果，汽车速度并不是保持在某一点，而是在一定的速度范围内变动，即与设定车速间存在一定的误差。

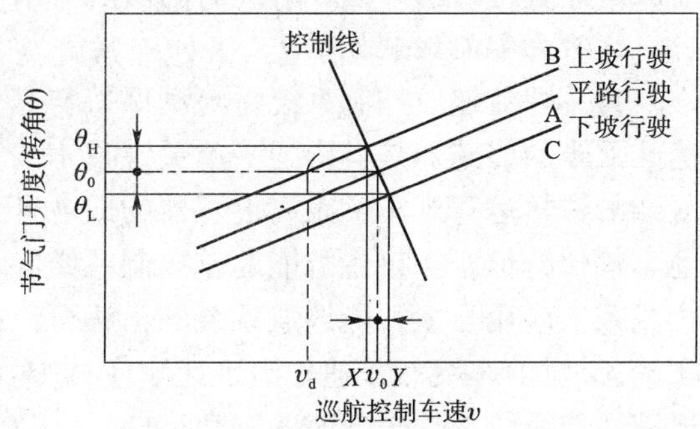

图 7-9　车速与节气门开度的关系

在设计时，若使控制线垂直于车速，从理论上看则车速控制的误差可减少为零，但这样一来，行驶阻力的微小变化都会引起节气门快速变化，容易产生较大的振荡，即产生游车现象。因此，应综合考虑控制车速误差范围与游车问题，并选择适当的控制线斜率。

图 7-10 所示为电子巡航控制系统的基本原理框图。ECU 有两个基本输入信号，一个是驾

驶人的指令车速信号,另一个是实际车速的反馈信号。ECU 检测这两个输入信号之间的误差后输出一个节气门的开度控制信号,执行器根据接收的控制信号调节发动机节气门开度修正所检测到的车速误差,从而使车速保持恒定。

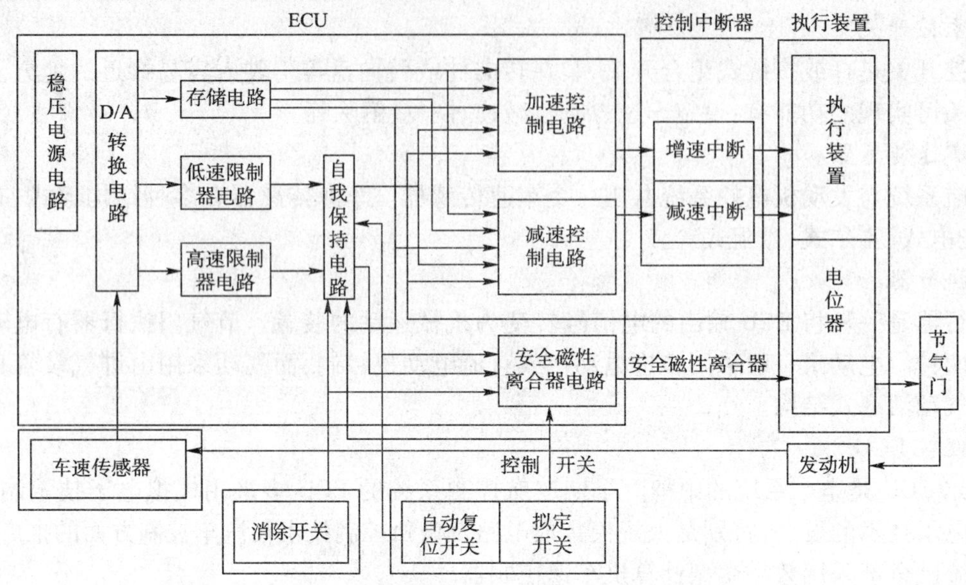

图 7-10　电子巡航控制系统的基本原理框图

三、巡航系统的发展趋势

新一代汽车巡航系统主要包括两个方面,一是将巡航控制与智能运输系统集成在一起,二是具有自主智能的巡航控制功能。

1. 集成智能运输系统的巡航控制

智能运输系统(ITS)网络是设定最佳巡航速度值的更有实用意义的方法。由交通管理部门在速度控制区域设立路边信号,巡航控制系统接收路边信号,以确定最佳车速。ITS 还能够监测道路条件、地方气候等,随时向所服务区域车辆发布最佳速度数据。

2. 自主智能巡航控制

自主智能巡航控制系统将自动保持与其他车辆的安全距离。低价格、全天候,可测量距离达几百米的传感器是其中的一项关键技术。另外,还需要应用高性能的微控制器以完成快速复杂的数学运算。车辆距离传感器的成功开发,使得巡航控制可以实现车辆恒速行驶或与其他车辆保持恒距。自主智能巡航控制系统除利用发动机控制速度外,还需要与制动控制系统相联系。应用自主智能巡航系统的车辆可以改进传统巡航控制的部分内容:①平滑接近某一车辆;②对前车突然减速作出迅速响应;③对前方直接穿过并实施制动的车辆作出响应;④自适应巡航系统部件失效时的安全措施。

第三节　车辆防撞系统

车辆防撞系统的作用是提醒驾驶人注意潜在的危险,并帮助驾驶人采取措施以避免危险。

一、主动防撞与被动防撞

防撞安全系统可以分为两大类:被动防撞系统和主动防撞控制系统。被动防撞系统可以探测危险并向驾驶人发出危险预警,而主动防撞控制系统可以发现危险并在可能的前提下采取预防措施避免碰撞。两种类型的系统都需要进行障碍物探测,它们之间仅有的区别就是在障碍物探测之后如何执行防撞程序:由驾驶人执行还是自动执行。

被动防撞系统通过向驾驶人提供潜在的危险预警来降低发生碰撞的概率,让驾驶人采取措施避免危险。有很多系统具有向车辆驾驶人提供预警的功能,首个典型的产品化车用预警系统是辅助倒车,当一辆汽车平行停靠或接近一个静止的物体,如一辆车或一堵墙时,辅助倒车系统就会发声提示。很多小轿车上就使用了这个系统,用来探测处于驾驶人视线之外的正在过马路的行人。现在有了更为先进的雷达倒车系统,在正常行驶状态下对可能发生的碰撞向行人发出预警。被动防撞预警系统如图 7-11 所示。该系统通过一个可视信号或声音向驾驶人发出预警,但是不能采取主动干预行为避免碰撞。

主动防撞控制系统通过结合动力系统、制动系统和转向系统来执行防撞程序。可能每家汽车制造商的方案略有不同,但共同的目的是探测那些将要与车辆发生碰撞危险的障碍物,然后采取防范措施以避免意外发生。主动防撞控制系统如图 7-12 所示。主动防撞控制系统不需要驾驶人直接控制就可以采取行动避免可能发生的碰撞。

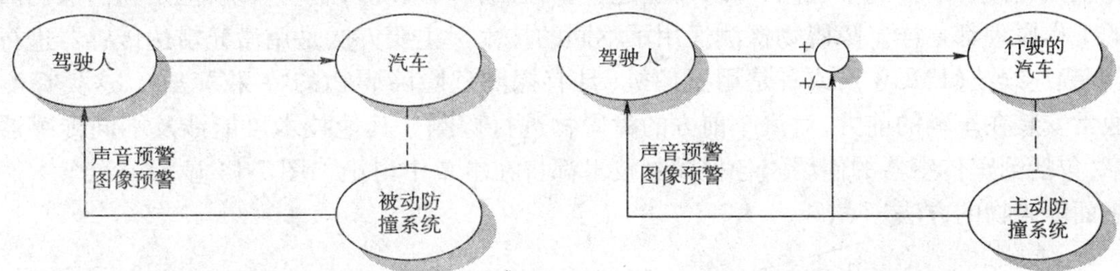

图 7-11 被动防撞系统　　图 7-12 主动防撞控制系统

主动防撞控制系统使用了许多先进的技术,不仅具有障碍物探测功能,还可以确保防撞程序能提高汽车安全性和效率。举例来说,风窗玻璃上的雨量传感器可以检测雨水量大小,从而可以推断路面是否打滑。在这种情况下,制动距离很可能会增加,因此必须更快地探测到危险的障碍物。同样,轮胎压力传感器可用于检测轮胎膨胀的程度,也能推断出制动距离的大小。

被动防撞系统和主动防撞控制系统中最关键的部分都是障碍物探测系统。应当指出,虽然被动防撞系统和主动防撞控制系统都需要进行障碍物探测,但是,障碍物探测系统的工作原理是有差别的。主动防撞控制系统中障碍物探测的性能必须比被动防撞系统的障碍物探测性能要更高更有效,人们难以接受误报警导致的紧急制动。误报警虽然容易引起驾驶人的不快,但在被动防撞系统中却能让人接受。虽然说被动防撞系统对误警报的要求不是很严格,但是传感器的反应时间应更加迅速,因为在防撞过程中必须考虑到驾驶人的反应时间。

二、按碰撞方向分类的三种车辆防撞系统

三种类型的防撞系统:正面(前方)防撞系统、后方防撞系统和侧面防撞系统。未来的道路会变得更加自动化,因此侧面防撞系统和车道传感系统将显得更加重要,但是目前最普遍的还是正面和后方防撞系统。

图 7-13 是美国国家公路交通安全局(NHTsA)公布的关于发生追尾碰撞的数据。从数据中我们可以清楚地看到,驾驶人注意力分散和车距过近是导致追尾事故的主要原因。这就增加了向驾驶人提供正面碰撞预警的必要性。因为大多数驾驶人的反应时间为 1.6s 或更长,因此事先给驾驶人任何预警都可以明显降低发生碰撞的概率。

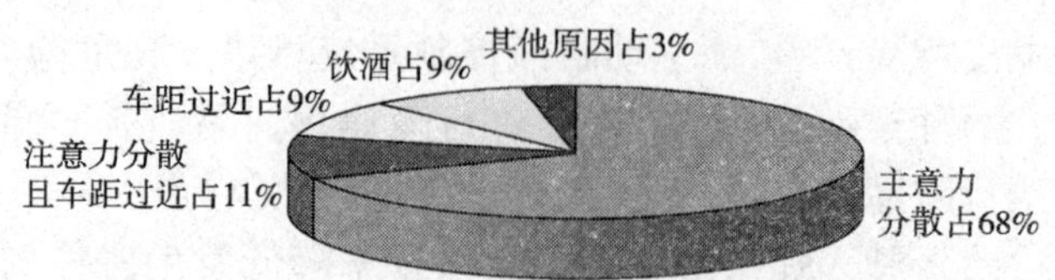

图 7-13 追尾事故原因比例图

由于驾驶人员驾驶风格的不同,因此可视化预警系统和声音预警系统都可能会显得更加有效。汽车防抱死制动系统在这方面就显示出了它的缺陷性,因为制动踏板的瞬间反冲(因液压油回流到主缸)和工作时的噪声会使很多驾驶人觉得不自然。在预警系统中有望提出类似的问题:如何提醒驾驶人即将发生的危险而不是惊吓他们。人们设计的那些预警信号,如音乐声和语音信息,以及可视化预警元件的位置、清晰度,其目的就是为了有效地提醒驾驶人,而不增加实际的危险程度。

1. 车载正面防撞系统

正面防撞系统有两种类型:主动防撞控制系统和被动防撞系统。主动防撞控制系统为了避免正面碰撞可以控制节气门开度,可能还包括控制转向系统与制动系统,但是它们探测障碍物的工作原理都一样。障碍物探测运用了不同的技术。主要方法是用激光雷达传感器进行扫描,调频连续波(FMCW),或者是用摄像机(具有探测危险障碍物的特殊算法)。这类探测系统通常安装在车辆的前方,对汽车前方的障碍物进行探测。其他技术可能涉及不同传感器的共享,包括倒车传感器的使用。各种探测技术都将在本章中讨论。图 7-14 显示了汽车雷达探测正面障碍物的方法。

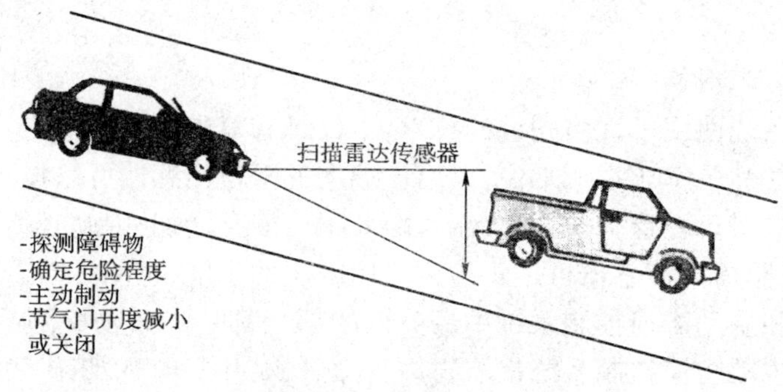

图 7-14 正面障碍物探测

由于车辆行驶时的速度很高,并且需要确定相邻车道上的物体,正面防撞系统必须安装远程和大方位角分辨率雷达。此类系统向前探测的距离通常有 100 ~ 200m,当汽车以 100km/h 的速度行驶时,对于静止的障碍物有 3 ~ 6s 的时间发出预警。对于正面防撞系统来说,分辨出前方有不止一辆车,位置很近但在不同的车道,是很重要的功能。因此正面预警雷达比后方预警雷达的频率应该更高(也就是说波长更短),因为频率更高才能获得更好的方位分辨率。

一些制造商也喜欢将主动防撞控制系统称作“自主”巡航控制、“智能”巡航控制、“主动”巡航控制或“自适应”巡航控制,这些系统都是防撞系统的子系统,它们与传统的巡航控制不同,可以自动适应前面较慢车辆的行驶速度。

主动障碍物探测系统与被动障碍物探测系统的关键区别在于:主动系统需要更精确地探测障碍物,以防止防撞系统对类似于道路标志的障碍物做出反应。

道路识别时,一般的障碍物探测相对来说比较简单。然而当车辆高速行驶时,前方有很多障碍物,确定哪一个障碍物是潜在的危险才是最富有挑战性的问题。也许主动系统可以探测所有的障碍物,但如果每遇到一个障碍物都向驾驶人发出预警,就会产生误报警,这样可能会引起驾驶人不必要的担心。这就违背了预警功能的本意。在防撞系统处于工作状态时,由误报警产生的自动制动可能会带来危险。

只有在“路线”上的,即车辆预定路径上的物体才算是“危险障碍物”。而相邻车道上的同向车辆,及在车辆预定路线之外的车辆(包括迎面车辆)和道路标志,这些物体都不应该被系统认作危险。图 7-15 为路径轨迹上危险障碍物的计算方法。

主车的预定行驶路线很显然是路线 A,如图 7-15中的虚线所示。这条路线上存在危险障碍物,沿路线附近有一辆同向行驶汽车。该路段同时也存在没有危险的障碍物,在相反(逆向)方向上,即路线 B 上有一辆行驶中的汽车。

为了有效地工作,该系统必须确认被测障碍物中哪些是危险的,哪些不是。为了做到这一点,必须进行道路识别。无论障碍物探测应用哪种传感技术,都必须采用能够确定行驶路线的算法。因此这种算法将有助于区分危险的障碍物(比如主车所在车道上的车辆)和那些没有危险的障碍物(比如逆向车道上的汽车和固定的物体,如路牌、树木等)。

从道路识别算法的角度看,基础设施辅助是处理这个问题最简单的方式。基础设施辅助是建立行驶路线的系统,与主车系统相独立。嵌入在道路中及路边用来帮助主车确定行驶路线的磁性装置就属基础设施。

尽管如此,在没有基础设施辅助的前提下进行道路识别也是有可能的。许多基于统计方法的不同算法已经成功用于道路识别。摄像机就很好地实现了该功能,但是当汽车在低能见度情况下高速行驶时追踪道路几何信息就会出现困难。相比来说,雷达在任何天气条件下和黑暗中都能很好地工作。许多算法通过识别一致性的物体建立自身的基础设施辅助信息,比如道路屏障和标记。从护栏或其他路边建筑反射回来的回声可以用来建模,在线性拟合算法中通常会用到这些模型。联合使用多种传感器解决这个问题也很常见,这通常被称为“传感器融合”。通常摄像机用于道路识别而扫描雷达传感器用于障碍物探测和分析。

2. 车载后方防撞系统

后方防撞系统通常使用近距离非扫描传感器为停车辅助功能提供近距离检测,或用扫描雷达提供更高级的检测功能。某些制造商生产的防撞系统可能将两种类型结合起来使用。比如将用于正面防撞系统的雷达扫描检测功能用于后方防撞系统中,告诉驾驶人在主车后方有一辆靠得相当近的汽车,或在停车场倒车的时候,提醒驾驶人附近有障碍物,如难以发现的自行车、购物车或者其他障碍物。图 7-16 为车后障碍物探测系统示意图。

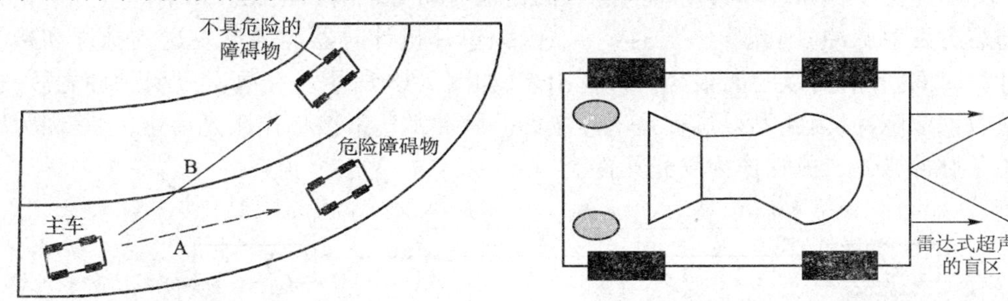

图 7-15　路径轨迹上危险障碍物的计算方法

图 7-16　车载后方障碍物探测系统

跟正面防撞系统不同的是,后方防撞系统通常使用低频雷达系统,因为它对方位分辨率的要求没有正面系统高,工作距离也更短。

后方防撞系统也对静止的或移动的物体进行探测,通过分析距离和时间,对可能发生的碰撞发出预警，比如说在倒车的时候发出声音预警。

3. 车载侧面防撞系统

侧面防撞系统使用雷达传感器来探测处于行车视觉盲点的障碍物，这些障碍物往往是造成事故的原因。这类系统的典型视野如图7-17所示。此类传感器安装在车辆侧后区域，用来探测相邻车道上的障碍物，通过与后视镜配合使用可以增强车辆的安全性。

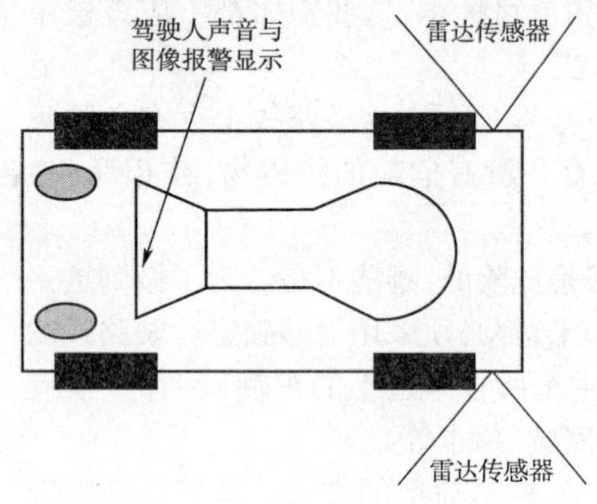

图7-17 侧面防撞系统的视野

装在车辆两侧的雷达不仅仅是用来对盲点内的障碍物预警，也可能辅助路线追踪，用来确定行驶路线。经常出现在车辆两侧的障碍物（例如安全护栏和平行车道上的其他车辆）都可用来追踪处于车道上的车辆的位置。如果车辆离开其原有车道，系统就会报警。虽然说目前所有的侧面防撞系统还都是被动系统，但是将来主动系统在当主车的相邻车道存在危险时，可能会（通过转向控制单元）控制车辆的行驶方向以防止其变换车道。

三、防撞系统的关键技术

碰撞预警系统或防撞系统中的关键元件是传感器，该传感器可以向电控单元提供关于主车与潜在危险障碍物之间的距离信息。该障碍物可能是一辆（移动的或静止的）汽车，也可能是一个无生命的物体，比如说道路标志牌或一棵树。

虽然固定光束式传感系统有其用途，比如说用于停车辅助系统，但是该类型的传感系统在某种条件下，比如说在弯曲路面上可能发出误导信息，固定光束式系统仅用作倒车扫描传感器。

诸如在行驶中的车辆间保持限定距离的那些智能系统，需要更多的信息，而不仅仅是车辆同前方物体之间的距离。为了有效地工作，系统应该了解道路的形状。如果系统把某物体看作水平线并且知道它的距离，那么在弯曲的道路上就可以将其看作一个移动的目标车辆进行追踪。智能算法也可以分析位于路边的标识，比如反射装置。基于这些原因，扫描雷达是一个受欢迎的解决方案。

1. 扫描脉冲激光雷达

扫描脉冲雷达的工作原理非常简单。脉冲的传输时间与距离成正比。扫描装置在水平方向向前方与后方发射脉冲（因此称作“扫描”）。因为单片机计时器能根据发送的脉冲和接收到的脉冲计算时间间隔，所以距离很容易计算出来，如图7-18所示。在每次发射脉冲之后，接收器等待接收回波脉冲，因此发射过程是不连续的。脉冲雷达常被称作激光雷达，这是因为脉冲雷达使用了脉冲激光二极管作为发光元件。

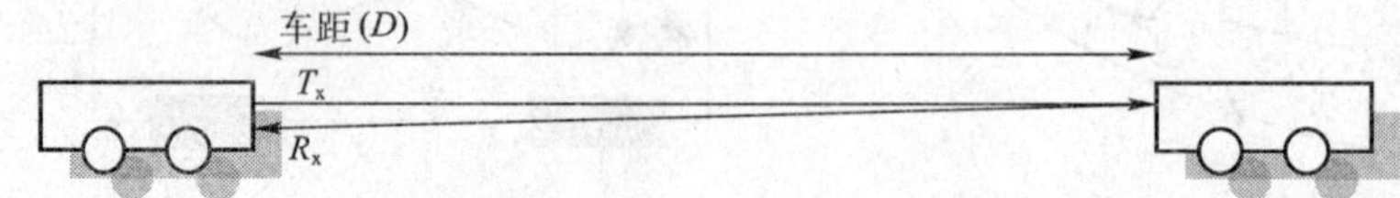

图7-18 用脉冲雷达测量距离

其中，$D=c\cdot t/2$（c为光速，3×10^8 m/s；t为光波从发射到接收的时间，s；T_x表示发送；R_x表示接收）。

因为脉冲之间的发射频率具有相位一致性,所以也可以测量目标的多普勒频移。该信息可以反应出目标的运动、速度和方向。当接收器接收到的反射波频率变高或变低时,才会发生多普勒频移,从而得知目标车辆正在靠近或远离。

举个例子作为对比,有一辆行驶中的装有警报器的警车,当它接近观察者时,因为声波实际上被压缩了,所以警报声调听起来比正常情况下要提高;反之当汽车远离时,声调就比正常情况下低。这种现象就使得我们可以确定物体的运动:究竟它是在靠近接收器还是在远离接收器。通过测量频移的变化率就可以确定物体速度。

图 7-19 所示的是用于这种类型系统的一种简化控制图。框图包括一个微控制器(MCU),此微控制器用于执行控制算法并生成用于控制激光二极管的输出信号。激光二极管的信号通过一个由平面镜和透镜组成的系统(即图中光学模块)反射出来,该系统由步进电动机控制。电动机逐步通过不同位置,并且在扫描过程中允许光束在水平位置上发生偏移。有多种不同结构可以进行激光束扫描,目前最常见的是电流镜和多边镜。它们都具有很好的精确度和减振能力。

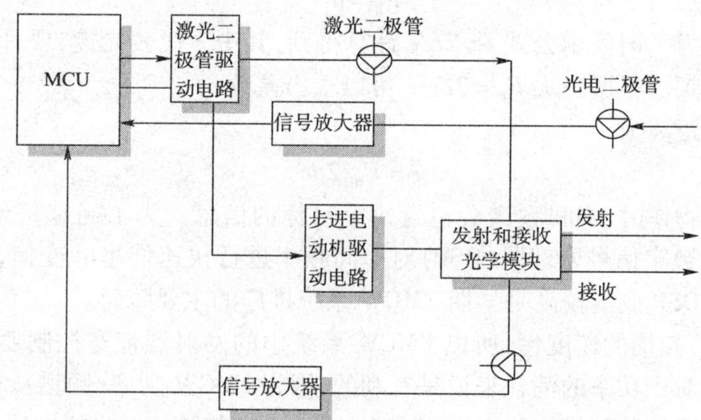

图 7-19 扫描脉冲激光雷达的控制框图

电动机在任一个位置时,激光束反射信号都被反射到处于互补位置的镜面上,然后通过激光二极管,回到微控制器。微控制器根据图 7-18 中给出的公式计算目标或障碍物的距离。时间由(与微控制器集成在一起的)计数器测量得到,当发射脉冲时,该计数器激活,当它接收到信号放大器的输入信号时就开始进行计数。因为光速是 3×10^8m/s,为了使测得的距离基本正确,微控制器的时钟频率必须足够高。脉冲雷达的不足是其需要窄脉冲。为了使测得量程处在可接受的范围内,接收机则需要非常高的带宽。这又意味着接收反射脉冲时会携带许多噪声信号,因此发射器必须有较高的峰值功率。在每次扫描过程中,雷达通常都会进行数百次测量和计算,并且由微控制器执行的算法会对这些数据进行平均,以获得可靠程度更高的结果。

该系统也使用了光电二极管,用来确定光学孔口是否清洁,是否被碎石堵塞。如果孔口玻璃脏污,激光束脉冲(在通过时)可能会发散,工作性能就会受到影响,可以通过增加激光脉冲的输出功率克服这一缺陷。恶劣的天气也会对系统性能造成影响。增加光电二极管来判断光学孔口是否透明很有必要,因为这种正面扫描脉冲雷达系统很可能安装在汽车的前部,这个部位经常接触道路上的碎石和泥土。一种解决方法就是为光学孔口安装刮除装置。

理论上有多种以脉冲为基础的系统可以使用。脉冲雷达使用的就是电磁脉冲。同样,也可以使用超声波传感器。除了超声波传感器是用声波替代光波外,它们发送脉冲波和根据反射波测量时间的原理都一样。知道了声音速度，传感器就可以测出到障碍物的距离。因为声音的速度相对较慢（大约340m/s），所以通常在低速状态下使用，比如说辅助停车时，超声波传感器才能发挥作用。这类系统往往被用于近处障碍物探测系统（NODS）。

2. 调频连续波（FMCW）

基于雷达系统的调频连续波（FMCW）将电磁波的发送频率与时间线性联系起来。在一定时间范围内，频率与时间呈线性变化关系。从目标返回的信号与发射信号就体现了这种关系。在被发送信号和接收的信号之间还存在传输延迟，混频器（或差分器）的输出是衡量时间延迟和频率调制的方法。混频也可以产生多普勒频移，当前方有多个目标时（比如说不同车道上的多辆汽车），就有多个不同频率需要解码。FMCW 雷达通常被称为毫米波雷达或微波雷达。

图 7-20 阐述了 FMCW 线性频率调制的原理。发送与接收的时间差用 t 表示，频率的变化率用 d 表示，则差频（F_b）的计算公式为

$$F_b = dt$$

假设给定距离为 r，时间由公式 $t = 2r/c$ 计算得到，其中 c 代表光速，要计算到目标之间的距离需先计算出差频。根据公式 $F_b = 2dr/c$ 可以求出差频。

到目标之间的距离为

$$r = F_b/2dc$$

当前方有多个物体时，中间频谱会包含每个目标的信息。为了确定每条信息（分别代表一个物体），通常用数字信号处理器（DSP）对中间频率进行快速傅里叶变换，这是系统中必须处理的主要过程。DSP 成本较高是早期 FMCW 系统推广的主要障碍。

因为调频（FM）扫描的速度慢，所以 FMCW 系统中的发射器带宽控制要比以脉冲为基础的系统更容易。这对于功率的消耗来说是有利的，因为 FMCW 功率/频谱从根本上说是脉冲，而以脉冲为基础的系统的频谱实际上有很多旁波瓣，由于其脉冲有尖锐的边缘，当两种不同系统前方距离一样时，这类系统会消耗更多的功率。图 7-21 中给出了 FMCW 与脉冲调制发射器典型频谱的对比。

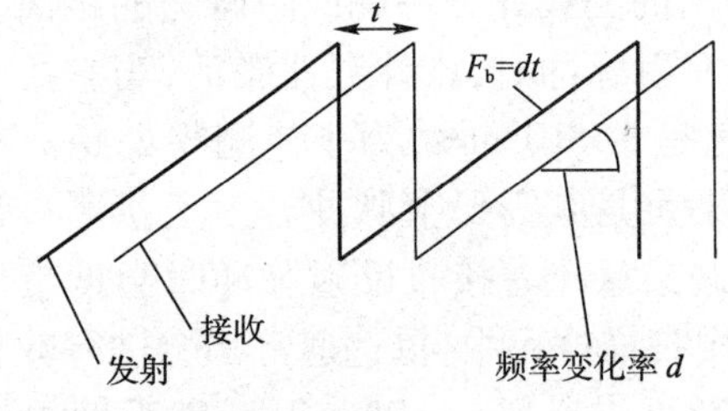

图 7-20　FMCW 线性频率调制

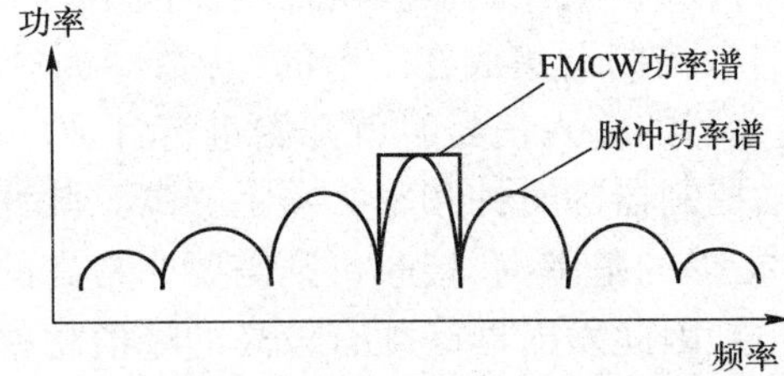

图 7-21　FMCW 与脉冲调制频谱对比

图 7-22 是一个典型的以 FMCW 为基础的雷达系统框图。发射器的频率在经过数模转换器的数据控制下线性变化。接收器的信号经过混合、滤波和放大，然后由模数转换器进行采样。如果只探测到了一个物体，那么混频在调制后会保持不变。为了解决多个物体的问题，使用了多种调制斜率。以 FMCW 为基础的系统一个最大的挑战是保持调制过程的直线性和解决多个物体问题。

耿氏振荡器通常用来产生发射器波形，随着技术的成熟，该技术已普遍使用于例如车库大门一类的系统。

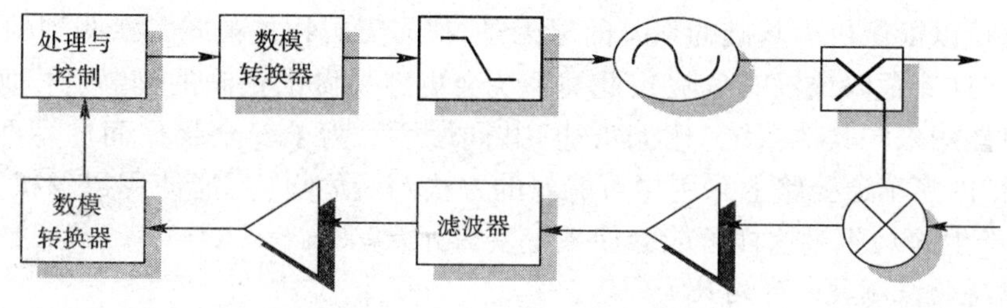

图 7-22　FMCW 雷达系统框图

3. 采用摄像机的立体图像识别系统

那些支持以摄像机为基础的障碍物探测系统的人认为，雷达虽然在精确判断距离方面的表现非常优秀，但它在探测可能造成误报警的静止障碍物方面还不如摄像机可靠，比如说路标。以摄像机为基础的系统最具挑战性的问题是如何确定距离和障碍物靠近的速度，因为摄像机不能像雷达那样确定多普勒频移。

以摄像机为基础的系统在运行过程中生成数字化图像序列，这些图像被分割成一些不连续的部分。图 7-23 举例说明了这些分割后的部分看起来大概像什么。障碍物的轮廓通过识别算法进行探测，然后对移动障碍物（比如其他车辆）进行追踪。在分析车辆运动之后，算法会对车辆方位和可能碰撞的时间进行估算。有很多种不同的图像分割技术，包括统计学规则和解析图像变换，主要目的是为了确定潜在的危险。通过比较一段连续的录像画面确定背景图像、估算的轨迹以及图像是否清晰，从而判断是否存在危险。为了更好地解决这个问题，图像亮度使用了另一种技术，在低能见度情况下这种技术显得尤其有效，比如尾灯就很容易被识别出来。

摄像机系统中用于障碍物探测的算法一般都很智能化。众所周知，从汽车后方看过去，汽车的形状大致是由直角和直线构成的，而不会像树木那些自然物的形状。注意到这个特点有助于滤除那些没有危险的障碍物（除非它们在车辆的行驶路线上）。算法还可以在视野范围内确定视距，并且在应对那些似乎有直角边缘但处于视距之外的障碍物时（例如桥梁或高速公路标志），努力做出明智的判断。

图 7-24 所示为一种简化的典型算法，该算法用于确定潜在的危险，比如说另一辆行驶中的车辆。请注意系统中可能还需要其他几种算法，如追踪路边标识、车道标记和静态障碍物（如树木和停驶的车辆）。

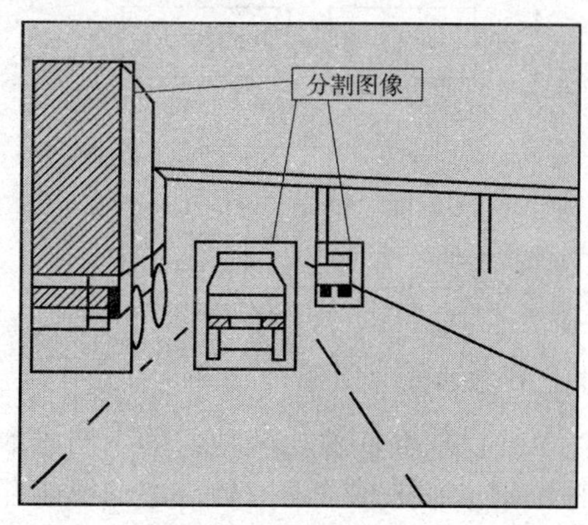

图 7-23　图像分割

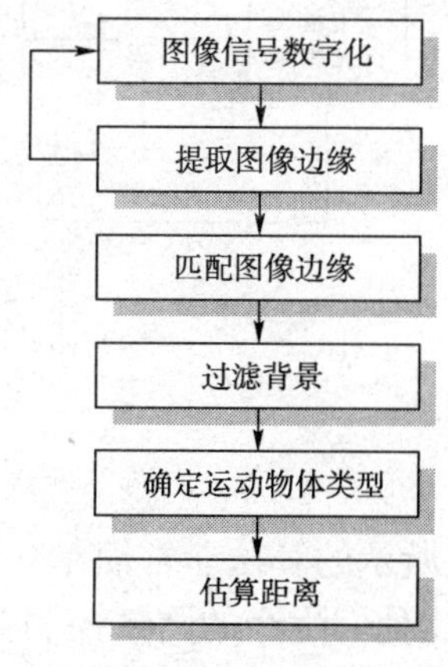

图 7-24　探测潜在危险的通用算法

另一个支持以摄像机为基础的系统的原因是，很多障碍物是被同时探测到的，在如何给这些障碍物分类时（有危险或没有危险），此类系统会更容易做出正确的判断。摄像机系统提供的数据最有可能用来同其他系统（比如雷达）共同使用。为了安全起见而使用两种来源的数据，以及在繁忙的多车道公路上采用尽可能好的方法判断危险（可能使用摄像机）和动态信息（多普勒频移产生的），不过这样可能会使系统变得冗余。

4. 各种障碍物探测技术的对比

表 7-1 是几种障碍物探测技术的性能对比。虽然各种技术都在不断地改进，但是最有效的防撞系统同时使用多种不同技术，这些技术采用了传感器数据融合原理。系统从多个传感器获取数据，并且把它们整合到一起，以便获得更精确的信息，这个过程称作传感器融合。一个广泛看好的用于防撞系统的方法是，使用一个摄像机（为了获得立体图像也可以使用两个摄像机）最有效地进行障碍物探测和行驶轨迹识别，并且将这种信息与雷达融合，比如为了获得多普勒信号（如速度信号）的 FMCW 雷达。

几种障碍物探测技术的性能对比 表 7-1

探测技术	激光雷达	毫米波雷达（FMCW）	摄像机
障碍物探测	良好	良好	良好
行驶轨迹识别	满意	满意	良好
低能见度适应性	良好	良好	良好
成本	合理	昂贵	昂贵

5. 与制动系统协同工作

主动防撞控制系统与其他控制系统协同工作，同时（通常通过语音系统，可能也包括头部平视显示器）发出预警。与其协同工作的系统中最关键的是制动系统。虽然目前这些防撞系统都有独立式电子控制单元（多个 ECU），但是将来很可能防撞功能会被集成到 ABS 或车辆动力的 ECU 或某个负责监督所有车载系统的整体式安全控制 ECU 中。

图 7-25 所示的是一种用于判断危险并相应的调整制动压力的简化算法。该系统安装了雷达传感器，并有可能与正面防撞/自适应巡航控制系统集成于一体。

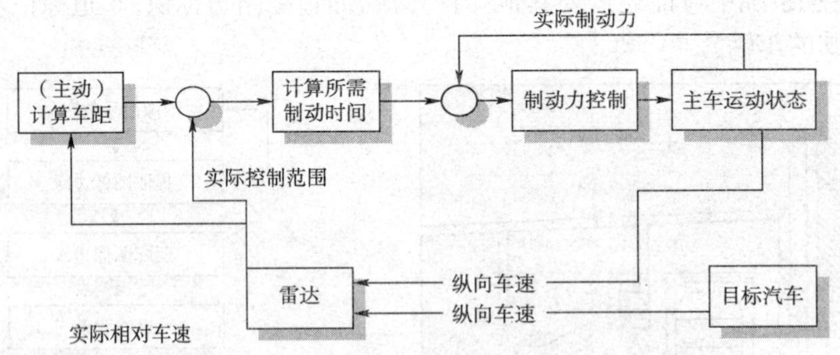

图 7-25 与制动系统协同工作的障碍物探测系统

图 7-25 所示的算法非常简单。那些相互竞争的供应商们像比较他们的生产成本与业绩那样相互攀比他们生产的硬件控制器，而且这种现象也越来越普遍。软件中的智能部分和鉴别特征就是控制算法。这种算法可以用雷达跟踪目标车辆。当主车接近目标时，系统首先会提示驾驶人“小心”，然后制动系统会自动开始工作。当略微超过驾驶人应该踩制动踏板或绕

过障碍物所需的正常时间后,系统就会报警(这就给驾驶人留下了反应时间)。所发出的报警可能是用来制动的短脉冲。由于距离已经越来越短,系统将限制发动机的燃油流量,从而减少转矩。最后,当车辆的相对速度趋近于零时,表明危险已经消除,制动将会被释放,在 ABS ECU 的控制下,ABS 的执行器也必定会停止工作。如果系统已经报警,但是驾驶人却没有采取措施,系统就会认为驾驶人已经睡着了。当车距达到安全距离时,系统会恢复节气门人工控制。

另一种采用了制动系统的控制系统就是制动助力装置,它可被视为防撞系统。制动系统安装制动助力装置是为了增加 ABS 的有效性。人们发现,许多驾驶人在将要发生碰撞的时候并没有竭尽全力去实施制动;只有当碰撞几乎已经发生了,他们才用最大的力气去踩制动踏板。很多时候宝贵的制动距离就是这样被错过。制动助力装置通过安装在制动踏板上的传感器探测制动踏板下降的速度。如果速度很快,控制器就会启动紧急程序,并在制动减弱的时候使制动压力达到最大值(当释放制动后,制动助力系统自动松开)。

四、防撞系组成与原理

图 7-26 展现了本章讨论的一个包括所有子系统的设施齐全的防撞系统。这种水平的技术会被看作是高端技术,并且会作为高级系统的支撑子系统,比如说自动化公路。图 7-26 所示的是防撞系统的电控单元。车载正面探测系统具有两个传感器系统:77GHz 的 FMCW 和摄像机系统。来源于两者的数据经过融合,可靠地告诉驾驶人潜在的危险。共用两种来源的数据从而可以最有效地确定周围环境的信息,同样道理,倒车时有两种障碍物探测系统则更加安全。就安全性来说,许多系统的内部配置是重复的,在自动控制的车辆上,譬如防撞系统的这类问题急需解决。如果经济上允许,有多种信息来源当然是个好方案。正面障碍物探测使用的是频率较低的雷达(通常约 24GHz),而且侧面雷达系统也集成到总系统中。

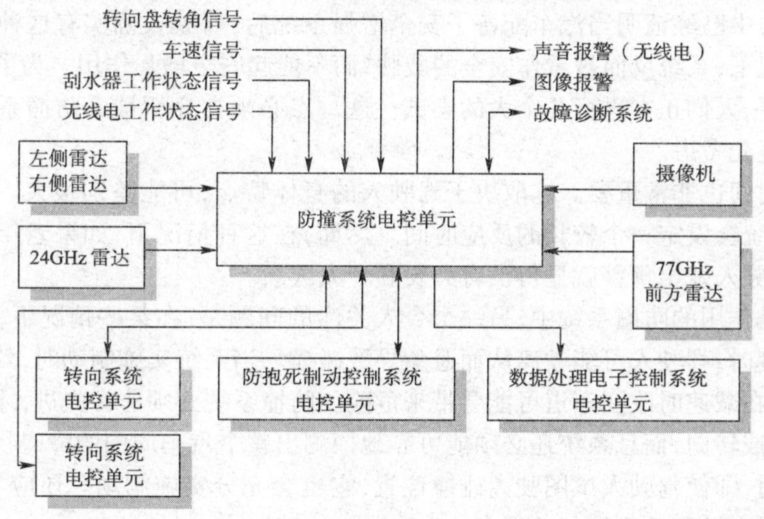

图 7-26　完整的高端防撞系统

转向角度是系统的一个重要输入信号。尽管如转角传感器、纵向倾角传感器和横摆率传感器都可用于提供车辆的实际动力学参数,但转向角表明了驾驶人预想的行驶方向。角度变化率同角速度一样,都可用于确定驾驶人是否正在采取紧急动作。汽车速度可以单独测得或由 ABS 的 ECU 提供,ABS 根据传感器输入计算每个车轮的转速,然后根据算法可以估算出汽车速度。另外,用其他雷达可更精确地测定汽车相对于地面的速度。刮水器状态输入有助于判断路面状况。如果刮水器处于工作状态,那么可以推断制动距离很可能会增加。如果驾驶人在手动调整收音机,那他就不大可能全神贯注地注意路上情况。这些输入会向 ECU 发出信号,告诉它存在这种情况。收音机还用作系统的声音警报的来源。这类系统会自动接通收音机并提醒驾驶人即将发生的危险。

防撞系统需要与制动系统、动力系统和转向系统这三个主要系统共同作用。以制动系统为例,将来它可能会提供更多的功能,而不只是 ABS。用于安全性的补充、对转向不足和转向过度的有效控制的稳定性管理系统,在不久的将来将会很常见。尽管图中并没有指出,但是以后的交通设备将包括更多的基于模块化的被动系统,比如导航系统和其他高级的智能交通系统(ITS)。系统会识别那些代表不稳定或不专心的驾驶行为的数据,并进行分析,判断驾驶人是否在打盹,然后会向驾驶人发出提醒。

系统还包括一个数据记录模块。不管是驾驶人的动作,还是汽车的自动动作,所有的信息都会被储存到数据模块中,它实际上是一个汽车版的黑匣子。

五、防撞系统需要解决的问题

被动防撞系统和主动防撞控制系统还有不少问题或疑问,这些问题主要涉及人为因素。

系统与驾驶人的交互界面对碰撞预警系统来说显然非常重要。当对驾驶人发出警告后,他(她)的反应必须能够安全地使汽车脱离险境。因此,设计的警告应该能产生这样的效果,而不是使驾驶人受到惊吓。跟这个交互界面相关的还有其他一些因素,例如报假警会引起驾驶人的不快。

以 ABS 为例,驾驶人还必须关注风险补偿行为。关注风险补偿行为的理论是:驾驶人认为被动防撞系统和主动防撞控制系统会帮助他们解决问题,因此他们在驾驶时就可能不专心。在某些研究报告中已经证明当汽车配备了安全增强系统后,驾驶人确实有这种关于安全的错觉。在这种情况下,系统反而被看作安全的威胁,而不能起安全增强作用。为了提高驾驶人对 ABS 的认识水平,人们正在进行几个大的尝试。这一点必须在介绍被动防撞系统和主动防撞控制系统之前优先考虑。

最佳反应时间也非常重要。这取决于驾驶人的身体特点,可能差别很大。如果假设驾驶人是位老人,系统会设定一个较长的反应时间。然而,在这种情况下,如果老年驾驶人的性格很年轻化,对驾驶人发出预警就显得没有必要和令人厌烦。

在只起制动作用的防撞系统中,另一个令人关注的问题是,在某些情况下,当紧急制动只会降低撞击速度时,驾驶人可能驶离从而避免导致碰撞。当系统实施制动时,驾驶人可能不能这样选择,因为在减速时改变车道可能会带来危险。防撞系统必须非常先进,才可以采取这些动作,比如制动或转向,而且系统还必须能可靠地探测出整个汽车周围的障碍物。当系统认为碰撞不可避免时,即使驾驶人试图驶离碰撞位置,它也会充分实施制动。还应当指出的是,自动转向系统要比自动制动系统复杂得多。

最后,可能所有的读者都经历过这样的场景:当他们与前面的汽车保持安全距离的情况下,突然出现一辆汽车抢在他们面前。当公路穿过具有多个出口道路的城镇时,通常就会发生这种情况。当有这种情况发生时,系统肯定会自动制动,这时驾驶人可能非常恼火,并可能会关闭系统。许多驾驶人可能会缩短他们与前面车辆之间的安全距离,防止让其他的车辆突然抄到他们面前,虽然这样做是很危险的。

第四节　自动泊车

自动泊车系统是一种通过探测车辆周围环境信息来找到合适的泊车位，从而控制车辆的转向、速度，使得车辆能够自主驶入泊车位的系统。相比于人工泊车事故率高、传统倒车雷达智能度低，自动泊车系统提高了车辆的智能化水平和安全性，进一步降低了驾车新手驾驶车辆的难度，也为将来实现车辆的自动驾驶打下基础。

一、研究自动泊车的意义

随着经济水平的发展和人民生活水平的不断提高，一方面汽车拥有量越来越多，公路、街道、停车场、居民小区等拥挤不堪，可利用的泊车空间越来越少；另一方面，驾车新手逐年增多，由于不熟练导致的各种问题也很多。美国密歇根大学交通研究所的 PaulGreen 的研究表明，根据交通事故数据库统计资料和保险公司事故统计资料，泊车导致的事故占到各类事故的 44%，其中 1/2 ~3/4 的泊车碰撞是倒车造成的。由此可见，倒车进行泊车是驾驶人容易出问题而导致交通事故的一个重要原因。如何改善汽车的操控性，尤其是泊车过程中的不便利，消除安全隐患，迅速、准确、安全地将汽车停靠到合适的位置，逐渐引起了人们的关注。汽车在泊车过程中的困难主要有三方面：一是驾驶人的视野有限，驾车者在驾驶座上很难完全看清楚后方的情况，仅能通过后视镜来观察车尾部情况。然而由于位置、天气等因素，后视镜又往往难以起到良好的效果；二是对于经验较少的驾驶人，通过后视镜来观察车尾情况，需要推理反向视角的变化，又需要常常扭头观察真实情况，同时还需要控制转向盘、节气门和制动等，容易造成操作失误；三是对于不熟悉的环境或者车位狭窄的情况下，驾车新手由于缺乏经验技巧，或者对车型部件的灵敏程度不熟悉，往往难以很好地控制汽车进行快速准确的泊位。

二、自动泊车的组成与工作原理

自动泊车系统的基本组成是：

1）传感器系统，主要用来探测环境信息，寻找车位并实时反馈车辆位置信息。

2）中央控制系统，主要用来处理环境感知信息，并在线实时计算目标车位参数和车辆相对位置，判断可行性并确定自动泊车策略。

3）执行系统，主要根据中央控制系统的决策信息，控制转向盘和动力系统，忠实地按照决策路径控制车辆运动到泊车位。

自动泊车系统运行的基本过程是：

1）通过传感器系统感知环境信息。

2）根据传感器系统的信息得出有效车位信息、车辆相对位置，从而决策泊车初始位置。

3）电子控制单元（ECU）根据传感器信息，实时进行环境建模，生成车辆运动路径，控制车辆无碰撞地自动运动到泊车位。

三、自动泊车的过程分析

常见的泊车情形有平行泊车、垂直泊车和斜行泊车三种。它们的主要区别在于最终完成泊车时车身方向角与泊车过程中车辆行驶方向的位置关系。平行泊车多见于日常泊车，垂直泊车多见于车库泊车，斜行泊车多见于停车场泊车。

1. 有效泊车空间探测

对于自动泊车来说，必须首先感知环境信息。当车辆通过泊车区域时，需要通过传感器来实时获得环境信息和车辆位姿信息，即需寻找预测泊车空间的长宽是否能够进行泊车，并判断每一时刻车辆相对于预测泊车空间的位置和方向角。探测效果如图7-27所示。

2. 自动泊车基本过程

可以将泊车分为主要三个步骤：

(1)步骤1：车体初始位置到达预备倒车位，如图7-28所示，车身方向角可以从任意初始位置运行到中间位置，运行过程中期望车方向角 θ 为0°。其中第一步又可分为两个子步骤：

①期望的中间位置纵坐标与预备倒车位置的纵坐标相同。车辆从初始位置到达中间位置，如图7-28所示。如果初始位置发生变化，则中间位置的横坐标也会相应变化，但其纵坐标仍然不变。因此，任意车辆初始位置，控制器仍能够使得车辆达到纵坐标为定值的中间位置。

②车辆从中间位置向预备倒车位置运动，同时调整车身方向角 θ。当车辆到达预备倒车位置时，期望 θ 值为0°，距离侧面障碍物以0.5m左右为宜。

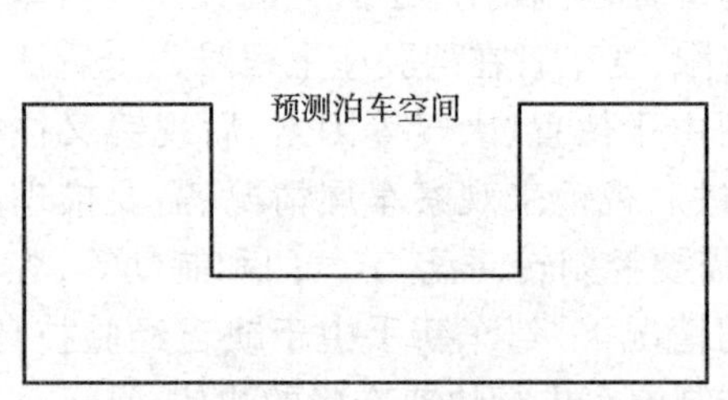

图7-27　泊车空间预测示意图

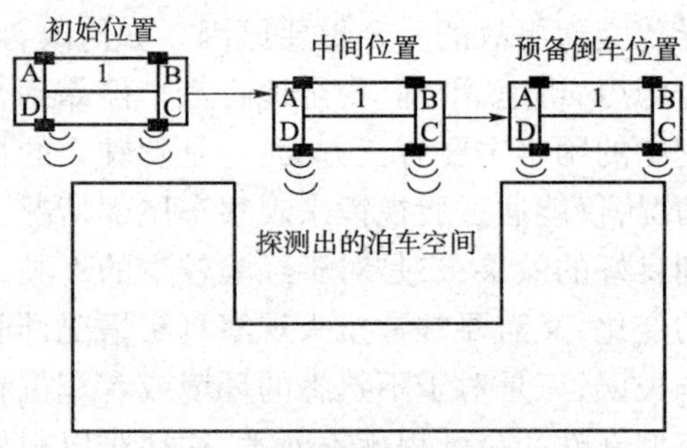

图7-28　移动到预备倒车位

(2)步骤2：增大 θ 角到约45°开始倒车；再反打方向，减小 θ 角进行倒车至车尾接近泊车位侧面和底部0.1m左右。如图7-29和图7-30所示。

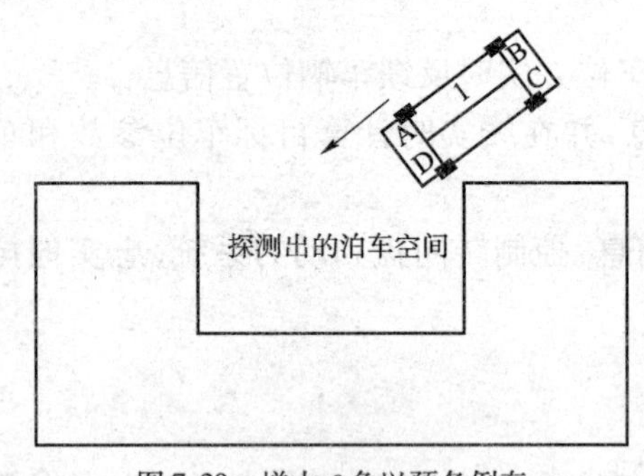

图7-29　增大 θ 角以预备倒车

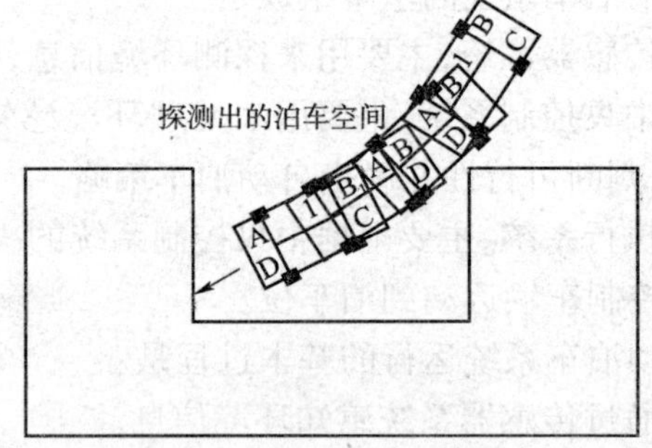

图7-30　减小 θ 角进行倒车

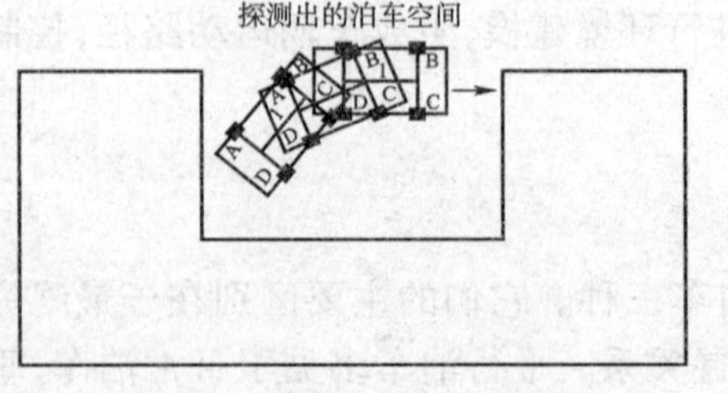

图7-31　泊车空间内位置调整

(3)步骤3：车辆前进并调整方向，在泊车空间进行位姿的微调，直至车辆到达泊车空间中部，车身方向角基本为零，距离泊车位各面距离合适，且车速基本为零，如图7-31所示。

综合上述分析，可以将自动泊车的主要步骤归纳如图7-32所示。

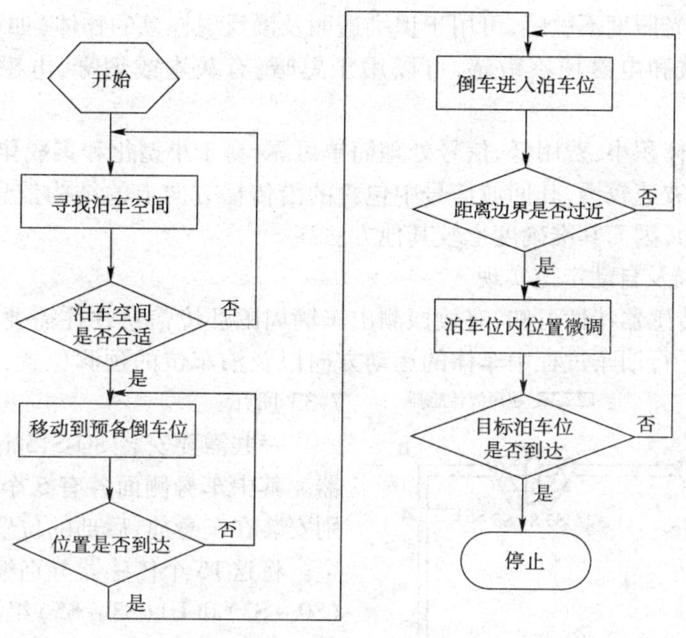

图 7-32　自动泊车系统运行流程

四、自动泊车系统的关键组成

1. 传感器系统

1)传感器选择

为实现车辆的自动定位,首先需要感知环境信息。对于自动泊车而言,则需要实时测量车辆与障碍物的距离。为了选择合适的传感器以满足测距需要,下面将测距用主要传感器作简单对比,见表 7-2。

各种传感器测距性能比较表　　表 7-2

	超声波	红外线	激光	视频	毫米波
最大探测距离	10m	10m	150m(波束能量集中)	>100m	>150m(根据波束宽度和接受灵敏度)
响应时间	较快,约 15ms	慢,1×10^3ms	较快,约 10ms	取决于处理器时间	快,可以达到 1ms
磨损/污染影响	几乎没有影响	影响不大	很大,使探测距离减少 1/2~1/3	大,直接影响分辨率	较小
成本比较	约 20 元	约 80 元	约 500 元	大于 1000 元	大于 1500 元
环境适应性	好,可以工作于恶劣环境	差,低能见度时好于一般光学系统	差,受恶劣天气,振动影响	差,能见度低时无法工作	较好,不受能见度影响

由表 7-2 可看出各种传感器各有其优缺点:超声波主要用于短距离探测,红外线响应较慢,激光测距对外界环境敏感,视频系统容易由于磨损而无法有效工作,毫米波容易受电磁环境干扰且价格昂贵。从目前来看,毫米波雷达测距和激光雷达测距方式主要是汽车避撞应用的最广泛形式,超声波测距目前主要应用于倒车雷达,对于自动泊车系统的测距要求而言,可以看到超声波传感器具有如下优点:

①对于色彩、光照度不敏感,可用于识别透明及漫反射性差的物体(如玻璃、抛光体);

②对外界光线和电磁场不敏感,可以用于黑暗、有灰尘或烟雾、电磁干扰、有毒等恶劣环境;

③结构简单,体积小,费用低,信号处理简单可靠,易于小型化和集成化。特别是在空气测距中,由于空气中波速较慢,其回波信号中包含的沿传播方向上的结构信息很容易检测出来,具有很高的分辨力,因而其准确度也较其他方法高。

2)传感器布局及自动定位实现

由上节超声传感器特性可知,有效探测出车辆周围环境信息往往需要多个传感器联合使用。考虑到自动平行泊车过程中车体的运动方向以及泊车位的预测位置,安装传感器组如图 7-33 所示。

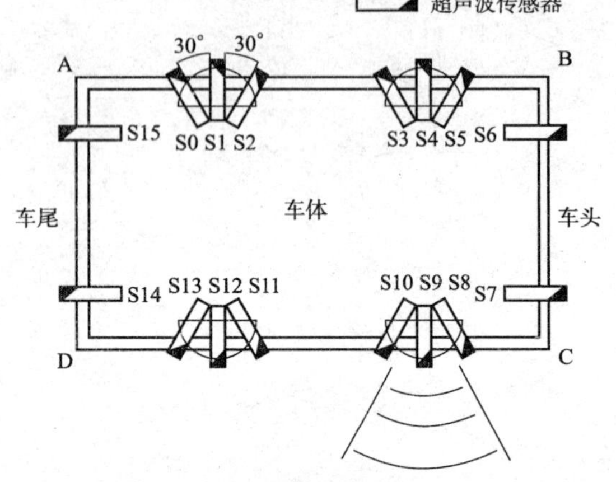

图 7-33　超声波传感器布局图

一共需要安装 SO-S15 计 16 个超声波传感器。其中车身侧面各有 6 个,每三个为 1 组,分别安装在车身前、后部的位置:车头、尾各安装 2 个。将这 16 个传感器分别编组为:车身左侧 U0(S0～S2)和 U1(S3～S5)组;车头 U2(S6～S7)组;车身右侧 U3(S8～S10)和 U4(S11～S13)组;车尾 U5(S14～S15)组。其中 U0 和 U1 组,U3 和 U4 组中每个传感器间夹角为 30°,这样可以保证没有死角,且不会出现信号干扰。由于超声传感器占用空间很小,所以忽略车体侧方传感器组中各传感器间的误差。由于在寻找车位和倒车过程中,系统需要更精确的环境信息,因此在车身两侧安装 4 组计 12 传感器:而车头、尾部的传感器作用在于当车辆进入泊车位,接近泊车位前、后部时,可提示车辆改变行进方向,从而调整车姿,因此只需要 U2 和 U5 计 2 组 4 个传感器即可。考虑到泊车位既可能出现在车辆右侧,也可能出现在车辆左侧,因此实际工作中,U0、U1 和 U3、U4 的功能是一样的。每一个传感器对应一个 PWM 口,但并非所有时刻所有传感器均需同时工作。

为方便讨论,假设预测泊车位位于车辆的右侧,在正向进入泊车区域后,无论车辆初始角如何,控制车辆低速向前以寻找泊车位,方向平行于预测泊车位侧方,以 U3 和 U4 各自测得的距离差基本为零来控制车辆的方向角。对于车辆自主控制而言,假设环境地图已知,自身位姿未知。为实现自动定位,需要探明的环境信息有:预测泊车位的长、宽;基于后轮距的车辆相对几何坐标;车身方向角。车辆向前以寻找车位时,当 U3 组超声传感器探测到可满足泊车宽度的距离时,车辆继续向前,认为找到了泊车位的后沿:当经过一定时间后,U3 不能探测到可满足宽度的距离时,计算这两次信号发生的起始时间差,再乘以当前车速,即可得到潜在泊车位的长度,并判断该长度能否满足泊车要求。此时,即实现了泊车空间参数的探测。继续控制车辆向前,至 U4 不能再探测到可满足泊车宽度的距离,此时认为车辆已到达预备倒车位置。根据已知的几何信息,此时可计算出车辆基于后轮距的相对几何坐标。而车身方向角可由角位移传感器得知。从增大车身方向角开始倒车,到泊入泊车位底部,由 U3 组和 U5 组传感器的信息,可知模糊控制器的输入 X_1 和 Y_1 的值。在倒入底库后,U5 组传感器测量车位后方相对车辆的距离,以避免碰撞。在位置调整过程中,U2 和 U5 组传感器会测量车辆距离前后障碍物的距离以满足控制需要。

2. 电动转向系统

1)电动转向系统原理

电动转向系统是一种通过电动机提供转矩的转向系统。不同于一般的电动助力转向系统仅在驾驶人操作转向盘时提供辅助转矩以减轻驾驶人的操舵力,电动转向系统根据 ECU 的输出自动控制转向盘的转动。对于自动泊车系统,电动转向系统是实现车辆行为自主控制的重要组成部分。

电动转向系统由角位移/转矩传感器、车速传感器、电动机和减速机构组成。当 ECU 采集到环境信息后,根据当前车速信号以及模糊控制输出信号,计算电动机转矩的大小并输出相应的控制信号给驱动电路。驱动电路提供相应的电压或电流给电动机。电动机的输出转矩经蜗轮蜗杆装置放大再施加给转向轴,从而完成转向控制。转向轴的变化通过角位移/转矩传感器返回给 ECU,形成反馈。若出现故障或车速超出设定值,则停止对电动机通电。系统控制结构如图 7-34 所示。

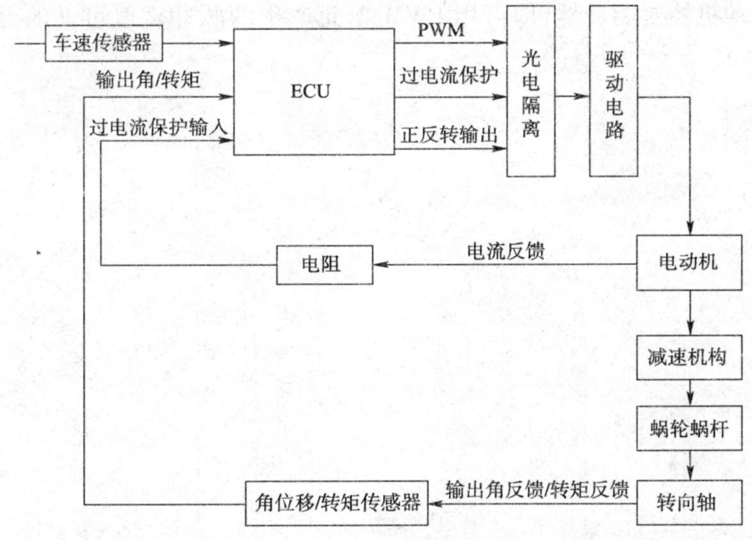

图 7-34 电动转向系统控制结构图

2)关键器件选择

(1)ECU。ECU 是汽车进行信息处理和控制的中央单元。电动转向控制要求系统能够对输入及时响应,做出合理的控制处理。传统单片机运算速度较低,限制了智能控制算法的应用。而数字信号处理器(Digital Signal Processing,简称 DSP)作为控制单元可以储存多种数据并具有快速、实时处理能力,可以将系统控制、故障监视、诊断和保护等功能集于一体,可以实现诸如模糊控制等复杂算法,且具有更高的精度和速度。DSP 还集成了丰富的数字输入输出口、通信口和专用电动机控制 PWM 输出口,使用非常方便。由 DSP 扩展构成 ECU 是能够满足控制要求的。

(2)角位移及转矩传感器。电动转向系统中的角位移和转矩传感器用来测量转向盘的转角大小和方向以及相应的转矩大小,角位移和转矩传感器的输出特性直接影响到电动转向系统的控制性能。角位移/转矩传感器分为非接触式和接触式两种。接触式主要是电位计式传感器,非接触式主要包括电磁感应式、光电式和超声波式传感器。接触式传感器成本较低,但受温度和磨损影响,易发生飘移,使用寿命较低,难以实现绝对转角和角速度的测量。非接触式传感器测量精度高、抗干扰能力强,易实现绝对转角和角速度的测量,但成本较高。

(3)电动机及减速机构。对于前轮转向控制而言，需要精确控制转向角。车辆转向盘采用步进电动机驱动控制，且在电动机转动轴上安装旋转编码器。旋转编码器可精确测量旋转角度，相应的数据传送到ECU，根据实际需要进行转向调整，这样就实现了转向的闭环控制。步进电动机可以将电脉冲转化为角位移，当步进驱动器接收到一个脉冲信号，它就驱动步进电动机按设定的方向转动一个固定的角度（步进角）。通过控制脉冲个数可以控制角位移量，达到准确定位的目的。同时，可以通过控制脉冲频率来控制电动机转动的速度和加速度，达到调速的目的。

3)转向盘控制

对于电动转向而言，需要实现转向盘的电动控制，因此对于转向电动机的控制是实现电动转向系统的关键环节。由于步进电动机是一种将电脉冲信号转换成直线或角位移的执行元件，不能直接接到交直流电源上，因此需要安装步进电动机控制驱动器。TMSS320LF2407DSP具有两个专门用于电动机控制的事件管理器；每个EV单元都具有通用的定时器和PWM单元。通过步进电动机控制驱动器，即可用PWM单元产生的脉冲宽度可调的方波信号来控制电动机。

第八章　车身电子控制技术

第一节　安全气囊系统

一、安全气囊概述

1. 汽车安全气囊的功用

汽车安全气囊系统(SRS)又称辅助乘员保护系统。它是一个可吹胀的气囊。当汽车受到撞击而急剧减速时,气囊就迅速膨胀以防止驾驶人和副驾驶座人员的身体向前冲撞转向盘和风窗玻璃。安全气囊系统有助于防止碰撞过程中头部和胸部的损害。特别是在汽车正面碰撞和前侧碰撞时,其保护作用尤为明显。

气囊会根据车速判断汽车是否发生碰撞而胀开。当事故发生时,人体在加速度作用下向前运动。当人体运动到距离气囊一定位置时,气囊必须已经打开并充气,准备同人体的接触。如果人体运动到距离气囊很近时,气囊还没有打开,人体会非常危险,因为这时爆发的气囊极可能对人体造成损伤。因此必须利用人体的运动距离来确定传感器启动安全气囊的时间。这就是所谓的最大容许时间。从汽车碰撞开始算起,气囊胀开所需的总时间少于100ms,其实际的展开时间大约是30ms,气囊胀开1s之后就会瘪掉,以防止驾驶人被气囊窒息。

2. 安全气囊的可靠性设置

安全气囊是汽车发生碰撞时的安全装置,其可靠性十分重要。为保障安全气囊的可靠工作,首先要考虑电源的可靠。因此,一般采用双电源工作,而且在断电的情况下,还有气囊电子电路的储能元件(如大容量电容)供短时间控制用。另外还有低电压小功率的备用电源,在外电源全无的情况下,它可以点燃报警灯。

其次,气囊的硬件部分要采用高标准、高可靠性的器件。除高强度的机械部件外,其电子器件应经过比汽车的环境条件更恶劣的工况的各种抗干扰、老化等方面的试验。并且主要部件都应采用降额使用、并联冗余等措施以提高可靠性。传感器除了采用高可靠性的器件外,也可采用多种形式的传感器并联使用等措施,以确保气囊能可靠工作。

采用微机控制的气囊系统,其软件应具有自检功能,每隔一定的时间就对气囊的电源、传感器、微机等部分进行自检,以便及时发现故障以进行维修。此外,软件应设置陷阱、超时检测等措施,以便在软件执行过程中可克服由于外界干扰等原因造成软件短时间的跑飞、锁死等现象。

3. 气囊在车内的标识

驾驶人气囊放在转向盘毂内,有一个完整光洁的装饰外罩;乘客气囊则藏在仪表板内,当发生前碰撞或近似前碰撞事故时,固装在组件内的气囊以规定方式冲破外罩充气膨胀。在转向盘外壳和仪表板上刻有“Air Bag”或缩写“SRS”(辅助乘员保护系统)或“SIR”(辅助充气保护系统),表明该车装有气囊。

装有驾驶人用气囊的轿车仪表板上有一个指示灯，向驾驶人表明气囊系统状态，汽车用户手册上说明了该指示灯的功能。尽管汽车厂规定了维护或检查要求，但大多数气囊系统不需要常规维护就能经常处于可使用状态。

二、安全气囊的分类

根据碰撞类型，安全气囊可分为正面碰撞防护安全气囊系统和侧面碰撞防护安全气囊系统两种。按照安全气囊数量可分为单气囊系统（只装在驾驶人侧）和双气囊系统（驾驶人侧和副驾驶人侧各有一个安全气囊）。

在安全气囊系统开发中，就安全气囊和安全带的主、从关系不同，有被动安全气囊和主动安全气囊之分。所谓被动安全气囊是指气囊在开发过程中是作为被动约束系统，即该系统无需使用者设定就能够处于工作状态。此时安全带需要使用者主动系上。所以被动安全气囊系统主要针对未系安全带的乘员设计。对于这类乘员，在车速很低的情况下发生碰撞时，他就有受伤的危险。因此，系统要求设定在以 18 ~ 20km/h 发生碰撞时就能点火引爆气囊。

由于三点式安全带在欧洲已经作为法规要求强制安装，所以欧洲国家在开发安全气囊时会将安全气囊作为安全带保护能力的扩充。由于安全带大部分属于主动约束系统，所以将这种气囊称为“主动安全气囊”。试验表明，在 30km/h 以下的碰撞中，三点式安全带已经有较好的保护效果。但是在更高速的碰撞中，乘员的头部仍有第二次碰撞的危险。这时，主动安全气囊系统可以减少第二次碰撞带来的损害。

安全气囊系统按控制类型不同，可分为机械式和电控式两类。电控式又有分立元件型、集成电路型、微机控制型之分。此外，电控式还可以分为集中控制式，即一个电子控制器控制两个以上的气囊；以及分散控制式，即一个电子控制器只控制一个气囊。

三、安全气囊系统的组成及工作原理

安全气囊系统包括传感器系统、气囊总成、气体发生器、系统控制模块（ACM）及其他附件。

1. 碰撞传感器

传感器是检测、判断汽车发生事故后的撞击信号，以便及时起动安全气囊，并提供足够的电能或机械能来点燃气体发生器。在人体只可能受到极轻微损伤的条件下（例如在汽车速度低于 12km/h 时的正面碰撞、一般的追尾事故等，或是由于路面过于颠簸造成的速度变化），传感器对于起动安全气囊的判断应该是否定的；而在人体可能受到严重损伤必须使用安全气囊保护时，传感器应能够在最大容许时间之前启动安全气囊。

在 SRS 气囊系统中，一般设置有 3 ~ 4 只碰撞传感器，分别安装在车身中部和前部，如车身两侧的前翼子板内侧，如图 8-1 所示，两侧前照灯支架的下方、发动机散热器（水箱）支架左右两侧等。

常用的安全气囊传感器有滚子式传感器、钢球式传感器、汞开关式传感器、电阻应变式传感器等。

1）滚子式传感器

如图 8-2 所示，它主要由电路触点、电阻器、加载弹簧、滚子、壳体组成。当发生碰撞产生的冲击力达到一定程度时，在加速度的作用下，滚子会沿着一定的轨迹向前推进，当滚子接触到前部的电路触点时，使连接 SRS 电控单元的电路闭合接通。它是一种加速度传感器，只能测量到前后的运动力,而不能检测左右的运动力,并且它对低速撞击和粗糙面过于敏感。所以它逐渐被另一种钢球式传感器所取代。

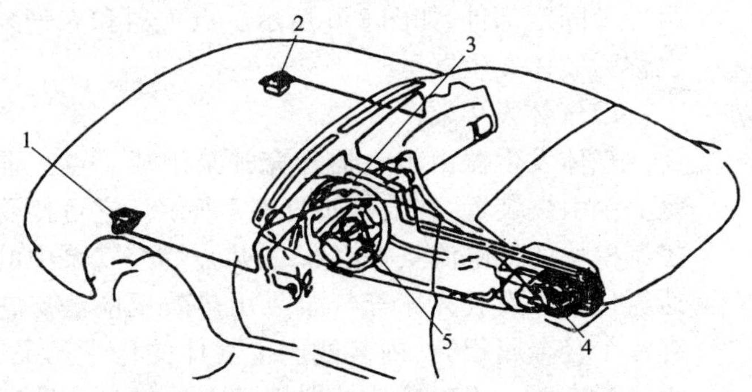

图 8-1　典型安全气囊系统的组成

1-左碰撞传感器;2-右碰撞传感器;3-SRS 警告灯;4-SRS 电控单元(包括安全传感器);5-气囊组件

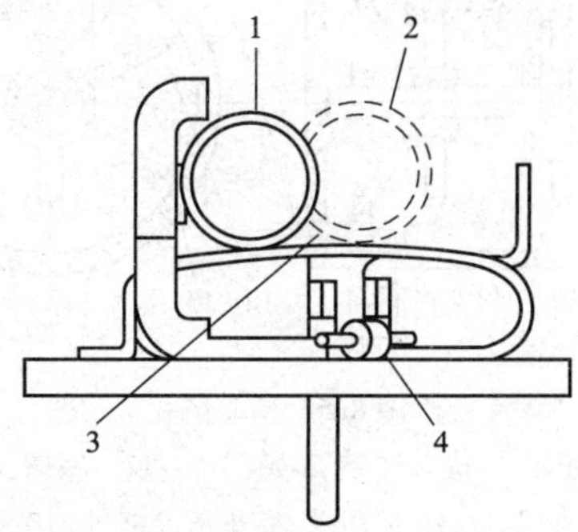

图 8-2　滚子式传感器

1-滚筒在未碰撞时的位置;2-滚筒在碰撞时的位置;3-电路触点;4-电阻器

2)钢球式传感器

如图 8-3 所示。这种传感器是一个小球在一圆柱形缸套内运动,小球被磁场力约束,如图 8-3 所示,在正常情况下,钢球被磁力吸附在钢套的一端。碰撞时,如冲击力足够,钢球将克服磁场力,向前运动,当接触到前面的电触头时便将局部电路接通。碰撞后磁场力自动把钢球吸离电触头,回到原位。这种传感器既是加速度传感器,又是速度传感器。传感器的灵敏度由磁场力的大小、钢球和圆柱形钢套的间隙以及钢球距电触头的距离决定。

3)汞开关式传感器

汞开关式传感器利用汞导电良好的特性制成。一般用作安全传感器(防护传感器)。其结构如图 8-4 所示。当汽车发生碰撞时,减速度将使汞产生惯性力。惯性力在汞运动方向上的分力会将汞抛向传感器电极,使两个电极接通,从而接通气囊点火器。

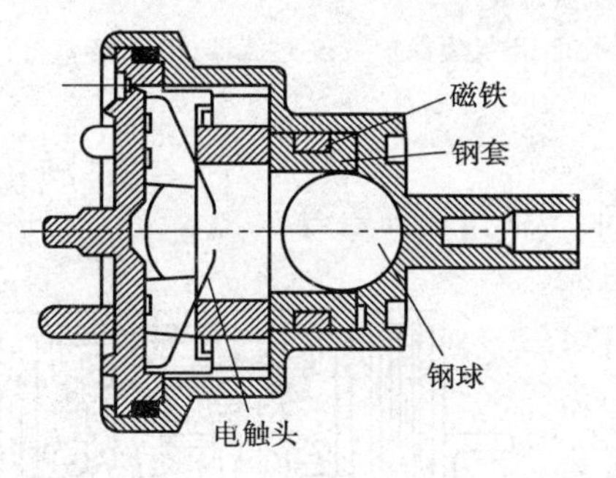

图 8-3　钢球式传感器

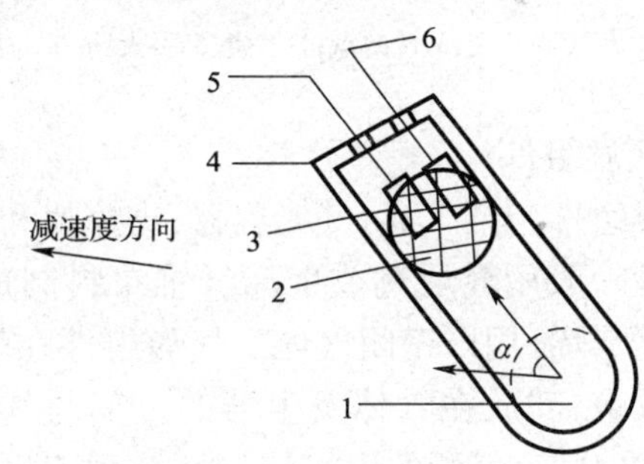

图 8-4　汞开关式传感器

1-汞(正常位置);2-汞(冲撞位置);3-触头;4-外壳;5-接电源;6-接雷管

4)偏心锤式传感器

如图 8-5 所示,当汽车正常行驶时,扭力弹簧将锤、动触头定在止点位置。传感器没有触发信号给中央控制器。当汽车冲撞时,减速度作用力克服弹簧的扭力而使其产生运动,带动触桥转动,使动静触头接合。此时,传感器向中央控制器发出“接通”信号,从而引爆电点火器。

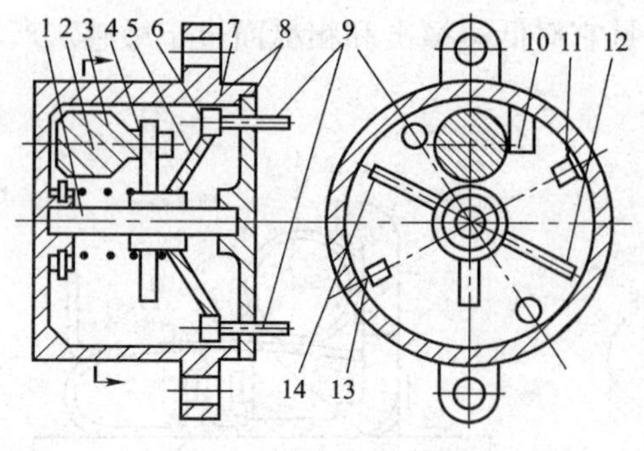

图 8-5　偏心锤式传感器

1-芯轴；2-扭力弹簧；3-锤；4-转盘；5-触桥；6、12、14-动触头；7、11、13-静触头；8-外壳；9-插头；10-止位块

2. 气囊总成

安全气囊总成主要包括点火器、充气泵、气囊组件及固定部件，如图 8-6 所示。点火器和充气泵也称为气体发生器。

1）气体发生器

气体发生器由点火器和充气泵组成。点火器是一个引爆装置，其结构如图 8-7 所示。它可接受控制模块的低电流点火信号，发热点燃充气泵中的迭氮化钠。驾驶人席充气泵采用热效反应法。它有一个轻金属铝壳，内装能产生气体的化学药品，为气囊充气。当碰撞传感器把蓄电池供电电路接通，点火器获得电能而加热点火剂引起点火。充气泵中的迭氮化钠与氧化铜剧烈反应，迅速产生无害气体氮。氮气经过增压器快速扩散到气囊内，使之充气。乘客席充气泵结构如图 8-8 所示。折叠后的气囊质心偏离气泵气流吹出的方向，以利于气囊的迅速展开。

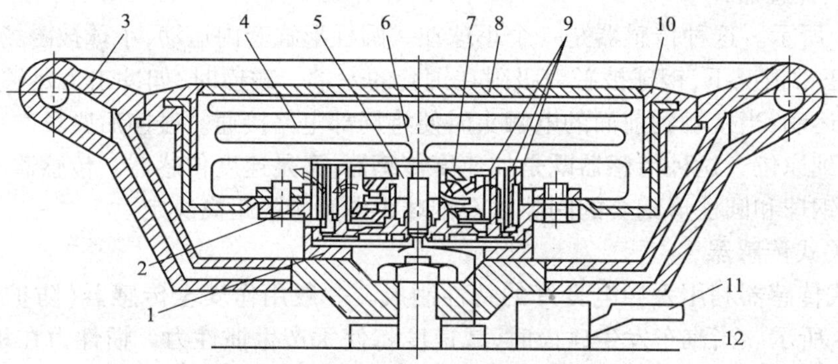

图 8-6　转向盘安全气囊总成

1-安装架；2-充气器外壳；3-转向盘；4-气囊；5-引火药；6-电雷管；7-汽化剂；8-气囊保护盖；9-过滤器；10-气囊盒；11-经济速度开关；12-缠叠电缆

2）气囊组件

气囊组件包括气囊，气囊容器，支撑架和底板，充气器和装饰盖等。

气囊一般用轻尼龙或聚酯纤维布料制成，内层涂有聚氯丁二烯，用以密闭气体。气囊组件在静态时，可以折叠成包，安放在气体发生器的上部与气囊装饰盖之间（图 8-9）。气囊的大小依制造公司不同而有所差异。气囊背面或顶部有 2 ~4 个排气孔。当驾驶人或乘员在惯性作用下压到气囊上时，气囊便通过排气孔排气，从而吸收驾驶人与气囊碰撞的动能，使人体不致受到伤害。

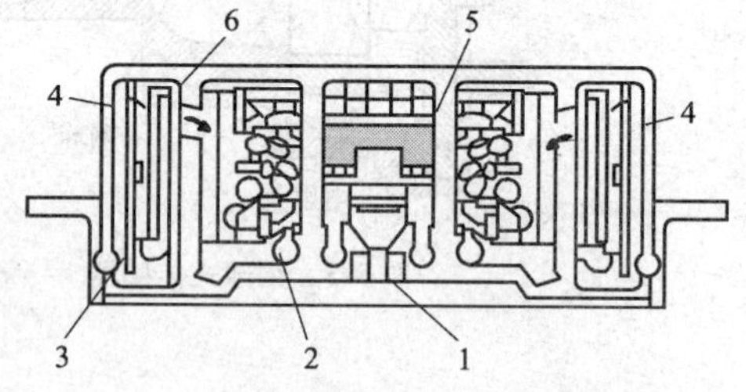

图 8-7　驾驶人席充气泵

1-点火器；2-迭氮化钠；3-增压过滤器；4-到气囊的出口；5-点火剂；6-充气泵壳体

支撑架和底板用不锈钢制成，和充气器铆接在一起。驾驶人侧的气囊总成通常用螺栓固定在转向盘上，副驾驶人侧的气囊总成通常装在靠副驾驶人侧的仪表板中。由于副驾驶人与仪表板之间的距离比驾驶人与转向盘的距离大，因而副驾驶人侧的气囊要大得多。

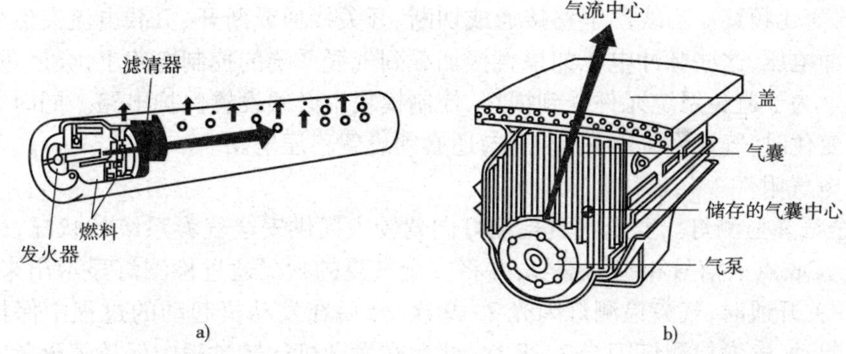

图 8-8　乘客席充气泵

3）安全气囊系统控制组件（ACM）

安全气囊系统控制组件又称 SRS 控制组件，简称 SRS 电控单元。ACM 是 SRS 气囊系统的核心部件。其安装位置依车型而异。一般安装在中央控制台下面或者乘客座椅下面。典型的 ACM 组件具备以下功能：

（1）控制仪表板上的安全气囊检测灯。

（2）连续监测安全气囊系统的各个部件。

（3）控制安全气囊系统的诊断功能。

（4）在汽车碰撞期间，如果蓄电池电压不足时，提供胀开气囊所需的电能。

（5）当收到来自传感器的相应信号时，负责给一个或几个气囊充气。

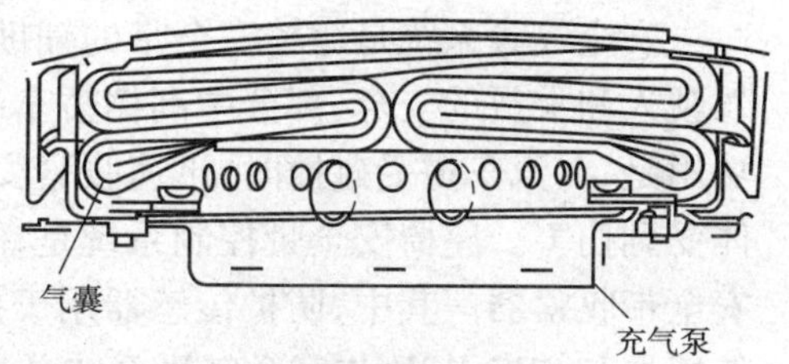

图 8-9　未展开的气囊

ACM 主要由控制模块，信号处理电路、备用电源电路、保护电路和稳压电路等组成。

（1）控制模块。控制模块主要用以监测汽车纵向减速度或惯性力是否达到设定的阈值，控制气囊总成中的点火器引爆点火剂。控制模块由 A/D 转换器、D/A 转换器、I/O 接口、只读存储器、随机存储器、EPROM 和定时器组成。

在汽车行驶过程中，控制模块不断接受碰撞传感器和安全传感器传来的车速变化信号，经过数字计算和逻辑判断之后，确定是否发生碰撞。当判断汽车发生碰撞时，立即运行点火的程序，向点火电路发出点火指令引爆点火剂。点火剂引爆后产生的大量热量使充气剂分解释放气体，并向气囊充气。

控制模块还对控制组件中的关键电路进行不断的测试，再通过 SRS 指示灯和存储在存储器中的故障码来显示测试结果。仪表板上的 SRS 指示灯可直接向驾驶人提供 SRS 气囊系统的状态信息。存储器中的状态信息和故障码可用专用仪器或通过特定方式从 I/O 串口调出，以供装配检查与设计参考。

（2）信号处理电路。信号处理电路主要由放大器和滤波器组成。主要用来将传感器检测到的信号整形、放大和滤波，以便使控制模块能够接收、识别和处理。

（3）备用电源电路。为了提高可靠性，SRS 采用两个电源：一个是汽车电源（蓄电池和交流发电机）；另一个是备用电源。备用电源电路由电源控制电路和若干个电容器组成。发动机工作时，电容器就会连续不断地充电。当汽车电源与控制模块之间的电路切断后，在一定时间内（一般为 6s）电容器凭借所储存的能量维持向气囊系统供电，保持其正常功能。

（4）保护电路和稳压电路。在汽车电气系统中，许多部件带有电感线圈，电器开关数量繁多,电器负载变化频繁。当线圈电路接通或切断、开关接通或断开、负载电流突然变化时,都会产生瞬时脉冲电压,这些脉冲电压如果直接加载到气囊系统的控制电路上,会严重冲击电路中的电子元件。为了避免系统元件受到损坏,控制模块中必须设置保护电路。同时,为了保证汽车电源电压变化时,气囊系统能正常工作,还必须设置稳压电路。

4)其他电气附件

(1)安全气囊检测灯。安全气囊检测灯向驾驶人提供安全气囊系统的状况,由 ACM 模块控制。ACM 接收点火信号和起动信号,并将安全气囊的状况通过检测灯显示出来。正常情况下,当点火开关开通时,气囊检测灯闪光 7 ~ 9 次,然后在发动机起动的过程中保持稳定发光。一旦发动机起动,气囊检测灯闪光 7 ~ 9 次,此后在发动机运转过程中保持熄灭状态。

(2)护膝板。为保护驾驶人的膝盖并防止驾驶人向前滑向气囊下方,通常在驾驶人一侧的仪表板下部安装有带衬垫的护膝板。

四、座椅安全带的控制系统

1. 座椅安全带控制系统的结构组成

安全气囊系统是座椅安全带的辅助控制装置,为了充分发挥安全带的保护作用,确保汽车驾驶人和乘员的安全,部分中高档轿车装备了座椅安全带控制系统。座椅安全带控制系统的功用是:在汽车遭受碰撞时,迅速收紧安全带,缩短驾驶人和乘员身体向前移动的距离,防止身体受到伤害。座椅安全带控制系统是在安全气囊系统的基础上,增设防护传感器和左、右座椅安全带收紧器。其中,防护传感器用于接通收紧器电源电路,安全带收紧器为执行器,前碰撞传感器和 SRS ECU 与安全气囊系统公用。安全带收紧器又称为安全带紧急张紧收缩器 ETR(Emergency Tensioning Retractor),安装在前排左、右车门立柱旁边。安全带收缩器由导管(又称为汽缸)、活塞、钢丝绳、气体发生器和安全带收缩棘轮组成,结构如图 8-10 所示。

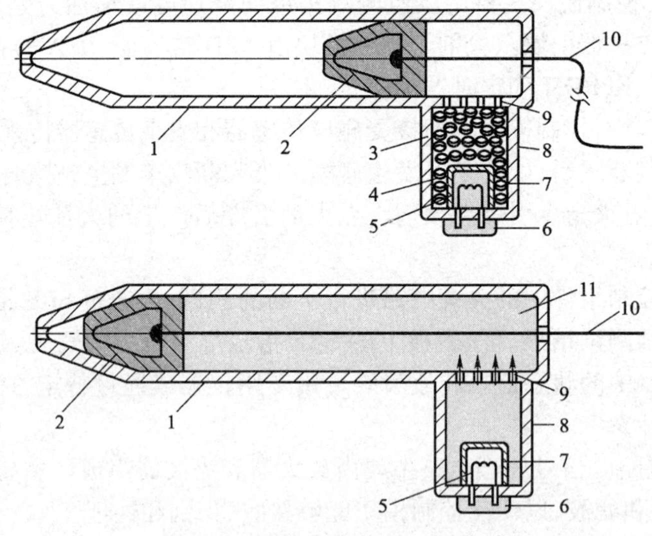

图 8-10 安全带收紧器结构原理

1-导管(汽缸);2-活塞;3-充气剂(叠氮化钠药片);4-引爆炸药;5-电热丝;6-线束插座;7、9-通气孔;8-气体发生器;10-钢丝绳;11-气体

气体发生器由充气剂和点火器(电雷管)组成,结构原理与气囊组件的充气剂和点火器相同,但体积很小。活塞直径为 20mm,安装在导管(气管)内。活塞上焊接有一根钢丝绳,钢丝

绳的另一端固定在棘轮机构的一个棘爪上。棘轮机构设定在安全带缩卷筒的一端,由三个棘爪、一个外齿圈和时钟弹簧组成。外齿固定在安全带缩卷筒的转轴上,可与转轴一同转动,棘爪安放在外齿圈周围的圆形固定架内。当钢丝绳不动时,棘爪在时钟弹簧作用下处于松弛状态,外齿圈可随安全带卷筒沿顺时针或逆时针方向转动;当拉动钢丝绳时,拉力力矩克服时钟弹簧弹力力矩使棘爪抱紧在外齿圈上,并带动安全带伸缩卷筒转动,从而使安全带收紧。

2. 安全带控制系统的控制过程

当汽车遭受碰撞且减速度达到前碰撞传感器和防护传感器设定阈值时,安全带控制系统的防护传感器将接通安全带点火器电源电路,前碰撞传感器信号输入 SRS ECU 后,SRS ECU 将立即发出控制指令接通安全带收紧器点火器电路,电热丝通电红热并引爆引药,引药释放大量热量使充气剂受热分解释放大量无毒氮气充入收紧器导管。活塞在膨胀气体推力作用下带动钢丝绳迅速移动。与此同时,钢丝绳通过棘轮机构带动安全带卷筒转动将安全带收紧,并在 8ms 内将安全带收紧 10 ~ 15cm,使驾驶人和乘员身体向前移动距离缩短,防止面部、胸部与转向盘、风窗玻璃或仪表台发生碰撞而受到伤害。

SRS ECU 在向安全带收紧器点火器发出点火指令的同时,还要向气囊点火器发出点火指令,引爆气囊点火器。因此,在座椅安全带收紧的同时,驾驶人席气囊和副驾驶人席气囊将同时膨开,吸收碰撞产生的动能,从而达到保护驾驶人和副驾驶人之目的。

五、新一代的智能安全气囊

正在开发的新一代的智能安全气囊系统,是遍布整个汽车的一系列传感器与一个单独的安全气囊控制器相连的系统,可以检测出汽车碰撞的类型和碰撞的强度,同时可以监测任何汽车乘客的位置和身材。安全气囊控制器可以计算出安全气囊和安全带收紧器需要联合还是单独作用。

安装在前保险杠后面挤压区内的传感器协助安全气囊控制器评价碰撞的严重程度。安全气囊由双级气体发生器充气吹胀,并且根据来自传感器的信号,由安全气囊控制器确定何处的安全气囊进行触发。

安全气囊控制器还利用来自偏摆和加速的传感器信号确定是否会翻车,判断是否触发车顶和车门的安全保护。

第二节　座椅电控系统

一、电动座椅

1. 电动座椅的功能

汽车座椅对汽车舒适性和安全性影响很大。随着经济和科技的发展,人们对汽车座椅的性能要求越来越高,改善驾乘环境一直是汽车厂商努力的方向,这一努力从 20 世纪 60 年代就已经开始了。他们一直在尽力改善车内的“压抑空间”,采用可调座椅取代固定式座椅。20 世纪 80 年代出现了气垫座椅、电动座椅、立体音响座椅等特种功能座椅,到今天多功能电动可调座椅已经在许多高档汽车上应用。图 8-11 所示的座椅调节功能多达 9 种。

现在在座椅上增加加热功能也已经司空见惯,研发人员的目标开始转向了深层次的座椅通风问题。传统的通风系统是靠9个小电风扇驱动新鲜的空气从后面流到身体的各个部位。新的方案是将湿空气有针对性地吹过身体,这样既可以使身体的各个位置局部降温,又可以使皮肤上的汗液被很舒服地风干。

基于LIN和CAN总线技术的电动座椅控制系统具有更多的控制功能和更优异的性能,包括自动加热、按摩、独立控制、记忆功能和联合控制等,是电动座椅技术的重要发展方向。

汽车座椅设计应满足如下要求:

(1)使驾驶人处于最佳的驾驶位置。

(2)符合人体生理要求。

(3)安全可靠,有足够的刚度、强度,并有可靠的锁止机构。

(4)具有灵活的调节机构,操作简单省力。

2. 电动座椅构造及工作原理

如图8-12所示,汽车座椅的基本结构主要包括调节开关、调节装置和传动机构。调节开关输入实现座椅前后位移、高度升降和后背倾斜角度的调节,还包括腿部支撑、侧向气垫和腰部气功垫的调节。调节装置负责座椅上述动作的操作,有真空式、液压式和电动式三种。由于真空式和液压式管路较多,结构复杂,已逐步被淘汰。目前主要采用直流电动机。传动机构实现电动机力的放大和转换,完成操作。

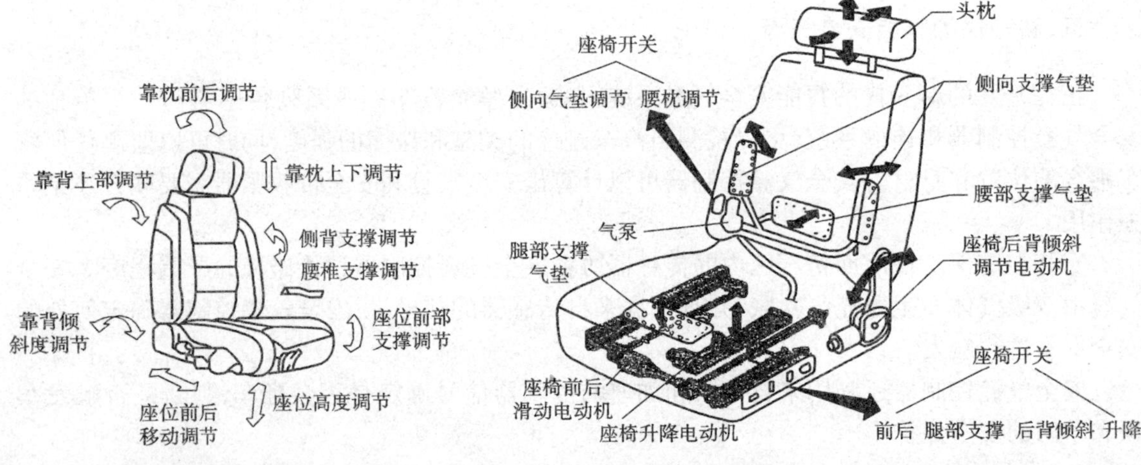

图8-11　电子座椅调节功能示意图　　图8-12　汽车座椅基本结构

如图8-13所示电动汽车座椅电动机有4种,分别负责座椅前后位移、高度升降、后背倾斜角度和腰部气垫的调节,座椅前后方向的调节范围大约为150mm,采用直流电动机驱动螺杆螺母的传动方式。靠背倾斜角度的调节范围(与座椅滑动平面)为0°~90°,采用直流电动机驱动蜗轮蜗杆加一级直齿轮减速的传动方式。每个电动机分别配备2个继电器控制电动机的方向,另有一个继电器作为总电路继电器。为防止电动机过载,大多数永磁型电动机内装有断路器。座椅的位移和角度一般采用滑线电阻器传感器采集,将直线和角度转换为电阻的变化。开关接通后,电动机的动力通过齿轮、齿条或其他机构使座椅移动,当调节器到达行程终点时,有一个碰撞开关使系统断电从而停止转动。

3. 自动座椅

自动座椅电子控制系统由座椅位置传感器、电子控制器(ECU)和执行机构的驱动电动机三大部分组成。位置传感器部分包括座椅位置传感器、后视镜位置传感器、安全带扣环传感器以及转向盘倾斜传感器等；ECU 包括输入接口、微机 CPU 和输出处理电路等；执行机构主要包括执行座椅调整、后视镜调整、安全带扣环以及转向盘倾斜调整等微电动机，而且这些电动机均可灵活进行正、反转，以执行各种装置的调整功能。另外，该系统还备有手动开关，当手动操作此开关时，各驱动电动机电路也可接通，输出转矩而进行各种调整动作。

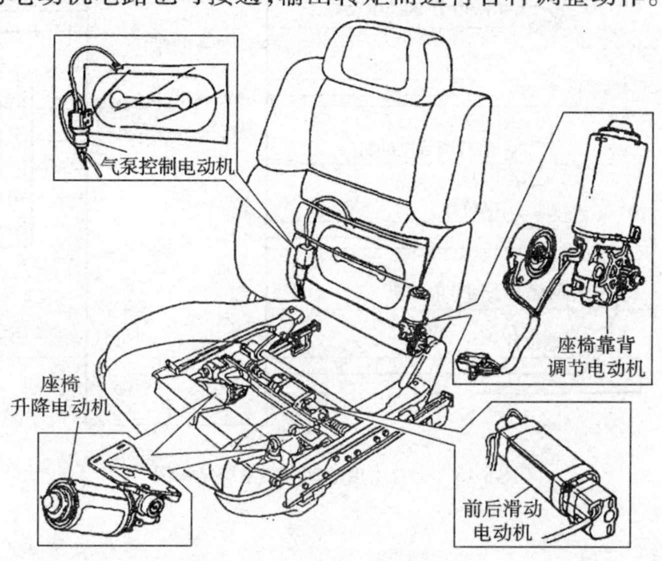

图 8-13　汽车座椅电动机

带存储功能的电动座椅电子控制系统有一个存储器，只要按下按钮，就能将当前座椅位置储存起来。座椅上装有电位计式直线位移传感器，可以用来检测座椅的当前位置。电动座椅电位计的结构如图 8-14 所示。它由一根螺杆驱动一个滑块在电阻丝面上滑动。滑块的位置决定了传给电子控制装置的电压信号。当座椅位置调定后，驾驶人按下存储器的按钮，电子控制装置就把这些电压信号储存起来，作为以后重新调整位置时的基准。

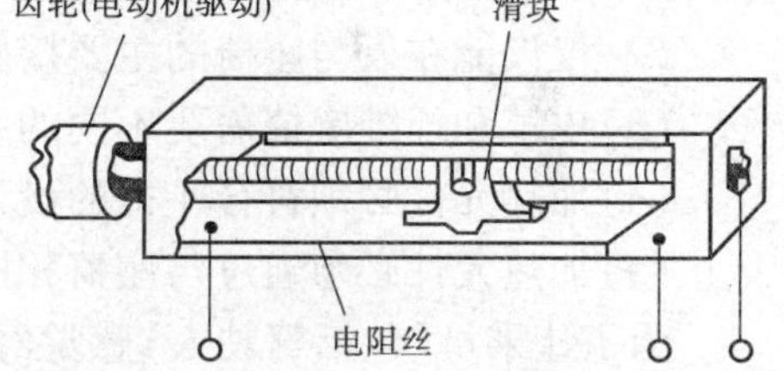

图 8-14　电动座椅电位计结构图

图 8-15 所示为装有四个调整电动机和单独存储器的七自由度电动座椅电子控制系统结构图，该系统采用单片机作为控制器，七个电动机分别控制座椅的前部上下运动、后部上下运动、座椅前后移动、座椅靠背的旋转运动，可使座椅获得四个调节自由度，通过八个继电器导通控制电动机实现双向操作。

调节时，由手动调整开关控制调节量，每个自由度上的电动机分别驱动座椅按不同方向运动，同时使各个滑动变阻器随动。根据变阻器的电压，控制装置可以识别座椅的运动机构是否到达止点，如果到达止点位置，控制装置能够及时切断供电电源，保护电动机和座椅驱动机构。位置调定后，按下储存操作开关，就可将座椅当前位置存储起来，操作面板上能够显示存储状态。以后，如果有他人使用汽车，变换了座椅位置，需要将存储过的位置恢复时，只需按下“恢复”按钮，座椅就会按照存储在控制单元内的该位置对应的每个变阻器的电压，自动将电动机调节到位。不同驾驶人、不同季节可采用不同的位置，储存在微控制器的 Flash 中。该系统具有独立的电源开关，使用时开启，调整完成关闭。

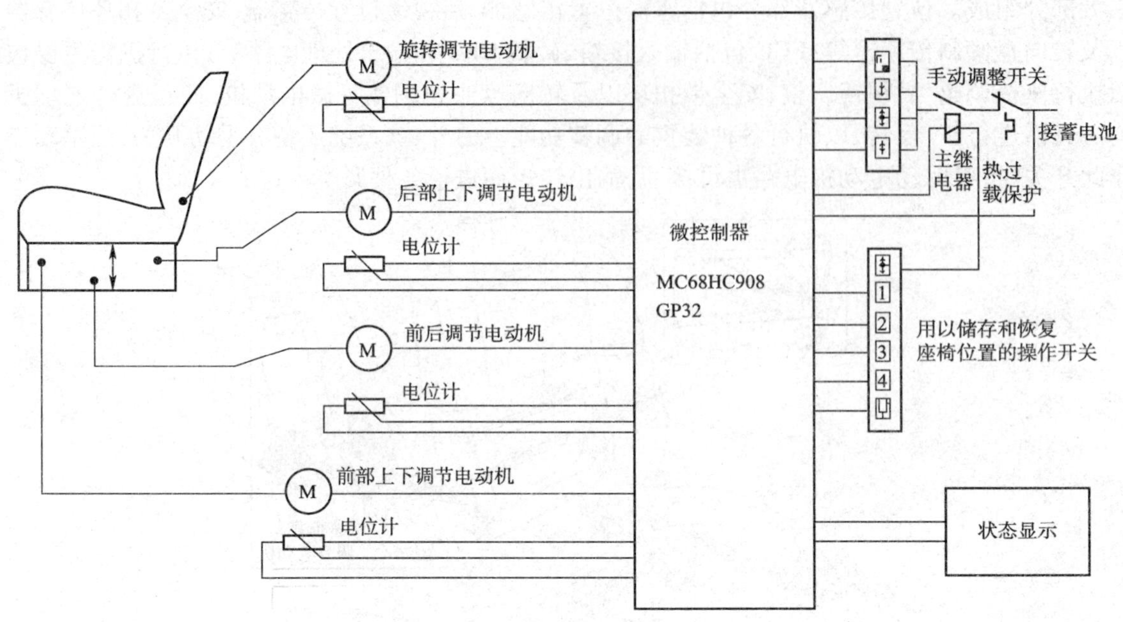

图 8-15 七自由度电动座椅系统结构图

二、座椅加热系统

座椅加热的概念非常简单。在座椅上安装电加热元件及相关的开关和控制单元来调整对座椅的加热温度与热量。然而,这些加热器的设计可能要比我们想像的复杂。

加热器必须满足下列条件:

(1)加热器必须能且只能提供人体所感觉到的加热量。

(2)仅仅能在人与座椅的主要接触点上提供加热。

(3)皮革和纤维座椅需要不同的系统,原因是它们的导热属性不同。

(4)加热元件必须符合座椅的设计。

(5)加热元件必须通过与座椅相同的严格测试,例如蠕动、弹跳和颠簸试验。

为了让乘员(包括驾驶人)感觉舒适,必须对座椅及其加热部件进行严格的测试,以找到最优的加热方法和加热元件的最佳位置。人们通过使用带有传感器的假人对新型电加热座椅设计进行大量试验,以测量温度和热场分布。

碳纤维材料制成的加热系统具有更理想的温度和热场分布,近年来用碳纤维材料制作加热系统正逐步推广。

三、座椅控制系统

座椅的控制分为温度控制与位置、姿态控制,这两种控制可以采用同一个电子控制单元。

最初的座椅温度控制是依靠简单的温度开关。然而,新的发展趋向于温度开关与热敏电阻组合的电子控制。座椅加热器的主要电子系统包括按钮式开关、电位器、定时器、电路短路和开路检测。这些座椅电加热器的工作应该使乘员在 1min 内有明显的感觉,并在 3min 内达到预先设定的温度。

基于 CAN 网络的五自由度汽车座椅电子控制单元的结构如图 8-16 所示。

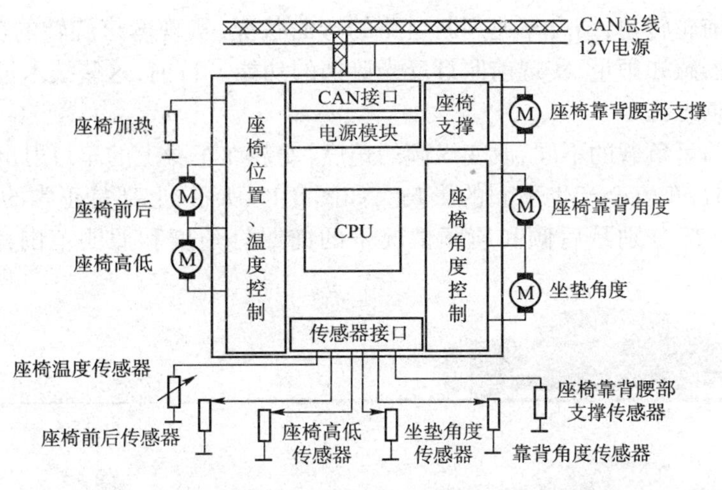

图 8-16　座椅电子控制单元

第三节　自适应前照灯系统

自适应前照灯系统 AFS(Adaptive Front Lighting System)是指能自动改变两种以上的光型以适应车辆行驶条件变化的前照灯系统。

一、AFS 的功能

1. 阴雨天气的照明

阴雨天气,地面的积水会将行驶车辆打在地面上的光线,反射至对面会车驾驶人的眼睛中,使其炫目,进而可能造成交通事故。AFS 前照灯可发出特殊的光型,减弱地面可能对会车产生炫光区域的发光强度。

2. 转弯道路的照明

传统前照灯的光线因为和车辆行驶方向保持着一致,所以不可避免的存在照明的暗区。一旦在弯道上存在障碍物,极易因为驾驶人对其准备不足,引发交通事故。车辆在进入弯道时,AFS 产生旋转的光型,给弯道以足够的照明。

3. 高速公路的照明

车辆在高速公路上行驶,因为具有极高的车速,所以需要前照灯比乡村道路照得更远,照得更宽。而传统的前照灯却存在着高速公路上照明不足的问题。AFS 采用了更为宽广的光型解决这一问题。

4. 城市道路的照明

城市中道路复杂、狭窄。传统前照灯光型比较狭长,所以不能满足城市道路照明的要求。AFS 在考虑到车辆市区行驶速度受到限制的情况下,可以产生比较宽阔的光型,有效地避免了与岔路中突然出现的行人、车辆可能发生的交通事故。

二、关键技术

目前 AFS 还需要解决某些难题,首要的难点就是缺乏有效、廉价的传感器能对基本道路状况做出判断,要完成路面积水、转弯道路、高速公路、乡村道路和城市道路的综合识别。现在一般做法是:采用车身高度传感器感知车身的纵倾角,使前照灯保持和路面水平;采用转向盘转角传感器感知前轮转角，结合车速判断道路的弯曲状况，实现弯道旋转的功能；采用自动刮水器的湿度传感器感知雨量，实现前照灯反光遮挡的功能。目前，这些技术仍处于发展之中。

1. 车身纵倾调光技术

车身会因为前后负载的不同，改变纵倾的角度，安装在车身上的车灯射出光线的角度也会发生改变，对夜间行车安全产生不利的影响。如图8-17所示，上部是正常的前照灯出射角度和照明范围，中下部分别是后倾和前倾情况下的前照灯角度和照明范围，其差异是非常明显的。

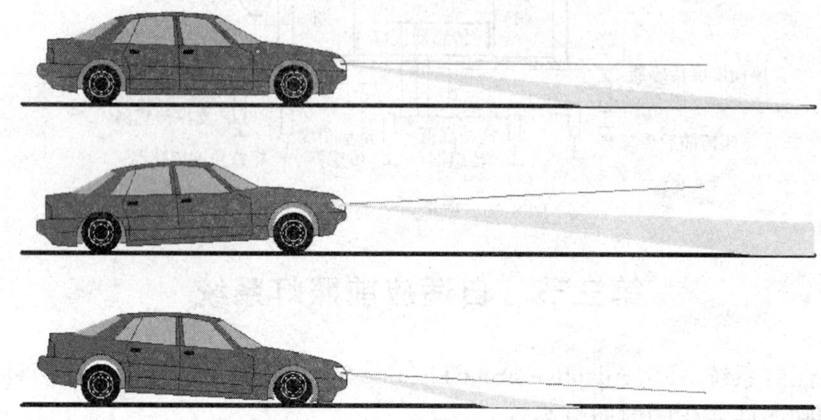

图8-17　车身纵倾对前灯照明产生的影响

另外，车辆的加速和减速也能改变车身的纵倾角，前倾尤其在制动时常见。

采用安装在悬架和车身上的车身高度传感器，获取前轴和后轴的高度变化量，并依据轴距计算车身纵倾角度。车身纵倾角度的变化量，就是前照灯光轴角度的变化量，通过调光电动机的运作，反向调整此角度变化，就可以使光轴回复到原先的状态，保持水平。

理论上按上述说法即可实现灯光的调整，实际上，这种自动调光系统在何时调光、速度多快、精度多高，和车速及其变化都是息息相关的。例如，悬架是不停振动的，频率、幅度变化都很大，但实际需要的是随着车身载荷和车身加减速导致的近稳态变化量，而并非随着路面不平度、轮胎受力、车辆侧倾等引起的瞬态变化。这些瞬态变化产生的干扰需要去除，从传感器得到的信号要进行滤波、处理和识别。

2. 弯道旋转功能

传统国家标准对前灯照明有很严格的要求。但是，即使完全满足国家标准的配光要求，仍然不能保证驾驶人能发现弯道上近在咫尺的危险，因为横向固定光轴的传统前照灯存在着盲区。如果前近光灯能够提前旋转一个角度，可见区域就能覆盖大半个转弯半径37m左右的弯道，从而提早发现道路上存在的危险，应对处理。

弯道上发现危机最极端的应对措施就是制动，前照灯需要旋转的角度就是要保证这个有效的制动距离。一般来说从发现危机、踩下制动踏板到制动器起动需要1.5s的时间，这段时间车辆以初始速度行驶；制动器工作后，如不出现甩尾、抱死的情况，其制动距离大致和直线制动相同。两者相加，所需的距离必须要在前照灯旋转后的照明区域内。

由上面的分析可知，每一款不同前照灯的等照度曲线都是不同的，进而其在路面的照明区域也是相异的；同样，不同车辆的弯道制动特性也相差较大，甚至同一款车的负载、车况、路面改变后，制动能力也会受到很大的影响，所以要想精确计算前照灯的转向角度是不现实的。

弯道转向的另一个问题就是如何求得车辆的转弯半径 R。计算 R 有两个方案：一是使用横向加速度传感器结合车速计算转弯半径；二是使用转向盘转角传感器结合车速计算转弯半径。

3. 阴雨天灯光遮挡功能

阴雨、坏天气下的照明一直是影响夜间行车安全的主要因素。车辆前照灯分为远光和近光的原因，就是因为近光灯能有效避免光线直射到对面会车驾驶人的眼中，但在路面积水的状况下，这种精心的设计完全失效。即使开近光灯，被地面的水反光后仍然会影响对面会车驾驶人的视觉。

所以 AFS 需要具备的另一重要功能就是坏天气下的照明，即将经过反射后射进会车的光线遮挡。遮挡需根据反射光线逆推到等照度曲线，并根据前照灯的实际配光效果作细致的调整。但是，目前能够感知路面积水的传感器还很少，一般采用自动刮水器的雨量传感器替代。

三、AFS 的组成

AFS 是一个由传感器组、传输通路、处理器和执行机构组成的系统。由于需要对多种车辆行驶状态做出综合判断，客观上决定了 AFS 是一个多输入多输出复杂的系统。AFS 模块化系统简图如图 8-18 所示。

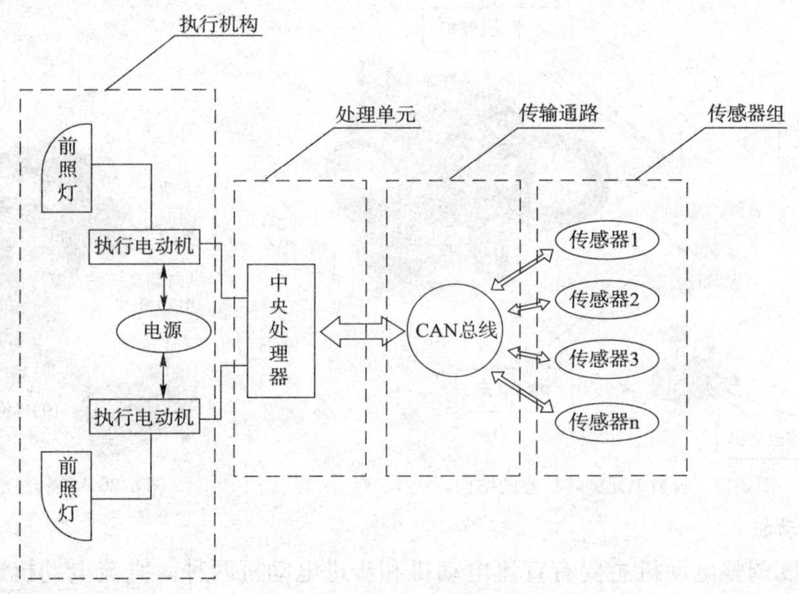

图 8-18　AFS 模块化系统简图

要实现不同的功能，AFS 必须要从不同的传感器取得不同的车辆行驶信息。例如，为了实现弯道旋转照明的功能，除了要从车速传感器获取车速、转向盘角度传感器获取转向盘转角、车身高度传感器获得车身倾斜角度以外，还必须通过一些特殊的传感器，获取车辆实际转向角度的信息；为了实现阴雨天照明的功能，就要从湿度传感器获得是否阴雨的信息。因为在通常的情况下，AFS 所需获得部分信息也被其他的控制系统采用，即 AFS 实际上要和其他的系统共用一些传感器，所以，一般是通过总线这一传输通路以后，实现这些传感器信息的共享。

AFS 接受到的信息，除了车速，车身转角和车身倾斜角等少数信息是可以定量的以外，其他传感器发回的信息大多只能到定性的程度。诸如，地面平不平，雨下得大不大等车身之外的环境信息，都是不能精确量化的。这就使得 AFS 的中央处理器要能够进行模糊的判断。并且很多信息之间是相互关联的,AFS 的中央处理器不仅要做模糊的判断,而且还要随着这种环境的改变不断地修整系统参数,这使得 AFS 最终成为一个自适应的模糊系统。

AFS 的执行机构是由一系列的电动机和光学机构组成的。一般有投射式前照灯,对前照灯垂直角度进行调整的调高电动机,对前照灯水平角度进行调整的旋转电动机,对基本光型进行调整的可移动光栅,此外还有一些附加灯,如角灯等。

四、主要硬件和软件

系统的硬件指的是传感器、执行机构、控制单元和线束,软件主要指的是控制单元(ECU)中的程序。AFS 以实现不同功能为目的,选择性配装,所以其软硬件变化比较大,特别是灯具中安装的旋转核心机构,每个公司都会有独特的设计。

1. 前照灯旋转核心

目前大致共有两大类旋转核心机构:自由曲面旋转核心和投射单元旋转核心。目前批生产的 AFS 多见使用投射单元的旋转核心,其大致的结构如图 8-19 所示,一个普通旋转核心包括水平旋转电动机、旋转框架、PES 单元和旋转轴等部件。如果系统有自动调平功能还要在后灯壳上安装调光电动机,实现上两种功能的旋转核心完整结构如图 8-20 所示。

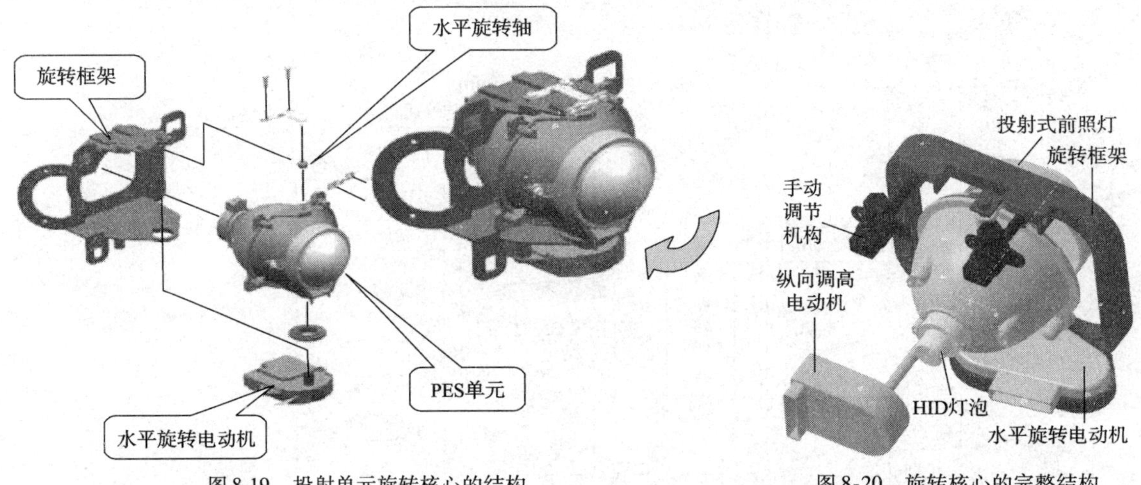

图 8-19　投射单元旋转核心的结构　　图 8-20　旋转核心的完整结构

2. 执行电动机

常用的高度调整电动机主要有直流电动机和步进电动机两种。直流电动机通过蜗轮蜗杆传动后,输出转矩较大,但响应速度变慢且转速不可调节,寿命短、噪声也增大。相比之下,步进电动机输出转矩小,响应速度快,转速可以调节、寿命长、噪声低。直流调高电动机总成可由专用驱动芯片控制,并且有传动杆进给量的反馈信号输出;但使用步进调高电动机总成则无反馈,有反馈在系统设计上能省去不少麻烦,所以电动机总成设计必须要从系统控制的角度详加考虑。

旋转电动机总成的设计方法分为日式设计和德式设计两种。日式旋转步进电动机包括步进电动机、齿轮组合、霍尔角度传感器 3 部分。采用齿轮传动的日式旋转电动机总成,响应速度可以调节,但存在一个必须通电保持,不能自锁的缺陷,步进电动机每相都需要几百毫安的电流,所以耗电较大。如果从传动的机械角度考虑到自锁性能,就可以为整个系统工作节省大量的电能,德式设计具备了上述的优点,而且结构更紧凑。但德式的电动机传动部件和旋转框架结合紧密,装配比较复杂。

3. 传感器

1)车速传感器

常用的车速信号通常来自变速器的转速信号或者 ABS 的轮速信号,一般不建议从轮速信号传感器直接取得信号,因为四轮转速各自不同和车速也不同,要取轮速信号也只能从 ABS 的 ECU 中取经过处理后的信号。车速信号如果是数字信号,处理非常方便,但同时存在一个信号间隔的问题,即能不能在短时间通常是零点几秒之内判断车辆是否处在加速或者减速的状态。如信号间隔时间过长,则无法将其应用在动态调光的功能上,因为动态调光需要根据加速度的值,计算车身的倾斜状态,调整灯光。车速信号如果是频率脉冲,采样方便,但处理比较复杂,在数十到数百毫秒内精确判断车速和加速度,需要一定的信号处理技巧。

2)车身高度传感器

常用的车身高度传感器是一种有源非接触转角传感器,一般放置于车身和悬架之间,感知悬架振动的幅度。车身高度传感器使用连杆将车身与悬架间的距离变化转变为角度变化,并通过输出电压的改变线性测得此角度的变化量。车身高度传感器在 0~5V 表征正负 40°的变化,并通过调节连杆的长度可以得到悬架在数十厘米间的变化量。车身高度传感器随悬架振动变化剧烈,在车辆未起动之前尚可以通过求取多次均值的方法得到稳定的输出信号,一旦有了速度不仅振动的幅度很难确知,甚至连振动的频率都极难以描述。因此,动态调光时,车身纵倾根据加速度而变化的角度,采用理论计算的方法要比直接采集信号更容易、更有效。

3)转向盘转角传感器

转向盘大致可以旋转 2.9 圈,即 1044°,通过转向机构以固定的传动比带动前轮在左右 40°内变化。比较常见的转向盘转角传感器通常有齿轮式和光码盘式两种。齿轮式是一种接触的有源角度传感器,而光码盘则是一种非接触的有源角度传感器。都采用一个大盘带动两个小盘,通过两个小盘的相位差判断转向盘是正转还是反转。输出的信号一般都是经过处理的数字信号,甚至有可能是 CAN 信号。这种数字信号用控制器处理时,也存在信号的传送速率和更新速率的问题,选择不当,就会影响系统的最终效果。转向盘转角传感器的安装位置在组合开关的下面,转向管柱从中间穿出,如图 8-21 所示。

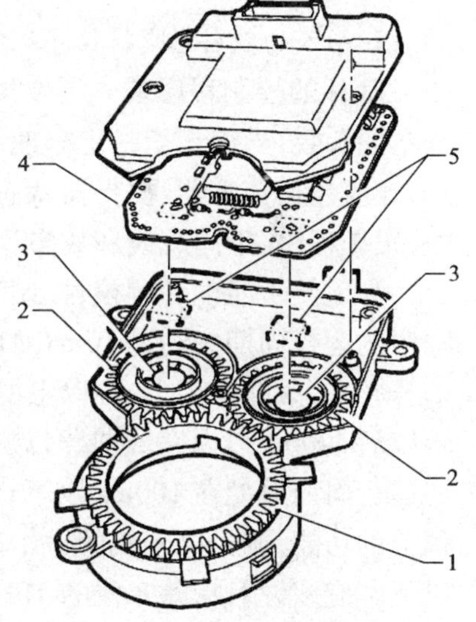

图 8-21 转向盘转角传感器

1-齿轮;2-测量齿轮;3-磁铁;4-判断电路;5-各向异性磁阻(AMR)集成电路

4. 控制器 ECU

控制器可分别实现动态自动调光和弯道转向两种功能。ECU 通过点火信号(IGN)和前照灯点亮信号(来自继电器)进入功能启动状态,同时开始处理速度信号,当车速为零的时候,处理来自于前后车身高度传感器发出的在 0~5V 的模拟信号,计算此时车身的纵向倾角,并输出 0~5V 的电压控制直流电动机,以相反的角度调节灯光。

图 8-22 所示 AFS 控制器原理图中包括了动态调光、弯道转向功能,与动态调光控制器相比,AFS 控制器增加了变速器挡位信号、转向盘转角信号,即在倒车状态不启动弯道转向功能。车速为零时,执行静态调光功能,车速高于某个值的时候,启动 AFS 功能。控制器检测到转向盘转角的信号,乘以固定传动比,得到前轮转向角,结合相应的车速计算出转弯半径,输出多路 PWM 脉冲,控制水平旋转步进电动机转动,并可得封装在电动机内的霍尔角度传感器反馈的

前照灯转角信号。但对于日式的旋转电动机而言,要想使前照灯保持此转角必须维持一定的功率输出,因为齿轮传动无法实现自锁功能。当车速发生变化和车速过高的时候,动态调光功能也会启动。如果车辆在弯道上制动,则水平旋转电动机和调高电动机同时工作。

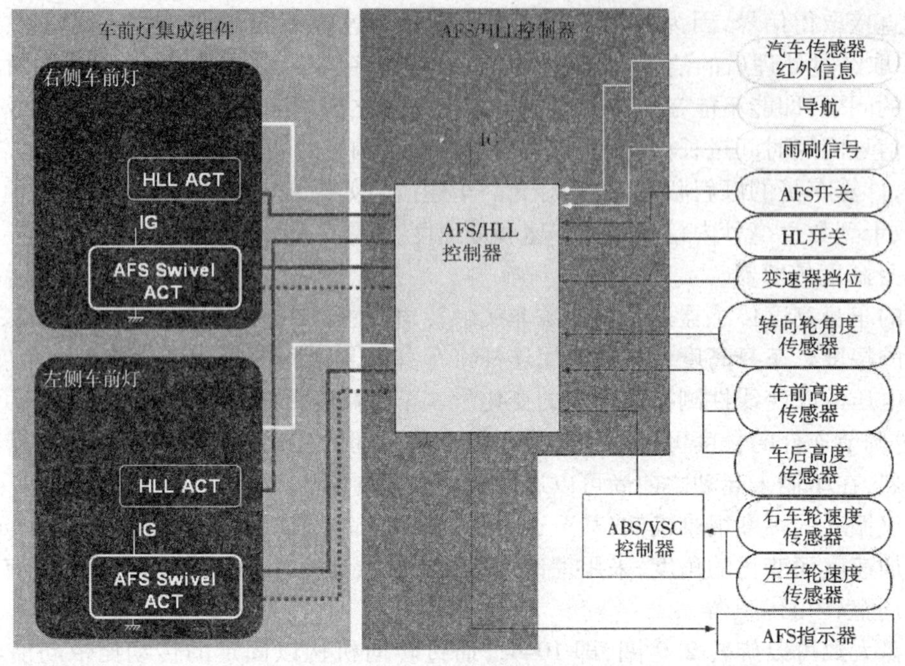

图 8-22 AFS 控制器原理图

5. AFS 的软件(控制程序)

ECU 的控制程序首先需要以车速为底层逻辑进行一系列状态的判断。车速、加减速是最基本的参数,当满足了一定车速、加速度,特定功能相应启动。一块 ECU 除了这些功能程序之外,还应包括传感器、执行器状态自检模块,当传感器、执行器信号和反馈出错时的应急处理程序、报警程序、不同总线和故障诊断端口的通信模块等。

为了便于匹配和调校,控制程序还要留有参数修改的软件接口。通常情况下,一个电喷主程序的运行周期大约是 10ms,ABS 主程序的运行周期大约是 5ms,考虑到两款 ECU 需处理的信号频率,只能采用 16 位以上的 MCU 才能实现高速信号处理运算。AFS 如果要在转向盘旋转以后 400ms 以内完成前照灯旋转的功能,水平电动机的旋转速度如果是每秒 50°,则主程序的运行周期只能在 100ms 以下;如果要在紧急加速和减速开始后 400ms 以内完成前照灯光轴调节的功能,调光电动机的进给速度如果是每秒 5mm,那么主程序的运行周期也只能在 100ms 以下。应该说对一款 8 位的 MCU,实现此种要求难度并不是很大,只是要在 50ms 以下计算一次车速和加速度。

第四节 电动后视镜

为了便于驾驶人调整后视镜的角度,很多轿车的后视镜增加了电动调节功能。

一、构造

汽车的电动后视镜一般由镜片、调整开关、双电动机、传动和执行机构、外壳及连接件等组成。在每个后视镜镜片的背后都有两个可逆电动机,可操纵其上下及左右运动。通常绕垂直方向的转动由一个永磁电动机控制,绕水平方向的转动由另一个永磁电动机控制。另外,有的电动后视镜还带有伸缩功能,由伸缩开关控制伸缩电动机工作,使两个后视镜整体回转伸出或缩回。后视镜的结构和典型开关分别如图 8-23a)、b)所示。

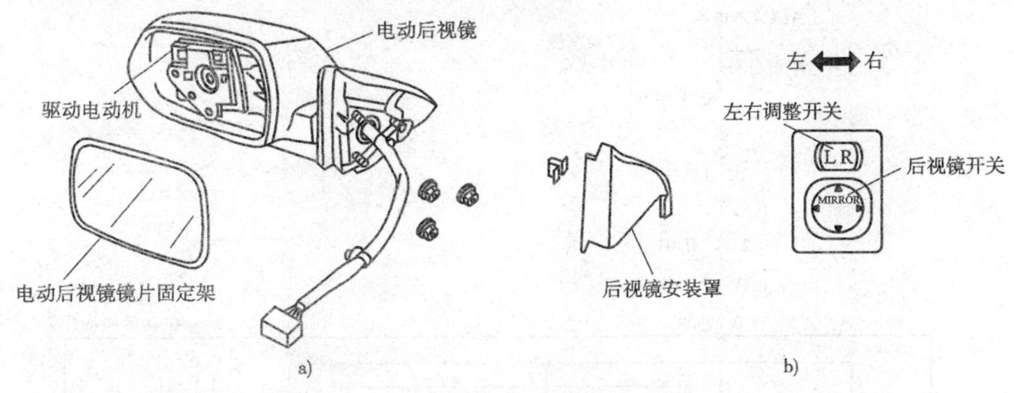

图 8-23 电动后视镜的结构和控制开关示意

a)结构;b)控制开关

二、控制电路及工作原理

下面以北京现代索纳塔轿车的电动后视镜电路为例,说明电动后视镜的控制电路的工作原理。图 8-24 所示为北现代纳塔轿车的双后视镜控制电路。每个后视镜都用一个独立的开关控制。操纵开关能使一个电动机单独工作,也可使两个电动机同时工作。

电路分析:

首先说明电动后视镜开关中用实线框和虚线框分别表示操作时总开关内部的联动情况。在这里只讨论一侧后视镜中一个电动机的工作情况。若要调节左后视镜垂直方向的倾斜程度,按下“升/降”按钮。

1.“降”的过程

实线框“升/降”开关中的箭头开关均和“降”接通,此时的电流方向为:电源→熔丝 30→开关端子 3→降 1→开关端子 5→左电动后视镜连接端子 6→“升/降”电动机→“左”电动后视镜连接端子 8→开关端子 7→选择开关中的“左”→“降左”端子→开关端子 6→搭铁,形成回路,此时后视镜向相反的方向旋转。

2.“升”的过程

实线框“升/降”开关中的箭头开关均和“升”接通,此时电流的方向为:电源→熔丝 30→开关端子 3→“升右”端子→选择开关中的“左”→端子 7→左电动后视镜连接端子 8→“升/降”电动机→端子 6→开关端子 5→升 1→开关端子 6→搭铁,形成回路,这时左后视镜向上旋转运动。电动后视镜的左右运动的电路分析与此类似,此处不再赘述。

三、自动防炫后视镜

现代汽车上研制出一种新型的自动防炫后视镜 ADM(automatically dippingmirror),夜晚开车时后方车辆灯光透过后视镜照射到驾驶人眼睛上,而影响到开车视线。传统的防炫后视镜必须以手动的方式调整室内后视镜的镜面角度来产生防炫作用,而自动防炫后视镜可随后方来光反射的刺眼程度,调整后视镜的镜面反射率,其调整的方式并不是调整镜面角度,而是透过后视镜内的电解液的电子回路，根据不同的后方光线的照度，来调整镜面的反射率，在白天不刺眼的情形下，通常镜面反射率会固定于约75%的固定反射率，使得白天时仍能维持好的后方视野。但到了晚上则会随着眼睛的刺眼程度大小，随时调整最适合的反射率，越刺眼则反射率越低，反之则反射率较高，可大大地增加夜间行车的视野安全性。

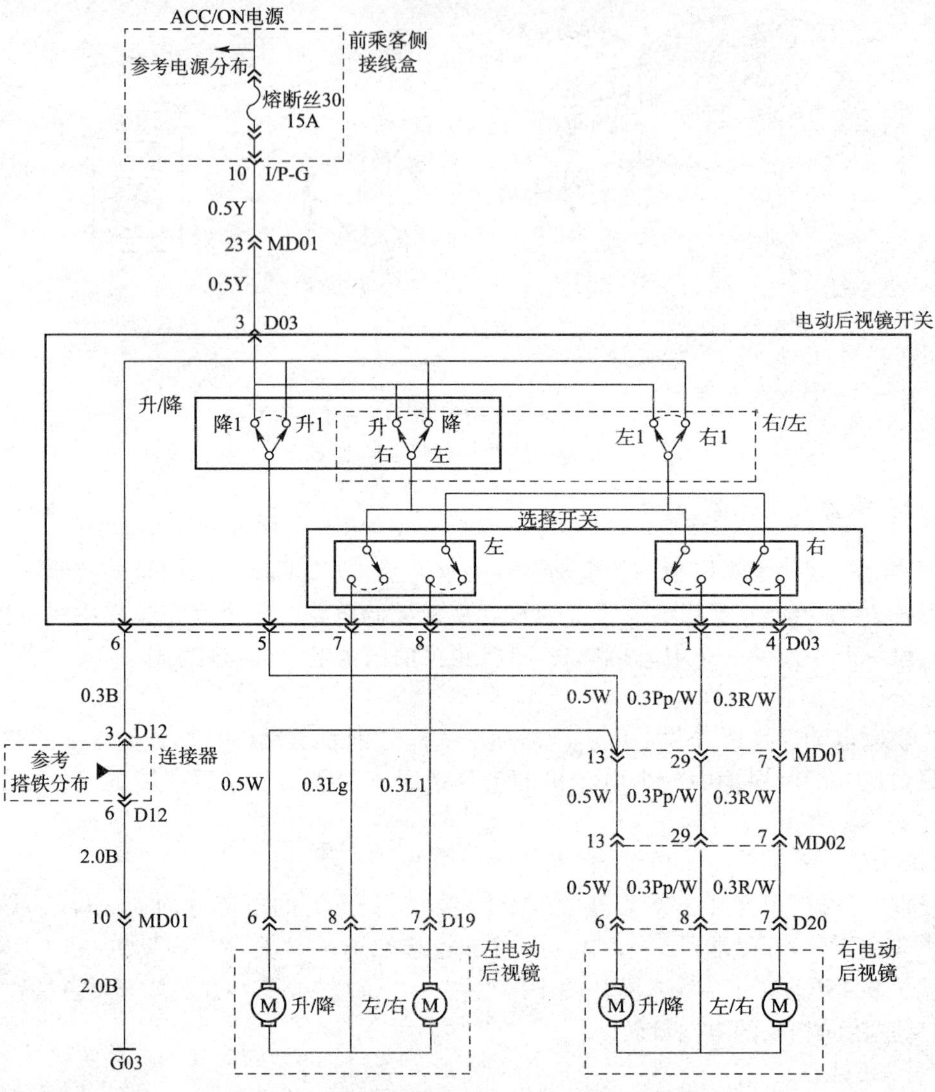

图8-24　北京现代索纳塔轿车电动后视镜控制电路

防炫目后视镜由一面特殊镜子和两个光敏二极管及电子控制器组成。两个光敏二极管分别设置在后视镜的前面及背面，分别接收汽车前面及后面射来的光线。当车后面跟随车辆的前照灯照射在车内后视镜上时，后面的光强于前面的光，此反差被两个光敏二极管感知并向电子控制器输出一个电信号到后视镜导电层上，致使后视镜镜面电化层颜色变深，此时再强的光照射在车内后视镜上也不会反射到驾驶人眼睛上，不会晃眼。

防炫目后视镜固然能防炫目，但在从车库倒车出来时由于车后面的光线较强而车前光线弱，此时后视镜如变暗就不利于倒车时看清车后情况，因此一些汽车便设计成当汽车挂倒挡时能自动取消防炫目功能。如没有自动取消功能的也会设计有手动取消防炫目功能。因此，在驾驶具有防炫目后视镜的汽车时一定要了解其防炫目功能能否自动取消。

第九章　汽车信息技术

第一节　电子导航系统

20世纪40年代,随着全球经济、社会的发展,科技的不断进步,城市的机动车数量不断增加,而原有的道路条件远远不能满足需要,这就导致城市交通流量不断增大,交通拥挤程度日益加剧,交通拥挤将导致时间延误、交通事故增多、环境污染加剧、燃油损耗上升,这些都造成巨大的经济损失。

为解决这一共同面临的问题,从20世纪60年代末开始,世界各国的交通管理部门投入大量的人力和物力,利用飞速发展的电子、信息、系统工程等高科技手段来进行道路交通运输智能化的研究,ITS(Intelligence Transport System),即智能交通系统应运而生。在整体结构上,ITS旨在在社会活动的大范围内建设包括多种运输方式的实时、准确、高效的道路运输综合管理系统,而这种系统在传统交通运输中是无法实现的。它由若干个高科技开发项目组成,这些项目的开发可加强道路、车辆、驾驶人以及管理人员之间的联系,实现道路交通管理"自动化",车辆行驶"智能化",使管理人员对车辆行驶状况一清二楚,驾驶人对实时交通状况了如指掌,从而减少道路阻塞,提高行车安全和行车效率。

综合现在各国进行的TIS研究,当前TIS的研究课题可以分为以下六类。

1. 先进的交通管理系统ATMS(Advanced Traffic Management System)

ATMS用于监测、控制和管理道路交通,在道路、车辆和驾驶人之间提供通信联系,它依靠先进的交通监测技术、计算机信息处理技术和现代通信技术获取有关交通状况的信息并进行实时处理,及时地向道路使用者发出诱导信息,从而达到有效地管理交通的目的。

2. 先进的驾驶人信息系统ADIS(Advanced Driver Information System)

ADIS是以个体驾驶人为服务对象,对车辆进行导航以及为驾驶人提供路线向导,驾驶人可以通过车载路径诱导系统,在与控制中心的双向传递中获取信息,让驾驶人或旅客知道所处的位置以及如何找到相应的服务,使车辆始终在最优路径上以安全、高效和舒适的方式从出发地到达目的地。

3. 先进的车辆操控系统AVCS(Advanced Vehicle Control System)

AVCS主要是利用激光技术、电子技术、微波技术、雷达技术和图像处理技术等先进技术帮助驾驶人实行自动车辆控制,有效地防止碰撞危险,提高道路的流通量,以保证车辆高效、安全行驶,它与ADIS结合,在不远的将来,将发展成汽车自动驾驶系统。

4. 商用车辆调度管理系统CVOM(Commercial Vehicle Operation/Fleet Management)

CVOM实质上是运输企业应用智能道路交通管理系统(IVHS)技术来谋求最大效益的一种调度管理系统,该系统利用车辆自动识别技术、车辆跟踪技术、车辆自动定位技术等来提高车辆的运营效率,增加安全度,改进对突发事件的反应能力,改善车队的管理和交通状况。

5. 先进的公共交通系统 APTS(Advanced Public Transportation System)

采用各种智能技术促进公共运输业的发展,如通过个人计算机、闭路电视等向公众就出行方式和时间、路线及车次选择等提供咨询,在公交车站通过显示器向候车者提供车辆的实时运行信息。

6. 先进的乡间运输系统 ARTS(Advanced Rural Transfer System)

ARTS 主要包括为驾驶人和事故受害者提供无线紧急呼叫系统,不利道路和交通环境的实时警告系统以及有关驾驶人的服务设施和旅游路线景点等的信息系统。

一、智能车辆导航系统

智能车辆导航系统是智能交通系统的重要组成部分,集成应用了自动车辆定位技术、地理信息技术、数字道路地图、多媒体技术和现代通信技术等高科技综合系统。从实现导航功能的角度看,目前车辆导航系统主要可分为两类:一类是自主式(分布式)车辆导航系统,其定位和路径规划功能全部在车载设备实现;另一类是中心决定式导航系统,它的某些功能需要借助通信网络才能完成。发达国家对车辆导航系统的研究较早,技术比较先进,均有产品推向市场,特别是日本,自主式导航终端市场化程度已经相当高,并且建立了以动态路径诱导系统为核心的 UTMS(通用的交通管理系统)。而我国市场上仅限于自主式导航终端产品,并且技术不够完善,市场化程度低,中心决定式的导航系统发展缓慢。

本章首先介绍智能导航系统上应用的一些重要技术,例如 GPS 定位技术、地理信息技术(IGS)、数字道路地图和路径规划技术,下一节介绍自主式车辆导航系统。

1. 卫星定位

1)GPS 卫星定位概述

GPS 是英文 Navigation Satellite Timing and Ranging Global Positioning System 的缩写词,NAVTAR/GPS 的简称。它的含义是,利用导航卫星进行测时和测距,以构成全球定位系统。全球定位系统是一种以无线电为基础的全天候高精度快速卫星导航定时测距的先进系统,是为了满足军用和民用的要求而逐步发展与完善起来的。自从美国政府批准,对其广播星历解密,向全世界提供用 C/A 码以来,GPS 接收机及其他专用设备都得到了迅猛发展,各种各样的 GPS 接收机相继问世。特别是随着大规模集成技术的发展,自动化程度仍不断提高,GPS 技术的应用范围也越来越广。

美国政府于 1973 年正式开始了 GPS 的研制和论证工作。此方案计划由 24 颗卫星组成一个实用的定位系统。这些卫星分布在互成 120°的 3 个轨道上,每个轨道平面平均分布 8 颗卫星。这样,地球上处于任何一处均可同时观测到 6 ~ 9 颗卫星,可以满足接收机的工作要求。1978 年,由于经费的原因,又将实用的定位系统的卫星数目由 24 颗减少到 18 颗,并调整了卫星配置。这 18 颗卫星分布在互成 60°的 6 个轨道面上,轨道倾角为 55°。每个轨道面上分布了 3 颗卫星,每两颗卫星相距 120°,从一个轨道面的卫星到下一轨道面的卫星间错动为 40°。这样的卫星配置基本上保证了地球上任何位置均能同时观测到 4 颗卫星。1990 年初又对卫星配置进行了第三次修改。最终的 GPS 方案是由 21 颗工作卫星和 3 颗在轨卫星组成。每七年调整一次卫星的位置。它的位置分布图如图 9-1 所示。

2)GPS 的构成

GPS 是一种全球性、全天候的连续实时导航定位系统。它包括以下三大部分:GPS 卫星(空间部分)、地面支撑系统(地面监控系统部分)、GPS 接收机(用户部分)。

(1)GPS 卫星。空间卫星由 21 颗工作卫星和 3 颗备用卫星组成。工作卫星分布在 6 个轨道平面内,每个轨道面分布有 3 ~4 颗卫星,卫星轨道面相对地球赤道面的倾角为 55°,各个轨道面升交点的赤径相差 60°,在相邻轨道面上,卫星的升交距相差 30°。每颗卫星每天约有 5h 位于地平面上。同时,位于地平面上的卫星数目随着时间和地点而异,最少为 4 颗,最多为 n 颗。这样的空间配置可保证在地球上任何时间、任何地点,每一台接收机设备至少可同时观测到 4 颗工作卫星,从而满足了接收机的工作要求。

(2)地面支撑系统

整个 GPS 支撑系统由 5 个监控站、3 个注入站和 1 个主控站组成。其中:监控站为数据自动采集中心,配有双频 GPS 接收机、高精度原子钟、环境数据传感器和计算设备等,向主控站提供所需的各种观测数据。主控站为系统管理和数据处理中心,它的主要任务是:利用监测站自身的数据及各监控站的观测数据推算各卫星的星历、卫星钟差和大气延迟修正系数;提供全球定位系统的时间基准,并将这些数据输入到注入站,用于调整偏离轨道的卫星,使之沿预定的轨道运行;启动备用卫星代替已失效的工作卫星等。注入站则将主控站推算、编制的卫星星历、钟差、导航电文和其他控制指令等注入相应的存储系统,并监测注入信息的正确性。

(3)用户设备部分。基本构成是由 GPS 接收机、天线、数据处理软件及计算设备等组成。它可以通过接收卫星信息及进行相应地数据处理,来满足导航和高精度定位用户的要求。其结构示意图如图 9-2 所示。

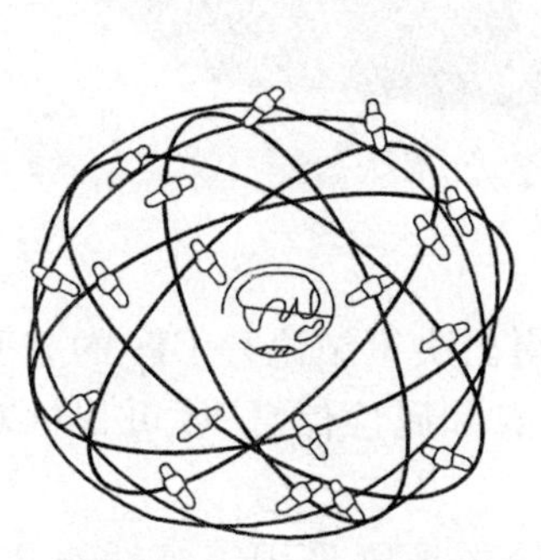

图 9-1　GPS 卫星的配置

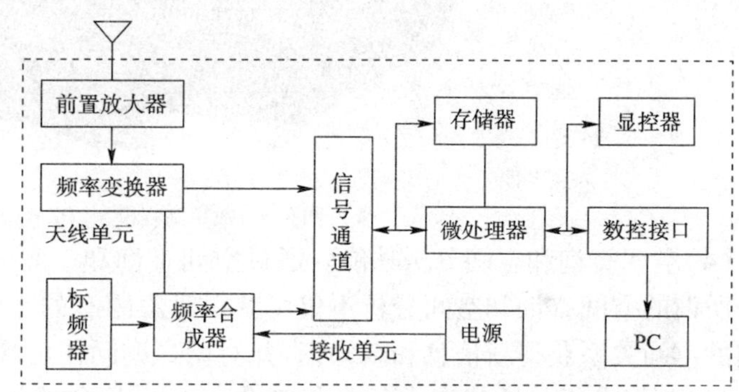

图 9-2　GPS 接收机的基本构成

目前,GPS 的应用范围很广,可以扩展到陆上、空中和海上。进入 20 世纪 90 年代以后,民用车辆导航已成为许多发达国家关注的重点。在通信技术、多媒体技术、计算机技术的迅猛发展下,车辆定位、跟踪及管理技术得到了长足发展。由于通信快捷、定位准确等优点,它可以更好地进行导航、监控、管理和调度,可以大大提高公路交通运输管理的效率和提高人员的自身安全性。GPS 技术在车辆管理系统中的应用已成为众商家竞向投入竞争的一个热门行业。

2. 地理信息系统 GIS

1)地理信息系统 GIS 概述

地理信息系统(Geograpic Information System,简称 GIS),是地理信息学方法的一种实现手段,是以上多学科技术集成的基础平台。由于电子计算机科学的兴起和它在航空摄影测量与地图制图学中的应用,使人们有可能用计算机来收集、存储和处理各种与空间和地理分布有关的图形和属性数据,并希望通过计算机对数据的分析来直接为管理和决策服务,于是就导致了地理信息系统的出现。

2)GIS 的基本功能

地理信息系统的基本功能:

(1)数据的采集和编辑功能。GIS 核心是一个地理数据库,建立 GIS 的第一步必须将空间实体的图形数据和描述它的属性数据经 GIS 输入设备采集下来,经过数据编辑和图形编辑送入数据库中。

(2)地理的管理功能。地理对象经数据采集与编辑后,送到计算机的外存设备上,对于庞大的地理数据,需要用数据库管理系统来管理,目的在于方便用户查找和获取所需的信息。

(3)制图功能。GIS 本身由地图制图发展而来,因此,GIS 的主要功能之一即为制图(图 9-3)。它不仅可提供全要素地图,也可根据需要提供专题图,如城市建设规划图、道路交通图等。并且还可以对数字地图进行更新,如添加符号、标注,渲染色彩等。然后还可通过绘图机等硬件输出。

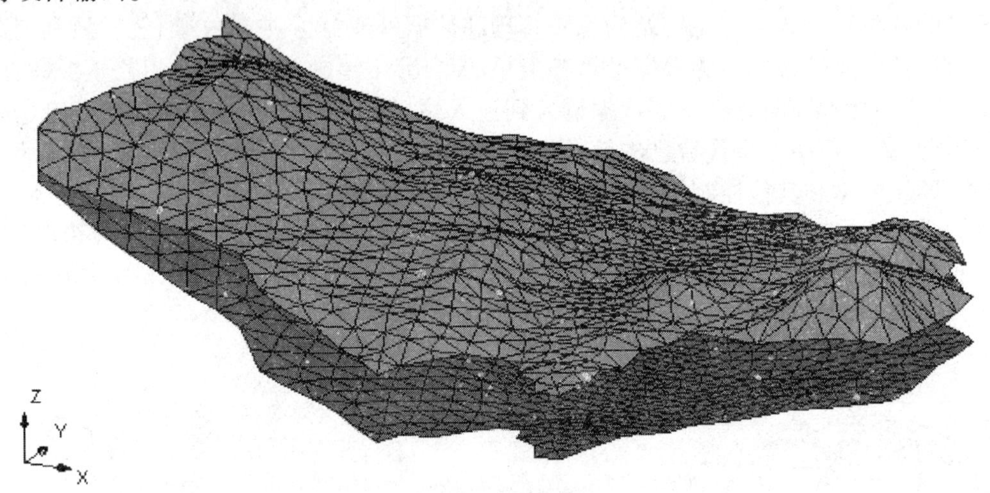

图 9-3　数字高程模型(DEM)

(4)空间查询和空间分析功能。通过空间查询和空间分析得出决策结论是 GIS 的主要目的。所谓的空间查询和空间分析不仅可获得对象固有的空间信息和属性信息,还可根据对象空间的空间关系获得新信息和新知识,并对用户询问作出答复。

(5)地形分析。地球表面的起伏变化,如山川、盆地等,传统的地图采用等高线来描述。在 GIS 中,通过数字高程模型(DEM),可对等高线进行分析。还可作透视图分析、坡度坡向分析、断面图的分析等。

3)GIS 的组成

GIS 的基本系统包括 5 个系统:数据输入子系统、图形与文本编辑子系统、数据管理子系统、空间查询与分析子系统以及数据输出子系统,它们之间的相互联系如图 9-4 所示。

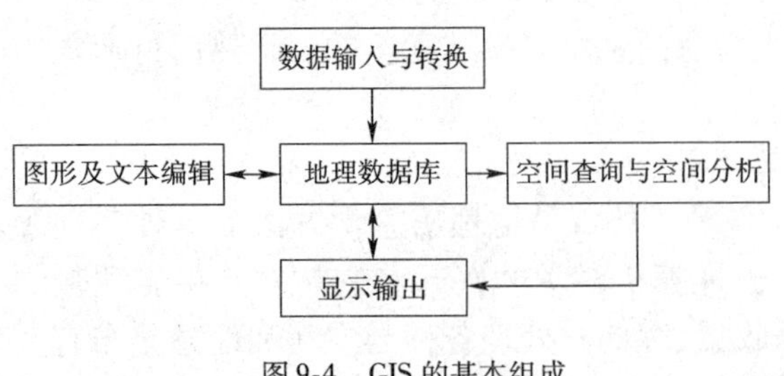

图 9-4　GIS 的基本组成

(1)数据输入子系统。数据输入子系统是一组相对独立的功能软件模块,针对不同的输入设备和不同的数据相应配备不同的软件,用来保证各种来源的数据都能转换成 GIS 可以接受的数字形式,存放到数据库中。

(2)图形与文本编辑子系统。图形与文本编辑子系统主要用于图形与属性的可视化输入与编辑。它可直观地检查原始输入数据或图形的正确性,并实现图形与属性的连动编辑修改,还能进行各种图面整饰、图案线型的设计,以及建立图形的空间拓扑结构。它的主模块有图形变换、投影变换、图形编辑、属性编辑、图面整饰、拓扑关系建立、图幅拼接等。

(3)数据管理子系统。对于一个 GIS,它的数据分两类:一类是与空间位置有关的图形数据;另一类是与应用有关的属性数据。属性数据的管理通常利用通用的数据库管理系统,如所用的关系数据库模型。但是通用的数据库系统管理拓扑结构辅助的图形数据效率低,使用不便。因此,GIS 对图形数据的管理一般都使用专门设计的空间数据。

(4)空间查询与分析子系统。通用数据库管理系统一般提供了数据库查询语言 SQL,但是它们不能支持空间查询。需要利用 GIS 特有的空间查询语言和可视化的查询功能模块。在该子系统中,还提供一组基本的空间运算与空间分析模块,如地形分析、叠置分析、缓冲区分析、重分类分析、相邻相接分析、网络分析等。

(5)数据输出子系统。数据输出子系统实现数据的输出与显示,包括报表生成、地图制图、数据格式转换等模块,可以在显示器、打印机、绘图仪、磁带等各种设备上输出各种形式的结果。

4)GIS 在车辆自主导航系统中的任务

由前叙述可知,GIS 作为一种综合的空间信息系统,主要是处理与空间位置相关的属性,并在一定的软硬件支持下实现数据的输入、存储、检索、处理、显示及对之作出的综合分析。在车辆自主导航系中,我们必须要了解车辆的位置信息,并准确地在电子地图上显示和定位。对于系统的数据采集、处理以及功能实现,都可以采用 GIS 来完成。对于车辆的定位,采用 GPS 技术实现,可以认为通过 GPS 获得定位数据是 GIS 的一种数据采集方式,它实现车辆位置的实时、动态确定。而电子地图也以其形象生动、易于操作的优点,被采用为系统的输出方式。

综上所述,GIS 在系统中需完成以下任务:支持管理地图数据库可以对地图进行编辑和修改,并且可以进行格式转换供用户界面,响应用户信息查询和图形操作可以接收和发送控制信息和其他相关信息。

3. 导航电子地图设计

1)电子地图简介

20 世纪 80 年代中期,随着数字地图及地理信息系统技术的发展和应用,随着计算机视觉化研究的深入,在侧重空间信息表现与显示的基础上,电子地图应运而生(图 9-5)。电子地图是以地图数据库为基础,以数字形式存储于计算机外存储器上,并能在电子屏幕上实时显示的可视地图,又称“屏幕地图”或“瞬时地图”。电子地图主要应用于政府宏观管理、科学研究、规划、预测、大众传播媒介、信息服务等领域。另外,它与全球定位系统(GPS)相结合,在航天、航空领域、军事领域以及汽车导航中发挥着十分广泛的作用。随着发展,众多的地理信息系统的应用成果都采用电子地图的形式来展示。

2)电子地图的概念与特点

电子地图是指由电子计算机控制产生的地图,它是数字地图符号化处理后的数据集合。另外电子地图具有显示速度快的特点,能很快将符号化处理后的地图数据转换为屏幕上的地图图形。总言之,将电子地图定义为:具有地图的符号化数据特征,能实现快速显示使人们阅读的有序数据集合。

电子地图的优点:

(1)电子地图数据库可包括图形、图像、文本、数字等多种形式,还可与视频、音频信号相连,有较强的数据扩展性。

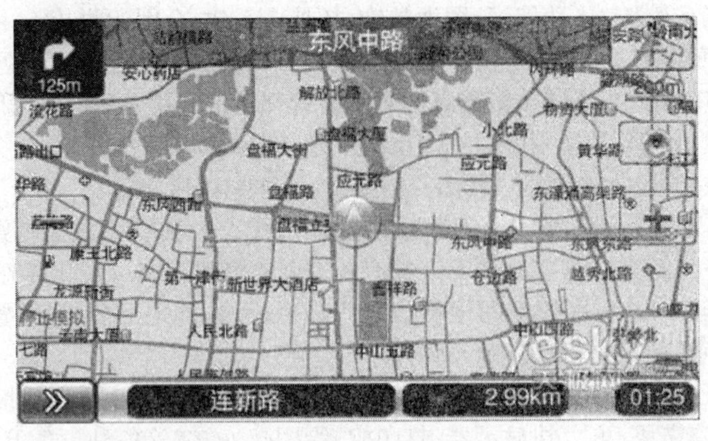

图 9-5　电子导航地图

(2)电子地图检索方便,多种数据类型、多个窗口可在同一屏幕上分层,实时化进行动态显示,可实现屏幕浸游、开窗放大、镜头推移等操作,用户界面友好。

(3)信息的存储、更新以及通信方式比较简单,便于携带与交流。

(4)可进行动态模拟,便于定性、定量分析,可实现图上长度、面积、角度等的自动测量,使用上具有智能化特点,可辅助管理和决策。

(5)可缩短大型系列地图集的生产周期和更新周期,降低生产成本。

3)电子地图的应用

由于电子地图相比传统地图有许多优点,因此在众多领域得到了广泛的应用。电子地图在运动物体轨迹显示方面具有非凡的功能。在现代的指挥控制中,一般都配有电子地图的屏幕显示设备,它与被控对象通过现代通信技术和 GPS 定位系统取得联系,并将其位置实时显示在电子地图的相应位置上。电子地图能使专题内容和主题内容灵活地结合和分离,各自存储和管理。

电子专题地图依其专题内容分布特点,可分为点状、线状、面状和以统计为特点的专题图等,对在空间呈点状分布的各种地物,可以用特定的点状符号在电子地图上表示。如气象站、旅游景点的分布图。电子地图的内容要根据其应用来确定,如用于天气预报的电子地图,只需边界线,主要河流和城市就可以了。而用于车辆监控的电子地图则需要显示该城市的主要道路、次要道路、街区、建筑物以及用户可能要求的特殊地物。而且电子地图的存储往往采用分层方式,这样一来,可根据不同的要求,灵敏地选择显示的内容。

4. 路径规划

路径规划是车辆导航系统必不可少的核心功能之一,也是实现导航功能的前提条件。车辆导航系统的路径规划是帮助驾驶人在旅行前或者旅行中规划行驶路径的过程,它要解决的主要问题是在给定的熟悉道路地图中寻找从出发地到目的地的最优化路径。针对实际应用的不同要求,可以采用不同的优化标准,如最短行车距离、最少旅行时间、最近通行收费等。而距离、时间、收费等信息都可以存储在数字道路地图的路段属性中。在前期的数字道路地图的制作过程中,根据路网数据模型,可以将数字道路地图转化为带权有向图,因此无论采用何种标准,计算道路网络中两点之间的最优路径问题都可以归结为求解带权有向图的最短路问题。在图论中有许多比较成熟的最短路算法可供选择,但在车辆导航系统中,这些算法通常不能直接使用,原因主要有:

(1)对于自主车辆导航系统,负责路径规划的导航计算机系统受车载环境和成本限制,处理能力和存储资源有限,而在实际应用中的数字道路数据库往往规模庞大。

(2)对于实时车辆导航系统,路径规划必须在一定的时间内完成,这就要求路径规划算法必须具有较高的运算效率。

为此,可以通过对已有算法的运算效率加以改进或者构造高效的新算法来满足车辆导航对问题求解的时效性要求。但算法的精度有时可能下降,即算法求得的最优路径解可能并非理论意义上的最优,而只是比较满意的次优和较优路径。但如果两者之间的目标值相差不大,而又可能在运算速度和存储开销方面获得较大改进,那么该算法无疑也是非常适合车辆导航系统要求的。

而经典的最短路算法有迪杰斯特拉(Dijkstra)算法、弗洛伊德(Floyd)算法、算法的时间复杂度估计(Bellman-Ford-Moore 算法)、启发式搜索算法,而启发式搜索算法又包括启发式搜索、A^*算法及其改进、双向搜索算法和基于分层地图的搜索算法,这里就不一一论述了。

二、自主式车辆导航系统设计

1. 自主式车辆导航系统功能

车辆自主导航的主要功能有两个:车辆的定位和自主导航。

车辆的定位功能可以划分为如下的子功能。

1)获得车辆的定位信息

系统采用了 GPS 卫星定位技术,因此车辆的定位信息将由 GPS 信号接收机接收来自 GPS 卫星的定位信号以后,计算出车辆的当前位置,实现车辆的定位。

2)显示车辆的定位信息

车辆的定位信息需要以某种形式显示给使用者,因此必须考虑采用何种显示界面才能使得使用者最直接最有效地获取车辆的定位信息。为了实现自主导航,车辆必须携带电子导航地图,自主导航功能分解如下的子功能:

(1)管理电子导航地图。电子导航地图是车辆实现自主导航的基础,是车辆自主导航最主要的用户界面。某种程度上,电子导航地图的设计成败决定了车辆自主导航的成败,此功能可进一步分解为 3 个功能:组织和管理电子导航地图的数据、显示电子导航地图;制作和编辑电子导航地图。

(2)查询电子导航地图。车辆自主导航与用户的交互是双向的。一方面,系统将各种导航信息传递给用户,如显示电子导航地图、显示卫星状态等。另一方面,用户也要查询电子导航地图,寻找电子导航地图中自己感兴趣的信息。

基于这些功能,一个完整的自主式车辆导航系统由以下功能模块构成:定位模块、数字道路地图、地图匹配模块、路径规划模块、无线通信模块和人机交互界面。

2. 系统总体设计

自主式车辆导航系统总体设计是由多个功能模块构成的复杂系统,与其广泛的应用领域相对应,具体的应用系统设计也具有不同程度的复杂性,这种复杂性取决于系统的设计原则、组成结构和具体的性能指标。在设计自主式车辆导航系统时需要考虑的具体因素包括系统的单位成本、所能提供的定位精度、所支持导航功能的复杂性、是否需要无线通信模块以扩展功能以及是否需要支持其他特定功能等。

针对车辆导航的要求,典型的自主式车辆导航系统应具备以下功能:

(1)系统能在 90% 以上的行程时间里确定车辆的实时位置,与实际位置的偏差应小于 20m。

(2)系统能将车辆的实时位置转化为地图坐标并与道路网相匹配,以提供车辆在路网中最可能的行驶路段以及车辆在该路段中所处的位置。

(3)系统能向驾驶人提供以地图为背景的图形化实时车辆位置显示。

(4)系统能接受旅行目的地请求,并按合适的规划标准给出由当前位置或指定起点到达目的地的最佳行车路线。

(5)系统能根据已规划好的行车路线产生实时的驾驶引导指令,并以图形指示或语音提示的方式提供给驾驶人。

(6)系统能确定车辆当前是否已经偏离了预定行车路线并及时做出处理,或者以语音或图形方式提醒驾驶人注意,或者从当前位置开始重新规划行车路线。

3. 导航计算机系统设计

1)硬件体系构成

自主式车辆导航系统的硬件体系构成如图 9-6 所示。

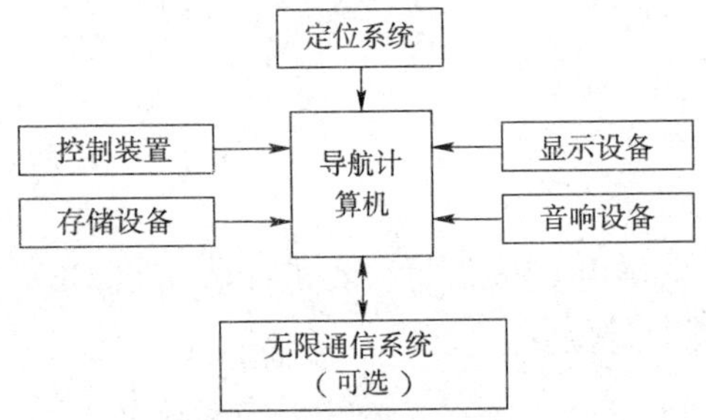

图 9-6　自主式车辆导航系统硬件结构

自主式车辆导航系统硬件体系的核心部分,除定位和通信外,系统的其他功能模块都以导航计算机为硬件平台,通过应用软件来实现;用户对整个系统的操作和控制也通过导航计算机来完成。从总体角度考虑,在自主式车辆导航系统的硬件设计过程中,对导航计算机的要求是最严格的。在性能指标上,由于必须负担地图的显示与刷新、行驶指令计算、定位数据的处理与转换等具有较高实时性要求的任务和类似路径规划这样的大计算量任务,因此导航计算机必须要具备足够的运算能力。从功能上看,为满足自主式车辆导航系统控制、输出和功能扩展的需要,导航计算机应具备基本的多媒体功能,强大的控制和通信能力和良好的扩充性。为适应车载环境的要求,导航计算机还需具备良好的抗振性能,其外形尺寸和功耗也要受到严格限制。

2)软件体系设计

根据系统功能的要求,自主式车辆导航系统的软件体系可划分为如图 9-7 所示的层次结构,其中操作系统由内核层和系统服务层组成,其功能是为应用层软件提供运行支持。为满足实时处理的需要,操作系统应支持多任务特性,即允许多个独立的应用程序同时运行。内核是指操作系统中直接与硬件交互的部分,主要由硬件驱动程序组成,它是整个软件体系中唯一与具体硬件相关的部分。系统服务(OSS)层介于应用层和内核之间,它向应用层提供任务创建、内存分配、磁盘读写缓冲区创建与管理、创建消息队列、启动任务循环、事件检测等基本操作系统服务。自主式车辆导航系统的主要功能如定位数据处理、路径规划与导航、电子地图数据库操作等都由对应的应用层软件模块完成。

在软件体系中采用分层结构使得应用层软件具有硬件无关性,即不依赖于具体硬件的独立性。这种无关性有两层含义:第一,系统中所有的硬件设备都由操作系统接管,应用程序不直接对硬件进行访问;第二,所有涉及硬件的操作都通过调用标准的 API(应用程序接口)函数来完成。在这种方式下,每一种硬件设备都通过驱动程序来被操作系统识别,并由驱动程序为系统对硬件设备的访问提供底层支持,即将具体的 API 函数翻译为直接对目标硬件进行的操作。这样操作系统就将硬件系统与应用软件进行了隔离,在应用程序中无需包含任何针对具体硬件的代码,只需调用 API 函数就可以完成对硬件的操作。硬件无关性极大地增强了应用程序的可移植性,为系统的软硬件开发、升级和改进带来了方便。

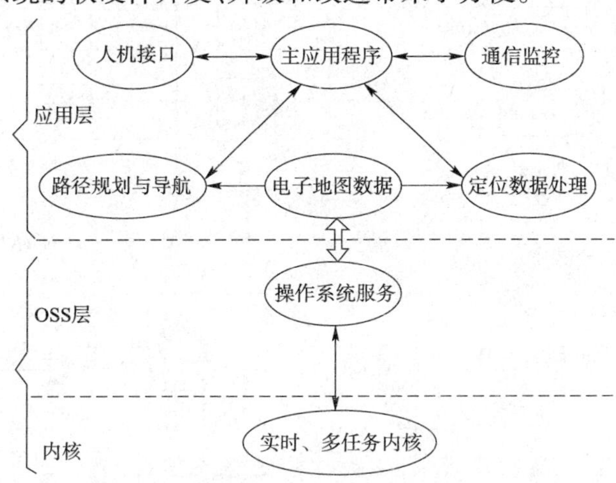

图 9-7 自主式车辆导航系统软件体系结构

操作系统是构建整个 IVLNS 软件体系的基础。根据系统功能的要求,操作系统应提供良好的图形显示支持和强大的多任务管理能力。从应用层软件开发的角度考虑,应选择开发平台功能强、共享软件资源丰富、硬件驱动支持多的操作系统。为适应车载环境,操作系统必须能脱离硬盘直接从 ROM 或其他非机械式存储媒介中启动,其对内存开销、存储容量等硬件资源的要求也应尽量降低。此外考虑到用户使用的方便程度,操作系统是否支持即时开关机功能也非常重要。目前比较成熟的计算机操作系统主要有以下几种:DOS;Windows9x 及 NT;Unix;Linux 和 WindowsCE。

4. 功能子系统设计

组合定位模块是自主式车辆导航系统的重要组成部分,它对整个系统的性能表现有至关重要的影响。为实现连续车辆定位的要求需采用组合定位方式,利用联邦 Kalman 滤波技术实现的 GPS/DR 组合定位系统,它的具体数据处理流程如图 9-8 所示。两个局部 Kalman 滤波器分别接收并处理来自 DR 和 GPS 接收机的数据,并提供各自的最优状态估计,而后进行组合以获取全局最优估计,然后完成对局部滤波器的重置。DR 局部滤波器同时还提供对陀螺转角测量误差和里程仪测距误差的估计,并反馈到对应的传感器,对测量数据进行补偿修正。

将 GPS/DR 组合定位与地图匹配算法结合起来,就构成了 GPS/DR/地图匹配组合定位系统,其结构如图 9-9 所示。具体的数据处理过程是:首先在每个采样时刻 $k=nT$ 由联邦滤波器处理 DR 传感器和 GPS 的量测数据并给出最优估计,然后将滤波器输出的车辆位置估计,其在估计误差矩阵中对应的定位误差估计与行车方向估计一起输入给地图匹配模块,并由地图匹配算法计算出当前时刻的匹配位置坐标;最后按滤波估计值加地图匹配修正的形式给出组合系统的定位输出。

路径规划与导航模块设计在自主式车辆导航系统软件体系中,路径规划与导航模块负责完成车辆导航功能,包括提供由出发地到目的地的最优行车路线规划和旅行途中的动态驾驶引导。动态驾驶引导由两个任务组成:一是产生引导指令,二是跟踪车辆在预定规划路径上的行驶情况。引导指令产生的依据是车辆沿规划路线行驶时在交叉路口的转向情况,一旦按用

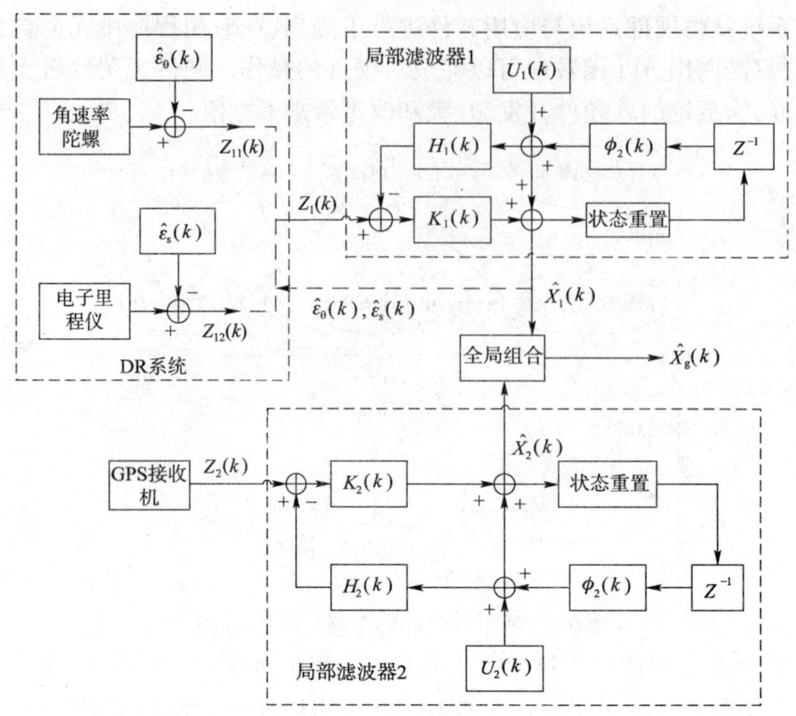

图 9-8　GPS/DR 组合定位系统联邦 Kalman 滤波

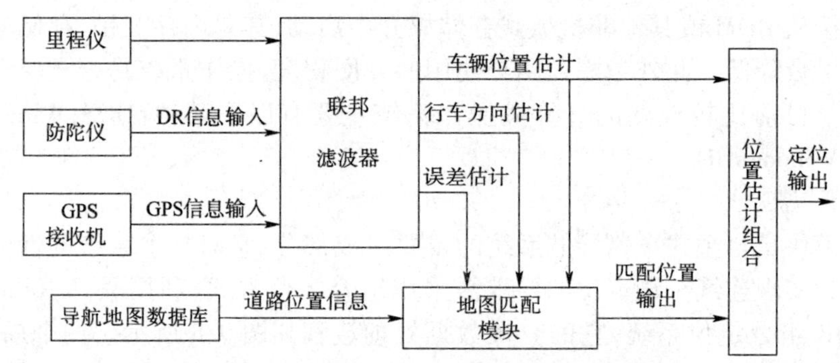

图 9-9　GPS/DR/地图匹配组合定位

户要求规划出行驶路线，就可根据其中的相邻路段在交叉路处的取向变化值做出对应的驾驶引导指令。图 9-10 表示了我们实际使用的引导指令生成算法，其中的角度标注代表两条相邻路段在交叉点处的取向角差值，顺时针方向为正；路段取向角定义为路段取向与正比方向的差值，取值范围是 0° ~ 360°。在引导指令产生之后，接下来的任务是实时监视车辆在预定路线上的行驶情况，以确定在什么时候向用户输出引导信息。我们在这里采用的是三步提示的原则，将引导信息分为三种(表 9-1)：早期提示、准备提示和到达提示。早期提示在车辆通过上一个交叉路口后给出，通知驾驶人在下一个路口所要采取的操作。准备消息在车辆进入到距路口一定范围内的区域时给出，提示驾驶人做好转向准备，注意路标、出口标记等有关交通标志。到达提示通知驾驶人已经接近交叉路口，注意执行引导指令。这里考虑到两种不同的定时原则，分别对应于车辆在市区道路网中行驶

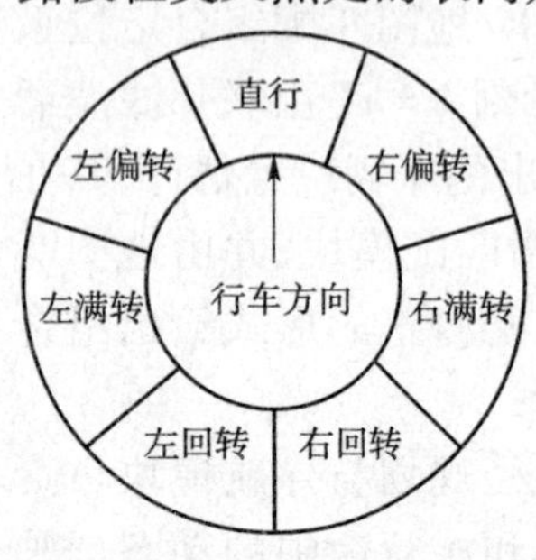

图 9-10　驾驶指引指令生成算法示意图

和在高速公路中行驶的情况。如果出现两种以上引导指令的定时条件同时满足的情况,则只输出其中在时间次序上最靠后的一条指令。

动态导航的另一个重要内容是车辆偏离预定路线后的驾驶引导,为此可以设定两种处理方法。当定位模块已经确定车辆偏离了预定行驶路线后,导航程序首先对驾驶人进行提示,同时在屏幕上指示预定目的地的相对方位,以方便驾驶人利用这一大致的方向返回原来的路线。当经过一段时间后,如果车辆仍然没有回到预定路线上,则以当前车辆位置为起点,重新规划到预定目的地的最优路线。

路径指导指令输出标准 表 9-1

类　型	提　示　内　容	城市定时标准	高速公路定时标准
早期提示	"前方"+(距离)+"处"+(引导指令)	通过路口后 10s	通过路口后 30s
准备提示	"前方路口处"+(引导指令)	距路口 300m 处	距路口 1500m 处
到达提示	"到达路口,请"+(引导指令)	距路口 100m 处	距路口 500m 处

第二节　防盗与报警技术

汽车防盗系统是指防止汽车本身或车上的物品被盗而设的系统。随着汽车的普及,汽车盗窃也成为了最常见的犯罪之一,因此车主和汽车生产厂家也越来越重视汽车的防盗。在科学技术的推动下,汽车防盗与报警系统日趋严密和完善。

一、汽车防盗与报警系统的种类

汽车防盗系统的主要作用是阻止无授权使用和破坏。汽车防盗系统的自发明以来,获得了不断的发展和升级,人们研制出各种各样的防盗系统。按结构可分三大类:机械式、电子式和网络式。

1. 机械式防盗器

机械式防盗装置是市面上最简单最廉价的一种防盗器形式,其原理也最简单,只是将转向盘和控制踏板或挡柄锁住。其优点是价格便宜,安装简便,不会大幅增加汽车的生产设计难度;缺点是防盗不彻底,每次拆装麻烦,不用时还要找地方放置,只能防盗不能报警。机械式防盗装置比较常见的有:转向盘锁、可拆卸式转向盘、排挡锁等。

机械防盗装置在经历数次技术升级之后,目前有了较可靠的转向盘锁和排挡锁等,而且机械式防盗装置结构比较简单。但是其占用空间,不隐蔽,每次使用都要用钥匙开锁,比较麻烦和没有报警功能的缺点没有得到克服。因此,随着电子技术在汽车上的广泛应用,电子式防盗报警系统就应运而生了。

2. 电子式防盗报警系统

电子防盗报警装置与机械式防盗系统的不同之处在于使用密码而不是钥匙来获得汽车的使用权。它主要靠锁定点火或者起动来达到防盗的目的。根据密码输入方式的不同可分为以下几个种类:按键式电子锁、拨盘式电子锁、电子钥匙式电子锁、触摸式电子锁和生物特征式电子锁。

其中电子钥匙式电子锁是现在汽车防盗器发展的重点,大多数轿车均采用这种防盗方式作为原配防盗器。电子钥匙可以由元器件或由元器件构成的单元电路组成,做成小型手持单元形式。电子钥匙和主控电路的联系可以是声、光、电磁等多种形式。它的基本锁定方式是锁住汽车的发动机、电路和油路,在没有芯片钥匙的情况下无法起动车辆。其中密码解锁根据密码的发射方式的不同分为定码式和跳码式两种。定码式防盗器的特点是密码量少。工作原理主要是利用密码扫描器或解码器,通过它们接收到的空间无线电信号截取主机密码,从而通过复制解除防盗系统。现在,因为它密码重复的概率比较大,已经基本被淘汰。跳码式防盗器的工作原理则是通过在防盗过程中,不断变化的大量密码函使得主机能确认由车主发出的信号来工作。它的优点就是密码量多,不容易出现重复。过去的电子式防盗器在雷声和剧烈的振动、碰撞中往往会发出恼人的叫声,不但扰民,自己听了也觉得心惊肉跳。现在的电子式防盗器在这方面也取得了不错的长进,比如常见的电子防盗器一般就只有在窃贼试图剪断防盗线路的时候才会立即动作,报警的准确性提高很多。

电子防盗装置设计先进、结构复杂,包括起动控制、遥控车门和报警三部分,主要由防盗控制单元识读线圈、警告灯、汽车钥匙等元件组成。它具有如下四大功能:

(1)防盗报警功能。这个功能是指在车主遥控锁门后,报警器即进入警戒状态,此时如有人撬门或用钥匙开门,会立即引及防盗器鸣叫报警,吓阻窃贼行窃,这也是电子防盗器最大的卖点和争议之处,因为它发出的"哇、哇"声在震慑盗贼的同时,也存在着扰民的弊端。大部分的汽车都已不再使用这种防盗报警系统。

(2)车门未关安全提示功能。行车前车门未关妥,警示灯会连续闪烁数秒。汽车熄火遥控锁门后,若车门未关妥,车灯会不停闪烁,喇叭鸣叫,直至车门关好为止。

(3)寻车功能。车主用遥控器寻车时,喇叭断续鸣叫,同时伴有车灯闪烁提示。

(4)遥控中央门锁。当遥控器发射正确信号时,中央门锁自动开启或关闭。电子遥控防盗装置的遥控器、电子钥匙都有相对应的密码。遥控器发射部分采用微波/红外线系统。利用手持遥控器将密码信号发向停车位置,门锁系统接收开启,驾车者进车后再将电子钥匙放入点火锁内,电子钥匙将内置密码发至控制电路中的接收线圈,产生电感耦合令电路和油路启动,使汽车得以运行。

3.网络式防盗

网络式防盗系统通过网络实现车门的开关和车辆的起动、截停、定位,及根据车主要求提供远程车况报告等功能。目前主要使用的网络有无线网络和GPS卫星定位系统,其中GPS应用最为广泛。GPS的工作原理是利用接收卫星发射信号与地面监控设备和GPS信号接收机组成全球定位系统,卫星星座连续不断发送动态目标的三维位置、速度和时间信息。保证车辆在地球上的任何地点、任何时刻都至少能收到卫星发出的信号。GPS主要是靠锁定点火或起动来达到防盗的目的,同时还可通过GPS卫星定位系统,将报警处和报警车辆所在位置无声地传送到报警中心。因此,只要每辆移动车辆上安装的GPS车载机能正常的工作,再配上相应的信号传输链路(如GSM移动通信网络和电子地图),建一个专门接收和处理各个移动目标发出的报警和位置信号的监控室,就可形成一个卫星定位的移动目标监控系统。GPS卫星定位汽车防盗系统有如下五大功能:

(1)定位功能。监控中心在全国范围内可随时监控某辆车的运营状况,可以24h不间断地检测目标车辆当前的运行位置、行驶速度和前行方向等数据。

(2)通信功能。GPS适应信息时代的需求,在行车中可以为车主提供GSM网络上的全国漫游服务。车主可以随时随地与外界和服务中心保持联络。在实际使用过程中,对劫车者也具有震慑作用。另外,它的话费优惠和免提功能也更方便、更舒心。

(3)监控功能。如果万一不幸遇上劫匪,可以通过 GPS 系统配备的脚踏/手动报警、防盗报警等报警设施与监控中心的联系。

(4)停驶功能。假若爱车不幸丢失,可通过监控中心对它实行“远程控制”。监控中心在对失主所提供的信息和警情核实无误后,可以遥控该车辆,对其实行断油、断电,再配合附近警方将困在车里动弹不得的窃贼绳之以法。

(5)调度功能。在车辆日渐增多的大城市遇上塞车的时候,GPS 同样可以帮忙。监控服务中心可以将当前的道路堵塞和交通信息广播,发布调度指令,提高客货运输效率。

网络式防盗突破了距离的限制,覆盖范围广,可用于被盗汽车的追踪侦查,可全天候应用,破案速度快,监测定位精度高。GPS 防盗技术可以说是一场技术革命,它一改传统防盗器的被动、孤立无助的被动式服务,能为车主提供全方位的主动式服务,是目前其他类型汽车防盗系统所不能比拟的。但由于 GPS 防盗技术存在信号盲区、报警迟缓,其防盗性能无法有效保障车辆,而且该类系统的技术含量较高,需要设立监控中心,车主每年还要向监控中心交纳不菲的费用,推广起来难度较大。

二、汽车防盗装置的结构原理

典型的汽车防盗装置有电控门锁、钥匙控制式防盗系统和中央集控门锁等。

1. 电控门锁的组成

汽车电控门锁通常是由控制部分和执行机构组成。

1)控制部分

整个控制部分的核心是编码和鉴别。控制部分由以下部分组成:

一是编码器。编码器的实质就是人为地设定一组几位二进制数或几位十进制数。设定该组数的原则是所编的密码不易被人识破。对编码电路的要求是:容量大、换码率高,保密性、可靠性好,换码操作简单,便于日常管理。

二是输入器和存储器。它们的作用是经输入器输入一组编码,由存储器记忆后送至鉴别器。

三是鉴别器。它的作用是对来自输入器和编码器的两组密码进行比较,仅当两组密码完全相同时,鉴别器才输出电信号,经抗干扰处理后送至驱动级和显示装置。若用户有特殊要求,鉴别器还可以输出报警和封锁行车所需的电信号。

四是驱动级。由于鉴别器送出的电信号通常很微弱,为了能带动执行机构的电磁铁产生动作,故设置驱动级。

五是抗干扰电路。为了抑制来自汽车内外的电磁干扰,保证在恶劣电磁背景下电子锁不会自行误动作而设置了抗干扰电路,由此提高汽车电子锁的可靠性和安全性。通常采用延时、限幅和定相等手段来达到抗干扰目的。

六是显示器和报警器。这部分是电子控制部分的附加电路,用于显示鉴别结果和报警,从而扩展了电子锁的功能。

七是保险装置。是指速度传感器和车门锁止器,它是汽车电子锁的独特组成单元,当汽车运行超过一定时速时,车门锁止器根据来自速度传感器的信号将锁体锁止;若控制电路万一失灵,可通过紧急开启接口直接控制锁体的开启。

八是电源。是电子锁必不可少的。设计理想的不间断电源对于电子锁来讲,仍是一个至关重要的课题。

2)执行机构

车用电子锁的执行机构一般采用电磁铁或微型电动机控制。汽车电子密码点火锁,则是利用执行电器触点的通断来控制点火线路的启闭,可以分为两个种类:

(1)电磁铁式自动车门锁。这种汽车电控门锁的开启和锁闭均由电磁铁驱动,其结构是,内设两个线圈,分别用来开启、锁闭门锁,门锁集中操作按钮平时处于中间位置。这种车门锁的优点是结构简单,内部摩擦力小,动作敏捷,操作方便;缺点是耗电量大,电磁铁质量大,且动作时有撞击声。

(2)电动式自动车门锁。该锁由可逆式电动机、传动装置及锁体总成构成。其工作原理为:由电动机带动齿轮齿条副或螺杆螺母副进而驱动锁体总成,实现车门的锁闭或开启。这种锁的优点是体积小,耗电少以及动作较迅速;不足之处在于,打开或关闭车门之后,若因疏忽通了电,易把电动机烧损。电磁铁式和电动机式自动车门锁都可以配用速度传感器和车门锁锁止器,从而提高汽车行驶时的安全性。

2. 钥匙控制式防盗系统

防盗钥匙是柄部装有芯片的特殊钥匙。防盗钥匙是输入密码的载体,它通过磁、电等形式与主控电路联系。当驾驶人将车门锁锁住的同时,电子防盗系统电路即被接通,随即进入工作状态。防盗控制模块通过防盗钥匙来验明持有者身份,一旦有窃贼非法打开车门,电子防盗系统立即启用喇叭报警求救,同时切断点火系统电路,使发动机不能起动,于是起到了防盗报警的作用。这种防盗报警系统主要由电源、控制电路(部分置于钥匙内)和执行部分等组成。电源的作用是向防盗系统提供电能。控制电路用来起动报警装置和控制发动机不能起动,以达到防盗的目的。执行部分主要由报警喇叭和切断点火电路的继电器等组成。防盗钥匙大致可以分为两大类。

1)电阻式防盗钥匙

这种防盗钥匙内置了特殊电阻片,当防盗钥匙插入并转动点火开关时,锁芯上的触点能够读取钥匙的电阻值,并与预设值进行比较,只有在两个电阻值吻合的时候才能启动发动机。这种钥匙比较简单,但是因为电阻值的范围有限,它的安全性不够。

2)转发器式防盗钥匙

一般由带有脉冲转发器的钥匙、识读线圈、防盗控制模块及防盗报警灯等组成。转发器式防盗钥匙的外观与普通的机械钥匙相似,但是柄部有转发器,当防盗钥匙插入点火开关并转动至ON位置时,防盗控制模块通过识读线圈读取钥匙密码,若与防盗控制模块存储的代码相吻合,防盗控制模块便向发动机发出许可信号,允许发动机起动,否则,不允许发动机工作。

3. 中央集控门锁

目前汽车中央门锁主要是采用电子电路控制,以电磁铁、微型电动机和锁体或继电器作为执行机构的机电一体化装置。

1)中央集控门锁的功能

为提高汽车使用的便利性和行车的安全性,越来越多的汽车安装了中央集控门锁。中央集控门锁主要有以下的功能:

一是中央控制。当驾驶人锁住其身边的车门时,其他车门也同时锁住,驾驶人可通过门锁开关同时打开各个车门,也可单独打开某个车门。

二是速度控制。当行车速度达到一定时,各个车门能自行锁定,防止乘员误操作车内门把手而导致车门打开。

三是单独控制。在除驾驶人身边车门以外的其他门设置有单独的弹簧锁开关,可独立地控制一个车门的打开和锁住。

2)中央集控门锁的基本结构

目前汽车上装用的中央集控门锁种类很多,但其基本组成主要有门锁开关、门锁执行机构和门锁控制器。多数中央集控门锁的开关都是由总开关和分开关组成,总开关装在驾驶人身旁的车门上,驾驶人操纵总开关可将全车所有车门锁住或打开。分开关装在其他各车门上,可单独控制一个车门。门锁执行机构受门锁控制器的控制,执行门锁的锁定和开启任务。门锁执行机构有电磁线圈和直流电动机两种驱动方式,两种结构都是通过改变极性转换其运动方向而执行锁门或开门动作的。当给锁门线圈通正向电流时(例如双线圈、电磁式门锁执行机构),衔铁带动连杆左移,门被锁住;当给开门线圈通反向电流时,衔铁带动连杆右移,门被打开。直流电动机式门锁执行机构的驱动力是由可逆转的直流电动机提供的,利用电动机正转和反转,完成锁门或开门动作。

门锁控制器是为门锁执行机械提供锁/开脉冲电流的控制装置。无论何种门锁执行机构都是通过改变执行机构通电电流方向,控制连杆左、右移动,实现门锁的锁定和开启,因而门锁控制器应具有控制执行机构通电电流方向的功能。同时由于门锁执行机构长期带电要消耗较大的电能,为了缩短工作时间,门锁控制器应具有定时功能。定时装置工作原理一般是利用电容器充放电特性,在超过规定时间后输送给门锁机构的电流就自行中断,正常锁门或开门也如此,定时装置可以保护电路和所用电器的安全。门锁控制器的种类很多,按其控制原理大致可分为晶体管式、电容式和车速感应式三种门锁控制器。

4. 汽车防盗报警系统的基本组成及作用

汽车遥控防盗系统一般由防盗 ECU、感应传感器、门控开关、报警和遥控器等组成,各主要装置在车上的位置如图 9-11 所示。

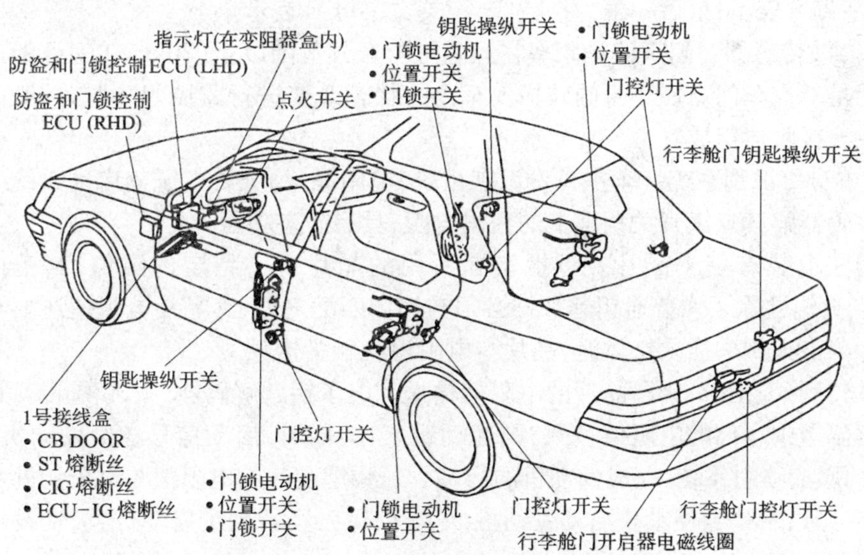

图 9-11　汽车防盗系统各主要装置在车上的位置图

一般防盗系统原理示意图如图 9-12 所示。

1)主机

主机即遥控防盗系统控制单元,它是防盗系统的核心和控制中心。

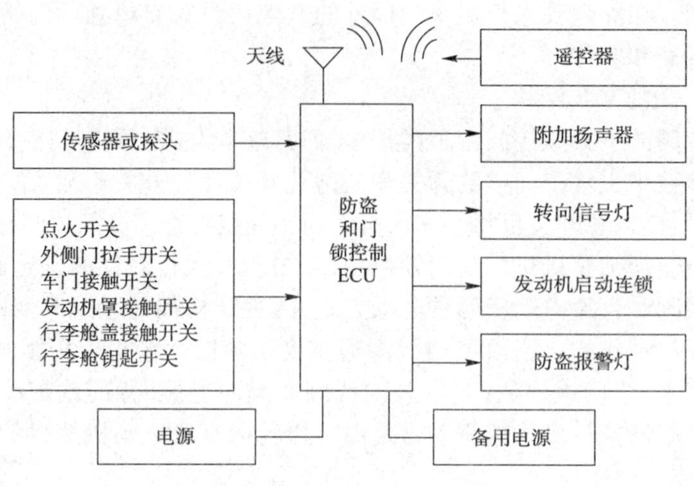

图 9-12 一般防盗系统原理示意图

2)感应传感器

感应传感器由传感器或探头组成。它的功能是当防盗系统工作时,传感器检测汽车有无异常情况发生。当汽车被移动或车门被打开时,传感器将检测到的信号传送给防盗 ECU,防盗 ECU 根据其内部储存的数据进行比较,判断汽车是否正在被盗。如汽车被盗,防盗 ECU 输出信号,控制报警装置发出声光报警信号,阻止汽车启动,切断燃油供给。

感应传感器主要有以下几种类型。

(1)热释电式红外线传感器。释电式红外线传感器(又称红外探头)一般安装在汽车内驾驶人位置附近,通过红外辐射的变化来探测是否有人侵入车内。

热释电式红外线传感器上有 3 根导线:一根为电源线,用英文字母 D 表示;另一根为信号线,用英文字母 S 表示;最后一根为搭铁线,用英文字母 E 表示。

(2)超声波传感器。超声波是频率在人耳可听音频范围以上(20kHz 以上)的声波。超声波传感器就是对汽车门窗和车身的破损及车内的状态改变进行监控的装置,一般由超声波发射器和超声波接收器组成。

(3)车主身份识别系统。车主身份识别系统(电阻晶片)又称电子禁启动系统。它是利用电子钥匙解码器解读点火开关钥匙上的密码电阻,具有防盗功能。

点火钥匙上装有一个晶片。每把钥匙所用的晶片有一特定的阻值,其范围为 380 ~ 12.3kΩ。点火钥匙除了像普通钥匙那样必须与锁体匹配之外,其晶片电阻值还要与起动机电路相匹配。当点火钥匙插入锁体时,晶片与电阻检测触头接触。

当锁体转到 ST 挡时,钥匙晶片的电阻值输送到电子钥匙解码器。若钥匙晶片的电阻值与电子钥匙解码器中存储的电阻值一致,则起动机工作,同时,启动信号送给发动机 ECU,发动机 ECU 启动燃油喷射系统,完成发动机的启动。若钥匙晶片的电阻值与电子钥匙解码器存储的电阻值不一致,解码器便禁止启动发动机,尽管锁体已经转到了启动位置,发动机仍然不能启动。

(4)振动传感器。振动传感器的作用是检测汽车受到的冲击。

(5)玻璃破碎传感器。玻璃破碎传感器用来接收玻璃受撞击和破碎时产生的振动波,然后转换成电信号输送给防盗 ECU。它与防盗 ECU 一般有两根线连接:一根是传感器的搭铁线(黑色),另一根是信号线(白色)。

3)门控开关

门控开关包括发动机罩开关、门开关及行李舱开关等。它的功能是当所有车门、发动机罩及行李舱关闭时,车主通过报警调置/解除装置使所有的车门锁止,汽车防盗系统进入预警状态。

4)报警装置

报警装置由扬声器和前照灯组成。

5)遥控装置

遥控装置由遥控发射器与接收器组成,包括按键和指示灯。

它利用手持遥控发射器在远离车辆的地方将密码发送给遥控接收器,进行车门的打开或关闭。遥控信号一般采用红外线、无线电波形式发送。

(1)遥控发射器。汽车遥控防盗系统使用的遥控发射器由密码信号发生器、键盘输入电路、无线发射电路等组成。其工作频率为256~320MHz,典型值为315~318MHz,工作电源为12V,遥控距离为30~50m。

(2)接收器。汽车遥控防盗报警器的接收器由接收天线、输入选频回路、高频放大电路、超再升电路、脉冲信号放大整形电路组成。其功能是将遥控器发出的高频载波信号进行选频、放大、解调,输出符合解码电路要求的脉宽数据信号。

(3)天线。汽车防盗系统用的天线分为发射天线和接收天线两种。发射天线不必设置专用天线,可把车门钥匙兼作天线之用。接收天线一般有采用遥控专用天线、与收音机共用一个天线或采用镶嵌在汽车后风窗玻璃内的加热电阻线作为天线等多种形式。

三、汽车防盗报警新装置

为了有效打击盗窃汽车的犯罪行为,保护车主的财产安全,各汽车生产商纷纷出资研发汽车防盗装置,高新科技因而得到有效的应用和推广,增加汽车的盗窃难度,保护汽车安全。

1.数码防盗装置

1)P.A.T.S微晶辨识密码防盗系统

独特的电子密码高达500多亿种,当装有密码发射器的汽车钥匙插入之后,钥匙孔内的受讯模组将密码传至控制模组进行判读,若吻合即可起动汽车发动机。该系统不用电池导线,使用接线点火的方式即可,若控制模组未解除禁令,发动机就无法起动。

2)数码防盗钥匙

将小型化的无线电发射机与汽车钥匙合成一体,并在转向盘隐藏的地方装有一个接收阅读机。当这种汽车钥匙插入点火开关时,一个有20个数字码的无线电信号发射出来,阅读机接收后,确认无误时,点火开关便起动车辆,若是数字码对不上或无信号发出,车辆就无法点火起动。

3)密码防盗锁

BMW全车系统均配有智慧型防盗锁,该防盗锁采用雷达收发器的原理,其特点是在点火器外装有螺旋天线,钥匙孔内装有微晶片,当钥匙转动时,天线便成为一种转换器,供电给微晶片,以显示密码次序,若符合次序,若符合授权身份,便可起动车门。每位BMW的车主,都配有4把原厂设计编码的密码钥匙,每一把钥匙的密码是由一个固定的个人密码及个别的常换的密码所组成,此系统还可提供6套密码组合,以备万一。一旦钥匙遗失,此系统能让车主注销任意一把。

2. 通信防盗系统

1）全球通信网络汽车防盗系统

以呼叫器控制汽车起动系统和车门的开关，可在汽车被盗后以电话的方式将动力系统工作解除，使车辆在10s内停止行驶，并使警铃大叫。

2）电话控制系统

该系统仅有香烟盒大小，可暗藏在汽车的任何部位。车主和警方可在地球上的任何地方，通过拨打电话，使汽车置于控制中。如逐渐减少燃料供应使汽车渐渐停止；关闭车门、车窗、使盗贼进行交涉；关闭其他电动控制设备。这样，不仅可以找回汽车，还可以确保车主的人身安全，达到将盗贼抓获的目的。

3）GPS车用卫星导航系统

利用其信号发射器，可将信号发射到卫星上，再传回控制中心，通过地理咨询系统，克服地形、电波的干扰，可有效掌握汽车的行踪。

3. 影像防盗

1）微型间谍相机

该相机体积极小，可以安在汽车的任何部位而不被人注意，并能在很弱的光线下工作，可拍摄多达12幅的照片，与蜂窝式无线电话网络连接，可将闯入汽车盗贼的照片直接传送到控制中心，使盗贼立即被辨认出来，以供警方采取相应的措施。

2）秘密报像机

该报像机体积很小，可隐蔽安装在汽车内。秘密报下盗贼强行进入汽车的影像，并通过全球定位系统，传送到控制中心，使控制中心随时掌握车辆所在的位置及盗贼的动向，以便抓获。

4. 报警网络系统

该系统主机安装在汽车尾部的行李舱中，并与空中警察全球定位系统联网。当汽车被盗后，报警网络系统工程可通过全球定位系统，不断向警方显示汽车行程坐标和传送汽车内人员的谈话内容，以便迅速找到被盗汽车并抓住盗贼。

四、汽车防盗技术的发展趋势

未来汽车防盗系统将向多功能化、网络化、可视化和便捷化发展。

1）多功能化

就是在同一辆车上使用两种或两种以上的防盗技术，从而增加窃贼的盗窃难度并延长其作案时间，最终迫使窃贼放弃。如超安超音波传讯锁属于机械式防盗器和电子防盗器的组合：转向盘锁利用钢制材质制造不易锯断，感应器采用超音波感应与振动感应，在收到异常状态的第一时间就呼叫车主，距离可达2.5～3km，车型不限。

2）网络化

只有网络化才能远程跟踪、遥控并在窃贼得手后找回被盗汽车，因此汽车防盗网络化是大势所趋，是主流发展的产品。在GPS定位、GSM、短信、电子地图这些技术的基础上今后还可能和可视化设备融合，可以实现对窃贼进行拍照取证；另一方面通过和公安机关的机动车防盗警务网络进行联网，可以实现自动向警方报警的功能。

3）可视化

主要有以下两种设备：

（1）微型间谍相机，该相机体积极小，可以安在汽车的任何部位而不被人注意，并能在很弱的光线下工作。可拍摄多达12幅的照片,与蜂窝式无线电话网络连接,可将闯入汽车盗贼的照片直接传送到控制中心,使盗贼立即被辨认出来,以供警方采取相应的措施。

(2)秘密报像机,该报像机体积很小,可隐蔽安装在汽车内。秘密报下盗贼强行进入汽车的影像,并通过全球定位系统,传送到控制中心。使控制中心随时掌握车辆所在的位置及盗贼的动向,以便抓获。

4)便捷化

自动实现车门的加解锁和车窗玻璃的升降,如最新的PKE(Passive Keyless Entry)技术,也称“被动式免钥匙进入”技术,车主将“智能钥匙”放到口袋或皮包中随身携带后,可以实现车主离开汽车超过1.8m系统将自动为您锁好车门并伴有声光提示。如果下车时没有关好车门,系统会有声光报警提醒您回去关好车门。如果您忘记了关车窗,系统会自动为您升窗。当需要开车时,不用做任何操作直接可以开启车门。

第三节　轮胎压力监测技术

轮胎是汽车行驶过程中唯一与地面接触的部件,轮胎承载汽车的全部质量,缓冲路面的冲击,并通过与地面的附着力来产生驱动力和制动力。轮胎气压偏高或偏低对汽车的使用性能都会产生不利影响。合适的轮胎压力对汽车的燃油经济性及操纵舒适性也是至关重要的。怎样防止爆胎已成为安全驾驶的一个重要课题。据国家橡胶轮胎质量监督中心的专家分析,保持标准的汽车轮胎气压正常与稳定和及时发现车胎漏气是防止爆胎的关键。于是,汽车轮胎气压监测技术应运而生。

一、轮胎气压对汽车性能的影响

在汽车行驶过程中,轮胎慢性渗漏会导致轮胎气压降低,而这种降低往往不易被驾驶人及时发现,图9-13显示了气压不足和正常时轮胎的形状。轮胎压力过低时,胎面接触地面面积增大,胎面与地面摩擦阻力加大,胎体各部件的变形量变大,轮胎内部组织间的摩擦也进一步加大,这些因素都进一步加剧了胎体温度的迅速上升;另一方面,因胎肩变形量大,容易引起帘线、钢丝和橡胶等材料扯断、拆裂,导致胎体强度下降。温度上升或强度下降到一定程度就引发爆胎。汽车在轮胎气压不足及过低时行驶,会产生以下不利影响:

(1)在同样承载条件下,胎体变形大,行驶时轮胎温度升高,橡胶老化,容易产生帘线脱层等。

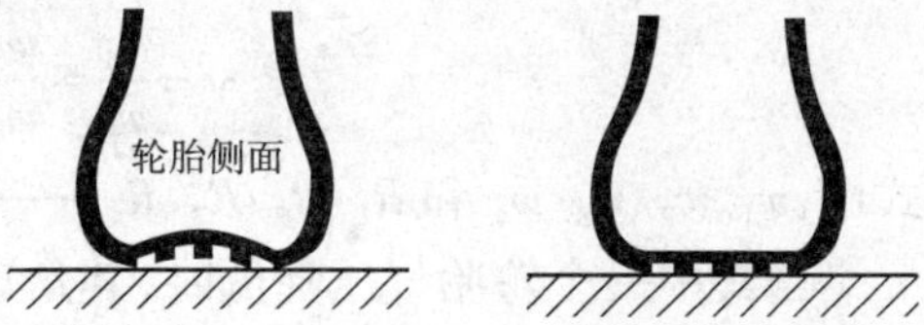

(2)轮胎下沉量大,轮胎凹陷,使用时容易产生磨胎肩现象。

(3)轮胎断面变形大,双胎并装间距缩小,容易引起胎侧碰撞磨损。

(4)轮胎发生不正常磨损,减少轮胎寿命,为爆胎埋下隐患。

图9-13　不同气压时胎的侧面变形图

a)气压不足;b)正常状态

(5)轮胎滚动阻力增大,燃料消耗高,转向性能差。

(6)紧急制动时,若某侧轮胎压力偏低,就会造成车身偏转,甚至酿成事故。

如果轮胎气压过高,也会产生危害。轮胎的负荷能力和气压都是在设计时就已给定了。由于内压的增加,轮胎各部位的变形和所受的内应力也相应增加。内压增加只能使轮胎刚性增大,载荷下的变形显得较小而已。胎面胶的橡胶分子链长期处于高度伸张和应力状态下,其耐磨性显著下降,必然导致胎面胶,特别是胎面中部加速磨损。从轮胎结构看,胎冠部位帘布层顶部处于行驶面中心部位,胎内气压向外扩张的作用力在胎冠顶部达到最大值,使胎体产生较大的径向伸长变形。虽然胎面胶有一定的弧高,但由于胎面中部最先与地面接触,所受的冲击力、剪切力和磨耗也最大。如果气压过高,迫使胎面中部产生更大的凸变,胎面弧高进一步增大,胎体帘线处于过度伸张状态,内应力增大,胎面与地面的接触面积减小,单位压强增加,导致行驶面中部的磨损进一步加剧。

二、轮胎压力监测统的类型

轮胎压力监测系统(Tire Pressure Monitoring System,TPMS)主要用于车辆行驶时实时地对轮胎气压及胎内温度进行自动监测,对轮胎漏气和低气压进行报警,以保障行车安全。它是一项提高车辆安全性的新型汽车电子技术,也是智能交通研究的课题之一。TPMS 的基本功能是辅助驾驶人监测轮胎压力,压力正常时,系统无任何动作,不干扰驾驶人的正常驾驶;而压力出现异常时,系统将发出报警信息,提醒驾驶人采取相应措施,防止爆胎引起车辆安全事故。轮胎压力检测系统一般分为间接式 TPMS 和直接直接式 TPMS。

1. 间接式 TPMS

间接式(Wheel-Speed Based TPMS,简称 WSB)TPMS 是利用汽车上现有传感器的信息,建立其与轮胎气压变化之间的关系,通过相应的模型和算法间接监测轮胎气压的变化,其特点是以算法为主。目前常见的间接式 TPMS 有计算式 TPMS 和磁敏式 TPMS 两种。

1)计算式间接 TPMS

计算式间接 TPMS 是通过汽车 ABS 的轮速传感器信号,求出轮胎之间的转速差,进而监测两轮胎压力的相对变化以达到监测胎压的目的。目前,计算式间接 TPMS 可分为以下两类:

(1)轮径分析型。最早的轮胎压力监测系统是通过 ABS 测量轮胎转速,因为气压不足的轮胎其转速、半径小于正常状况,据此可判断轮胎压力是否正常。这种间接式气压监测装置利用汽车原有的 ABS 的轮速传感器测得的转速信号,通过智能算法,来判别轮胎气压。这种类型是监测一个基于静态轮速非线性变化的差值,当轮胎半径接近于最佳值(此时拥有最佳轮胎压力)时,这个差值接近于零。目前广为采用的是与轮速呈静态非线性关系的气压检测方法,其表达式为

$$\gamma = \frac{w_1}{w_2} - \frac{w_3}{w_4} = \frac{R_2}{R_1} - \frac{R_4}{R_3} = \frac{R_2 R_3 - R_1 R_4}{R_1 R_3} \tag{9-1}$$

式中:w_1、w_2、w_3、w_4 和 R_1、R_2、R_3、R_4——左前轮、右前轮、左后轮、右后轮的角速度和半径。

当其中一个轮胎气压降低时,其角速度增大,对应的轮胎半径值便相应减少,则此时 $\gamma \neq 0$,由此可以判断汽车某一轮胎处于欠压状态。

(2)振动分析型。当汽车行驶时,粗糙的路面会使轮胎上的橡胶产生类似弹簧的振动。这种类型是通过监测与轮胎压力有关的振动频率来监测胎压的。轮胎的弹簧常数随轮胎胎压的变化而发生变化,且两者呈线性关系。据此原理,利用 4 个车轮上安装的 ABS 轮速传感器产生的波形信号并经过 VSC(Vehicle Stability Control System)处理,求出轮胎的扭振频率,计算得到轮胎的弹簧常数,再根据胎压和弹簧常数的关系,求出轮胎胎压,当控制单元检测出轮胎胎压异常时输出报警信号,提醒驾驶人检查轮胎胎压,其控制流程如图 9-14 所示。

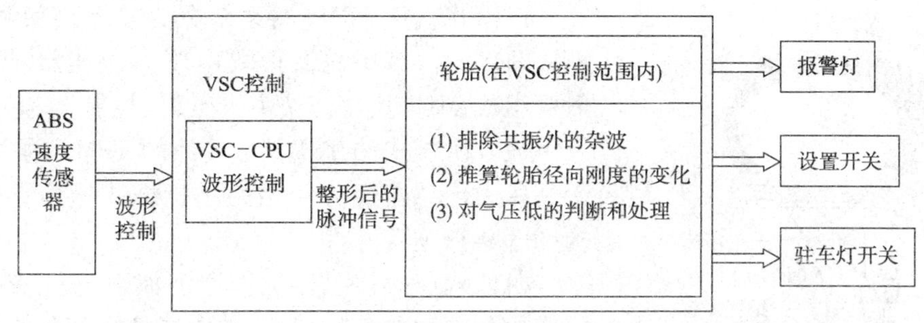

图 9-14　振动分析型间接 TPMST 作原理图

目前丰田公司开发一种振动分析型间接式气压监测的新方法,该方法依据的轮胎振动模型如图 9-15 所示,将轮胎简化为由两个弹簧构成的扭振系统模型。根据各个车轮转速信号的变化,计算各轮的共振频率,并由此共振频率可求出轮胎的弹簧常数。由于轮胎的弹簧常数随轮胎气压的降低而降低,轮胎的气压和弹簧常数基本呈线性关系,如图 9-16 所示。因此,由弹簧常数可最后求得轮胎气压,并对其进行监测。

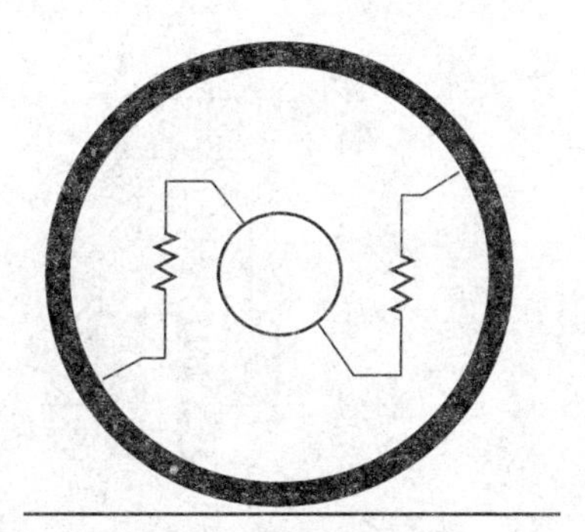

图 9-15　轮胎振动模型

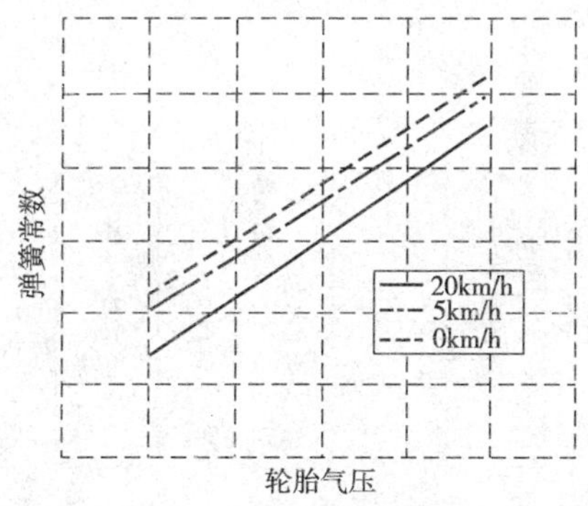

图 9-16　气压-弹簧常数图

2)磁敏式间接 TPMS

磁敏式间接 TPMS 系统由气压传感器、霍尔装置和电子控制单元等组成。轮胎胎压传感器安装在车轮轮辋上,霍尔装置安装在悬架支柱或车轮制动底板上。汽车行驶时,轮胎胎压变化引起螺旋弹簧变形,带动磁性元件旋转使得磁场方向发生变化,从而使通过霍尔装置中磁敏元件的磁感应强度变化,霍尔装置的输出信号随之变化,由此实现轮胎压力信号由轮胎至车体的非接触传递。电子控制单元由单片机和外围接口组成,单片机对经过调理的霍尔装置的输出信号进行采样,并将数据送入存储器中,经运算分析和比较判断,得到轮胎胎压值及其状态,报警装置显示轮胎胎压或在压力异常时进行声光报警,其系统机构如图 9-17 所示。

2. 直接式 TPMS

直接式 TPMS 工作原理的本质在于是利用安装在每一个轮胎里的压力传感器和温度传感器来直接测量轮胎的压力和温度,并对各轮胎气压进行显示及监控。直接式 TPMS 工作原理如图 9-18 所示。

目前直接式(Pressure-Sensor Based TPMS,简称 PSB)TPMS 主要有直接主动式 TPMS 和机械式 TPMS,它们的区别在于传感器的类型。直接主动式 TPMS 的温度压力传感器一般是植入轮胎内部,而机械式 TPMS 的温度压力传感器一般是安装在轮胎的气门芯上。

1)机械式直接 TPMS

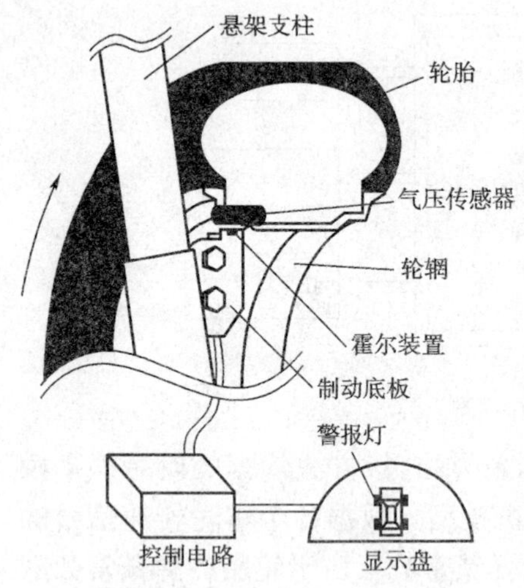

图 9-17 磁敏式间接 TPMS 的系统结构图

机械式直接 TPMS 将系统分为轮胎模块和中央接收模块两部分。其中轮胎模块由压力传感器、控制器和发射机组成;中央接收模块由接收机、控制器和显示报警部分组成。机械式的 TPMS 与其他的 TPMS 的主要区别在于其压力传感器部分使用的是机械式压力传感器,其结构如图 9-19 所示。

机械式压力传感器工作原理如下:把传感器的 B 部位旋入到轮胎的气门嘴上,空心螺柱顶开气嘴的心轴,气体则外溢,并通过空心螺柱中心孔传到密封垫上部的气室中,再通过密封垫导柱作用到弹簧上,弹簧受压收缩,铜垫片随着导柱的向下移动,铜外壳在其接触处产生一定的距离,导线 E,F 断开,当轮胎的气压低于标准气压的某个值时,此时弹簧依靠自身的弹力推动导柱向上移动,直至铜垫片和铜外壳接触,导线 E,F 接通,无线发射模块通电,发射信号,接收模块得到信号,发出声光报警。

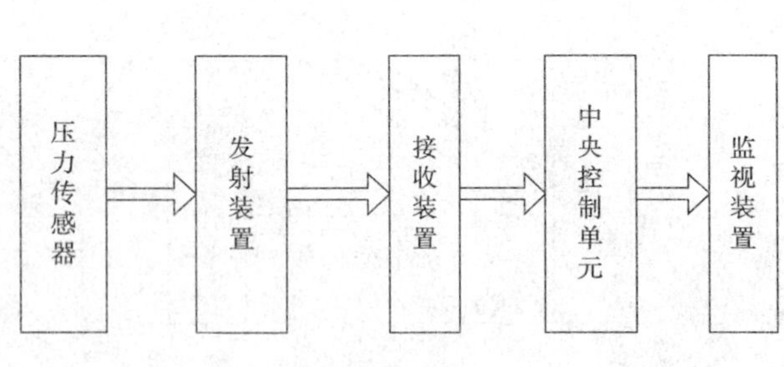

图 9-18 直接式 TP MS 的原理图

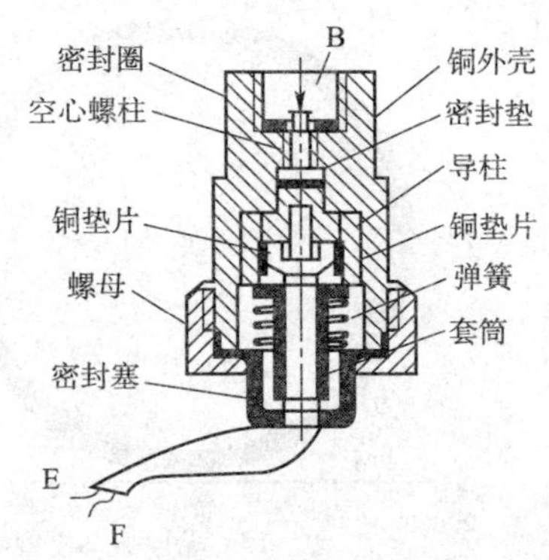

图 9-19 机械式 TPMS 的压力传感器结构图

2）主动式直接 TPMS

另外一种是主动式直接 TPMS,目前大多数厂家所研制和汽车所使用的都是直接主动式 TPMS,其原理框图如图 9-20 所示。TPMS 系统主要由两部分组成:安装在汽车轮胎里的远程轮胎压力监测模块(采样端)和安装在汽车驾驶台上的接收和显示模块(监测端)。直接安装在每个轮胎里测量轮胎压力和温度的模块,将测量得到的信号调制后通过高频无线电波(RF)发射出去。一个 TPMS 系统有 4 个或 5 个(包括备用胎)TPMS 监测模块。接收模块接收 TPMS 监测模块发射的信号,将各个轮胎的压力和温度数据显示在屏幕上,供驾驶人参考。如果轮胎的压力或温度出现异常,中央监视器根据异常情况,发出报警信号,提醒驾驶人采取必要的措施。

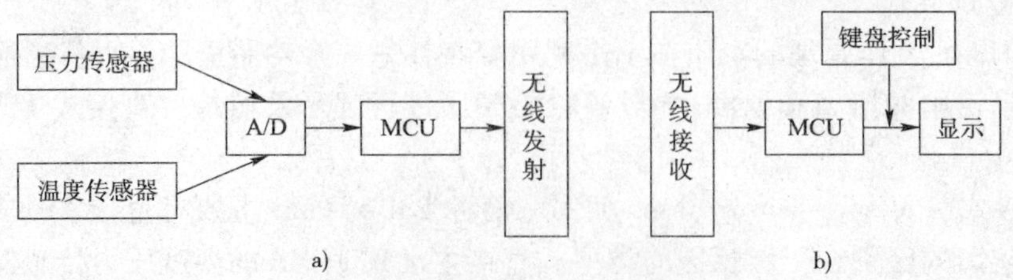

图 9-20 直接主动式 TPMS 的结构图

a) 采样端结构图;b) 监测端结构图

直接TPMS还可以分为单向通信系统TPMS和双向通信系统TPMS。目前大多数直接式TPMS都是单向通信系统,即只存在从轮胎电子模块到接收机的单向信息通路,轮胎模块工作在完全自主的模式下。轮胎模块监测到胎压/温度的变化或出现异常时,就发信息给接收机,但它无法确保接收机能够正确接收到此信息。由于汽车在实际行驶过程中,轮胎气压总是在一定范围内波动变化的,为了检测到轮胎气压的准确状态。程序设计成在200次的连续采样次数内,若有连续的20次采得的气压值都属于同一个胎压状态,则认为气压状态是稳定(未必是正常的)的,就可以将该胎压状态发送出去;若在200次的连续采样次数内,没有连续的20次采得的气压值都属于同一个胎压状态,则说明此时气压不稳定,就必须重新开始新一轮的连续200次采样。除单向通信外,还有一种双向通信系统。双向通信是指系统的遥感传感器及射频收发模块响应车体内射频收发和信息处理模块发来的状态报告要求,立即向车体内射频收发和信息处理模块报告轮胎目前的工作状况,遥感传感器及射频收发模块具备无线射频收发功能,永远处于待机状态,无条件地接受车体内射频收发和信息处理模块的指挥。

还可以根据传感器将TPMS分为内置式TPMS和外置式TPMS。内置式TPMS是将压力传感器和信号发射部分直接固定在车轮钢圈上,主要用于真空胎,一般为汽车生产厂或轮胎生产厂选用,需根据各厂商的不同车型或轮胎胎压要求进行订制,可解决汽车厂商的一体化要求。外置式TPMS安装简单,适用于各种轮胎,但安装后需对轮胎的平衡性等指标进行调校,以达到安全目的。

3. 复合式的TPMS

另外,市场上还有一种复合式的TPMS,兼具有PSB和WSB两个系统的优点。在两个互相成对角的轮胎内装备直接传感器,并安装一个四轮间接系统。与直接系统相比,这种复合式系统可以降低成本,同时克服间接式TPMS不能检测出多个轮胎同时出现气压过低的缺点。但是这种复合式TPMS还是不能像PSB那样提供所有轮胎的实际压力实时数据显示。

4. 间接TPMS与直接TPMS比较

间接式TPMS是通过对车辆宏观物理形态上的数据处理来进行胎压异常检测。显然,由于道路状态的复杂多变性,这种处理方式的测量精度与准确度难以保证。NHTSA在调查中发现,使用目前的间接式TPMS的轮胎,在处于明显低压状态时只有占调查总数的50%发生了报警,而直接式TPMS都能发出报警。

基于ABS的间接TPMS检测不出两只或两只以上轮胎同时出现漏气或低压状态而且系统校准极其复杂。而直接式TPMS采用传感器直接从轮胎现场获取压力信号,然后将数据传送给中心接收站,则可以随时测定每个轮胎内部的实际瞬压,很容易确定故障轮胎,克服了基于ABS的间接TPMS的缺陷。

间接式TPMS的优点在于只需增加很少的硬件系统,辅助以智能高性能算法对软件系统进行升级即可实现,其实现成本较为低廉。但随着汽车电子产业的迅猛发展,尤其是美国的TREAD法案的颁布后,很多著名IC公司都相继投入大量资金研发用于TPMS的芯片。业界的竞争以及集成电路制造工艺的提升,直接导致直接式TPMS解决方案成本急剧下降。直接式TPMS成本的下降及具有间接式TPMS不可比拟的优势,现已被广泛使用。间接式与直接式TPMS的特点见表9-2。

不论是WSB还是PSB,都有各自的优点。PSB提供更高级的功能,随时测定每个轮胎内部的实际瞬压,很容易确定故障轮胎。WSB系统在造价上比PSB相对较低,只需要在四轮ABS上进行软件升级即可完成。但是WSB没有PSB的准确率高,同时WSB不能确定故障轮胎的真实情况。

间接式与直接式 TPMS 的特点　　表 9-2

系统类型	测量参数	工作原理	测量精度	实现成本	可靠性
直接式	压力、温度、电压	智能传感器直接检测参数	高	高,至少需要 4 个	高
间接式	车轮转速	通过 ABS 转速传感器测转速	低	低,借助 ABS 进行软件升级即可	低

三、轮胎压力监测系统组件

一个直接 TPMS 系统包括 4 个或 5 个(取决于备胎是否装备传感器)轮胎模块和一个中央接收器模块。轮胎模块由压力传感器、温度传感器、控制模块(如 ASIC 或 MCU)、发射器和天线以及电池组成,还可以包括更多的外部系统,如起动发射的低频(LP)探测器(使模块不仅仅作为发射器,还可以作为收发器使用)、惯性开关或无内置电池的电源等装置。NHTSA 并不要求这些功能,但它们可以使系统更加完善。一个简单的接收器模块由一根中央天线、一个接收器 IC 和一个与车辆其余部分相连接的接口组成。通用接口包括控制器局域网络(CAN)接口,该接口通常装备在车辆的车身控制器内。数据由车身控制器处理,当轮胎压力较低时,它会向驾驶人发出警告。许多公司正寻求在接收器模块中提供更多的功能,以及像以 LP 信号起动格式向每个轮胎提供自动轮胎定位(它可以在系统不进行重新校准的前提下检测到轮胎是否转动)、分布式天线等类功能,以使自己从市场中脱颖而出。如果使用正确的发射载波频率和通信协议,接收器系统可以和遥控门锁系统相集成。驾驶人可以通过集成到仪表板显示器上的简单“指示器”、集成了显示器的后视镜或单独安装在仪表板上的屏幕等来了解各种数据。只要能够向驾驶人发出轮胎气压比正常压力降低 25% 的警告,这些系统就都可以满足 NHTSA 对直接 TPMS 提出的要求。

四、直接式 TPMS 的结构与工作原理

直接式 TPMS 主要由安装在汽车轮胎内的压力、温度传感器和信号处理单元(MCU)、RF 发射器组成的 TPMS 发射模块,和安装在汽车驾驶台上的包括数字信号处理单元(MCU)的 BY 接收器、液晶显示器(LCD)组成。其系统如图 9-21 所示。

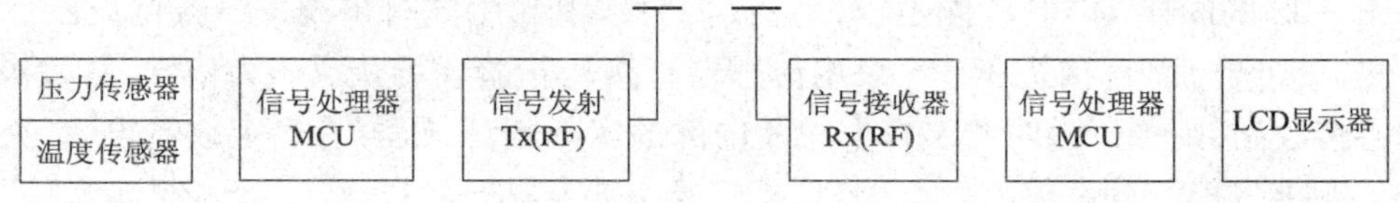

图 9-21　PSB TPMS 系统结构图

1. TPMS 传感器

TPMS 传感器是一个集成了半导体压力传感器、半导体温度传感器、数字信号处理单元和电源管理器的片上系统模块。为了强化胎压检测功能,有不少 TPMS 传感器模块内还增加了加速度传感器、电压检测、内部时钟、“看门狗”、12bitADC、4k Byte Flash、2k ROM、128 Byte RAM、128 Byte EEPROM 及其他功能的 ASIC 数字信号处理单元。这些功能芯片使得 TPMS 传感器不仅能实时检测汽车开动中的轮胎压力和胎内温度的变化,而且还能实现汽车移动即时开机、自动唤醒、节省电能等功能。电源管理器确保系统实现低功耗,使一节锂电池可以使用 3~5 年。

TPMS 的压力传感器都是用基于 MEMS 技术来设计、生产的,主要有硅集成电容式压力传感器,如 Motorola 的 MPXY8020、MPXY8040;硅压阻式压力传感器,如 GE NovaSensor 的 NPXl、NPXC01746,Infineon SensoNor 的 SPl2、SPl2T、SP30。硅压阻式压力传感器是采用高精密半导体电阻应变片组成惠斯顿电桥,作为力电变换测量的电路,其测量精度能达 0.01% ~0.03% FS。硅压阻式压力传感器结构如图 9-22 所示。

TPMS 压力传感器是一个在片上的系统模块,其压阻式模块内部典型架构如图 9-23 所示,包括整合了硅显微机械加工的压力传感器、温度传感器、加速度计、电池电压检测、内部时钟、模数转换器(ADC)、取样/保持(S/H)、SPI 口,校准(Calibration)、数据管理(Data)、ID 码的数字信号处理单元,模块具有掩膜可编程性,即可以利用客户专用软件进行配置。由图 9-24 所示的压阻式传感器模块的剖面清晰可见,它是由 MEMS 压力传感器和半导体 SoC 电路,用集成电路工艺做在一个封闭的装置里。在封装的上方留有一个压力/温度导入孔,将压力直接导入在压力传感器的应力薄膜上(图 9-25),周边固定的圆形应力薄膜内壁由半导体应变片组成惠斯顿测量电桥;同时这个孔还将环境温度直接导入半导体温度传感器上。为了便于 TPMS 接收器的识别,每个压力传感器都具有 6 ~8 位独特的 ID 码。

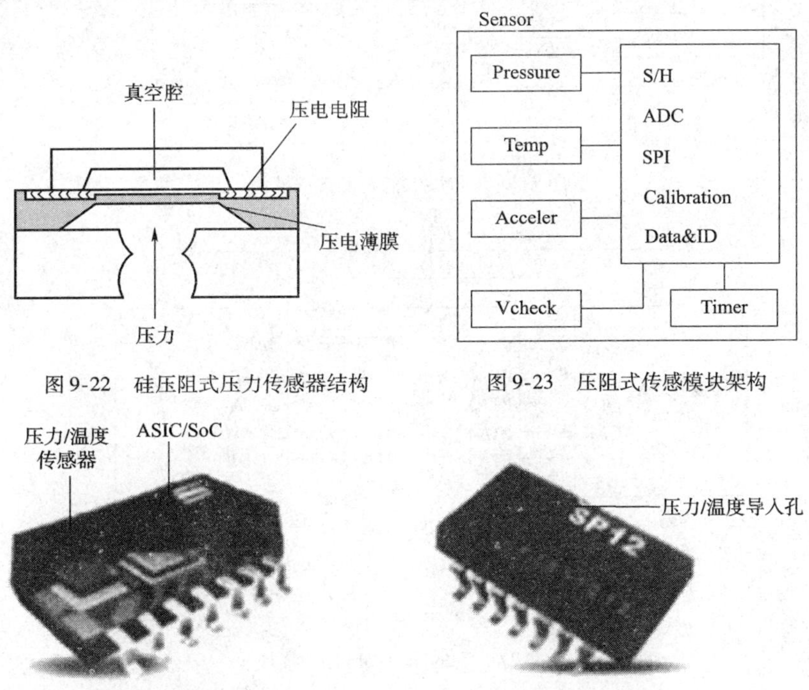

图 9-22　硅压阻式压力传感器结构

图 9-23　压阻式传感模块架构

图 9-24　压阻式传感模块的剖面

图 9-25　传感模块上方压力/温度导入孔

2. 压力/温度信号处理与发射

压力/温度信号经 TPMS 传感器模块内的 ASIC/SoC 电路的处理,通过其 SPI 口传输给安装在发射模块内的信号处理单元(MCU),综合成数据流再进入同一封装内的 RF 发射 IC,按设定的超高频率(UHF)调制发射给安装在驾驶台内的接收器,如图 9-26 所示。为了缩小汽车轮胎内的测量、信号处理 IC 所占面积与发射模块的体积,压力/温度信号处理与发射也采用组合的片上系统(SoC),如 ATMEL 的 ATAR862、Motorola 的 MC68HC908RF2,它们都是将一片 MCU、一片超高频(UHF)RF 发送器整合在同一封装内。图 9-27 可以清楚地看到 Motorola 的 MC68HC908RF2 是由 MCU 和 RF 发送器组成的。

MCU 一般为 4bit 或 8bit CPU 核，包括时钟管理、EEPROM、RAM、多个计时器、多个 I/O 口、内部晶振等，其结构已为大家熟知。UHF RF 发送器以 ATAR862 为例，其内部嵌入的是 T5754 UHF ASK/FSK RF 发送器，T5754 内部结构如图 9-28 所示，由 PLL（锁相环）、VCO（压控振荡器）、PA（功率放大器）等组成，外部晶振源（Crystal）经 XTO（串口谐振器）供给 VCO，PLL 向 MCU 提供时钟，MCU 将已编码的数据流经 PA 调制在 UHF 指定频率。交由天线发射，天线采用印制在 PCB 板上的环状天线，发射功率要求 PA 在 9.5mA 时能输出 7 ~ 10dBm。ASK 是振幅变换调制，FSK 是频率变换调制。RF 的发射频率北美标准为 315MHz，欧洲标准为 433.92MHz，韩国为 448MHz，已有人建议新标准为 868MHz。

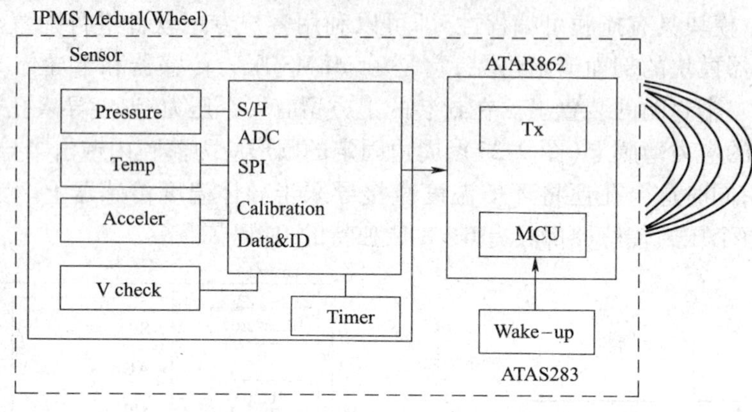

图 9-26　TPMS 安装在胎内的模块

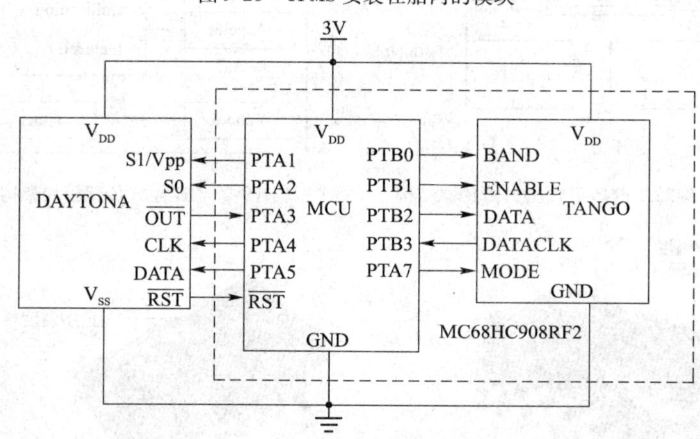

图 9-27　Motorola TPMS 胎内模块

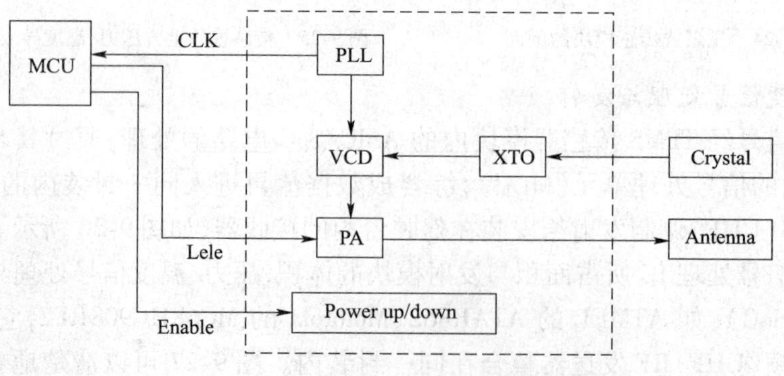

图 9-28　T5754 UHF ASK/FSK RF 发送器

3. TPMS 发射模块的安装

由于现在的汽车大多都取消了内胎,因此给 TPMS 发射模块安装带来了极大的方便,目前 TPMS 发射模块在汽车轮胎内的安装有两种方式:一是利用气门嘴安装,二是利用紧箍扣安装在轮毂上。无论采用哪种方式,安装完 TPMS 发射模块都必须对轮胎重新做平衡检验。

4. TPMS 接收器和显示器

TPMS 接收器由 UHFASK/FSKRF 接收 IC 和信号处理 MCU、键盘、LCD 显示器组成。RF 接收 IC 和信号处理 MCU 安装在一个盒子里,可安装在汽车仪表箱内,带控制键盘的 LCD 显示器可安装在驾驶台上,LCD 显示器能实时显示每个轮胎的压力、温度及每个轮胎的 ID 识别码及声光报警(图 9-29)。

UHF ASK/FSKRF 接收器以 T5743 为例,该芯片由 LAN(低噪声放大器)、LPF(低通滤波器)、IF Amp、DEMOD(ASK/FSK 解调器)、Data(数据接口)、PLL、XTO、VCO、混成器组成(图 9-30)。天线接收到的信号经 RF 模拟前端的 LAN 放大、LPF 滤波、ASK/FSK 解调,取出的数据流交 TPMS 接收器的 MCU,经软件处理还原出胎压、温度、ID 码,通过 LCD 显示,并智能辨别系统是否安全和提供声光报警。接收器的 MCU 需要有 8kFlash 和 32I/O 口,才能适应系统功能的需要。

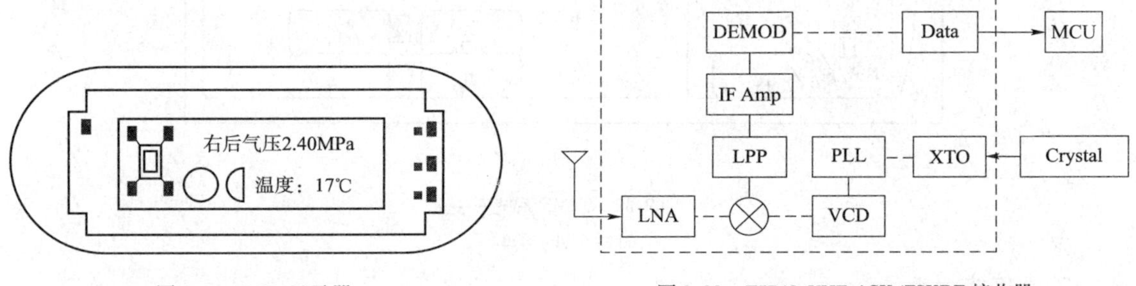

图 9-29　LCD 显示器　　图 9-30　T5743 UHF ASK/FSKRF 接收器

5. FPMS 系统方案

由 SPI2 传感器模块、ATAR862、T5743、AVRMCU 主要芯片可以组成整套 TPMS 系统(图 9-31),一辆轿车需要 4 个 TPMS 发射模块(备胎还需要 1 个),1 个 TPMS 接收器。一辆货车需要 6 ~ 12 个 TPMS 发射模块。为了提高系统的接收能力和抗干扰能力,系统安装时需要在汽车底盘安装接收天线,如图 9-32 所示。

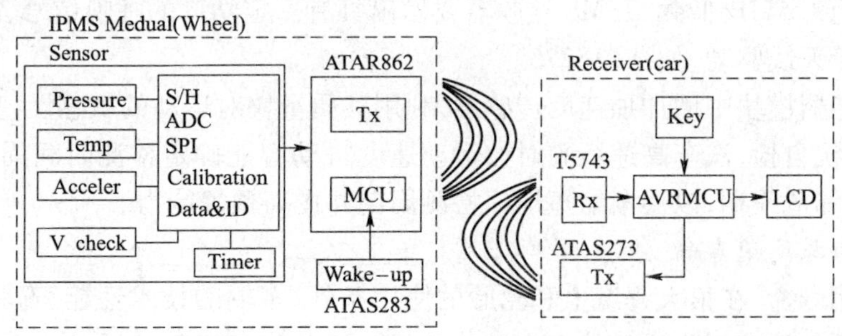

图 9-31　TPMS 系统方案

6. 器件的选择

由于 TPMS 发射模块工作在剧烈振动、环境温差变化很大和不便于随时检修的条件下,因此要求所有的器件具有很好的可靠性和稳定性,能适应工作在 −40 ~ +125℃温度范围。为了缩小 TPMS 发射模块的体积、节省功耗和增强功能，需要尽可能的选用复合芯片，如包含压力、温度、加速度和 ASIC 的复合芯片，包含 MCU 和 Tx(RF)或 Rx(RF)的复合芯片。

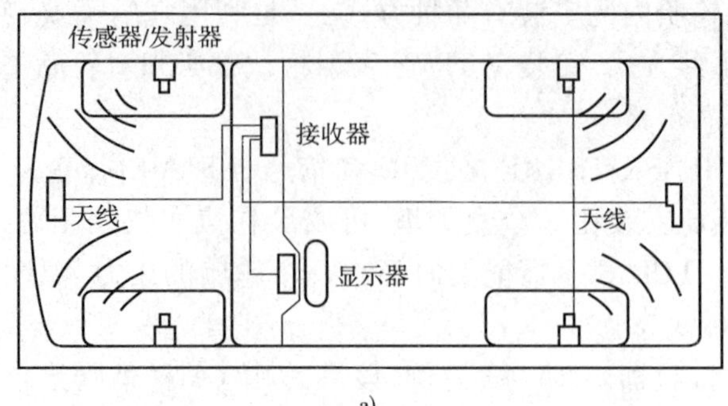

a)

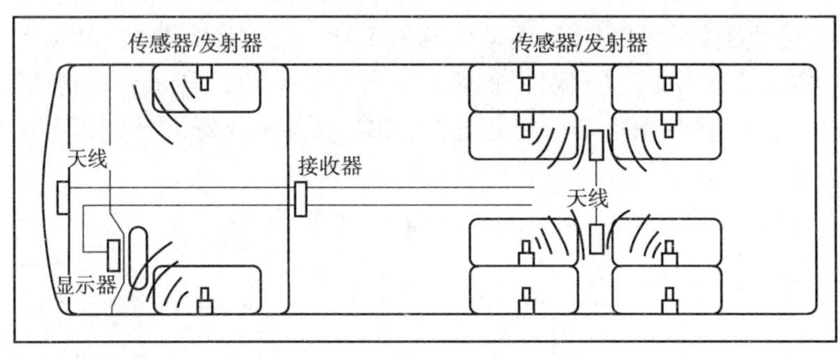

b)

图 9-32　TPMS 系统安装

a)轿车;b)客车

7. 系统节电设计

为了提高 TPMS 发射模块在一节锂电池下能工作 3 ~ 5 年，系统节电是一个十分重要的课题，因此只有在大多数时间让系统处在睡眠状态，才能省电与延长电池寿命。汽车启动时和进入高速行驶时，唤醒 TPMS 的方法一般有两种：

一是汽车启动时 TPMS 自检，进入高速行驶时用事先设定软件程序定时巡回检测，为此需要 TPMS 接收器发出呼唤信号，在 TPMS 发射模块上要安置唤醒(Wake-up)芯片，如 ATA5283，由于唤醒频率为 125kHz 低频，TPMS 接收器要发出具有一定功率的呼唤信号，需要在 TPMS 接收器上增加一级天线驱动，如 ATA5275。

二是在传感器模块中增加加速度传感器，利用其质量块对运动的敏感性，实现汽车起动自动开机，进入系统自检，汽车高速行驶时按运动速度自动智能确定检测时间周期，用软件设定安全期、敏感期和危险期，以逐渐缩短巡回检测周期并提高预警能力。

8. 轮胎压力与使用寿命

轮胎的使用寿命，在很大程度上和轮胎的使用条件、车辆的技术性能、驾驶人的操作水平以及企业对轮胎的管理工作质量等有直接的关系。标准的气压是轮胎的生命，因此在使用过程中充气压力的过低或过高都会直接缩短它的寿命，甚至引发安全事故隐患。气压与行驶里程的关系：气压过低或过高都会缩短轮胎行驶里程。内压低于标准气压对轮胎行驶里程的影响见表 9-3。可以看出，随着气压减小，轮胎的行驶里程逐渐缩短，使用寿命降低。

如果在使用过程中，能够正确地按轮胎的标准气压充气，轮胎在行驶过程中会均匀的磨耗;保持了轮胎的最佳负荷承载状态和良好的弹性,可以大大地延长轮胎的行驶里程。气压的大小对轮胎的使用性能有直接影响。气压对行驶里程的影响如图 9-33 所示。

不同气压下的行驶里程表 表 9-3

气压(%)	行驶里程(%)	气压(%)	行驶里程(%)
100	100	70	50
95	97	65	40
90	88	60	33
85	80	55	30
80	70	50	27
75	60		

注:标准气压和标准气压下的行驶里程为 100%。

9. TPMS 的作用

汽车轮胎温度越高,轮胎的强度越低,变形越大(一般温度不能超过 80℃,当温度达到 95℃时,轮胎的情况非常危险),每升高 1℃,轮胎磨损就增加 2%;行驶速度每增加一倍,轮胎行驶里程降低 50%。因此,不允许超温超速行驶。

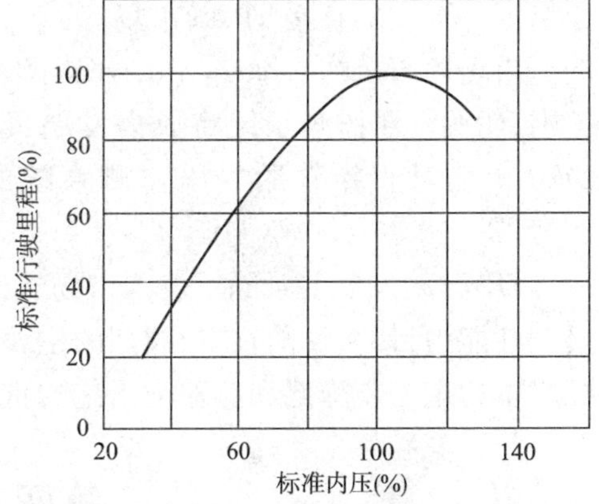

图 9-33 气压对轮胎行驶里程影响的曲线图

汽车现有安全措施,如 ABS、EDS、EPS、安全气囊等,均是"事后被动"型安全保护,即在事故已经发生时才起到保护人身和汽车的安全作用,轮胎气压监视系统属于"事前主动"型安全保护,即在轮胎出现危险征兆时及时报警,采取措施,将事故消灭在萌芽状态,确保汽车行驶过程中始终处于安全状态。

TPMS 轮胎气压监视系统由于可以监视轮胎的气压,正好可以解决汽车高速行驶发生爆胎的危害,这尤其成为高速行驶车辆的福音。

汽车配装 TPMS 的必要性首先体现在:科学统计表明,缺气行驶时,轮胎气压从正常值下降 10%,轮胎寿命减少 15%,如果气压低于正常值 21kPa(约 0.2kgf/cm^2),油耗将增加 1.5%。

有了轮胎气压监视系统,缺气状况就不会发生,从而保护胎面,延长轮胎使用寿命,而且又省油,可谓一举多得。汽车上配装 TPMS 还能延长轮胎的使用寿命,能有效减少汽车的燃油消耗,能更好地对汽车各重要部件进行维护以及能减轻对环境的污染。由于安装了 TPMS,驾驶人随时知道轮胎的气压状况,使汽车长期行驶于正常气压状态下,对汽车发动机及底盘尤其是对悬架系统的维护有突出的贡献。因为假若汽车在轮胎气压过高状态下行驶,日积月累对发动机底盘及悬架系统将造成很大的伤害。轮胎的气压是轮胎的生命,正确的充气压力是各种使用条件下充分发挥轮胎性能的最佳保证,同时可确保行车的安全与舒适性并避免不正常的磨损。

10. TPMS 的发展趋势

汽车轮胎压力监测系统出现的时间还不长,很多方面的功能还需进一步完善,例如:

(1)系统需进一步集成化。轮胎监测模块的传感器、微处理器和射频发射电路集成在同一块芯片上,中央监测模块的射频接收电路和微处理器集成在同一块芯片上,实现系统的小型化和高度集成化。

(2)系统无源化。通过电磁感应技术实现轮胎监测模块自给供电,降低系统的功耗并延长系统使用寿命。

(3)系统的可靠性需进一步增强。

现有的抗干扰技术还不能完全解决系统面临的复杂环境问题,当前国内大部分 TPMS 仍然存在抗干扰能力差的问题,要使 TPMS 真正普及化,这方面还有待进一步加强。汽车轮胎压力监测系统还属于比较高端的产品,离大众和普及化的程度还有很长的路要走。但是在高度重视汽车安全性的未来,轮胎压力监测系统必然会成为汽车上的标准配置。

11. TPMS 市场分析

在美国原来的规范中,有直接和间接两种 TPMS 可供汽车厂商自由选用。由于后者的成本较低,但其精确度较差,因此美国消费者正极力要求政府将法案修改为仅能采用直接式胎压量测系统。修改后的法案将 ABS-based 方式从规范中剔除。预计全球直接式 TPMS 的市场将从 2005 年的 540 万套,快速增长到 2008 年的 2130 万套。不过还有一种可能,美国 NHTSA 要求要么全部使用直接系统,要么使用复合系统,全部淘汰间接系统。不论采用哪一种方式,都会出现一个大的直接 TPMS 市场。

市场调研机构 Strategy Analytics 的汽车部分析师 Simon Schofield 在 2004 年说:"在今后几年内,轮胎气压监测系统将成为发展最快的汽车电子系统。我们预计到 2006 年,全球汽车 OEM 市场对直接轮胎气压监测系统的需求量将达到 1500 万套,到 2010 年将超过 2200 万套。"

TPMS 的发展前景除了美国市场外,其他地区虽然没有强制的法律规定,但以提升汽车的安全性能为目的,目前日本、欧洲的主要车厂都已开始陆续采用,不过,随着市场扩大,感应系统成本的进一步降低和对安全措施的重视度的提高,TPMS 将会有更大的市场。

第四节　电子仪表

一、电子仪表简述

汽车仪表是人车交互的界面,其功能是及时让驾驶人了解汽车各个系统当前的工作状态,做出正确的操作判断,从而确保汽车能够安全行驶。汽车仪表技术按照其工作原理上取得的重大技术创新而分为四代:第一代是基于机械作用力而工作的机械仪表,也就是机械机芯表;第二代汽车仪表的原理是基于电测原理,即通过各类传感器将被测的非电量转换为电信号,通过间接测量电信号来获得信息,称为电气式仪表;第三代为模拟电路电子式;发展到今天是第四代产品,即步进电动机的数字式仪表。

目前,汽车仪表正从模拟电路电子式向全数字式转型,第三代汽车仪表工作原理和电气式仪表相同,只是用电子器件取代了原来的电气器件。随着集成电路技术的迅猛发展,这种仪表现在均采用汽车仪表专用集成电路,是目前国内汽车仪表的主流产品。第四代全数字式汽车仪表从应用技术上分析,仍是电子技术的范畴,也属于电子式仪表,关键是其数字处理方式已从模拟变成数字,并朝着数字化、智能化、网络化和虚拟化的方向发展,在未来的一段时间里,国内步进电动机全数字式汽车仪表装置,是汽车仪表显示装置的主导。

二、常用的电子仪表

1. 转速表

转速表显示发动机曲轴转速。一种数字式发动机转速表电路如图 9-34 所示，这种转速表由一个 U1 和 U_{2-a} 等组成的输入信号调节器、一个脉冲计数器为 U3、两个显示驱动器 U4 和 U5 带动两个电子显示装置 DISP1 和 DISP2、一个主时钟为 U6 和一个电源稳压器 U7 等组成。其输入信号取自发动机点火系统分电器中的断电器触点断开时产生的脉冲信号，以此作为电路触发脉冲信号。电路中所有 +5V 电源均由稳压器 U7 提供，U7 的电源则由汽车 12V 电源提供。可显示两位有效数字的发动机转速。

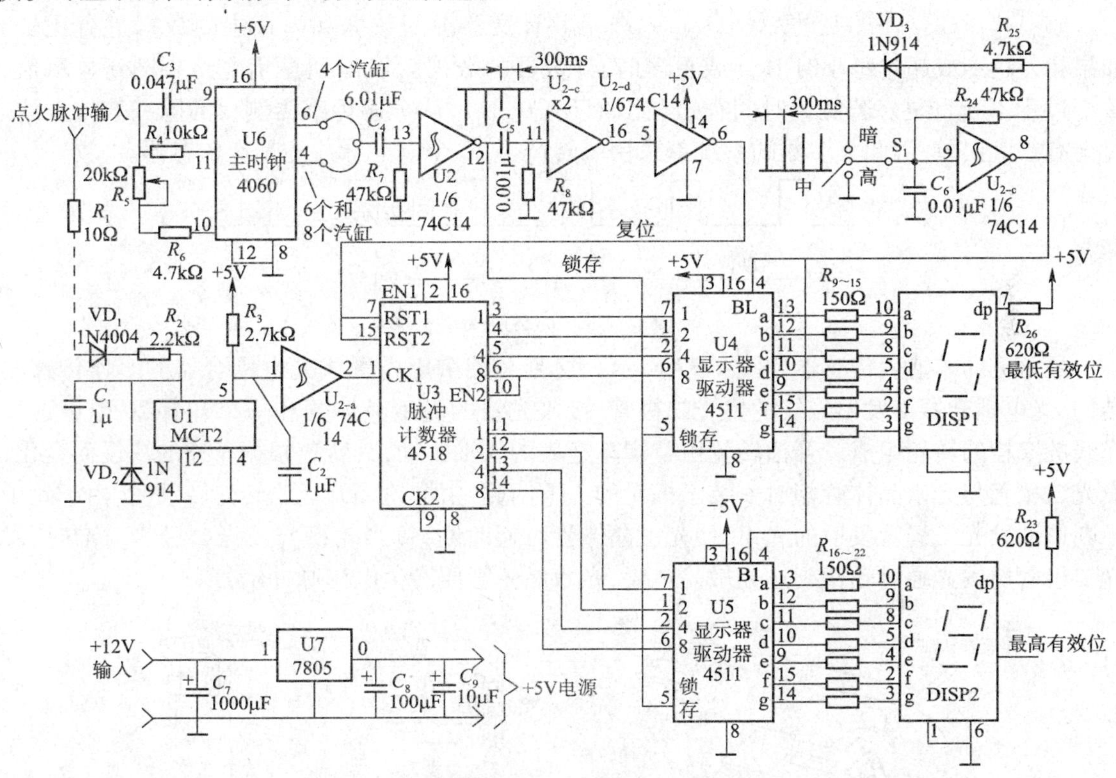

图 9-34　数字式发动机转速表电路

目前在汽车电子仪表中，多数由微机控制的发动机转速表的系统构成如图 9-35 所示，以柱状图形来表示发动机转速的大小，同样通过发动机点火系统分电器中的断电器触点断开时产生的脉冲信号作为电路触发脉冲信号来测量（脉冲信号的频率正比于发动机的转速），这种前沿脉冲信号通过中断口输入微机。为减小计算误差，脉冲的周期通常采用四个周期的平均值来计算，如式（9-2）和图 9-36 所示。

$$T = (T1 + T2 + T3 + T4)/4 \tag{9-2}$$

式中：$T1$、$T2$、$T3$、$T4$ 见图 9-36。

$$n = K(1/T)$$

式中：n——发动机的转速；

K——常数。

显示的时间随脉冲时间周期大小变化而不同，并且随发动机的转速由大到小按比例缩短，以便与人的感觉相同。

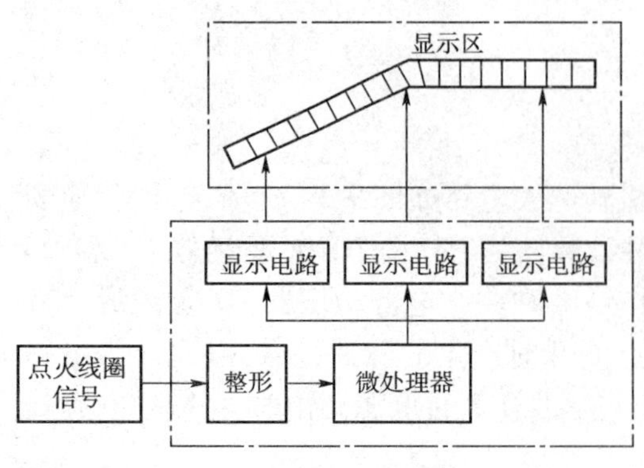

图 9-35　发动机转速表系统构成图

2. 车速表

车速表主要用来指示汽车行驶速度。即通过采用车速传感器的测量信号，计算并显示汽车时速的大小。车速的计算通常用两种方法：一种是计算固定时间内传感器输出的脉冲数量，另一种方法是测量固定脉冲周期所用的时间。脉冲数量计算方法是当集成电路或微机检测到从传感器传来信号中的脉冲数有增加时，就开始对代表车速的脉冲进行计数，在设定时间内检测脉冲数量，然后将计数器中的数据和内存中的数据进行比较，如果相差达到或超过每小时 1km 或更多时，计数器的数据就输出到显示电路来刷新显示值，整个过程不断重复。若测量时间很短（比如只有 0.3s），从车速传感器测得的脉冲数较少，有时会有很大误差，因此大多数的系统都采用每转产生 20 个以上脉冲的车速传感器。

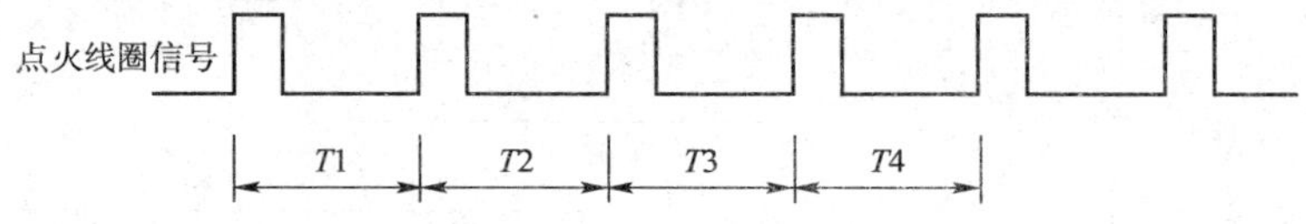

图 9-36　点火脉冲信号

最常见的车速表传感器如图 9-37 所示。这是一种采用内置式光电耦合器的车速传感器结构，光电耦合器由发出光线的发光二极管、接收光线的光敏晶体管和一个开有 20 条可透过光线的窄槽的转轮组成。开槽转轮由常规车速表的软轴驱动，其转速根据车速的快慢而变化，发光二极管与光敏晶体管相对安装于槽轮的上下两侧，由槽轮隔开。当转轮转动时，由于轮子不断遮断发光二极管发射的光束，使光敏晶体管时通时断，每当轮槽与发光二极管对准时，发光二极管所发光通过轮槽到达光敏晶体管，光敏晶体管便产生电压脉冲信号。

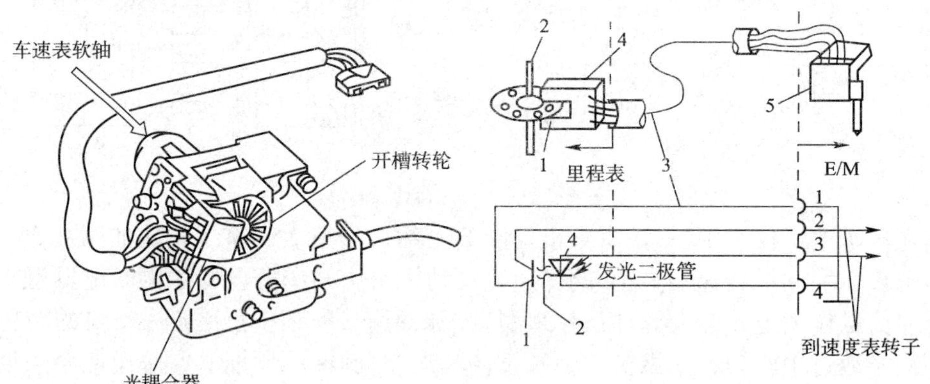

图 9-37　车速表传感器

1-光敏晶体管；2-光盘解码轮；3-光传感线；4-光传感器；5-光传感线连接器

车速表系统构成如图 9-38 所示。车载微机随时接收车速表传感器送出的电压脉冲信号，并计算在单位时间里车速传感器发出的脉冲信号次数，再根据计时器提供的时间参考值，经计算处理可得到汽车行驶速度，并通过微机指令让显示器显示出来。无论前进还是倒退，汽车的速度都能显示出来。速度单位通常可由驾驶人用按钮选择，即显示 km/h（公里/时）或 mph（英里/时）。车速信号还可传送到制动防抱死系统（ABS）和巡航控制系统（CCS）的电子控制单元中用于它们的控制。如果车速超过某极限值时还可向驾驶人发出警报。

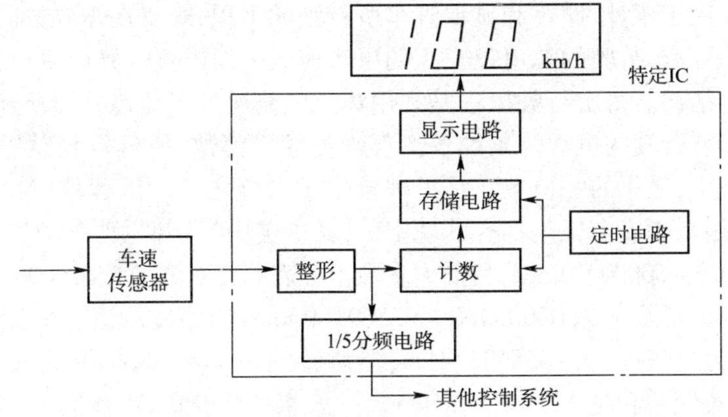

图 9-38 车速表系统构成图

图 9-39 和图 9-40 所示为一种带有磁性电阻元件的车速传感器电路图，该传感器采用一个多极磁铁附加在驱动轴上，当传动齿轮带动驱动轴旋转时，磁铁随之旋转而使磁力线发生变化。集成电路上磁性电阻元件中的电阻值随着磁力线的变化而变化，电阻的变化导致电桥中输出电压的变化，经过比较器后，产生出每转 20 个脉冲信号。

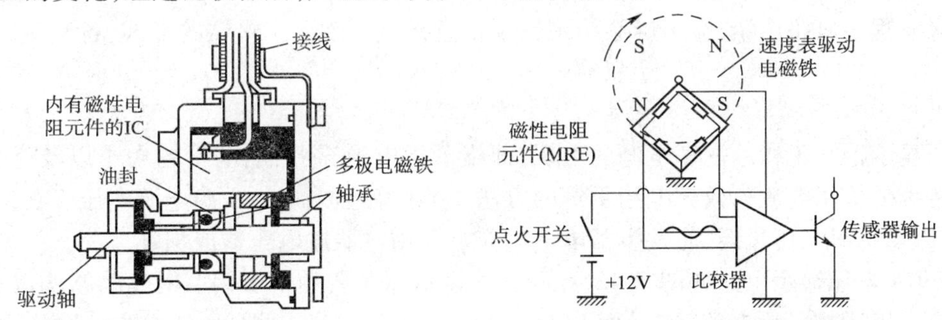

图 9-39 车速传感器（磁性电阻元件） 图 9-40 车速传感器电路图

磁性电阻元件的工作原理如图 9-41 所示，当电流方向和磁力线方向平行时磁性电阻元件上的电阻最大。相反，当电流方向与磁力线方向成直角时，磁性电阻元件上的电阻最小。该车速传感器可在 60km/h 车速时以 637r/min 的转速旋转，并在每转中输出 20 个脉冲信号。

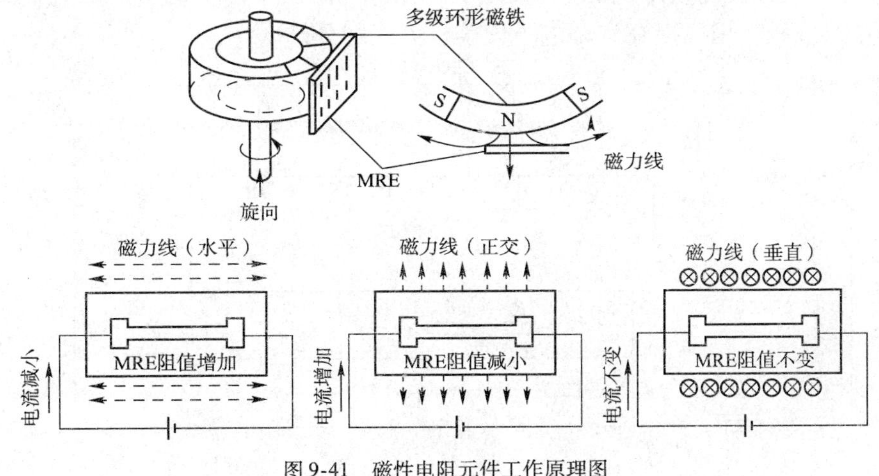

图 9-41 磁性电阻元件工作原理图

3. 里程表

汽车的里程表用于累计、储存和显示汽车所行驶的里程，既有在需要的时候重新置值的短途表，也有用来指示汽车行驶的总里程表。如果车速表采用内置式光电耦合器传感器，里程表可能仍采用传统的结构。每次行驶里程是利用集成电路通过车速传感器所产生的脉冲数信号来计算并存储汽车所行驶的里程。累加各次行驶过的里程数，便可得到总里程数。通常这种里程表显示七位数字，最小的一位数字是里程单位的十分之一。里程范围由指定的一组数字存储空间限定，各国车辆安全规范都有其规定值，其中美国《联邦机动车辆安全规范》要求英制单位范围为000000.0～500000.0mile，目前大多数里程表的英制范围为000000.0～199999.9mile。容量范围大的英制单位范围为000000.0～925691.9mile，然后显示值就固定在这个数字。对于米制单位，范围为000000.0～858993.4km，然后转到000000.0，再继续增加到622113.6km（总里程数等价于英制单位的925691.9mile）。一般采用EEPROM存储器，即使蓄电池掉电，也不会使存储的数据丢失。

采用集成电路的里程表，如果集成电路坏了，有的制造厂能提供替换的芯片。不过新的芯片要进行程序化处理，以显示里程表最后的读数。大多数替换的芯片会显示一个X、S或*，表示该里程表已经换过了。集成电路里程表回零是不可能的。通常集成电路里程表读数的校正，只能在新车初驶的10mile内进行。

如果里程表电路出错，显示屏会给出错误信息提醒驾驶人。错误的形式，各制造厂不完全相同。

4. 电压显示器

电压显示器在于指示汽车电源的电压，即指示蓄电池充、放电电量的大小以及充、放电的情况。传统的采用电流表或充电指示灯的方法不能比较准确地指示出电源电压。在实际使用中，往往因发电机电压失调，而发生蓄电池过充电和用电器过电压造成损坏。

LM3914电压显示电路如图9-42所示。该显示器主要由LM3914集成电路构成柱形/点状带发光二极管的显示电路，它采用LED_1～LED_{10}10只发光二极管，电压显示范围是10.5～15V，每个发光二极管代表0.5V的电压升降变化。电路的微调电位器R_5将7.5V电压加到分压器一侧，电阻R_7、二极管VD_2～VD_5是将各发光二极管的电压控制在3V左右，L1和C_2所构成的低通滤波器，用来防止电压波动干扰，二极管VD_1的作用是防止万一电源接反时保护显示器不至损坏。为了提高汽车电源电压的指示精度，可用两个以上的LM3914集成块组成20级以上的电压显示器，用以提高汽车电子仪表板刻度的分辨率。

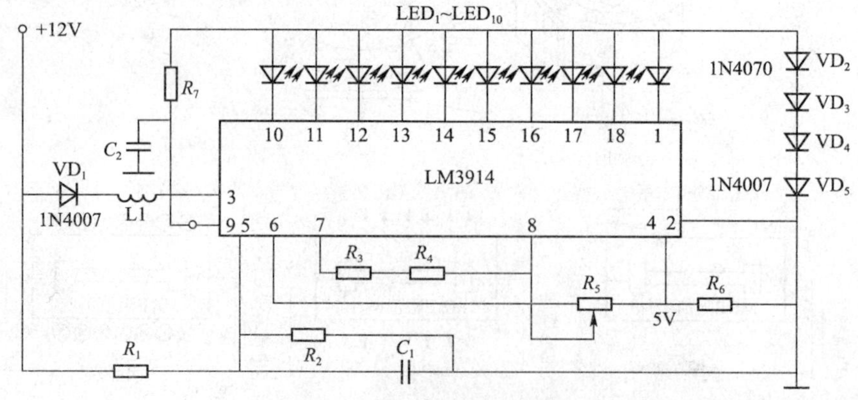

图9-42　LM3914电压显示电路图

5. 冷却液温度表、机油压力表

为了及时了解和掌握汽车发动机的工作情况，及时发现和排除可能出现的故障，汽车上均装有汽车发动机冷却液温度表和机油（润滑油）压力表。如图9-43所示的电路具有显示发动机冷却液温度和机油压力两种功能。它主要由冷却液温度传感器w1（热敏电阻型）、机油压力传感器w2（双金属片电阻型）、LM339集成电路和红、黄、绿发光二极管显示器等组成。冷却液温度传感器装在发动机水套内，它与电阻R_{11}组成冷却液温度测量电路。机油压力传感器装在发动机主油道上，与电阻R_{18}组成机油压力测量电路。

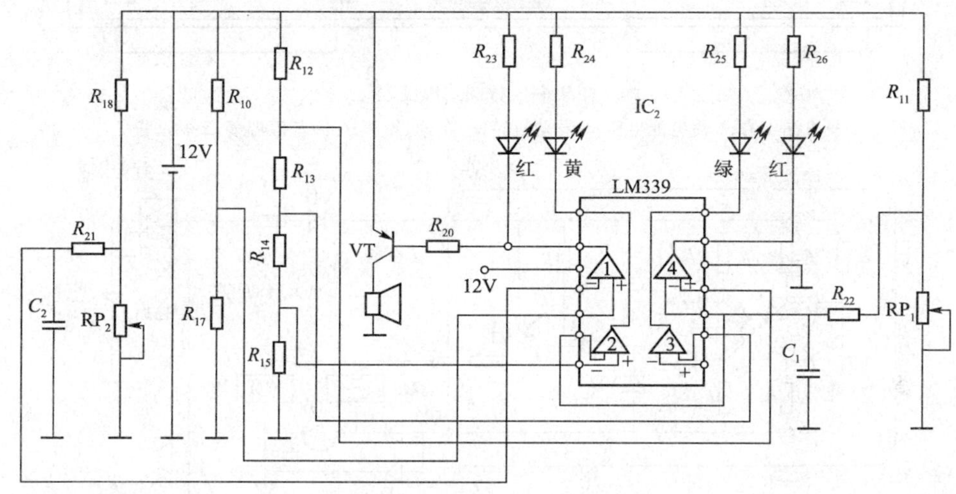

图9-43　冷却液机油压力表电路图

当冷却液温度低于40℃时，用黄色发光二极管发黄色光显示；当冷却液温度在正常工作温度（约85℃）时，用绿色发光二极管发绿色光显示；当冷却液温度超过95℃时，发动机有过热危险，以红色发光二极管发光报警，同时由晶体管VT控制的蜂鸣器也发出报警声响信号。

当机油压力过低（低于68.6kPa）时，双金属片式机油压力传感器产生的脉冲信号频率最低，此时红色发光二极管发光显示，并由蜂鸣器发出声响报警信号；当发动机机油压力正常时，绿色发光二极管发光显示，表示发动机润滑系统工作正常；而在油压过高时，机油压力传感器产生的脉冲信号频率较高，黄色发光二极管发光显示，以引起驾驶人的注意，防止润滑系统故障，尤其是注意防止润滑系统各部的密封垫和润滑装置损坏。

图9-44所示为杆图式温度表，温度传感器仍然安装在发动机水套中。温度显示用16格亮杆指示温度，亮格越多，温度越高。亮格旁有国际标准温度符号（即ISO符号）及冷（C）和热（H）符号。整个亮格中有5个粗亮格，当温度逐渐上升，亮格由下向上逐渐增多，当亮格达到11或12格时，ISO符号开始闪烁，提醒驾驶人注意避免温度过高。

图9-45所示为另一种机油压力报警电路，当发动机润滑系中的机油压力低于100kPa时，报警灯会以1~15Hz的频率发光闪烁。蜂鸣器也发出蜂鸣声，提醒驾驶人采取措施，防止事故发生。

6. 冷却液报警电路

如图9-46所示为发动机冷却液报警电路。若冷却液液位正常，则传感器通过液体搭铁，图中a点电位为零。当接通点火开关时，液位报警系统进行自检。

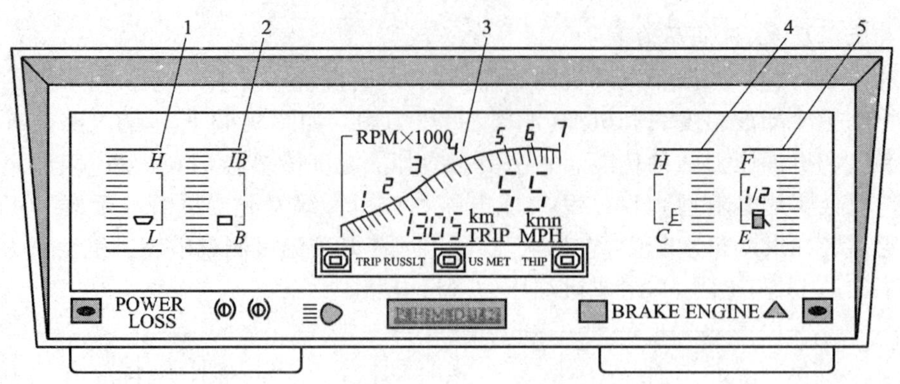

图 9-44　杆图式温度表

1-机油压力;2-蓄电池电压;3-发动机转速、车速、里程;4-冷却液温度;5-燃油量

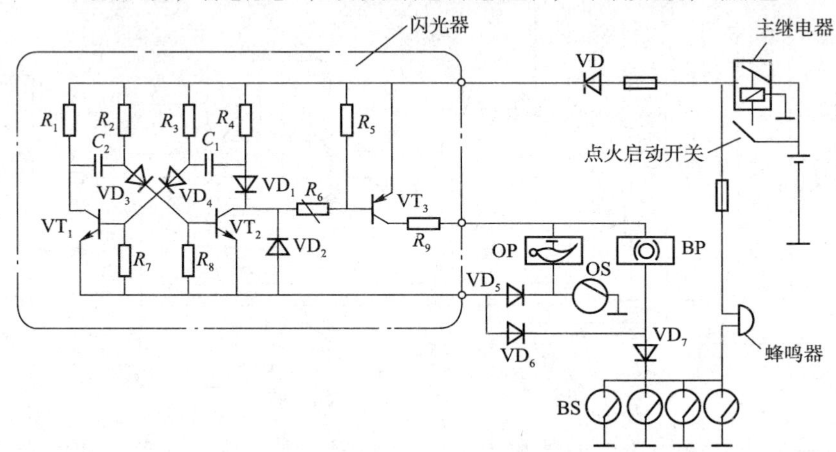

图 9-45　机油压力报警表电路

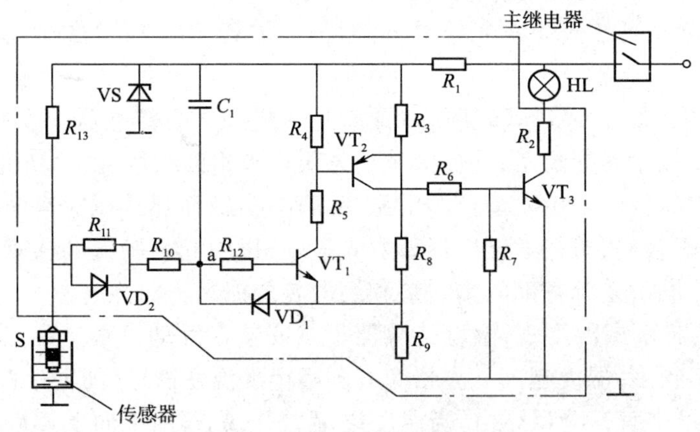

图 9-46　发动机冷却液电路

具体工作过程如下:

(1)接通点火开关时,主继电器动作。C_1 被充电,开始充电电流较大,可维持 VT_1 导通,VT_2 导通,VT_3 导通,则指示灯亮。

(2)当 C_1 基本充足电时,流过的电流逐渐减少,VT_1 截止,VT_2 截止,VT_3 截止,则指示灯熄灭。灯亮时间与参数 C_1 有关。如果自检时报警灯不亮,表明报警系统有故障,应进行检查。

(3)若液位不足，则传感器接触不到液体，相当于断开，此时 a 点电位升高，VT_1 基极电位也升高，VT_1 导通，VT_2 导通，VT_3 导通，指示灯亮，且自检时报警灯不熄灭，则表明冷却液液位不足，应加注冷却液。若加注冷却液时发现如果冷却液已满，而报警灯仍不熄灭，说明报警系统有故障。

(4)当冷却液液位正常时，若关闭点火开关，C_1 放电，放电回路为：$C_1(+) \to R_1 \to R_{11} \to R_{10} \to C_1(-)$。

7. 燃油表

电子燃油表可以随时测量并显示汽车油箱内的燃油情况，一般采用柱状或其他图形方式来提醒驾驶人油箱内可用的剩余燃油量。电子燃油表的传感器仍然采用浮子式滑线电阻器结构，由一个随燃油液面高度升降的浮子、一个带有电阻器的机体和一个浮动臂组成。传感器由机体固定在油箱壁上，当浮子随燃油液面的高度升降时，带动浮动臂使接触片在电阻器上滑动，从而使检测回路产生不同的电信号。当在整个电阻外部接上固定电压时，燃油高度就可根据接触片相对地线的电压变化输出测量值。

如图 9-47 所示为一电子燃油表电路。R_x 是浮子式滑线电阻器传感器，两块 LM324 及相应的电路和 $VD_1 \sim VD_7$ 发光二极管作为显示器件组成。由 R_{15} 和 VD_8 组成的串联稳压电路，为各运算放大器提供作为基准电压的稳定电压，输入集成电路 IC_1 和 IC_2 组成的电压比较器反向输入端，为了消除汽车行驶时油箱中燃油晃动的影响，R_x 输出端 A 点的电位通过 R_{16} 及 C_{47} 组成的延时电路加到 IC_1 和 IC_2 的同向输入端，与基准电压进行比较并加以放大。

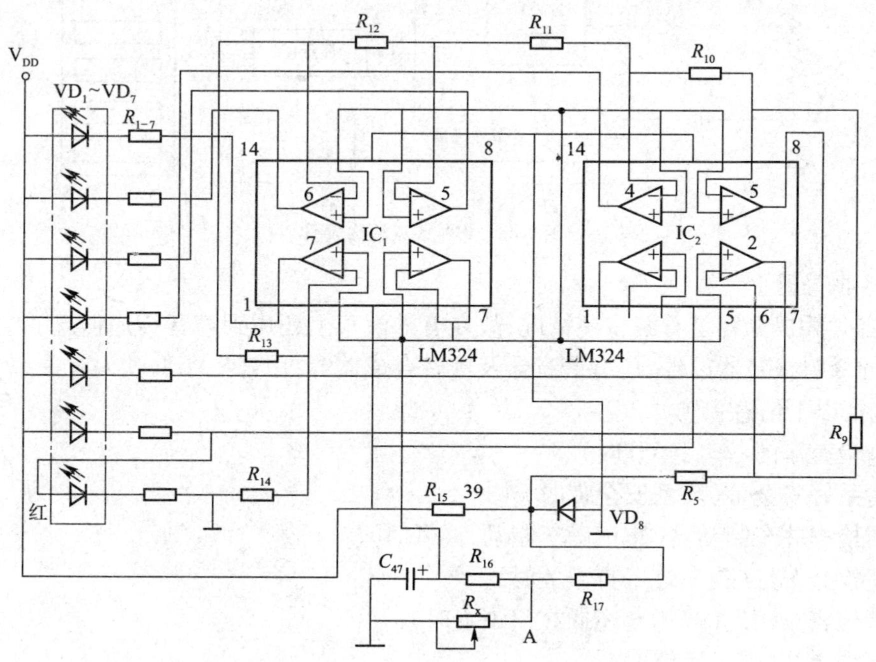

图 9-47 电子燃油表电路

当油箱中燃油加满时，传感器 R_x 的阻值最小，A 点电位最低，由 IC_1 和 IC_2 电压比较器输出为低电平，此时，6 只绿色发光二极管都点亮：而红色发光二极管 VD_1 熄灭，表示油箱中的燃油已满。

当油箱中燃油量逐渐减少，显示器中绿色发光二极管按 VD_7，VD_6，VD_5…次序依次熄灭。

油量越少,绿色发光二极管亮的个数越少。

当油箱中燃油量达到下限,R_x 的阻值最大,A 点电位最高,集成块 IC_2 的第 5 脚电位高于第 6 脚的基准电位,6 只绿色发光二极管全部熄火,红色发光二极管 VD_1 点亮,提醒驾驶人补充燃油。

图 9-48 所示为微机控制的燃油表系统构成。微机给燃油传感器施加固定的 +5V 电压,并将燃油传感器输出的电压通过 A/D 转换后送至微机进行处理,控制显示电路以条形图方式显示处理结果。为了在系统第一次通电时加快显示,通常 A/D 转换不到 1s 进行一次。在一般的运行环境下,为防止因汽车行驶时油箱中燃油晃动对浮子的影响等因素造成的突然摆动而导致显示不稳定,微处理器将 A/D 转换的结果每隔一定时间平均一次。另外,鉴于仅靠平均办法还不足以使显示完全平稳下来,系统控制显示器只允许在更新数据时每次仅升降一段,并且显示结果经数次确认后才显示出来。微机接收到油量信息时,立即将其转换为操作显示器的电压信号,显示器上有 16 格亮杆,亮杆越多,油量越多。亮格旁有国际标准油量符号(即 ISO 油量符号)及 5 个粗亮格,每两个粗亮格之间代表 1/4 油位,ISO 符号上下有空(E)与满(F)符号。当油量逐渐减少时,亮杆自上向下逐渐熄灭,当油量减至危险值时,ISO 符号即闪烁,提醒驾驶人补充燃油。

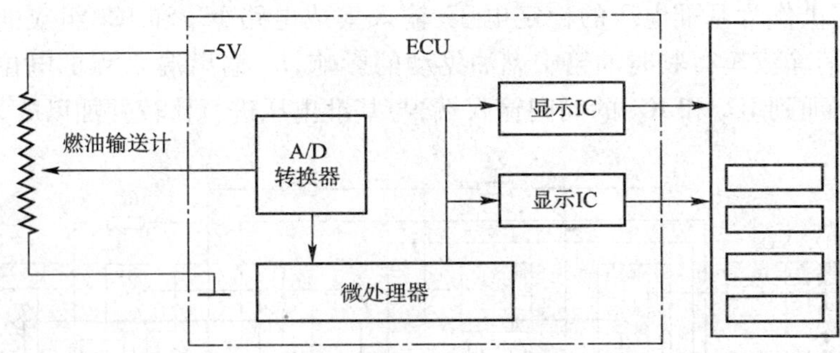

图 9-48　燃油表系统构成图

8. 声音报警器

由于有时凭视觉容易看漏一些情况,故在有的汽车上还用到声音传递信息的电子装置,除上面介绍的蜂鸣报警器以外,还有谐音器及声音合成器等,用来提醒驾驶人有关汽车的一些状态,主要包括以下信息:

(1)请检查车门(车门半开时)。

(2)请系好安全带(忘系安全带时)。

(3)请检查驻车制动器(忘记停车制动,离开时)。

(4)请检查车灯(当车灯一直未关时)。

(5)请检查车钥匙(当钥匙还插在门锁上时)。

(6)请加燃油(燃油不够时)。

这些信息都可以通过音响装置发送出来。所需的声音模型经过数字化后,存储在计算机的 ROM 中,计算机接收来自点火开关、充电指示灯继电器、车灯继电器、驻车制动器开关、门窗开关,以及燃料液面指示信号发生器等传感器的信息,经过逻辑判断,从 ROM 中取出所需的声音模型,再经过 D/A 数模转换器,还原成模拟信号,加以滤波与放大,最后送至扬声器输出。

三、汽车电子组合仪表

上述分装式汽车仪表具有各自独立的电路,具有良好的磁屏蔽和热隔离,相互间影响较小,具有较好的可维修性。缺点是不便采用先进的结构工艺,所有仪表加在一起体积过大,安装不方便。有些汽车采用组合仪表,其结构紧凑,便于安装和接线,缺点是各仪表间磁效应和热效应相互影响,易引起附加误差,为此要采取一定的磁屏蔽和热隔离措施,还要进行相应的补偿。

1. ED-02 型电子组合仪表

图 9-49 所示为 ED-02 型电子组合仪表。

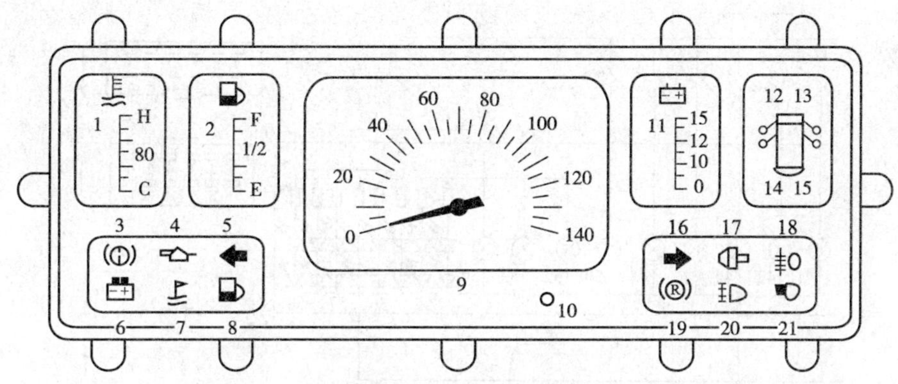

图 9-49　ED-02 型电子组合仪表

1)主要功能

(1)车速测量范围为 0 ~ 140km/h,仍采用模拟显示。

(2)冷却液温度表采用具有正温度系数的 RJ—1 型热敏电阻为传感器,显示器采用发光二极管杆图显示,其中最小刻度 C 为 40℃,最大刻度 H 为 100℃。从 40℃起,冷却液温度每增加 10℃,点亮一个发光二极管。

(3)电压表采用发光二极管杆图显示,最小刻度电压为 10V,最大刻度电压为 16V。从 10V 起,蓄电池电压每增加 1V,点亮一个发光二极管。该表能较好地指示蓄电池的电压情况,包括汽车启动时的蓄电池电压降、蓄电池充电和放电情况等。

(4)燃油表也采用发光二极管杆图显示,刻度为 E-1/2-F。当油箱内的燃油约为油箱的一半时 1/2 指示灯点亮。加满油时,F 指示段点亮。

(5)当有汽车车门未关好时,相应的车门状态指示灯发光报警。

(6)当燃油低于下限时,报警灯点亮。

(7)当冷却液温度到达上限时,报警灯点亮。

(8)当润滑油压力过低时,报警灯点亮。

(9)当制动系统出现问题时,报警灯点亮。

(10)设置有左右转向、灯光远近、倒车、雾灯、驻车制动、充电等状态信号指示灯。指示灯均为蓝色,报警灯均为红色。

2)电路

图 9-50 所示为 ED—02 型电子组合仪表电路。额定电压为 12V,负极搭铁,采用插接器连接。

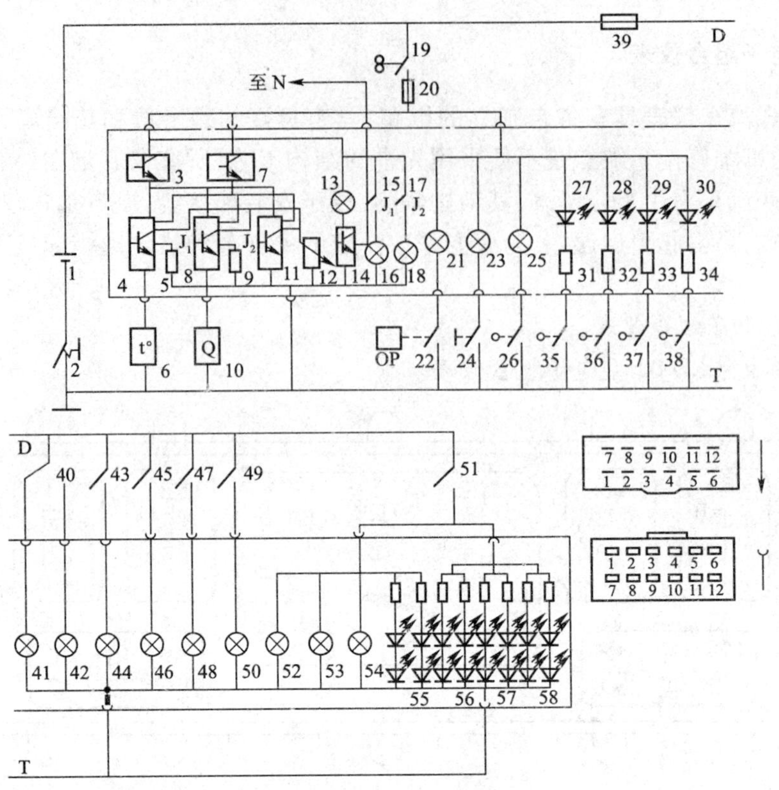

图 9-50　ED—02 型电子组合仪表电路

2. 汽车智能组合仪表

图 9-51 所示为单片机控制的汽车智能组合仪表基本组成，它由汽车工况采集、单片机控制及信号处理、显示器等系统组成。

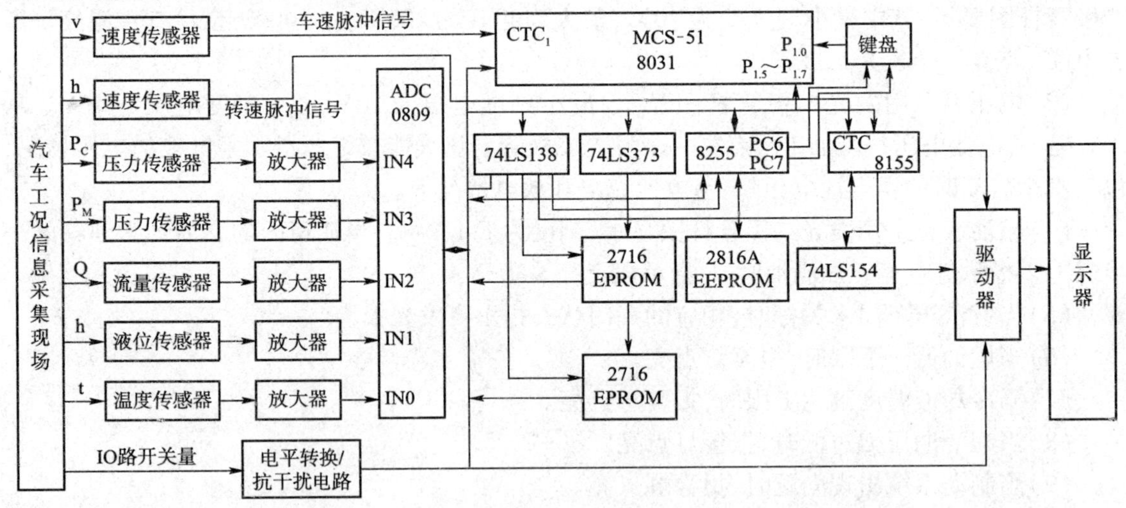

图 9-51　汽车智能组合仪表构成图

1）信息采集

汽车工况信息通常分为模拟量、频率量和开关量三类。

（1）模拟量。汽车工况信息中的发动机冷却液温度、油箱燃油量、润滑油压力等，经过各自的传感器转换成模拟电压量，经放大处理后，再由模/数转换器转换成单片机能够处理的二进制数字量，输入单片机进行处理。

(2)频率量。汽车工况信息中的发动机转速和汽车速度等，经过各自的传感器转换成脉冲信号，再经单片机相应接口输入单片机进行处理。

(3)开关量。汽车工况信息中的由开关控制的汽车左转、右转、制动、倒车，各种灯光控制、各车门开关情况等，经电平转换和抗干扰处理后，根据需要，一部分输入单片机进行处理，另一部分直接输送至显示器进行显示。

2)信息处理

汽车工况信息经采集系统采集并转换后，按各自的显示要求输入单片机进行处理。如汽车速度信号除了要由车速显示器显示外，还要根据里程显示的要求处理后输出里程量的显示。车速信息在单片机系统中按一定算法处理后送2816A存储器累计并存储。汽车其他工况信息，都可以用相应的配置和软件来处理。

3)信息显示

信息显示可采用本章第二节中汽车电子仪表的显示方式介绍的方式显示，如指针指示、数字显示、声光和图形辅助显示等。

除了显示装置以外，汽车仪表系统还设有功能选择键盘，微机与汽车电气系统的接头和显示装置连接。当点火开关接通时，输入信号有蓄电池电压、燃油箱传感器、温度传感器、行驶里程传感器、喷油脉冲以及键盘的信号，微机即按相应汽车动态方式进行计算与处理，除了发出时间脉冲以外，尚可用程序按钮选择显示出瞬时燃油消耗、平均燃油消耗、平均车速、距离、行程时间/秒表和外界温度等各种信息。

另外，也可以把各种仪表、报警装置以及舒适性控制器结合到一起，形成综合信息系统，综合信息系统能从大量信息中选择驾驶人需要的内容，包括电子行车地图、维修、广播、电话等信息。综合信息系统所能监控的车上信息如图9-52所示。

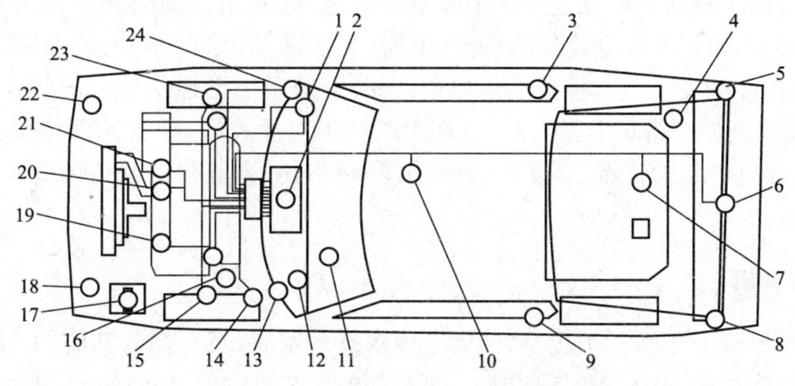

图9-52　综合信息监控图

1-电子声音报警器；2-监控器；3、9-关门信号；4-后洗涤器液量；5、8-尾灯/制动灯；6-后门关门信号；7-燃油量；10-安全带信号；11-车钥匙信号；12-喷洗器液量；13-驻车制动；14-制动液；15、23-制动踏板信号；16-机油温度；17-发动机冷却液量；18、22-前照灯；19-变速器压力；20-冷却液温度；21-机油量；24-蓄电池报警

图9-53为显示汽车的多种信息的综合信息系统配置，漆黑中CRT ECU用于管理通信和控制整个系统，“TV ECU”用于接受电视信号，“AUDIO ECU”用于控制音响系统，“电话ECU”用来控制蜂窝电话等，综合信息系统中每一项功能都有相应的ECU，所有的ECU都与“CRT ECU”进行通信，并受其控制。

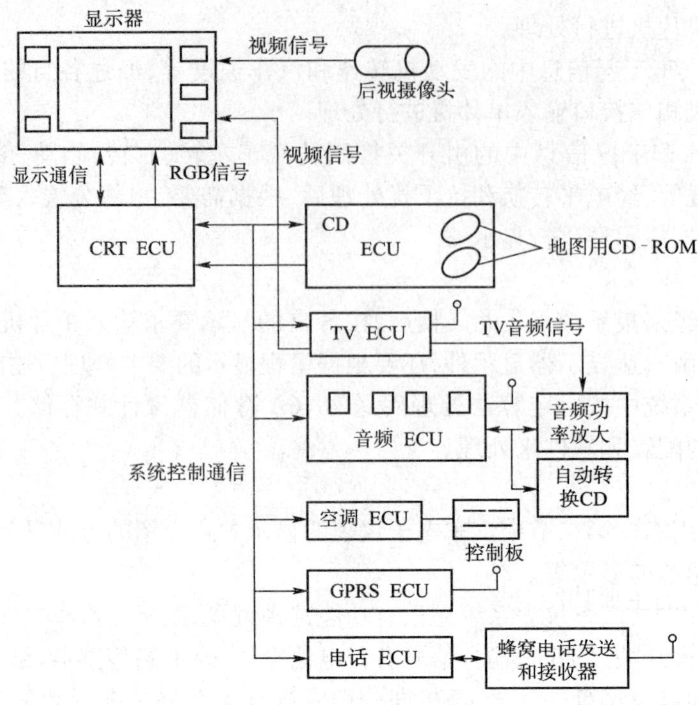

图 9-53 多种信息综合配置图

第五节 车载视听娱乐系统

随着新技术的发展,汽车已不再是孤立的单元,而是活动的网络接点。汽车信息娱乐系统将汽车内外环境的各种信息单元进行集中收集和处理,并利用计算机软件、无线通信、多媒体等技术实现多媒体娱乐、GPS定位导航、无线上网、无线通信、移动办公、数字仪表以及故障检测等功能,提高驾驶的安全性和舒适性。如今,车载娱乐系统已经从单一的收音机功能、卡带机、CD、VCD,发展到如今市场上常见的DVD、MP3/WMA播放器、导航、USB播放设备、蓝牙免提、数字电视等多功能综合产品,且正沿着多功能、网络化、智能化的轨迹向前发展,越来越高度整合。

一、车载收音机

车载收音机已经有很多的历史了,经历了多次技术发展,具有播放功能的AM/FM模拟收音机一直都是汽车的娱乐中心和信息中心,是车载电子装置中的必备设备。虽然近年来,车载DVD发展迅速,但是,因为在行驶的过程中"看"必然会分散驾驶人的注意力,所以,"听"仍将是车内娱乐不可或缺的媒体中心。车载收音机也从最初的调幅收音机,到调频收音机,从超外差收音机到调频/调幅双中频收音机和现在超低中频收音机,从模拟电路的收音机到现在数字式的收音机。每一个技术的应用,都极大地提高了收音机的音频效果、接受灵敏度和信噪比。

到了20世纪90年代,随着数字技术的发展,出现了声音广播技术、数字调广播等数字声音广播技术。由于模拟信号下FM传输对与多径干扰缺乏抗力,而且FM频段电台也越来越多,频带过密地被占用,影响收听的质量。所以数字声音广播可以看作是继模拟调幅、模拟调频广播之后的第三代广播技术。它不仅能保证传输稳定,还能大大提高频谱的利用率,很好的改善收听的音效。

车载收音机要具备以下两个主要特征：

(1)抗干扰能力强。由于在整个汽车电气系统中，经常会出现瞬时过电压，电磁环境十分恶劣，这将极大的干扰 AM/FM 的正常接受，因此，车载收音机要具有良好的抗干扰能力。

(2)接受灵敏度高，动态范围大。因汽车经常行驶在途中，外界电台信号的强弱经常急剧变化，这就要求收音机具有高接受灵敏度和动态接收范围。

二、车载 MP3

车载 MP3 在市场上越来越流行，虽然 MP3 的音质与 CD 还有些差距，但使用方便，存储介质好，容量大，节目源多，内容完全自主选择，抗振性好等优点使得其在市场上有很大的发展空间。车载 MP3 经过多年的发展已形成很多种产品，但总的来说，只有两代：第一代是相对简易的插在点烟器中、通过点烟器取电的直插式产品；第二代是手机大小的便携式车载 MP3，除了音质更好、容量更大，最主要的标志就是语音控制，更能适应驾驶人的安全需求。

1. 车载 MP3 的系统结构

车载 MP3 系统的主要功能是播放可移动硬盘上的 MP3 音频文件，而且 MP3 上也集成了收音机的功能，因此，车载 MP3 系统主要包括 6 方面：控制模块，数字音频处理模块，模拟音频处理模块，收音机模块，键盘控制模块，液晶显示模块。如图 9-54 所示。

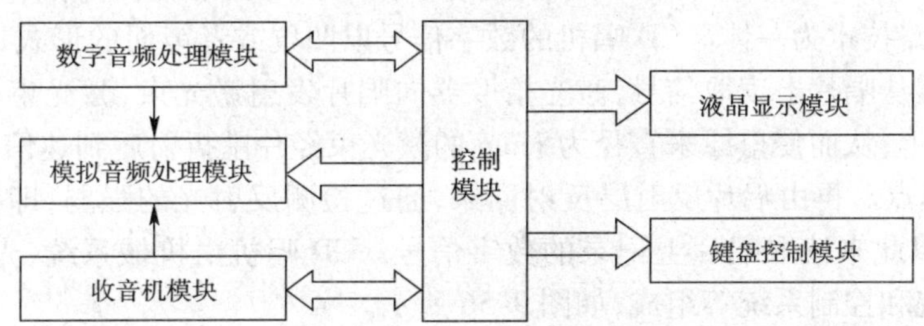

图 9-54 系统总体框图

整个系统中主要是围绕硬件系统和软件系统进行，车载 MP3 系统硬件部分应选择性价比高、系统级的 CPU 芯片。软件系统从两方面来考虑：一方面要响应各种来自系统的 USB 标准请求，完成各种数据的交换工作和时间处理；另一方面还要让主机识别 USB 设备，并通过应用软件存取，完成通信功能。

2. 硬件系统结构

车载 MP3 系统使用的集成芯片有：带有解码器的微处理器、四声道音质处理器，USB 接口芯片、静态 RAM、收音机芯片、音频功率放大器、音频数模转换器、液晶显示控制芯片。图 9-55 为某型号车载 MP3 的硬件框图。

通过键盘输入信号，微控制器接受到信号后，可以从 U 盘读取音频文件，经过 USB 接口芯片和带有解码器的微控制器将音频文件信号传送到音频数模转换器，由四声道音质处理器经过处理，发出声音，同时液晶显示控制芯片将显示信号显示在 LCD 上；或者由微控制器将信号发送给收音机芯片，经过处理后将信号传递给四声道音质处理器，实现收听广播，LCD 同时显示相关广播信息。

3. 软件系统

车载 MP3 的系统设计包括三部分：①USB 外设端的单片机固件程序；②主机操作系统上

的客户驱动程序;③主机应用软件。单片机软件响应来自系统的USB标准请求,完成各种数据的交换工作和事件处理;客户驱动程序则使主机可以识别USB设备,并通过应用软件来读取USB设备,完成通信功能;主机应用软件通过客户驱动程序与系统USB进行通信,由系统产生USB数据的传送动作。包括检测枚举程序、中断服务、人机接口、文件操作函数集、FAT文件系统函数集、USB歇息层、硬件提取层、数据转换程序。

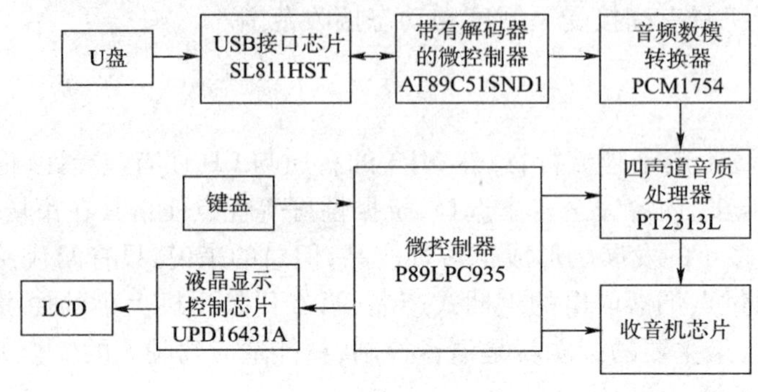

图9-55　系统硬件框图

三、汽车CD

汽车CD唱机也叫激光唱机,用于播放激光唱片,集激光技术、精密伺服技术、微处理技术和大规模集成电路技术为一体。CD唱机的数字信号以凹坑或者镜面的形式记录在CD上,重放时,激光拾取器从唱片上读取信号,激光拾取器向唱片发射激光束,激光束穿过透明的片基后聚焦到信息面上,从而使得原来直径为1mm的激光束经片基折射后到达信息面时已经成为直径为1μm的光点。再由唱片反射层反射回来,通过检测反射光的强弱,即可判定光点处是凹坑还是镜面,以此来读取唱片上记录的数字信号。CD唱机由机械系统、光学系统、伺服系统、信号处理系统和控制系统等组成,如图9-56所示。

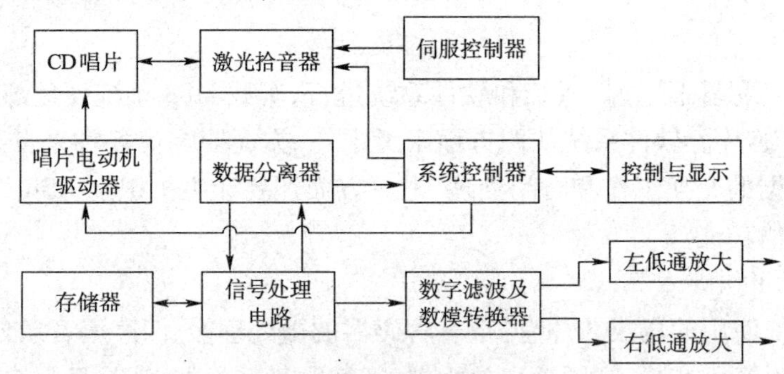

图9-56　CD唱机结构

CD信号为数字信号,模拟音频信号经过采样量化成为PCM(脉冲编码调制)信号,经过EFM编码处理,并在信号中插入控制与显示信号,进行曲目显示及选曲等特殊重放。

在操作过程中,任何动作的实现都是通过机械系统来完成。CD唱机的机械系统由激光拾音器、驱动机构、加载机构和减振机构组成。激光拾音器用来读取激光唱片上的PCM数字和伺服信号,激光拾音器还安装了轴传动装置和自动功率控制电路,保证恒定功率的激光束正确聚焦的跟踪唱片循迹。驱动机构执行滑板伺服和主轴旋转伺服。加载机构支撑驱动机构和装载CD唱片。减振机构减少外界对激光拾音器的振动和冲击,防止音乐信号丢失。

CD 唱片在旋转的过程中,半导体激光器产生的激光束通过光学系统到达唱片的信息反射层,然后返回到光电检测器。通过光电间的转换,提取唱片上存储的数字音频信号、循迹误差信号以及聚焦误差信号,以便进行聚焦伺服和循迹伺服处理。

四、车载 DVD 系统

DVD 机是一个集光、电和计算机于一体的负载嵌入式音视频集成控制系统。包含了光记录技术、拾取技术、数据压缩技术和伺服控制技术等。

DVD 播放机主要有机械驱动装置、读取装置、光盘信号处理系统、伺服控制、压缩解码系统和系统控制软件组成。其结构框图如图 9-57 所示。DVD 在播放的过程中,由激光头读取存储在 DVD 盘片上的复合数据,经 RF 放大器放大后送入光盘信号处理系统。反映光盘信息的电压信号幅度很小,经过高频信号放大后再由 DSP 进行数码提取、解码并进行前向误码的检测和校正。光盘的读取精度由系统的高速伺服控制模块通过控制电动机进行调整。经过 DSP 处理后输出的信号被解码系统接收,将其解复用,从多个节目流中挑选出用户指定的节目流,并将视频和音频流分别送入视频解码器和相应的音频解码器解码。

视频解码器重建被压缩的视频数据,并从中获取子图数据流送入子图数据解码器完成子图数据的重建。当数据源幅型比和显示器幅型比不同时,还要进行显示格式转换处理。解码后的视频信号和子图数据相叠加,静视频数据转换后,输出到编码器生成模拟全电视信号。音频解码器重建被压缩的音频数据,重建后的音频数据既可送入音频数模转换模块,生成立体声信号,也可直接由数字音频接口输出数字音频。微处理器模块执行系统控制功能,只要完成系统监控、实时处理 DSP 的控制、伺服控制并处理解码器运行时产生的一切中断,此外,还通过用户接口接受用户发出的指令,对系统进行控制并向用户显示命令执行情况。

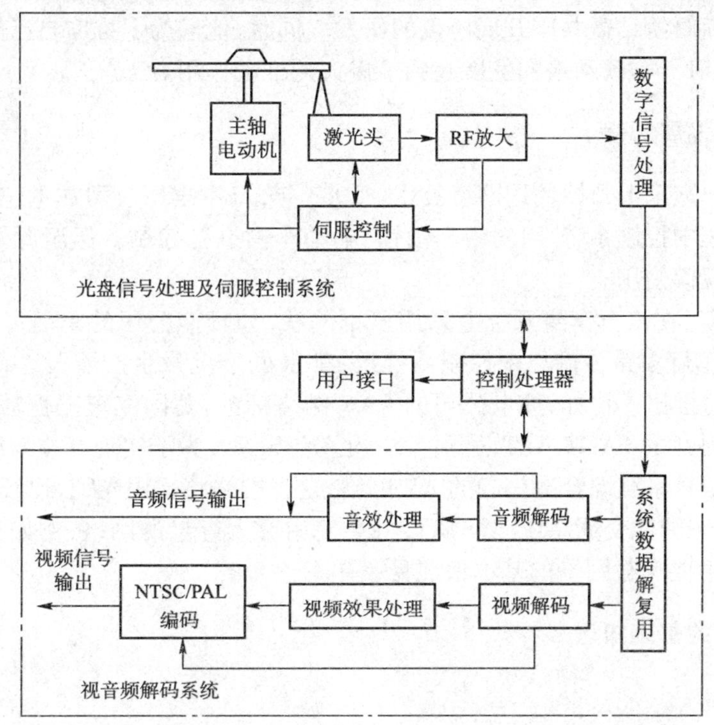

图 9-57　DVD 结构框图

第六节　车载网络技术

随着汽车电子技术的发展及对汽车性能要求的不断提高，汽车上的电子装置越来越多，如发动机电子控制装置、自动变速器、ABS、ESP、安全气囊、电控悬架、巡航控制系统、电动助力转向装置，以及车身部分的电动门窗、电动后视镜等，且随着汽车性能的提高，这个趋势是不可遏制的。

传统的汽车电气系统大多采用点对点的单一通信，相互之间少有联系，这样必然会形成庞大的布线系统。为了满足各电子系统的实时性要求，有必要对汽车公共数据实行共享，而每个控制单元对实时性的要求又各不相同。因此，传统的电气布线已无法适应汽车电子系统的发展，于是新型汽车总线技术便应运而生。目前汽车电子业最大的热点就是车载系统网络化，汽车电子技术已发展到控制系统综合化、信息共享化、机能智能化的新阶段，在汽车内部各电控单元之间采用类似计算机内部总线的方式进行信息传递，可以达到信息共享，减少布线，降低成本以及提高总体可靠性的目的。汽车网络技术的优点，可以在统一应用层协议和数据定义的基础上，可以使之成为一个"开放式系统"，具有很强的灵活性。对于任何遵循上述协议的供应商所生产的控制单元都可轻易添加入该网络系统中或者从网络系统中拆出，系统几乎不需要做任何硬件和软件的修改，这完全符合现代汽车平台式设计的理念。

这些车用协议中，较为突出的是博世公司于20世纪80年代初提出的CAN(Controller Area Network)。还有一些适合不同传输速率等级及特殊用途的网络协议，如低速的LIN、中高速的SAE J1939、用于诊断的KWP2000、用于X-by-Wire的TTP、多媒体应用中的MOST等协议。由于这些协议的应用将受制于配套的电子元器件研发及汽车厂商的使用情况，因此，很多汽车厂商与芯片制造商纷纷结盟共同开展协议的研发。同时，他们为了推广自己的协议，公开了很多协议的内核，这对于车载网络的发展起到了极大的推动作用。

一、车用协议发展历程

从1980年起，汽车上开始使用网络技术。1983年，日本丰田公司在世纪牌汽车上采用光缆车门多路传输集中控制系统，可对各车门锁、电动车窗进行控制。但至此之后，光缆网络并没有在汽车上大规模使用。

1986～1989年，在汽车车身系统上采用了铜网线，如日产公司的车门多路传输集中控制系统、GM公司的车灯多路传输集中控制系统等，都已处于批量生产阶段。在此期间，一些汽车网络标准也纷纷推出。比如，博世公司的CAN网络标准，美国汽车工程师协会(SAE)提出的J1850，以及马自达的PALM NET、德国大众的ANUS等。为了实现音响系统的数字化，出现了将音频数据与信号系统综合在一起的AV网络，这种网络将采用光缆，连续地输出大容量的数据，随着汽车引入智能交通系统(ITS)后，将会使用更大容量的网络，例如DDB协议、MOST及IEEE1394等，主要车载网络的基本情况见表9-4。

二、车载网络的基础知识

1. 局域网

局域网是在一个有限区域内连接的计算机网络，通过该网络实现系统内的资源共享和信息通信。连接到网络上的节点可以是计算机、基于微处理器的应用系统或控制装置。

主要车载网络的基本情况 表 9-4

车载网络的名称	概　要	通信速度	组织/推动单位
CAN	车身/动力传动系统控制用 LAN 协议,最有可能成为世界标准的车用 LAN 协议	1Mbit/s	博世公司
VAN	车身系统控制用 LAN 协议,以法国为中心	1Mbit/s	ISO
J1850	车身系统控制用 LAN 协议,以美国为中心	10.4kbit/s 41.6kbit/s	Ford Motor 公司
LIN	车身系统控制用 LAN 协议,液压组件专用	20kbit/s	LIN 协会
IDB-C	以 CAN 为基础的控制用 LAN 协议	250kbit/s	IDM 论坛
TTP/C	重视安全、按用途分类的控制用 LAN 协议,时分多路复用(TDMA)	2Mbit/s 25Mbit/s	TIT 计算机技术公司
TTCAN	重视安全、按用途分类的控制用 LAN 协议,时间同步的 CAN	1Mbit/s	博世公司
Byteflight	重视安全、按用途分类的控制用 LAN 协议,通用时分多路复用(FTDMA)	10Mbit/s	宝马公司
FlexRay	重视安全、按用途分类的控制用 LAN 协议	5Mbit/s	宝马公司 Daimler Chrysler 公司
DDB/Optical	音频系统通信协议,将 DDB 作为音频系统总线,采用光通信	5.6Mbit/s	C&C 公司
MOST	信息系统通信协议,以欧洲为中心	22.5Mbit/s	宝马公司 Daimler Chrysler 公司
IEEE1394	信息系统通信协议,有转化为 1DB1394 的动向	100Mbit/s	1394 工业协会

2. 数据总线

数据总线是指模块间运行数据的通道,即所谓的信息高速公路,如图 9-58 所示。如果模块可以发送和接收数据,则这样的数据总线就称为双向数据总线,汽车上的信息高速公路实际上是一条或两条导线。

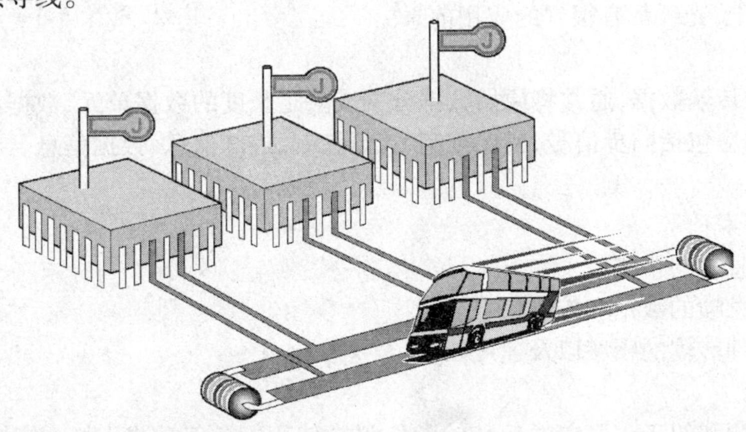

图 9-58　数据总线——汽车信息高速公路

为了对抗电子干扰,双线制数据总线的两条线是绞在一起的,如图 9-59 所示。各汽车制造商一直在设计各自的数据总线,如果不兼容,就称为专用数据总线;如果是按照某种国际标准设计的,就是非专用的,但基本上都是专用的数据总线。

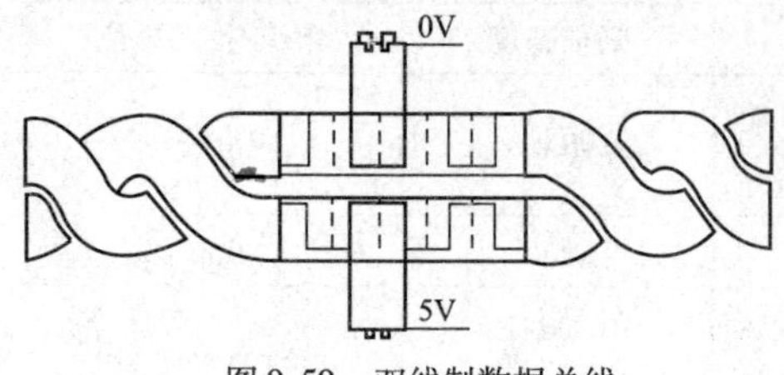

图 9-59 双线制数据总线

3. 模块/节点

模块/节点是一种电子装置,如温度、压力传感器。传感器是一个模块装置,根据温度和压力的不同将产生不同的电压信号,这些电压信号在数字装置的输入接口被转变成数字信号,在计算机多路传输系统中的控制单元模块被称为节点。

4. 局域网的拓扑结构

所谓拓扑结构,就是网络的物理连接方式。局域网的常用拓扑结构有三种:星型、环型、总线型。局域网多用总线型方式,总线型网络即所有入网计算机通过分接头接入到一条载波传输线上,信道利用率较高,但同一时刻只能有两处网络节点在相互通信,网络延伸距离有限,网络容纳节点数有限,适用于传输距离较短、地域有限的组网环境,如图 9-60 所示。

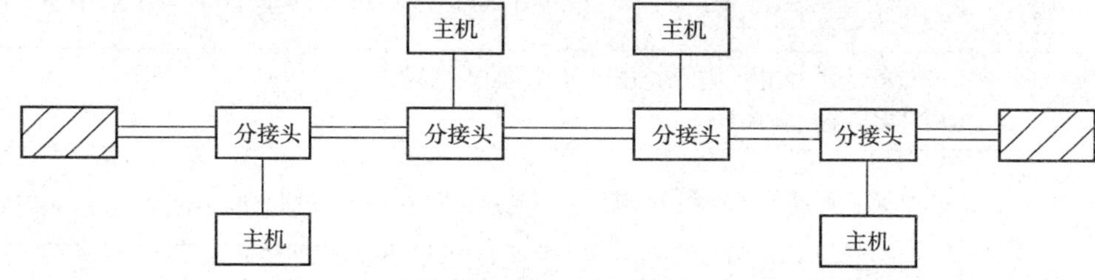

图 9-60 拓扑结构示意图

5. 链路

链路指网络信息传输的媒体,分为有线和无线两种类型,目前汽车上使用的大多数链路都是有线网络。通常用于局域网的传输媒体有:双绞线、同轴电缆和光纤。双绞线是局域网中最普通的传输媒体,一般用于低速传输,最大传输速率可达几兆比特每秒(Mb/s);双绞线成本较低,传输距离较近,是汽车网络使用最多的传输媒体。同轴电缆可以满足较高性能的传输要求,连接的网络节点较多,跨越的距离较大。光纤在电磁兼容性等方面有独特的优点,数据传输速度高,传输距离远。在车载网络上,特别在一些要求传输速度高的车载网络(如车上信息与多媒体网络)上,光纤都有很好的应用前景。

6. 数据帧

为了可靠地传输数据,通常将原始数据分割成一定长度的数据单元,数据单元即称为数据帧。一帧数据内应包括同步信号、错误控制、流量控制、控制信息、数据信息、寻址信息等。

7. 传输协议

协议的三要素:

(1)通信信息帧的格式。

(2)通信信息帧的数据和控制信息。

(3)确定事件传输的顺序以及速度匹配。

协议的功能:

(1)差错监测和纠正。面向通信传输的协议常使用"应答-重发"和通信校验进行差错的检测和纠正工作,一般来说,协议中对异常情况的处理说明要占很大的比重。

(2)分块和重装。为符合协议的格式要求,需要对数据进行加工处理。分块是将大的数据划分成若干小块,如将报文划分成几个子报文组。重装是将划分的小块数据重新组合复原,如将几个子报文组还原成报文。

(3)排序。对发送的数据进行编号以标识它们的顺序,通过排序,可以达到按序传递、信息流控制和差错控制等目的。

(4)流量控制。通过限制发送的数据量或速率,以防止在信道中出现堵塞现象。

8. 传输仲裁

当出现数个使用者同时申请利用总线发送信息时,传输仲裁是用于避免发生数据冲突的机构。仲裁可保证信息按其重要程度来发送。

三、主要车用网络协议分类

1. A类总线协议标准

A类的网络通信大部分采用UART(Universal Asynchronous Receiver/Transmitter)标准,A类目前首选的标准是LIN。LIN是用于汽车分布式电控系统的一种新型低成本串行通信系统,它是一种基于UART的数据格式、主从结构的单线12V的总线通信系统,主要用于智能传感器和执行器的串行通信,LIN采用低成本的单线连接,传输速度最高可达20Kb/s。

2. B类总线协议标准

B类中的国际标准是CAN总线,它是一种多主总线,通信介质可以是双绞线、同轴电缆或光导纤维,通信速率可达1Mb/s。CAN总线通信接口中集成了CAN协议的物理层和数据链路层功能,可完成对通信数据的成帧处理,CAN协议采用CRC检验并可提供相应的错误处理功能,保证了数据通信的可靠性。

3. 高速总线系统协议标准

(1)C类总线协议标准。在C类标准中,欧洲的汽车制造商基本上采用的都是高速通信的CAN总线标准ISO 11898。而标准J1939在货车及其拖车、大客车、建筑设备以及农业设备上的使用,是用来支持分布在车辆各个不同位置的电控单元之间实现实时闭环控制功能的高速通信标准,其数据传输速率为250Kb/s。通用公司已开始在所有的车型上使用其专属的GM LAN总线标准,它是一种基于CAN的传输速率为500Kb/s的通信标准。

(2)安全总线和标准。安全总线主要用于安全气囊系统,以连接加速度计、安全传感器等装置,为被动安全提供保障。如Delphi公司的Safety Bus和宝马公司的Byteflight。

(3)X-by-Wire总线协议标准。X-by-Wire称为电传控制,在飞机控制中得到广泛应用。由于目前提高汽车容错能力和通信系统的高可靠性的需求日益增长,X-by-Wire开始应用于汽车电子控制领域。这一类总线标准主要有TTP、Byteflight和FlexRay。

4. 诊断系统总线标准、协议

故障诊断是为了满足OBDⅡ(ON Board Diagnose)、OBDⅢ或E-OBD(European-On Board Diagnose)标准。目前,许多汽车生产厂商都采用ISO 14230(Keyword Protocol 2000)作为诊断系统的通信标准,它满足OBDⅡ和OBDⅢ的要求,关于这方面的内容,将会在下一章节中详细介绍。

5. 多媒体系统总线协议标准

汽车多媒体网络和协议分为三种类型,分别是低速、高速和无线。对应SAE的分类相应为:IDB-C(Intelligent Data BUS-CAN)、IDB-M(Multimedia)和IDB-Wireless,其传输速率为250Kb/s~100Mb/s。低速用于远程通信、诊断及通用信息传送,IDB-C按CAN总线的格式以250Kb/s的位速率进行信息传送。高速主要用于实时的音频和视频通信,如MP3、DVD和CD

等的播放，所使用的传输媒体是光纤，这一类主要有 D2B、MOST 和 IEEE 1394。D2B 是用于汽车多媒体和通信的分布式网络，通常使用光纤作为传输媒体，可连接 CD 播放器、语音控制单元、电话和因特网。在无线通信方面采用 BluetoothTM 规范，主要面向汽车的声音系统、信息通信等应用系统。

四、主要车用网络协议介绍

1. CAN

在前面介绍的网络协议中，CAN 具有相当的技术优势，它主导着车用中、高速网络协议。因此以 CAN 标准为基础研发了一系列协议，有 CAN2.0A、CAN2.0B、ISO11898、SAE J1939 等，它们的传输速率跨越了低速到中高速的很宽的一段工作范围。在 20 世纪 90 年代中后期以来，CAN 基本上主导了车用网络总线标准。

CAN 总线是一种串行数据通信协议，最大通信距离可达 10km，最大通信速率可达 1Mb/s。CAN 总线通信接口中集成了 CAN 协议的物理层和数据链路层功能，可完成对通信数据的成帧处理，包括位填充、数据块编码、循环冗余检验、优先级判别等项工作。

CAN 芯片将数据根据协议组织成一定的报文格式发出，这时网上的其他节点处于接收状态。每个处于接收状态的节点对接收到的报文进行检测，判断这些报文是否是发给自己的，以确定是否接收它。

CAN 总线主要具有以下主要特性：

(1)无破坏性的基于优先竞争的总线仲裁。

(2)可借助接受滤波的多地址帧传送。

(3)具有错误检测与出错帧自动重发送功能。

(4)数据传送方式可分数据广播式和远程数据请求式。

CAN 总线最大的特点是，废除了传统的站地址编码，而是对通信数据块进行编码，即任一节点所传送的数据信息不包含传送节点或接收节点的地址。信息的内容通过一个标识符(ID)作上标记，在整个网络中，该标识符是唯一的。网络上的其他节点接收到信息后，每一节点都对这个标识符进行测试，以判断信息内容是否与自身相关。若是相关信息，则它将得到处理；否则，将被忽略。这一方式称为多播，采用该方式的优点是：可使网络内的节点个数在理论上不受限制，也可使不同的节点同时接收到相同的数据。数据段长度最多为 8 字节，即能满足一般通信要求，也保证了通信的实时性。

标识符还决定了信息的优先权。ID 值越小，其优先权越高。当存在 2 个或者 2 个以上的节点争用总线时，CAN 采用 ID 进行仲裁。CAN 确保发送具有最高优先权信息的节点，以获得总线使用权，而其他的节点自动停止发送信息。总线空闲后，这些节点将自动重新发送信息。

CAN 采用载波侦听多路访问/冲突检测(CSMA/CD)法，它能通过无仲裁解决由于多站同时发送数据而产生的冲突。CAN 总线上的数据采用位填充不归零编码(NRZ + 5bit stuffing)，可具有两种互补的逻辑值之一，即显性和隐性。显性电平用逻辑“0”表示，隐性电平用逻辑“1”表示。而未填充的方法为在 5 个连续相同的电平后加入一个反转电平的补码位。可以解决 NRZ 的方式可能因为长的 1 或 0 字符串而造成基线漂移，以及编码方和解码方的时钟同步性方面的问题。总线按照“线与”机制对总线上任一潜在的冲突进行仲裁，显性电平覆盖隐性电平。而发送隐性电平的竞争节点和显性电平的监听节点将失去总线访问权并变为接收节点。

按照 ISO 有关标准,CAN 的网络结构可分为数据链路层和物理层这两个主要层次。其拓扑结构则为总线形式,因此也更多地称为 CAN 总线,有关层次反方面的描述主要涉及协议、总线帧格式和电平等内容,下面就总线帧格式做些介绍。

CAN 通信接口集成了 CAN 协议的物理层和数据链路层功能,可完成对通信数据的成帧处理,包括为填充、数据块编码、循环冗余检验及优先级判别等工作。在系统中,数据按照携带的信息类型可分为 4 种帧格式。

(1)数据帧。用于节点间传递数据,是网络信息的主体。CAN2.0A 采用的是 11 位的标识符,而 CAN2.0B 采用的标识符为 29 位,其格式见表 9-5。

CAN 数据帧格式 表 9-5

链路层帧格式								
SOF	标识	控制位			数据	CRC	应答	EOF
1bit	11bit 或 29bit	远端请求	保留	数据长度	0 ~ 8byte			
		1bit				16bit	2bit	7bit
帧起始	仲裁域	控制域			数据域	校验域	确认域	帧结束

CAN 数据帧由 7 个位域构成。

①帧起始域。以 1 位的主控电平作为帧的起始标识。

②仲裁域(信息标识符)。数据帧的标识,根据冲突原则,值越小,优先越高。

③控制域。包含远端请求、保留位和数据长度。

④数据域。用户数据,0 ~ 8 个字节。

⑤校验域。16 位的循环冗余校验码。

⑥确认域。其作用是通过将发送方的应答空隙位上的隐性电平置为主控电平来进行确认。如果这个主控电平不出现,则发送者判定为发送错误。

⑦帧结束标识。由 7 位隐性电平组成,帧与帧之间至少需要保留 3 位隐性电平的帧间隙。

(2)远程帧。由在线单元发送,用于请求发送具有相同标识符的数据帧。其帧格式与数据帧基本相同,但没有数据区。

(3)出错帧。用于检测总线出错的一个标识信号,由两个不同的区构成,第一个区由来自不同节点的错误标识叠加;第二个区为错误界定符。CAN 协议采用 CRC 检验并可提供相应的错误处理功能,保证数据通信的可靠性。

(4)超载帧。由超载标识和超载界定符组成。表明逻辑链路控制层要求的内部超载状态。

由于其良好的性能和独特的设计,CAN 在汽车领域得到了广泛的应用。宝来(Bora)轿车在动力传动系统和舒适系统中就装用了两套 CAN 数据传输系统,其中 CAN 数据传输舒适系统如图 9-61 所示。

图 9-61 中粗线代表 CAN 总线,它连接了传动装置控制中央单元、灯控单元、门控单元、座椅控制单元、空调单元以及仪表板控制单元等。较细线代表 LIN 总线,由 LIN 总线构成的 LIN 网络作为 CAN 网络的辅助网络,连接了车窗控制单元、刷水器控制单元、天窗控制单元等低速设备。CAN 数据传输舒适系统网络与动力传动系统网络通过网桥相互通信。

2. VAN

VAN(Vehicle Area Network)又称车辆局域网,是现场总线的一种,由法国的雷诺汽车公司和标致集团联合开发。VAN 作为专门为汽车开发的总线,1994 年成为国际标准。VAN 通信介质简单,位传输速率可达 1Mb/s(40m 内)。VAN 支持分布式实时控制的通信网络,可广泛应用于汽车门锁、电动车窗、空调、自动报警以及娱乐控制等系统。VAN 总线作为串行通信网络,与一般总线相比,其数据通信具有突出的可靠性、实时性和灵活性。VAN 标准特别考虑了严峻的环境温度、电磁干扰和振动因素,尤其适用于需要现场总线的实时控制系统。现在,VAN 在世界汽车生产中已经得到大批量的应用,图 9-62 所示为东风雪铁龙毕加索汽车 VAN 总线系统。

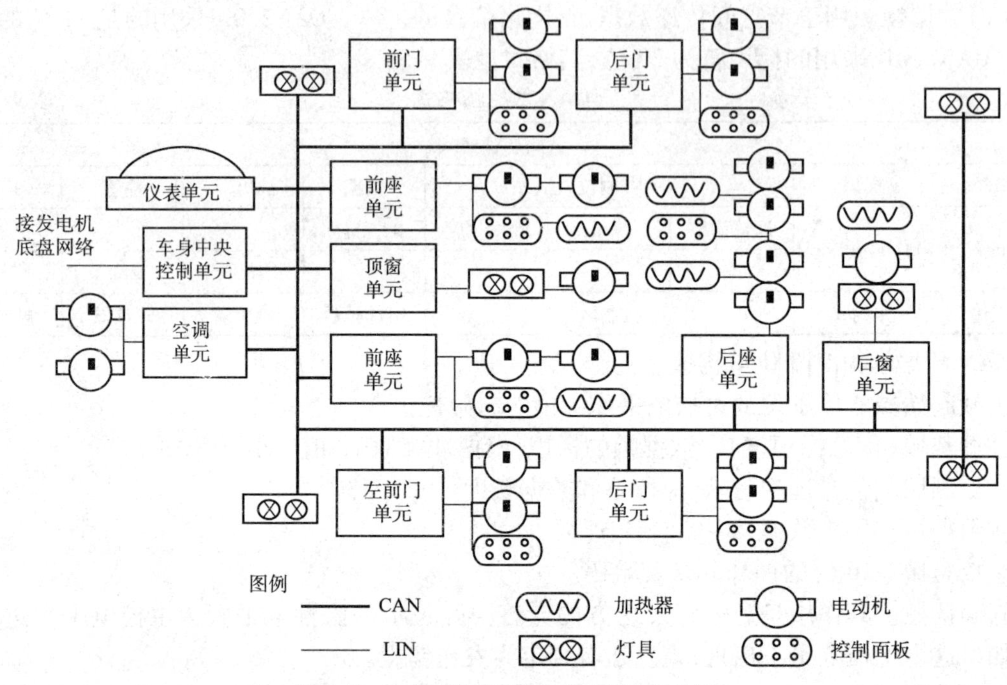

图 9-61　宝来轿车舒适系统 CAN 网络结构图

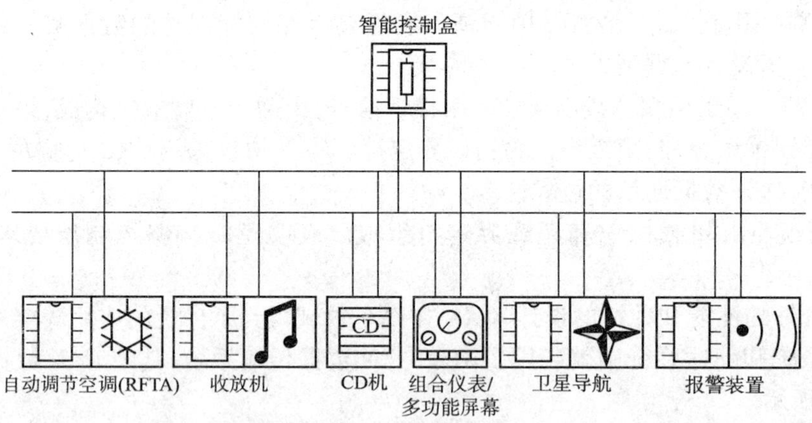

图 9-62　东风雪铁龙毕加索汽车 VAN 总线系统

VAN 总线结构中,电控单元之间的通信方式、规则由协议来确定,总线通信网络由 DATA、DATAB 的两根信号线组成,DATA 线上的电压信号逻辑状态始终与 DATAB 线上的电压信号相反,如图 9-63 所示。两种电压值定义两种不同的逻辑状态,从而可以限制发射幅值,并具备良好的抗干扰性。当某根信号线信号传输中断时,智能控制盒将信号电压值与参考电压值进行比较,提示数据线发生故障。只有 DATA 线的电压信号逻辑状态确定后,DATAB 线才取相反值。当总线连接设备中的信号无歧义时,接收件及命令执行状态才可能无误。

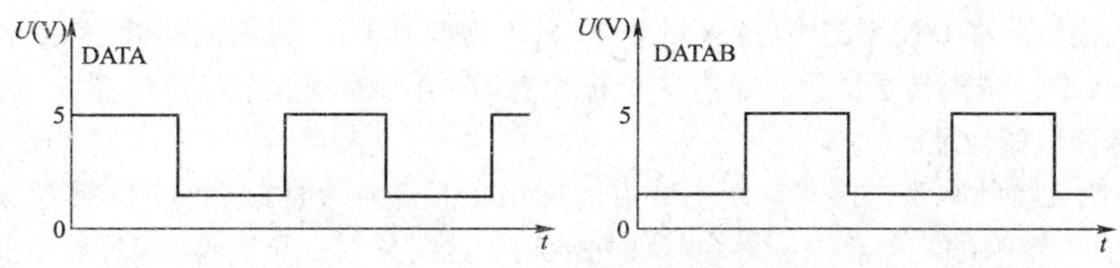

图 9-63　DATA 和 DATAB 的信号

VAN 总线传递的 1 帧(即 1 条)数据,其格式由 9 个区段组成,如图 9-64 所示,段 1 表示信息起始识别区,用以标记信息的起始;段 2 表示判断识别区,用以指明信息的接受器件;段 3 表示判断格式化区,该区可在申请信息或传送信息时确认接受方的获取申请是否格式化;段 4 表示信息数据区,传递数据信息;段 5 表示信息有效性检测区,以审核抵达的数据是否完整;段 6 表示数据结束指示区,用数据结束指示以指示信息已传递完毕;段 7 表示获取区,用以接受对方确认信息接受良好;段 8 表示帧结束区,表明一个帧已经结束;段 9 表示帧分离区,后续帧同样按 9 分格出现。

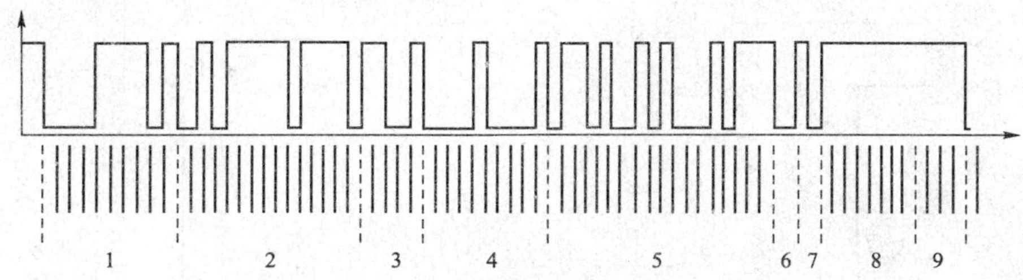

图 9-64　VAN 总线的通信信息格式

3. LIN

LIN(Local Interconnect Network)是一种低成本的串行通信网络,用于实现汽车中的分布式电子系统控制,LIN 的目标是为现有汽车网络(例如 CAN 总线)提供辅助功能。因此,LIN 总线是一种辅助的总线网络,在不需要 CAN 总线的带宽和多功能的场合得到广泛应用。

LIN 实现了一种具有成本效益的智能传感器和执行器的通信方式。这种通信是基于串行通信接口(SCI)数据格式、单宿主/多从概念、单线 12V 总线和没有稳定时间基的节点的时钟同步。低端多路通信的汽车标准不久前才出现。采用这个标准,汽车制造商及其供应商能以非常经济的方式创建、实现和处理复杂的分层化多路复用系统

LIN 相对于 CAN 的成本节省主要是由于采用单线传输、硅片中硬件或软件的低实现成本和无需在从属节点中使用石英或陶瓷谐振器。这些优点是以较低的带宽和受局限的单宿主总线访问方法为代价的。

LIN 包含一个宿主节点和一个或多个从属节点,如图 9-65 所示。所有节点都包含一个被分解为发送和接收任务的从属通信任务,而宿主节点还包含一个附加的宿主发送任务。在实时 LIN 中,通信总是由宿主任务发起的。

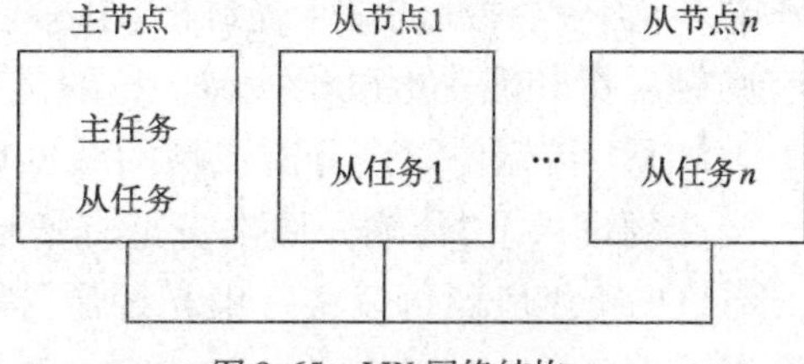

图 9-65　LIN 网络结构

宿主节点发送一个包含同步中断、同步字节和消息识别码的消息报头。从属任务在收到和过滤识别码后被激活并开始消息响应的传输。响应包含两个、四个或八个数据字节和一个检查和(checksum)字节。报头和响应部分组成一个消息帧。

在 LIN 系统中,除了主节点命名外,节点不使用任何系统结构方面的信息,这使 LIN 具有

很多相关的优点。在 LIN 系统中，加入新节点时，不需要其他从节点作任何软件或者硬件的改动。LIN 和 CAN 一样，传送的信息带有一个标识符，它给出的是这个信息的意义或特征，而不是这个信息传递的地址。

LIN 系统支持休眠工作模式。当主节点向网络上发送一个休眠命令时，所有节点进入到休眠状态，直到被唤醒之前总线上不会有任何活动。这时总线处于隐性状态，节点上没有内部活动，驱动器处于接收状态，当总线上出现任何活动或节点出现任何内部活动时，节点结束休眠状态，当由于从节点内部活动被唤醒时，输出一个唤醒信号唤醒主节点。主节点被唤醒后开始初始化内部活动，从节点要等到同步信号后才参与总线通信活动。

典型的 LIN 总线应用是汽车中的联合装配单元，如门、转向盘、座椅、空调、照明灯、湿度传感器、电动机等，如图 9-66 所示。对于这些成本比较敏感的单元，LIN 可以使那些机械元件如智能传感器、制动器或光敏器件得到较广泛的使用、这些元件可以很容易的连接到汽车网络中。并得到十分方便的维护和服务。

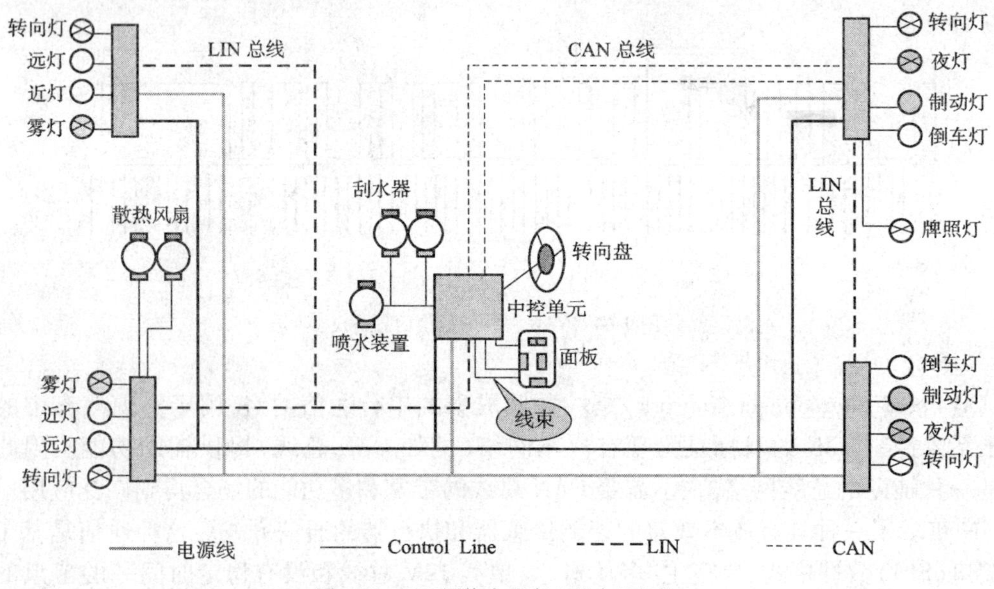

图 9-66　LIN 网络在整车上的应用架构

4. MOST

MOST(Media Oriented System Transport)是面向媒体的系统传输总线，它是汽车业合作的成果，而不具备正式的标准。它的最初构想始于 20 世纪 90 年代中期，作为宝马公司、戴姆勒克莱斯勒(DaimlerChrysler)公司、Harman/Becker 公司(音响系统制造商)和 Oasis Silicon Systems 公司之间的一项联合。

MOST 是汽车业合作的成果，而不具备正式的标准。MOST 总线专门用于满足要求严格的车载环境。这种新的基于光纤的网络能够支持 24.8Mb/s 的数据速率，与以前的铜缆相比具有减轻质量和减小电磁干扰(EMI)的优势。

MOST 传输协议由分割成帧的数据块组成，每一帧包含流数据、分组数据和控制数据。

在物理层上，传输介质本身是有塑料保护套、内芯为 1mm 的 PMMA(聚甲基丙烯酸甲酯)光纤，OEM 供应商可以将一束光纤像导线一样捆成光缆。光纤传输采用 650nm(红色)的 LED 发射器(650nm 是 PMMA 光谱响应中的低损耗“窗口”)。数据以 50Mbaud、双相编码的方式发送，最高数据速率为 24.8Mb/s。

MOST 的定义是非常普通的,允许采用多种拓扑结构,包括星形和环形,大多数汽车装置都采用环形布局。从而允许共享多个发送和接收器的数据,如图 9-67 所示。MOST 总线主控器(通常位于磁头驱动机构)有助于数据采集,所以该网络可支持多个主机,在一个网络上最多高达 64 台主机。为了确保数据安全,总线主控器在上电时将查询总线上的每一台从属设备并且完成自动密钥交换(AKE)。如果从属设备有一个有效的总线密钥,那么允许它使用预定的协议发送和接收 MOST 总线上的数据。

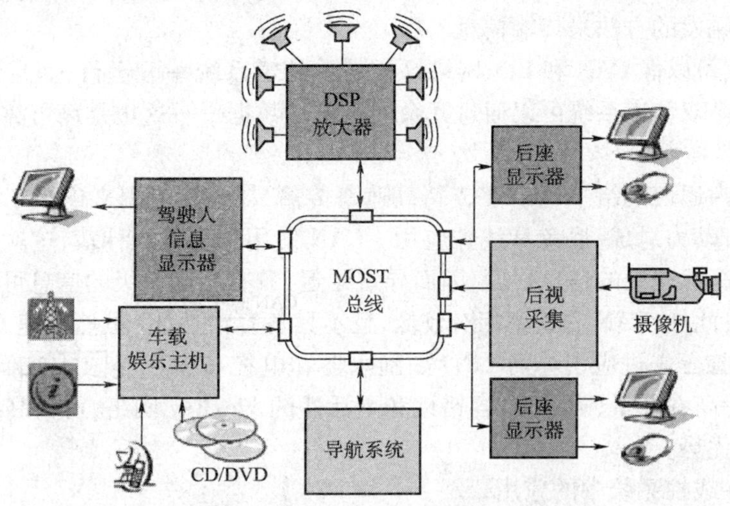

图 9-67 基于 MOST 总线的典型车载高端娱乐系统

MOST 传输协议由分成帧的数据块组成。每一帧包含流数据、分组数据和控制数据。流数据与 MOST 时钟同步并且不断地在网络中环绕。分组数据与 MOST 时钟异步,根据需要产生,其中一个例子就是来自无线个人数字助理(PDA)设备的 E-mail。帧中分配给流数据和分组数据之间的带宽是可变的以满足规定时间对系统的需求,并且其控制字包含数据类型、在哪里找到帧中的数据以及数据大小等流信息。可每隔多帧分配控制信息,并且应该在接收设备中重新产生。

5. FlexRay

FlexRay 总线是一种用于汽车的高速可确定性的,具备故障容错的总线系统。它的基础源于奔驰公司的典型应用以及宝马公司 Byteflignt 通信系统开发的成功经验。Byteflight 是宝马公司专门为被动安全系统(气囊)而开发的,为了同时能够满足主动安全系统的需要,在 Byteflight 协议基础之上,被 FlexRay 协会进一步开发成了一个与确定性和故障容错有密切关系的、更可靠的高速汽车网络系统。

FlexRay 联盟(FlexRay Consortium)推进了 FlexRay 的标准化,使之成为了新一代汽车内部网络通信协议。FlexRay 关注的是当今汽车行业的一些核心需求,包括更快的数据速率,更灵活的数据通信,更全面的拓扑选择和容错运算。

因此,FlexRay 可以为下一代的车内控制系统提供所需的速度和可靠性。CAN 网络最高性能极限为 1Mb/s。LIN 和 K-LINE 分枝网络最高性能极限为 20Kbit/s。而 FlexRay 两个信道上的数据速率最大可达到 10Mb/s,总数据速率可达到 20Mbit/s,因此,应用在车载网络,FlexRay 的网络带宽可能是 CAN 的 20 倍之多。

FlexRay 还能够提供很多 CAN 网络所不具有的可靠性特点。尤其是 FlexRay 具备的冗余通信能力可实现通过硬件完全复制网络配置,并进行进度监测。FlexRay 同时提供灵活的配置，可支持各种拓扑，如总线、星形和混合拓扑。设计人员可以通过结合两种或两种以上的该类型拓扑来配置分布式系统。另外，FlexRay 可以进行同步（实时）和异步的数据传输，来满足车辆中各种系统的需求。譬如分布式控制系统通常要求同步数据传输。

为了满足不同的通信需求，FlexRay 在每个通信周期内都提供静态和动态通信段。静态通信段可以提供有界延迟，而动态通信段则有助于满足在系统运行时间内出现的不同带宽需求。FlexRay 帧的固定长度静态段用固定时间触发（fixed-time-trigger）的方法来传输信息，而动态段则使用灵活时间触发的方法来传输信息。

FlexRay 不仅可以像 CAN 和 LIN 网络这样的单信道系统一般运行，而且还可以作为一个双信道系统运行。双信道系统可以通过冗余网络传输数据——这也是高可靠系统的一项重要性能。

在现有的车内通信网络中，MOST 支持高速率传输，却是专门用来连接车内多媒体组件的网络标准，不适合动力总成、底盘和线控应用。CAN 使用了优先级仲裁，这就意味着低优先级的信息总是排在高优先级的信息后面，因而导致延迟，只有高优先级的信息可以在预定义传输时间保证被传输；此外，CAN 的速率相对较低，且不具备容错功能（虽然低速 CAN 具有容错功能），不能用于线控等先进应用。而 LIN（如刮水器和电控车窗），是成本较低、速率更慢的子网络。因此，支持高吞吐量、确定性、容错性和灵活性的 FlexRay 网络，可为高级电子控制的安全应用带来大量优势。

1）FlexRay 在线控系统中的应用

FlexRay 联盟的一个公开目标是：开发面向车内高速控制应用的高级通信技术，提高车辆安全性、可靠性和舒适度，提高可供市场所有客户使用的技术。但业界最看好的 FlexRay 所带来的益处，就是 X-by-Wire 技术，如 Brake-by-Wire、Steer-by-Wire 等，目标是减少车辆控制对液压系统的依赖，最可能的应用就是线控制动。在踩加速踏板加速时发生故障问题不大，如果踩制动踏板时发生故障危险性就大了，因此制动系统十分需要 FlexRay 这种双重数据通信系统，它的容错操作和确定性对于确保线控系统的绝对可靠性非常重要，高的带宽功能可以快速传输大量极为详尽的信息，从而使系统反应变得非常迅速、准确。图 9-68 所示的是 FlexRay 在线控系统中的应用。

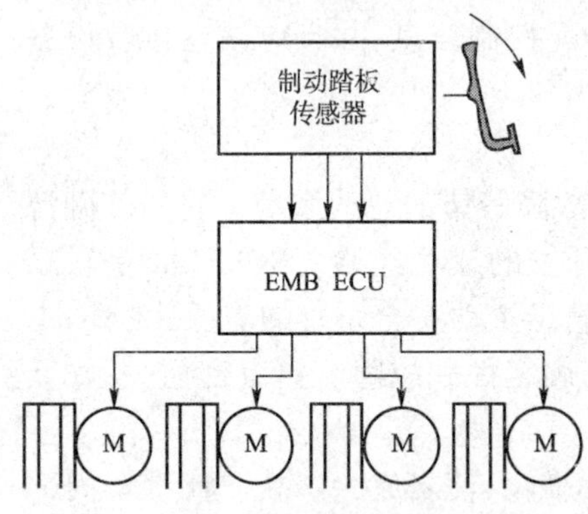

图 9-68　FlexRay 支持的线控制动系统

另外，由于用户可以提前知道消息到达时间，消息循环偏差非常小，因此在具有严格实时性要求的分布式控制系统中，FlexRay 也将成为首选技术，如在动力总成和安全性相关系统中的应用，包括发动机和传动系统的控制及 ESP 等。对于车辆的动力系统而言，可以代替现有的机械系统控制电子节气门，与现有的系统结合工作，如电控燃油喷射器、电控可变进气系统和电控怠速系统等。

2）FlexRay 做通信网络骨架

FlexRay 可用作通信网络骨架，如图 9-69 所示。目前，CAN 网络最高性能极限为 1Mb/s，而 FlexRay 两个信道上的数据速率最大可达 10Mb/s，总数据速率可达 20Mb/s。因此，FlexRay 的网络带宽可能是 CAN 的 20 倍之多。凭借高速率，可以将 FlexRay 作为整个车载网络的骨架，用于连接动力总成、底盘、车身、安全和多媒体应用（有无支持 FlexRay 的应用皆可）等多个独立网络。另外，FlexRay 控制器可以工作在 10Mb/s 下的速度，根据需求配置成 25Mb/s、

5Mb/s 或者 8Mb/s 的通信速度，一方面使得 FlexRay 可以灵活的应用于更广泛的领域，另一方面也缓解了总线之间的带宽匹配。

在速度要求超过 CAN 的应用中，现在是同时使用两条或多条 CAN 总线，使用 FlexRay 就能解决这种多总线的方案。

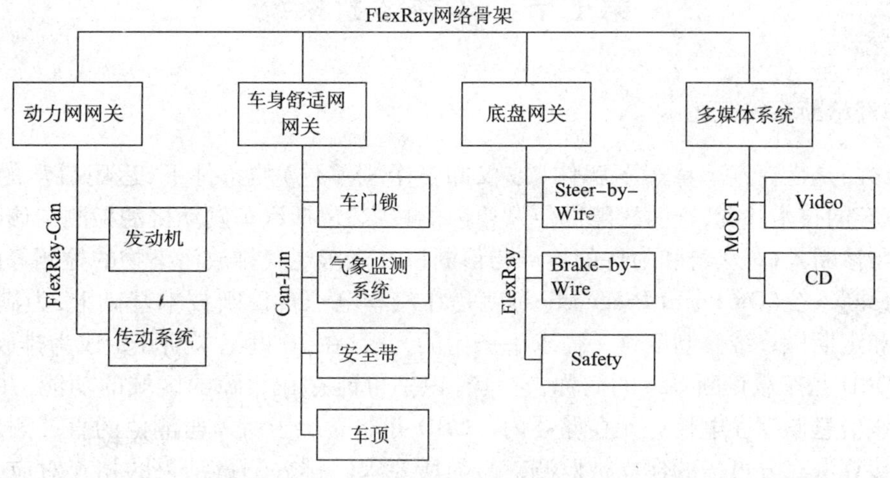

图 9-69 FlexRay 作为车载网络的骨架

五、车载网络的当前发展趋势

1. D2BOptical 光纤

D2B Optical 是一种光纤通信系统，使用者可以将娱乐及信息产品与中央控制系统整合，不会与中央控制系统相互抵触。D2B 光纤网络采用光纤以光波传输数据的系统，数据按次序在光纤网络中传输。主要用于收音机、卫星导航、CD、音控放大器，移动电话和道路交通导航系统等。采用 D2B 光纤网络可减少传输信号失真，线路无损耗。车辆其他用电设备产生高频干扰电流以及静电等对 D2B 光纤传输网络不构成干扰。目前 D2B(Hatical 应用在车身网络上，特别是数字影音、导航系统，其系统的特色在于激活时，即自我组态，且新旧的 D2BOptical 装置都相融于车身网络。

2. COMMAND 网络

COMMAND 网络是一种独立的网络，用来连接交通状况记录模块与电视(TV)频道译码模块，资料由中央通信控制单元播放 TV 和结合卫星导航、地图系统，指示驾驶人如何避开交通拥塞道路。

3. CellPortLabs 移动电话网络

移动电话与 D2B 光纤永久连接，当移动电话使用 TMC/GSM 与交通信息中心连接时，移动电话通过移动电话网络与交通状况记录模块传递资料，进行导航系统指示，与汽车使用共同的接口，行车时也可同时打电话。

4. USB

英特尔与微软大力推动个人计算机的外围设备配上 USB 万用连接器，即插即用。IEEE1394(FireWire)——影音通信协议的走势，个人计算机外围设备，如数码照相机、打印机、磁盘等，发展高速光纤传输。

5. OSEK 开放式标准化系统

开放式标准化系统兼容于车内的电子产品接口，将实时的操作系统、软件接口及管理网络与通信功能都条理化，在 Mercedes—Benz 与 IBM 的协议下，该系统已成为车上的基本操作系统。

第七节　车载诊断系统

一、车载诊断系统概述

汽车诊断是指在汽车整车不解体（或仅卸下个别零件）的条件下，运用科学的方法和手段，确定汽车的技术状况，查明故障部位及原因的技术，包括汽车发动机的检测与诊断，汽车底盘的检测与诊断，汽车车身和附件的检测与诊断以及汽车尾气排放污染物的检测等内容。

车载诊断系统（On Board Diagnostics）就是在汽车电子自诊断技术基础上，为满足在用车实时监测和定期检查维修制度这一需求下产生的，并且在 20 世纪末期开始成为排放控制的发展重点。OBD 是车载诊断系统的简称，它具有识别可能存在故障的区域的功能，并以故障码的方式将该信息储存在电控单元存储器内。OBD 并非立足于所需监测值的直接测量，而是需要通过间接算法充分可信的建立被监测信号与所要求的排放测量结果的相互对应关系，当信号发生异常变化时，对可能对排放水平的影响做出准确判断并发出报警。

OBD 经历了 OBD Ⅰ（第一代车载诊断系统）和 OBD Ⅱ（第二代车载诊断系统）、EOBD（欧洲车载诊断系统）和 OBD Ⅲ（第三代车载诊断系统）三个阶段。

OBD Ⅰ最早在 1991 年由美国加州规定使用，用于控制排放系统失效，当时功能相对简单，仅监测氧传感器、排气再循环系统、燃油供给系统和发动机控制模块。OBD Ⅰ的方向是正确的，但却存在明显的缺陷。首先 OBD Ⅰ缺乏统一的标准，不同的汽车制造厂商和不同的车型之间有不同的 OBD 系统，使得售后维修时对不同的车型要用不同的诊断接头，甚至对不同的系统要用不同的专业解码器；其次是监测功能不强，如 OBD Ⅰ无法监测催化器是否失效或是已被拆除，又如失火及燃油蒸发污染的排放问题；还有 OBD Ⅰ系统仅监测部件的电路的连续性故障，不监测与排放有关的部件的渐进损坏情况。

针对上述情况，第二代的 OBD 系统在通信方面规定了标准化的 16 针诊断座 DLC（Data Link Connector），每针都有指定的功能；标准化的通信协议；标准化的故障码 DTC（Diagnostic Trouble Codes）；同时增设了催化转化器中的催化剂的老化检测，失火检测及燃油蒸发物收集系统故障监测等。1994 年，美国汽车工程师协会（SAE）提出了 OBD Ⅱ的一系列的标准规范，公布了 SAE J1962、SAE J2012、SAE J1930、SAE J1978、SAEJ1979 和 SAE J1850 等系列标准。经环境保护机构（EPA）及美国加州资源协会（CARB）认证通过并要求各个汽车制造厂依照 OBD Ⅱ的标准提供统一的诊断模式及诊断座，统一的故障码，只用 1 台通用的诊断仪器，即可对各种车辆进行诊断检测。在美国实施 OBD Ⅱ之时，欧共体也相应要求欧洲各国汽车制造商生产的轿车都相应配置车载故障诊断系统，即 EOBD（European On-board Diagnosis System），采用国际标准化组织的通信方面的相关标准，这些标准大部分是与 SAE 标准相对应的，采用的标准为 ISO 9141（或 KWP2000 或 ISO 14230）、ISO 15031-3、ISO 15031-5、ISO 15031-6、CAN（控制器局域网）、ISO 15765-4、ISO 11519-4（SAEJ1850）标准。根据 EU-Richtlinle1999/102/EG 条文规定，2001 年欧洲所有新生产的轿车（载质量小于 2.5t）仅限于汽油发动机配置 EOBD 系统，而对于柴油发动机轿车要求在 2004 年必须强制配置 EOBD 系统。配置该系统的目的就是用以实时监测发动机系统及与排放相关的部件，同时监测其他各部件及子系统（如汽车底盘、车身附属装置和设备及部件的工作状况）和网络故障诊断功能。

虽然OBDⅡ系统对监测汽车排放十分有效，但驾驶人接受不接受警告全凭“自觉”。为此，经过修改，2004年以后，比OBDⅡ更为先进、严格的OBDⅢ系统诞生了。OBDⅢ系统将汽车的检测、维护和管理融为一体，以满足环境保护的要求。OBDⅢ系统能够分别进入发动机、变速器、车身等系统的电子控制单元（ECU）中去读取故障码和其他相关数据，并利用小型车载通信系统，如GPS导航系统或无线蜂窝通信等方式将车辆的识别代码、故障码及所在位置等信息自动告知管理部门，管理部门根据该车辆排放问题的等级对其发出指令，包括去哪里维修的建议，解决排放问题的时限等。此外，在法律允许的前提下，还可对超出时限的违规车辆发出禁行指令。

目前在我国，OBD-Ⅱ和EOBD领域的研究尚处于起步阶段，学术界的讨论与研究还主要集中对OBD-Ⅱ和EOBD基本工作机理的探索阶段。国内汽车企业的OBD-Ⅱ和EOBD项目的解决方法也主要依赖于国外汽车配件商的支持上，而自主的研究也属于刚刚起步阶段，对OBD-Ⅱ和EOBD的相关标准的翻译、消化和整理，对OBD-Ⅱ和EOBD系统的框架体系，对通信协议以及通信机制的研究，对各大汽车的故障码规范与故障码信息进行分析是目前国内在OBD-Ⅱ和EOBD领域研究的重点研究内容。

二、车载诊断系统原理

车载诊断系统中的诊断软件、汽车上的各种传感器、电子控制系统自身、各种执行元件以及外围诊断设备一起共同组成了OBD系统，其硬件系统构成如图9-70所示。

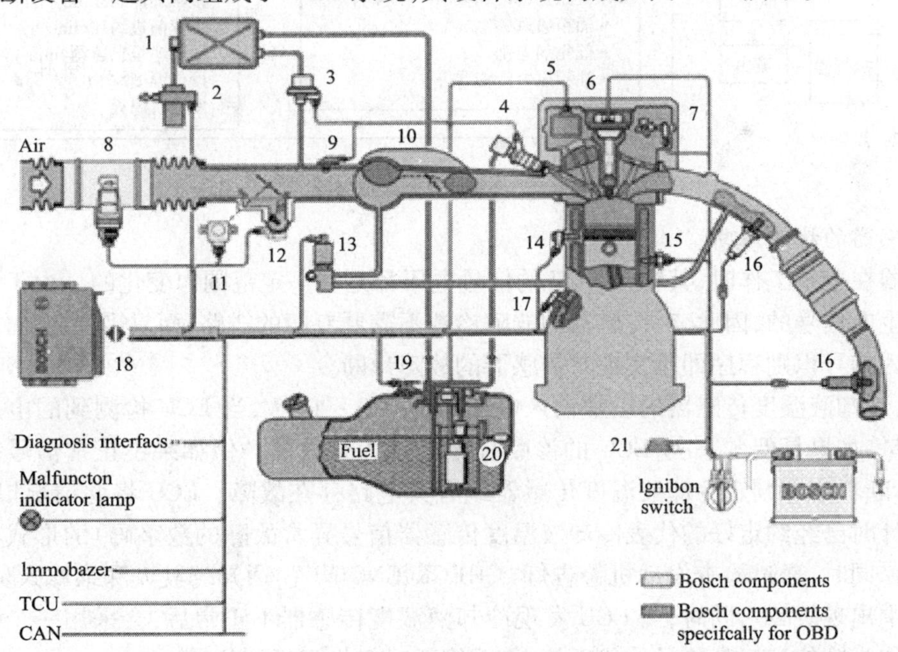

图9-70　OBD系统硬件构成图

1-活性炭罐；2-活性炭罐关闭阀；3-活性炭罐脱附阀；4-油轨/喷嘴；5-正时控制阀；6-点火线圈/火花塞；7-相位传感器；8-空气流量计及进气温度传感器；9-进气歧管压力传感器；10-可变进气；11-节气门位置传感器；12-怠速执行器；13-EGR阀；14-爆震传感器；15-温度传感器；16-氧传感器；17-速度传感器；18-电控单元；19-油箱压力传感器；20-燃油箱内油泵；21-车架加速度传感器

汽车在行驶过程,OBD 系统实时监测各传感器、电子控制系统和执行元件的输入和输出信息,正常情况下,这些信号(电压或电流)会在一定的范围内有一定规律的变化,当 OBD 检测到某一信号超出了预设的范围值,并且这一现象在一定时间(如 3 个连续周期)内不会消失,则判断为这一信号对应的电路或元件出现故障,并把这一故障以码的形式存储在存储器内,同时点亮仪表板上的故障指示灯,给驾驶人以提示。如果故障不再存在,监控器在连续 3 个周期未收到相关信号后,会将指令故障显示灯熄灭。故障显示灯熄灭后,发动机暖机循环约 40 次,则故障码会自动从存储器中被清除掉,具体原理如图 9-71 所示。

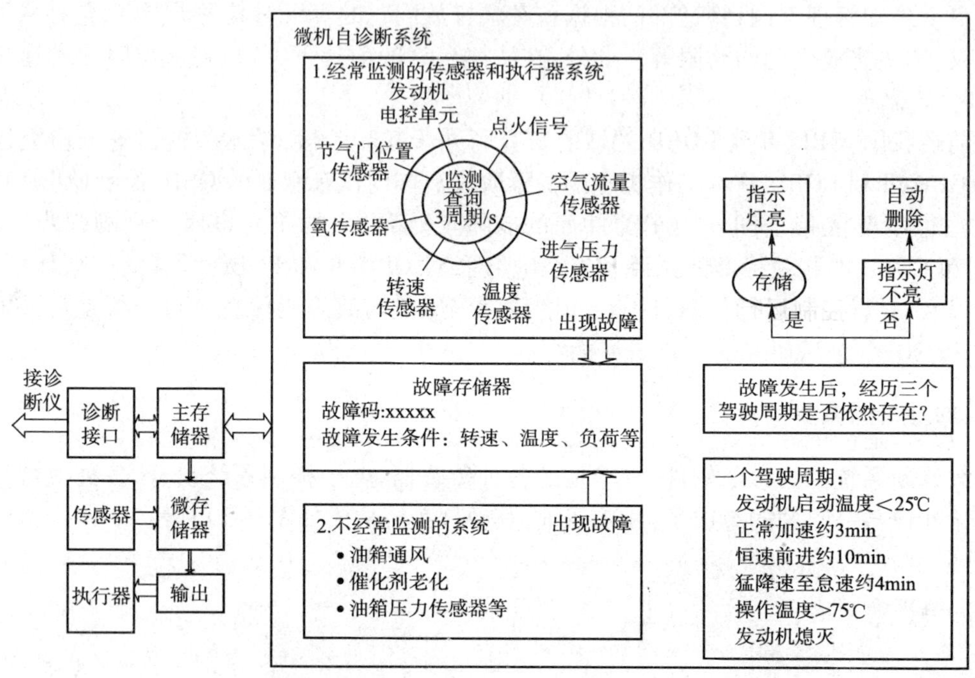

图 9-71　车载诊断系统原理图

1. 传感器的故障诊断

传感器在正常工作时,其输入 ECU 的信号电压都是在一定范围内变化的。由于传感器本身就是产生电信号的,因此,对传感器的故障诊断不需要专门的线路,而只需要在软件中,编制传感器输入信号识别程序即可实现对传感器的故障诊断。

例如,冷却液温度传感器的正常输入电压值为 0.3 ~ 4.7V,当 ECU 检测到的电压信号超出此范围量,如果是偶尔一次,ECU 的诊断程序不认为是故障。但如果不正常信号持续一段时间,则诊断程序即判定冷却液温度传感器或者其电路存在故障。ECU 将此情况以代码(此代码为设计时已经约定好的代表冷却液温度传感器信号异常故障的数字码)的形式存入随机存储器中。同时,通过检查发动机警告灯“CHECK ENGINE”,通知驾驶人和维修人员,发动机电控系统中出现故障。同时,当 ECU 发现冷却液温度传感器不正常后,会采用一个事先设定的常数来作为冷却液温度信号的代用值,使系统暂时工作于运行状态。

2. 执行器的故障诊断和故障保险

汽车电子控制系统中,执行器是决定发动机运行和汽车行驶安全的主要器件,当执行器发生故障时,往往会对汽车的行驶造成一定的影响。因此,当确定为执行器故障时,由 ECU 根据故障的严重程度采取相应的安全措施,且在控制系统中,专门设计了故障保险系统。由于

ECU 对执行器进行的是控制操作，控制信号是输出信号。因此，要想对各执行器的工作情况进行诊断，一般要增设故障诊断电路，即 ECU 向执行器发出一个控制信号，执行器要有一条专用回路来向 ECU 反馈其执行情况。发动机电子控制系统中，对执行器进行故障诊断的典型部件是点火器。正常情况下，当 ECU 对点火器进行控制时，点火器每进行一次点火，便由点火器内的点火确认电路将点火执行情况以电信号的形式反馈给 ECU。当点火线路或点火器出现故障时，ECU 发出点火控制命令后，得不到反馈信号，此时 ECU 便认为点火器已经不能正常工作。由于发动机工作时，如果点火系统发生故障，便会使未燃烧的混合气进入排气装置和排气管道。排气净化装置中的催化剂温度就会大大超过允许值。同时，未燃烧的混合气在排气管内集聚过多，还会引起排气系统的爆炸。为此，采用故障保险系统，当 ECU 接收不到点火确认信号后，立即切断燃油喷射系统电源，停止燃油的喷射。

3. 微机系统的故障诊断

微机系统如果发生故障，控制程序就不可能正常运行，这样便会使汽车因发动机控制系统故障而无法行驶。为了保证汽车在微机出现故障时仍能继续运行，在控制系统工程中，设计有后备回路（备用集成电路系统）。当 ECU 中微机发生故障时，ECU 自动调用后备回路完成控制任务，进入简易控制运行状态，用固定的控制信号，使车辆继续行驶。由于该系统只具备维持发动机运转的简单功能而不能代替微机的全部工作，所以此后备回路的工作又被称为“跛行”模式。采用备用系统工作时，故障指示灯亮。

微机工作是否正常是由被称为监视回路的电路进行监视的。监视电路中安装有独立于微机系统之外的计数器。微机正常运行时，由微机的运行程序对计数器定时进行清零处理。这样，监视电路中计数器的数值是永远不会出现溢出现象的。当微机系统出现不正常运行现象时，微机不能对这个计数器进行定时清零，致使此监视计数器发生溢出现象。监视计数器溢出时输出的电平由低电平变为高电平（此输出一般为计数器的进位标志。当计数器达到其最大值时，再增加一个记数脉冲，计数器便出现溢出。此时，计数器的溢出端的电平将由低电平变为高电平，同时，将计数器清零）。计数器输出电平的这一变化，将直接触发备用回路。

三、故障码的分类和意义

1. 故障码的分类

OBDⅡ将故障码分为 A、B、C、D 四种类型。A 类故障码是与排放相关的故障码。计算机诊断程序连续一个循环即可检测到该类故障，并点亮故障指示灯。为了诊断方便，当 A 类故障码被设置时，OBDⅡ系统同时还储存了一个历史故障码，失效记录和一个冻结帧现场数据。A 型故障码是最严重的一类，如发动机间歇不点火、混合气过浓过稀等会置出该类故障码。A 型故障码提醒驾驶人车辆排放系统有问题，会造成催化转换器损坏。B 类故障码是次严重的一类排放问题。在 MIL（Malfunction Indicator Lamp）故障指示灯点亮之前，这类故障应在两次连续的行驶过程中都至少发生一次。若在一次行驶过程中发生，而在下一次行驶过程中没有发生，则该故障的码还未“成熟”，MIL 灯不点亮。当 MIL 灯点亮的条件满足时，所储存的历史故障码、失效记录和一个冻结帧现场数据与触发 A 类故障码时完全相同。C 类和 D 类故障码是进行与排放无关的故障测试得出的。C 类故障码点亮 MIL 灯（或其他报警灯），但 D 类故障码不点亮 MIL 灯。C 型故障码也被称为 C1 故障码，而 D 型故障码则可称为 C0 故障码。

2. 故障码代表的意义

SAE 规定 OBD Ⅱ 的故障码由 5 位组成，其中首位为英文字母，代表被监测到的故障系统，如 P 表示动力系统，B 表示车身，C 表示底盘，U 表示网络；第二位到第五位为数字码，具体的意义如图 9-72 所示。

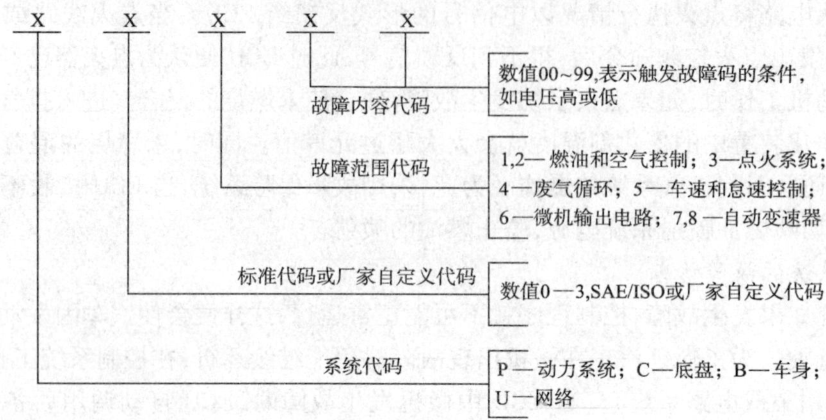

图 9-72　故障码的各位代表的含义

在 OBD Ⅱ 诊断仪与 OBD Ⅱ 随车诊断系统通信的过程中，应遵循一下一些规定，以使通信能够正常进行，并确保不会干扰 OBD Ⅱ 系统内部的正常通信。

1）单请求多应答

在某些汽车上，由于安装了多个控制模块，此时可能会出现一个请求信号对应多个应答信号的情况。即使是单模块的汽车，在某些条件下也有可能出现单一请求多个应答的情况。因此，OBD Ⅱ 诊断仪应尽量避免这种类型的请求信号。

2）应答时间

OBD Ⅱ 系统应在收到请求信号后 100ms 内发出应答信号，否则诊断仪将认为无应答信号，在 100ms 以外收到的请求信号都将被诊断仪忽略。

3）请求信号之间的最小间隔

OBD Ⅱ 系统对诊断仪所发请求信号的最小时间间隔并无特殊要求，即在某个请求信号的应答信号或无应答信号（100ms 后）到达后，即可发送下一个请求信号。

4）无数据应答

无应答信号包含两层含义，其一是 OBD Ⅱ 系统不支持诊断仪所请求的模式，其二是尽管支持但目前无数据。当此类情况发生时，OBD Ⅱ 系统不发送任何信号给诊断仪，即发送了一个 100ms 延时的无应答信号。

5）应答信号的最大值

当传感器发送给 OBD Ⅱ 系统的数据值超过系统规定值时，OBD Ⅱ 系统应发送一个规定的最大值给诊断仪（$FF 或 $FFFF）。同时，诊断仪应能判断出该值已非正常值，并显示出来。

目前，安装 OBD Ⅱ 各车型的故障诊断连接器统一为 16 针型，均安装在驾驶室内位于驾驶人侧仪表板下方，其结构如图 9-73 所示：

OBD Ⅱ 故障诊断连接器各引脚的含义见表 9-6。

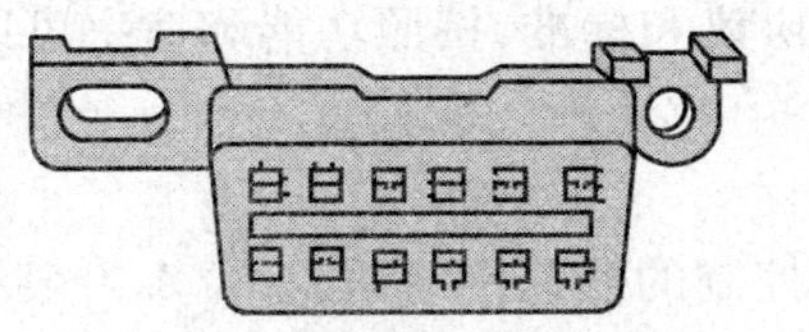
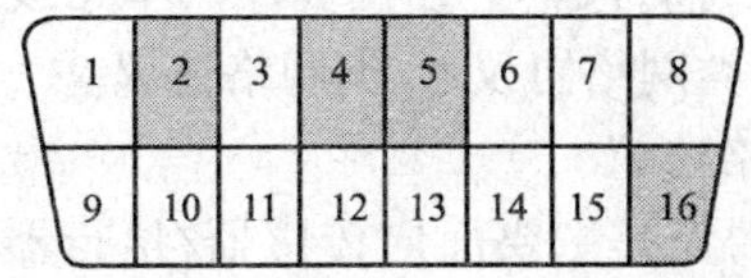

图 9-73 故障诊断连接器结构

故障诊断连接器引脚含义 表 9-6

引 脚	用 途	引 脚	用 途
1	生产厂家自行设定	9	生产厂家自行设定
2	美款车诊断用 BUS + 线,SAE J1850	10	美款车诊断用 BUS—线,SAE J1850
3	生产厂家自行设定	11	生产厂家自行设定
4	车身搭铁	12	生产厂家自行设定
5	信号搭铁	13	生产厂家自行设定
6	生产厂家自行设定	14	生产厂家自行设定
7	欧款车诊断用 K 线,ISO 09141	15	欧款车诊断用 L 线,ISO 09141
8	生产厂家自行设定	16	接蓄电池"+"极

3. 故障诊断测试模式

目前,使用 OBD Ⅱ 解码器可以进行 OBD Ⅱ 主动测试,其中主要有 9 种诊断测试模式:

(1)当前动力系统故障数据。

(2)动力系统冻结帧数据。

(3)由动力系统导致排放问题的故障码。

(4)清除故障码。

(5)氧传感器监测结果。

(6)非连续监测结果。

(7)连续监测结果。

(8)对所需系统或元件进行主动测试。

(9)所需的车辆信息。

每个监测过程必须在特定的运行条件下完成,这些条件包括发动机温度、发动机转速和负荷、节气门开度、发动机起动后运行时间等。诊断管理程序确定故障诊断检测的次序,当正确的运行条件具备时,决定检测的持续时间。如果条件和时间不满足要求,管理软件将等待时机运行适当的监测诊断程序。

四、车载诊断协议

随着电控技术的发展,使用外部诊断设备来读取汽车电控单元中存储的故障码以及通过和电控单元直接对话来获得数据流信息或者执行元件测试变得越来越普遍,成为最主流的诊断技术方式。

1. 通信协议

这些与汽车电控单元的直接对话,就需要通信协议的支持。汽车 OBD Ⅱ 技术的核心是汽车总线协议。目前,汽车上存在多种汽车总线协议和标准,按照功能和速率可以分为三类:A类网络协议、B类网络协议、C类网络协议。

1)A类网络协议

A类网络协议是主要面向传感器/执行器控制的低速网络协议,位率一般小于10kbit/s,适用于对实时性要求不高,仅需要简单串行通信的电控单元,主要用于座椅调节、照明灯具、车门的智能传感器以及执行器等控制。A类网络的主流协议将是LIN。

2)B类网络协议

B类网络协议是面向独立电控单元间数据共享的中速网络协议,位率一般设计在10~125kbit/s,主要用于车辆电子信息中心、故障诊断、仪表显示等方面的控制,以减少冗余的电子部件。B类网络的主流协议是CAN协议。

3)C类网络协议

C类网络协议是面向高速、实时闭环控制的多路传输网,位率可达1Mbit/s,线控技术(X-by-Wire)系统传输速率可达10Mbit/s以上,主要用于发动机控制、牵引控制、悬架控制等对实时控制及可靠性要求较高的场合,以简化分布式控制和车身线束。目前广泛应用于动力与传动系统控制,与通信的协议标准为:ISO 11898-2,未来应用于X-by-Wire系统的主要协议为TTPTM/C(Time-Triggered Protocol)和FlexRay。

上述三种网络协议均能够实现向下涵盖的功能,即B类网络协议支持A类网络协议的功能,而C类网络协议能同时实现B类网络协议和A类网络协议的功能。

2. 协议标准

目前常用的汽车故障诊断协议标准主要有J2480,ISO 15765,ISO 9141,ISO 14230。

1)ISO 14230协议

由于人们对诊断系统的要求越来越高,而ISO 9141制定地比较早,已难以满足实际需求,所以1999年在ISO 9141的基础上颁布了一个新的标准,就是ISO 14230,也称为Keyword2000。

ISO 14230的硬件基础仍然是ISO 9141,但诊断协议方面的内容丰富了很多,该标准主要由物理层、数据链路层和应用层三部分内容组成。

2)ISO 15765协议

目前CAN已经成为车用网络总线的主流,而基于ISO 15765实现的诊断节点能直接接入CAN总线进行通信,且相对ISO 9141和ISO 14230而言具有传输效率高、可靠性好等优点,代表了未来的发展趋势。

五、车载诊断的发展趋势

随着目前无线通信、人机交换界面以及电控技术的发展,车载诊断及维护将会发生革命性的发展。这种发展趋势将使车辆在正常行驶时车载诊断和维修也可正常进行,这就是现阶段热门发展技术——远程诊断与维护(RD&M)。

RD&M是一项复杂的科技设备,具体包含大量的车辆电控系统、远程分析控制中心和无线通信设备。RD&M系统的服务器将详细记录该车辆的信息,其中包括设备清单,维修的历史,甚至驾驶循环的相关记录。系统会以此结合汽车车载诊断系统中的数据进行分析,并通知业主进行维修的时间。这种技术的目标是在真正需要时,才更换相关部件,并以此来控制维修费用。

如图 9-74 所示,未来的发展方向主要由预防性诊断与维修和实时诊断与维修组成。预防性诊断维修方面,主要研究智能维修、车辆故障通知及前瞻性诊断;实时性诊断维修方面,主要研究实时故障监测、诊断模块升级及诊断完成后的维修方案。对于 RD&M 系统未来的发展,使人们全面认识 RD&M 技术、加强远程控制中心建设以及在车辆上实现更加普及的安装 RD&M 系统是未来的努力方向。RD&M 系统将随着汽车电控技术的不断发展而继续前进,并最终得到广泛应用。

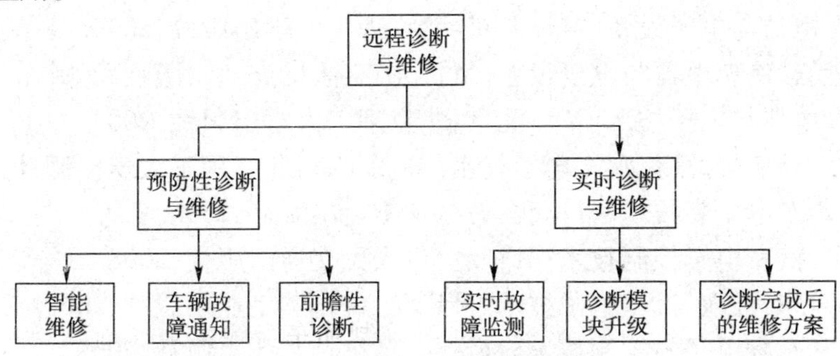

图 9-74　RD&M 系统研究方向

参 考 文 献

[1] 周云山,钟勇.汽车电子控制技术[M].北京:机械工业出版社,2003.
[2] 康拉德.赖夫.汽车电子学[M].西安:西安交通大学出版社,2011.
[3] 张春化,蹇小平.汽车电器与电路[M].北京:人民邮电出版社,2003.
[4] 赵福堂.汽车电器与电子设备[M].北京:北京理工大学出版社,2008.
[5] 关志伟,徐胜云.汽车电器与电子设备[M].北京:人民交通出版社,2009.
[6] 秦明华.汽车电器与电子技术[M].北京:北京理工大学出版社,2003.
[7] 付百学,马彪,潘旭峰.现代汽车电子技术[M].北京:北京理工大学出版社,2008.
[8] 吴基安,等.汽车电子新技术[M].北京:电子工业出版社,2006.
[9] 舒华,姚国平.汽车电子控制技术[M].北京:人民交通出版社,2008.
[10] 李炎亮,高秀华,成凯.汽车电子技术[M].北京:化学工业出版社,2005.
[11] 陈无畏.汽车车身电子与控制技术[M].北京:机械工业出版社,2008.
[12] 吴芷红,胡福祥.汽车电气设备[M].北京:中国水利水电出版社,2010.
[13] 吴文琳,吴丽霞.汽车车载网络系统原理与维修精华[M].北京:机械工业出版社,2008.
[14] 汤姆·登顿.汽车故障诊断先进技术[M].张云文,译.北京:机械工业出版社,2009.
[15] 杨庆彪.现代轿车全车网络系统原理与维修[M].北京:国防工业出版社,2007.
[16] 赵福堂,渠桦,解建光.现代汽车检测:诊断与维修[M].北京:北京理工大学出版社,2005.
[17] 迟瑞娟,李世雄.汽车电子技术[M].北京:国防工业出版社,2008.
[18] 常青.车辆导航定位方法及应用[M].北京:机械工业出版社,2005.
[19] 麻友良.汽车照明、信号及仪表系统原理与故障检修实例[M].北京:机械工业出版社,2011.
[20] 艾若扎维克(Erjavec,J.).汽车电系仪表及其诊断维修[M].司利增,等,译.北京:电子工业出版社,2007.
[21] 闫志宽,等.汽车遥控防盗报警系统的技术特点与检修[M].北京:机械工业出版社,2005.
[22] 冯永忠.汽车轮胎压力监测系统(TPMS)图解[M].北京:机械工业出版社,2011.
[23] 谭本忠.新款汽车防盗系统设置维修大全[M].北京:化学工业出版社,2011.
[24] 吴翰奋,翁昶竑.汽车音响原理及改装实用技术[M].北京:机械工业出版社,2005.